Lothar Pikulik
Frühromantik

W0044603

In der Reihe liegen bereits vor:

Inhaltsverzeichnis

Erster Teil: Entstehung

Zweiter Teil: Theoretische Konzepte

Dritter Teil: Dichtungen

V. Kapitel: Erneuerung des Mythos (Religiöse Erotik und Entwürfe neuer Lebensformen bei F. Schlegel und Novalis) 168

Einführung

Zum Gegenstand

Ein Buch über die sogenannte Frühromantik, das auf der Höhe des aktuellen Forschungs- und Editionsstandes wie auch genügend informativ und differenziert sein soll, dabei aber nur einen sehr beschränkten Umfang zur Verfügung hat, muß verständlicherweise eine Reduktion des behandelten Stoffes vornehmen. Es konzentriert sich daher auf die vier Hauptvertreter jener Periode, Friedrich Schlegel und Friedrich von Hardenberg (Novalis), Wilhelm Heinrich Wackenroder und Ludwig Tieck. Das Unternehmen ist dann immer noch schwierig genug. Heterogen wie die Genannten untereinander sind, kritisch-freie und ins Fragmentarische, Systemlose verliebte Geister, setzen sie jedem Systematisierungsversuch beträchtlichen Widerstand entgegen.

Die Darstellung wird im übrigen von drei Grundgedanken geleitet:

1. In der Vergangenheit ist zu sehr betont worden, daß die frühe Phase der Romantik etwas relativ Selbständiges und Geschlossenes sei, das sich deutlich von der späteren Phase unterscheide. Diese Vorstellung hat sich in dem Kompositum „Frühromantik" niedergeschlagen, das man häufig als eine Art Gegenbegriff zur sogenannten Hoch- oder Spätromantik verwendet hat. Das vorliegende Buch behält diesen Ausdruck im Titel bei (als Konzession an die Tradition), spricht im Text aber, um von jener Fixierung fortzukommen, zumeist von der „frühen Romantik", in der Absicht, das so abgekoppelte Attribut „früh" zu einem rein chronologischen Begriff zu neutralisieren. Es soll nicht bestritten werden, daß die Romantik unterschiedliche Stadien hat, aber doch, daß sie in solche auseinanderfällt. Dies wäre der Fall, wenn mit dem Ende der frühen Phase (um 1804/05) ein Abbruch nicht nur im chronologischen, sondern auch qualitativen Sinne gegeben wäre und mit der späteren etwas wesentlich Neues begänne. Dergleichen ist aus den Schriften aber kaum zu belegen. Gewiß ist, daß die Akzente sich verschieben, schon weil die frühe Romantik unter dem Eindruck der Französischen Revolution, die spätere stärker unter dem der Napoleonischen Kriege und der Metternichschen Restauration steht. Und wie bei jeder Epoche kommt es im Laufe der Zeit zu gewissen Vereinseitigungen, Verfestigungen, Erstarrungen. Aber die Texte zeigen, daß in den ersten Jahren der Romantik bereits der gesamte Bestand an Ideen, Tendenzen, Formen, Verfahren und Motiven begründet wird – keimhaft oder schon mehr oder weniger entwickelt –, auf dem auch die spätere Romantik beruht. Diese ihrerseits kann in vieler Hinsicht als Vollendung der früheren Phase gesehen werden.

2. Der zweite Grundgedanke bezieht sich auf das Verhältnis zwischen der Romantik und dem 18. Jahrhundert. Wenn die konventionelle Vorstellung von der Romantik als »Antiaufklärung« hier einen krassen Bruch suggeriert, so ist dem entgegenzuhalten, daß die Romantiker in mancher Hinsicht auch als Erben und Fortsetzer des 18. Jahrhunderts anzusehen sind. Besonders die Vertreter der ersten Generation wachsen noch in den Anschauungen dieser Periode auf. Sie suchen Neuland zu gewinnen – und das Pseudonym »Novalis« ist dafür ein sprechender Name –, aber zum einen, indem sie vom Ererbten zehren, zum anderen, indem sie es verändern.

3. Schließlich eine Bemerkung über das, was hier als ‚Wesen‘ der literarischen Romantik begriffen wird. Was deren Autoren denken und dichten, ist im Kern vorwiegend Suche und Versuch, Erkundung und Erprobung. Kultiviert wird von ihnen das Vorläufige und Unabgeschlossene, das Unfestgelegte und Unvorherzusehende. Mit einem Wort und etwas zugespitzt: Die literarische Romantik ist im wesentlichen Experiment. Der experimentelle Charakter – keineswegs allein der frühen Romantik, wo er allerdings besonders deutlich ist, sondern auch noch eines großen Teils der späteren (vgl. entsprechende Ausführungen des Verf. über Eichendorff, in: Aurora 49, 1989, S. 21ff.) – äußert sich als ein mit Mitteln der Sprache inszeniertes ‚operatives‘ Spiel mit neuen Möglichkeiten des Erkennens, Wissens, Glaubens, Erlebens und Lebens, ausgehend von der aus Unbefriedigtsein erzeugten Skepsis gegenüber dem Geltungsanspruch konventioneller Normen, ja jeder ‚Normalität‘ schlechthin. Zum Normalen („Gewöhnlichen", „Gemeinen", „Natürlichen" etc.) gehört auch die von jedermann als Kriterium der Wahrheit akzeptierte sinnliche Erscheinungswelt („wahr ist, was die Sinne wahr-nehmen"), den Romantikern, da sich ihnen alles als Sprache darstellt, zugleich die Welt des „Buchstabens" mit ihrer Vordergründigkeit, Formelstarre und Begrenztheit im Unterschied zum lebendigen „Geist", in dem sich der – ebenfalls sprachliche – Sinn der Welt verbirgt.

Die Romantiker repräsentieren das Denken und Fühlen der anbrechenden Moderne und gleichzeitig eine in der Moderne liegende Tendenz zur Erweiterung, Ergänzung und auch Selbstrelativierung. Sie sind ebenso aufgeklärte wie empfindsame Intellektuelle, die, statt sich mit dem Bestehenden abzufinden, aus Ungenügen an den Beschränktheiten des gegebenen Seins und Bewußtseins geistige Fühler ausstrecken, um das ganz Andere – und doch im tiefsten Grund allen Vertraute – jenseits der Grenzen zu ertasten. Ein grobes Mißverständnis wäre es, sie vernunftfeindlich zu nennen. Sie bekämpfen nur jene Haltung, die es sich an der platten Oberfläche des Daseins genug sein läßt.

Zur Konzeption

Wie die Romantik wurde und was sie in ihren Anfängen zunächst war, das ist in drei Teilen darzustellen, einem, der ihre Entstehung skizziert; einem zweiten, der ihre theoretischen Konzepte erläutert; einem dritten, der ihre frühen Dichtungen charakterisiert. Im übrigen folgt die Darstellung dem bewährten Modell der „Arbeitsbücher".

Die Forschungsliteratur kann selbstverständlich nur in Auswahl dokumentiert werden. Unter den mit 1.2. gekennzeichneten Rubriken werden die aufgeführten Studien, wie bei diesem Modell üblich, mit jeweils einem knappen Kommentar versehen. Darüber hinaus geht die Präsentation der Sekundärliteratur in der Regel nicht. Überall Forschungsmeinungen miteinander zu vergleichen, Forschungsgeschichte zu erzählen, den jeweiligen Stand einer Forschungsdiskussion zu referieren, ergäbe Tertiärliteratur, was nicht der Sinn dieses Buches sein kann. Sein Sinn kann nur darin liegen, in die Sache selbst einzuführen.

Zur Beleg- und Zitierweise

Zitate aus den Quellen werden mit Abkürzungen belegt, die in einem Verzeichnis erklärt werden. Eine nachgestellte römische Ziffer nennt die Bandzahl, die folgende arabische Ziffer die Seitenzahl, zum Beispiel: N I, 197 = Novalis: Schriften, Bd. I, S. 197.

Für die speziellen Abkürzungen der Fragment- und Notizensammlungen, die besonders in Kapitel III und IV verwendet werden, sei auf III.1.1. verwiesen.

Hinweise auf oder Belege aus der Forschungsliteratur innerhalb des Textes der Darstellung erfolgen, wie heute vielfach üblich, durch Angabe des Verfassers, des Erscheinungsjahres (der hier benutzten Auflage) und – gegebenenfalls – der Seitenzahl, zum Beispiel: W. Benjamin 1973, 63 = Walter Benjamin: Der Begriff der Kunstkritik in der deutschen Romantik, Frankfurt 1973 [zuerst 1920], S. 63. Der Leser findet die erweiterte bibliographische Angabe beim Ersten Teil in der jeweiligen Teilbibliographie, beim Zweiten und Dritten Teil in der jeweiligen Rubrik „Forschungsliteratur". Soweit der vollständige Titel nur in der Gesamtbibliographie am Schluß des Buches aufgeführt ist, wird auf diese verwiesen (mit der Abkürzung: s. GB).

In den Fragment- und Notizensammlungen benutzen Friedrich Schlegel und Novalis häufig mathematische Kürzel und sonstige Abkürzungen. Diese sind von den Herausgebern aufgelöst worden und werden hier durchweg in der aufgelösten Form zitiert. Hervorhebungen im Original (zumeist durch Kursivdruck) werden in den Zitaten beibehalten. Zusätze in eckigen Klammern zwecks Kenntlichmachung eines Bezuges oder Begriffs stammen von mir. Griechische Wörter werden in lateinischen Buchstaben wiedergegeben.

Allen, die zu dem Zustandekommen des Buches beigetragen haben, sage ich herzlich Dank. Für mannigfaltige Hilfe danke ich besonders Nicolas Fiebrandt, Christiane Helios, Gerda Krieger, Martina Kurz und Elisabeth Weibler. Der Volkswagen-Stiftung danke ich für die Förderung durch ein Forschungsfreisemester.

Abkürzungen der zitierten Quellen

AWS = August Wilhelm Schlegel: Kritische Schriften und Briefe, hg. von Edgar Lohner, Stuttgart 1962–74

B = Clemens Brentano: Werke, hg. von Friedhelm Kemp (Bd. I–IV), Wolfgang Frühwald und Bernhard Gajek (Bd. I), München 1963–68

E = Joseph von Eichendorff: Neue Gesamtausgabe der Werke und Schriften in vier Bänden, hg. von Gerhart Baumann in Verb. mit Siegfried Grosse, Stuttgart 1957–58

Fichte WL = Johann Gottlieb Fichte: Ueber den Begriff der Wissenschaftslehre (1794) / Grundlage der gesammten Wissenschaftslehre (1794/95). Studientextausgabe (= Teilausgabe von Band I, 2 der von Reinhard Lauth und Hans Jacob herausgegebenen Fichte-Gesamtausgabe), Stuttgart-Bad Cannstadt 1969

Fichte Briefe = J.G. Fichte, Briefwechsel, hg. von Hans Schulz, Leipzig ²1930. Repr. Nachdr. Hildesheim 1967

FS = Kritische Friedrich-Schlegel-Ausgabe, hg. von Ernst Behler, Paderborn/München/Wien 1958ff. (Ausführlichere Angaben: s. Gesamtbibliographie 1.)

Goethe = Goethes Werke. Hamburger Ausgabe, hg. von Erich Trunz, Hamburg 1948ff.

Kant = Immanuel Kant: Werke in zehn Bänden, hg. von Wilhelm Weischedel, Darmstadt 1968/71. 3. bzw. 4. repr. Nachdr. der Ausgabe Darmstadt 1956–68

Köpke = Rudolf Köpke: Ludwig Tieck. Erinnerungen aus dem Leben des Dichters nach dessen mündlichen und schriftlichen Mitteilungen, 2 Teile, Leipzig 1855. Repr. Nachdr. Darmstadt 1970

Krisenjahre = Krisenjahre der Frühromantik. Briefe aus dem Schlegelkreis, hg. von Josef Körner, Brünn/Wien/Leipzig 1936/37 und Bern 1958

N = Novalis: Schriften, hg. von Paul Kluckhohn und Richard Samuel, Stuttgart ²1960ff., ³1977ff. (Ausführlichere Angaben: s. Gesamtbibliographie 2.) [Zitate aus Band I nach der 3. Aufl., aus den Bänden II–IV nach der 2.]

Schelling = Schelling: Ausgewählte Werke. (Repr. Nachdr. aus: Friedrich Wilhelm Joseph von Schellings sämmtliche Werke, Stuttgart und Augsburg 1856ff.), Darmstadt 1980ff.
Hieraus: Schriften von 1794–1798 (I); Schriften von 1799–1801 (II)

Schiller = Schillers Werke. Nationalausgabe, begründet von Julius Petersen, fortgeführt von Lieselotte Blumenthal und Benno von Wiese, hg. von Norbert Oellers und Siegfried Seidel, Weimar 1943ff.

T = Ludwig Tieck: Schriften, Berlin 1828–54

T Briefe = Ludwig Tieck und die Brüder Schlegel. Auf der Grundlage der von Henry Lüdeke besorgten Edition neu hg. und kommentiert von Edgar Lohner, München 1972

TGK = Ludwig Tieck: Der gestiefelte Kater, hg. von Helmut Kreuzer, Stuttgart 1964. Durchgesehene und bibliographisch ergänzte Ausgabe 1984 (Reclam UB 8916)

TPh = Ludwig Tieck: Schriften in zwölf Bänden, hg. von Manfred Frank, Paul Gerhard Klussmann, Ernst Ribbat, Uwe Schweikert, Wulf Segebrecht, Frankfurt 1985ff. Bd. VI: Phantasus, hg. von Manfred Frank, Frankfurt 1985

TSt = Ludwig Tieck: Franz Sternbalds Wanderungen. Studienausgabe, hg. von Alfred
   Anger, Stuttgart 1966. Bibliographisch ergänzte Ausgabe 1979 (Reclam UB 8715)
TVW = Ludwig Tieck: Die verkehrte Welt. Text und Materialien zur Interpretation
   besorgt von Karl Pestalozzi, Berlin 1964 (Komedia, 7)
W = Wilhelm Heinrich Wackenroder: Werke und Briefe, hg. von Lambert Schneider,
   Heidelberg 1967. Photogr. Nachdr. der Ausgabe von 1938

Zu den speziellen Abkürzungen der Fragment- und Notizensammlungen s. Kap. III.
   1.1.

Erster Teil: Entstehung

I. Kapitel: Die Geburt der Romantik aus dem Geist des 18. Jahrhunderts. Rezeption, Kritik, Modifikation

A. Im Zeichen der Bildungsbewegung

Es wäre einseitig, die Entstehung der Romantik nur damit zu erklären, daß sie eine Absetzbewegung ist und Gegenpositionen zum vorhergehenden Denken und Dichten aufbaut. Mindestens in gleichem Maße ist sie eine Bewegung, die das Vorhergehende auch rezipiert und fortschreibt, zwar in vieler Hinsicht kritisch und modifizierend, aber doch im Sinne eines ererbten Pfundes, mit dem sich wuchern läßt.

Es gilt hierbei zu bedenken, daß die ersten Romantiker von Geburt und Erziehung Kinder des 18. Jahrhunderts waren, von dessen Geist zunächst durchaus geprägt und dem gleichen wahllosen Wissensdrang hingegeben, der im Zuge einer neuen, wesentlich durch die Aufklärung initiierten Bildungsbewegung die gesamte junge Intelligenz erfaßt hatte. Von Eigenständigkeit des Denkens und Opposition konnte da anfangs noch kaum die Rede sein. Die Romantiker waren Leser, bevor sie Autoren wurden, und Lernende, ehe sie eigene Lehren entwickelten. Die Jugendbriefe dieser Generation verraten, daß sie nahezu alles las, was ihr in die Hände kam, und bereit war, sich von allem bilden zu lassen. In einem Brief vom 1. 8. 1794 schreibt Novalis an Friedrich Schlegel: „Jedes Buch, das ich in einem Winkel liegen sehe, was der alltägliche Zufall mir in die Hände spielt, ist mir Orakel, schließt mir eine neue Aussicht auf, unterrichtet und bestimmt mich." (N IV, 139) Sich von vornherein auf eine Auswahl zu beschränken, wäre ihm spießerhaft vorgekommen. Im selben Brief heißt es: „doch hab ich mir nicht, wie ein Spießbürger, allzu enge Gränzen gemacht – Bleib ich gesund, so muß ich ein Maximum für mich erreichen. Ich bin wenigstens jeder Art von Aufklärung fähig, und dies Einzige berechtigt mich vielleicht schon zu kühnen Ansprüchen." (Ebd., 140)

Die gleiche Offenheit und Aufnahmebereitschaft zeigt der Angesprochene, Friedrich Schlegel. Als Student für Rechtswissenschaft immatrikuliert, ist er doch weit entfernt, sich bloß einem Brotstudium zu widmen. Vielmehr schreibt er am 3. 4. 1793 an seinen Bruder August Wilhelm: „Ich habe zwar in diesem Jahre nicht sehr viel Zeit auf die Jurisprudenz verwandt; aber denke, daß ich Moral, Theologie, Physiologie, kantische Philosophie, Politik mit ganzem Ernst vorgenommen. Ich will Dich nicht mit dem Namen der vielen Schriften behelligen, die ich gelesen" (FS XXIII, 88). Bald darauf, in einem Brief an den Bruder vom 2. 6. 1793, wird er ausführlicher, nennt er auch Namen: „ich habe den Geist einiger großen Männer, vielleicht nicht ganz ohne Erfolg, zu ergründen gesucht als Kant, Klopstock, Göthe, Hemsterhuys, Spinosa, Schiller; andrer von weniger Bedeutung nicht zu erwähnen, Herder, Plattner pp. Die Physiologie und die Politik habe ich auch, wenn schon nur angefangen, doch *ernstlich* angefangen; im Studium des Shakespear und Sophocles ward ich unterbrochen. Mit der Mathematik und mit der Geschichte ist es freylich noch nicht Ernst geworden." (FS XXIII, 101)

Manch anderer noch wäre den von ihm genannten Autoren, die nicht nur von ihm eifrig gelesen wurden, hinzuzufügen, Lessing etwa sowie Winckelmann, Rousseau und F.H. Jacobi. Hamann seltsamerweise wohl nicht; dessen Werk scheint den frühen Romantikern in der Phase ihres geistigen Wachstums entgangen zu sein. Er wird kein einziges Mal von Novalis erwähnt und von Friedrich Schlegel nur einmal beiläufig in einem Fragment der *Philosophischen Lehrjahre* aus dem Jahre 1798. Später, in seinen Vorlesungen über *Geschichte der alten und neuen Literatur* (1812, gedruckt 1814) nennt er ihn bezeichnenderweise „eine Stimme, die wenig beachtet ward in der Wüste der allgemeinen Aufklärung" (FS VI, 387).

Zur Rezeption des Nahgelegenen tritt die des weiter Ab- und Ferngelegenen. Neugier und Entdeckungsfreude der Schlegel, Novalis, Tieck, Wackenroder schweifen historisch und geographisch weit aus und in mehrerlei Richtungen. Um das Ferne und Fremde verstehen zu können, lernen sie frühzeitig und mit größtem Fleiß, zum Teil schon auf der Schule, zum Teil erst während des Studiums, fremde Sprachen: Latein und Griechisch, Englisch und Französisch, Italienisch und Spanisch. Mit Hilfe dieses Schlüssels öffnen sich ihnen die Türen zur klassischen Antike, zur Literatur der Romania, zu Shakespeare.

Manches erschließt sich ihnen nicht nur durch Lektüre, sondern auch durch Anschauung, zumal auf Reisen. Die Gemälde etwa, die die Schlegels in der Dresdner Kunstgalerie kennenlernen, prägen ebenso ihr späteres „romantisches" Denken und Schreiben wie die Eindrücke, die Tieck und Wackenroder während ihres Studienaufenthaltes im Sommer 1793 in Erlangen vom süddeutschen Raum gewinnen, das ihre. In Bamberg eröffnet sich dem staunenden Wackenroder als etwas gänzlich Neues die „katholische Welt" (W, 521), in Nürnberg tritt ihm, nachdem er vorher bereits in Berlin durch den gelehrten Prediger Erduin Julius Koch mit der altdeutschen Literatur bekannt geworden war, die Welt Dürers und Hans Sachsens vor Augen. Zusammen mit diesem Erlebnis trägt er einen tiefen Eindruck von den Malern der Renaissance, besonders von Raffael, davon, durch Besuche in Pommersfelden sowohl wie in Dresden. Tieck nimmt an diesen Entdeckungen mittelbar oder unmittelbar teil, steuert aber auch seinerseits zum Bildungsfundus der frühen Romantik einiges eigenständig bei, so z. b. die naiven Reize von Märchen und Volksbuch oder die Mystik Jakob Böhmes oder die für die gesamte Dichtung der Romantik so wichtige Motivik der „gothic novel", die schon zu seiner frühesten Lektüre gehörte und die er bereits bei seinen ersten schriftstellerischen Versuchen in den Diensten Rambachs verwertete.

Bei aller Offenheit und Weite der geistigen Beschäftigung waren die Neigungen der Frühromantiker unterschiedlich. Tieck, Wackenroder, August Wilhelm Schlegel waren ganz der Literatur und Kunst zugetan, sie hatten wenig Interesse an der Philosophie. Eben dieses Interesse führte Friedrich Schlegel und Novalis, nachdem sie schon Kant studiert hatten, zur intensiven Auseinandersetzung mit Fichte, aber auch zur Rezeption des holländischen Philosophen Hemsterhuis und, tiefer in die philosophische Tradition hinein, zu Leibniz, Spinoza, Plato. Für Novalis wurden überdies Plotin und Jakob Böhme anregend, für Schleiermacher, der sich zunächst ebenfalls mit Kant auseinandergesetzt hatte, vor allem Shaftesbury (neben und mit Spinoza). In den Bereich der Naturwissenschaften drangen innerhalb des engeren Kreises der frühen Romantiker einzig Schelling und Novalis vor (bei Friedrich Schlegel blieb es bei Ansätzen), zur Konstitution eines neuartigen, romantischen Naturwissens trugen aber aus dem weiteren Kreis auch Denker und Forscher wie Franz von Baader und Johann Wilhelm Ritter bei.

Wie sehr die Romantiker durch das 18. Jahrhundert geprägt sind, zeigt sich bereits daran, daß ihr Bildungsbegriff durch die Idee der Perfektibilität bestimmt ist (s. Abschnitt B. dieses Kapitels). Das Vervollkommnungsziel dieser Epoche ist aber nicht säkular, wie in der Aufklärung, sondern religiös, mag diese Religiosität, verglichen mit den etablierten Religionen, auch sehr unkonventionelle Züge tragen (s. Kap. V.). Immerhin befindet ein Fragment Friedrich Schlegels: „Der revolutionäre Wunsch, das Reich Gottes zu realisieren, ist der elastische Punkt der progressiven Bildung, und der Anfang der modernen Geschichte." (Ath.-Fr. 222; FS II, 201) Unverkennbar spricht aus den Briefen und Schriften Schlegels und seiner Freunde auch ein Elite- und Missionsbewußtsein, das sich zur Realisierung dieses hohen Wunsches berufen weiß. „Wir sind auf einer Mißion: zur Bildung der Erde sind wir berufen", so Novalis im 32. Blütenstaub-Fragment (N II, 427).

Wenn die Romantiker um ein Publikum werben, das sich ihren Ideen öffnen soll, dann ist es wiederum eine Elite, an die sie sich richten: die „Gebildeten". Schleiermacher nennt seine 1799 erschienene Schrift *Über die Religion* im Untertitel: *Reden an die Gebildeten unter ihren Verächtern,* und er charakterisiert die Gebildeten gleich zu Beginn der ersten Rede als jene, „welche sich über das Gemeine erhoben haben und von der Weisheit der Jahrhunderte durchdrungen sind", für die es „keine andere Hausgötter gibt als die Sprüche der Weisen und die Gesänge der Dichter" und deren Gemüt völlig eingenommen ist von „Menschheit und Vaterland, Kunst und Wissenschaft", jedoch nicht von Religion (Ausgabe Reclam UB 8313–15, 1969, S. 3).

Die hier kritisierte Tendenz, das Religiöse aus der Bildung auszuklammern und Bildung sogar an die Stelle der Religion zu setzen – man denke an das Goethe-Wort „Wer Wissenschaft und Kunst besitzt, / Hat auch Religion" (Goethe I, 367) –, geht im 18. Jahrhundert unter anderem auf den Wandel des aus der christlichen Tradition stammenden Transzendenz-Denkens zu einem säkularen Immanenz-Denken zurück. Bildung wird im Sinne dieses neuen Denkens verstanden als ein Bestreben alles Seienden, zu werden, wozu es bestimmt ist auf Grund einer inneren selbsttätigen Kraft, des „Bildungstriebes" (W. v. Humboldt, Goethe u. a.), und einer inneren Form, welche die spätere äußere Gestalt im voraus prägt. Dieser Vorstellung verhilft besonders Herder in Anlehnung an Gedanken von Leibniz und Shaftesbury zur Geltung, so bereits in der frühen Schrift *Auch eine Philosophie der Geschichte zur Bildung der Menschheit* von 1774 und dann besonders in den *Ideen zur Philosophie der Geschichte der Menschheit* von 1784–1791. Im Lichte dieser Vorstellung erscheint die Geschichte des Individuums, eines Volkes, der ganzen Menschheit als eben dieser zielgerichtete Prozeß und dieser Prozeß demnach nicht als Heilsgeschichte, im Zeichen äußerer Gnade, sondern als selbständige Entwicklung von innen heraus. Die Perspektive verschiebt sich damit vom Geschaffensein auf das Sich-selbst-Bilden, und der Bildungsgedanke vermählt sich hier nicht nur mit dem historischen Denken, sondern auch mit dem Organismusgedanken. Bildung bedeutet Wachstum aus einem inneren Keim, will also weitgehend sich selbst überlassen bleiben und unterscheidet sich somit auch vom traditionellen Verständnis von „Erziehung". In bürgerlichen Kreisen geradezu als „Zucht" begriffen, lief diese auf eine Formung des jungen Menschen nach vorgegebenen Normen und von außen gesetzten Zwecken hinaus, wenn nicht gar auf Brechung des Eigenwillens, des nach christlicher Überlieferung erbsündlichen Triebes zur Verdammnis. Rousseau dagegen schiebt das Übel auf Zivilisation und Gesellschaft. Er demonstriert in seinem *Emile* (1762) ein pädagogisches Alternativmuster, das dem Prinzip folgt, die nunmehr als ursprünglich gut bewertete Natur des Kindes möglichst gewähren zu lassen und Einflüsse von außen weitgehend auszuschalten.

Der sogenannte Bildungsroman, sei es in Gestalt des *Wilhelm Meister,* sei es in der des *Heinrich von Ofterdingen,* wird sich dieses neue Verständnis zunutze machen. Er wird Helden vorführen, die äußerer Führung zwar nicht ermangeln, aber im wesentlichen, statt sich einem System allgemeiner Vorschriften anzupassen, eine in ihrem Innern schlummernde Anlage zur Entfaltung bringen. In der Version des romantischen Romans und der romantischen Poesie überhaupt verbindet sich die Bildungsidee freilich wieder mit einem neuen Transzendenz-Denken. Vielmehr: Es entsteht nun das Paradox einer weltimmanenten Transzendenz (s. dazu Kap. V.).

Zur Regeneration der religiösen Bildung, die die säkularisierende Tendenz des 18. Jahrhunderts zwar nicht ganz aufhebt, aber modifiziert, fügt sich der Gedanke der – schon erwähnten – historischen und auch derjenige der ästhetischen Bildung. Novalis: „Was bildet den Menschen, als seine *Lebensgeschichte*? Und so bildet den großartigen Menschen nichts, als die *Weltgeschichte*. [...] Auch ist die Gegenwart gar nicht verständlich, ohne die *Vergangenheit*, und ohne ein hohes Maaß von Bildung – eine Sättigung mit den höchsten Produkten, mit dem gediegensten Geist des Zeitalters und der Vorzeit, und eine Verdauung, woraus der menschlich profetische Blick entsteht" (N III, 586). Und wenn das Studium der Historie eine Deutung der Zukunft erlaubt, ist die „ganze Geschichte", wie es am Schluß dieses Fragments heißt, „Evangelium", Heilsbotschaft als Botschaft eines Heils im Sinne von Ganzheit, die am Ende der Zeiten erreicht wird, als jenes „Goldene Zeitalter", auf das hin der romantische Roman konzipiert ist.

Da das künstlerische Werk ebenso Modell wie Künder dieser Ganzheit ist, nimmt die ästhetische Bildung in der Romantik eine Schlüsselrolle ein. Man kann nicht übersehen, daß sie sich dabei einer gewissen Mißgunst ganz anders gesinnter Kreise erwehren und von Bindungen freimachen mußte, die vormals bestanden. Der Ruf nach Bildung hatte auch im Bürgertum starken Widerhall gefunden, doch unterwarf sich das Bedürfnis nach mehr Wissenschaft und Kunst hier weitgehend dem praktischen Gesichtspunkt der Brauchbarkeit im privaten und öffentlichen Leben. Dagegen meint Wilhelm von Humboldt in seiner Schrift *Ideen zu einem Versuch die Grenzen der Wirksamkeit des Staates zu bestimmen* (1792): „Der wahre Zweck des Menschen [...] ist die höchste und proportionirlichste Bildung seiner Kräfte zu einem Ganzen. Zu dieser Bildung ist Freiheit die erste, und unerlässliche Bedingung." (Gesammelte Schriften, hrsg. von der Kgl. Preuß. Akademie der Wissenschaften, I, 106). Damit tritt bereits damals ein freiheitliches, an Harmonie und Ganzheitlichkeit orientiertes Bildungsideal zu einer spezialisierten, auf Nützlichkeit bedachten Ausbildung in Gegensatz, eine Dichotomie im Bildungswesen begründend, die bis heute besteht.

Wie hierzu ein neues, von den traditionellen bürgerlichen Vorstellungen kraß abweichendes Menschenbild beiträgt, so nicht minder die Entwicklung der Kunst und Kunsttheorie, die beide sich im Laufe des 18. Jahrhunderts von dem Diktat, nützlich zu sein oder anderen Zwecken zu dienen, befreien und ein Refugium autonomer Geistesbetätigung konstituieren. In ihm suchen mehr und mehr junge Menschen Zuflucht, aus unterschiedlichen Motiven, aber fast immer in Konflikt mit der Väterwelt; denn diese reagiert auf solches Bestreben in den seltensten Fällen mit Zustimmung. Der frühe, bereits gegen Ende 1791 gefaßte Entschluß Friedrich Schlegels, das juristische Brotstudium zugunsten der schöngeistigen Schriftstellerei aufzugeben, und sein Widerstand gegen den Plan der Eltern, ihn auf einem Posten in der Dresdner Administration zu versorgen, kosten ihn den Frieden mit seiner Familie (s. auch Abschnitt H. dieses Kapitels). Bei Wackenroder läßt sich beobachten, wie er in seinen Reiseberichten aus Erlangen an die Eltern dem

Eindruck zuvorzukommen sucht, seine Zeit müßiggängerisch und kostspie-
lig zu vertun. Er betont nach einer seiner Reisen, „jede Stunde besetzt und
genutzt" und „elf merkwürdige Leute [...] kennengelernt und vieles Sehens-
würdige gesehen" zu haben, „alles für wenig mehr als 3 Reichstaler" (W,
516). An Erduin Julius Koch, der ihn in die altdeutsche Literatur eingeführt
hatte, schreibt er aus Göttingen: „Ich bitte Sie, meinen Eltern nichts davon
zu sagen, daß ich hier manches zur deutschen Literatur aus der Bibliothek
lese, oder Ihnen etwas schicke; denn sie denken gleich, ich wende allzuviel
Zeit darauf." (W, 448)

Novalis befindet sich anfangs ebenfalls, wie die Briefe an Schiller und
Reinhold aus dem Jahre 1791 zeigen, in dem Konflikt zwischen der „Neigung zu den süßen Künsten der Musen" (N IV, 90) und der Pflicht zu „mehr
Festigkeit, mehr Bestimmtheit, mehr Plan, mehr Zweck" (ebd., 97), die ihm
offenbar seine Familie und sein von strenger pietistischer Moral geprägtes
Gewissen auferlegen. Er macht sich ausdrücklich „Seelenfasten in Absicht
der schönen Wissenschaften und gewissenhafte Enthaltsamkeit von allem
zweckwidrigen [...] zum strengsten Gesez", um den Anforderungen eines
„practischen Lebens" zu genügen (ebd.). Gleichwohl verschreibt er sich,
auch nachdem er einen praktischen Beruf ergriffen hat, der Poesie, da er in
ihr das alleinige Mittel sieht, die Totalität des Lebens wiederzugewinnen.

Die Idee der Ganzheit und der Erziehung zur Ganzheit durch das Ästhetische, eine der Leitideen sowohl der Klassik wie der Romantik, bezieht ihre
Legitimation aus einer Krise des Zeitalters und einem auf ihr gründenden
Bedürfnis. Die überkommenen Ordnungen waren im Zerfallen, die traditionellen Werte fragwürdig geworden, die Anhäufung des Wissens und eine
insgesamt komplizierter gewordene Welt hatten Arbeitsteilung und Speziali-
stentum notwendig gemacht. Unbehagen regte sich, und Sehnsucht nach
neuer Einheit wird nunmehr diesen Prozeß der Modernisierung begleiten,
bis in die nachklassische und nachromantische Zeit und bis ins 20. Jahrhundert.

B. Im Lichte der Aufklärung

Das simplifizierende Etikett „Gegenaufklärung", das der Romantik herkömmlicherweise anhaftet, von der neueren Forschung jedoch mehr und
mehr in Frage gestellt wird (vgl. u. a. H. Schanze 1976, K. Peter 1980, W.
Mederer 1987), kann dem Verhältnis insbesondere der frühen Romantik zur
Aufklärung nicht gerecht werden. Im ganzen intellektueller geartet und
theoretischer gefärbt als die spätere Romantik, läßt die Bewegung gerade in
ihrer Frühphase verwandtschaftliche Züge mit der Vernunftkultur des
18. Jahrhunderts erkennen. Eine differenziertere Betrachtung des Verhältnisses fördert ein differenzierteres Bild zutage: Groß geworden in der Schule
der Aufklärung, setzen sich die frühen Romantiker mit der Aufklärung

kritisch auseinander, zum Teil in heftiger Opposition, einige von ihnen (die Brüder Schlegel, Novalis, Schleiermacher) führen aber auch Ansätze der Aufklärung weiter, erweitern die Aufklärung, ja radikalisieren sie und gehen über die Aufklärung hinaus.

Anstößig ist die Vernunftkultur den Romantikern in der Gestalt, in der sie eigentlich bloß Verstandeskultur ist: als zur bürgerlichen Moral degenerierte Lehre des common sense, des goldenen Mittelmaßes, der Nützlichkeit. In dieser Form hatte sie ihre Hauptvertreter in Kreisen der Berliner Spätaufklärung, besonders in dem Kreis um Friedrich Nicolai, der darum auch beliebteste Zielscheibe romantischer Aufklärungskritik ist. Daß dieser Kreis es wagte, sich auf einen Geist wie Lessing zu berufen, ihn zum „Helden der seichten Aufklärung" (FS II, 110) zu erheben, führt bei Friedrich Schlegel in seiner Charakteristik *Über Lessing* (1797) zu einer scharfen Attacke:

„Ja gewiß, auch Lessing würde wo nicht überrascht doch etwas befremdet werden, und nicht ganz ohne Unwillen lächeln, wenn er wiederkehrte und sähe, wie man nur die Vortrefflichkeiten nicht müde wird an ihm zu preisen, die er immer streng und ernst von sich ablehnte [...]. Er würde doch erstaunen, daß gerade die poetischen Mediocristen, literarischen Moderantisten und Anbeter der Halbheit, welche er, so lange er lebte, nie aufhörte eifrigst zu hassen und zu verfolgen, es haben wagen dürfen, ihn als einen Virtuosen der goldnen Mittelmäßigkeit zu vergöttern, und ihn sich ausschließend gleichsam zuzueignen, als sei er einer der ihrigen! Daß sein Ruhm nicht ein ermunternder und leitender Stern für das werdende Verdienst ist, sondern als Ägide gegen jeden mißbraucht wird, der etwa in allem, was gut ist und schön, zu weit vorwärts gehn zu wollen droht! Daß träger Dünkel, Plattheit und Vorurteil unter der Sanktion seines Namens Schutz suchen und finden!" (FS II, 102f.)

Diese Kritik an der „seichten Aufklärung" fällt im übrigen weitgehend zusammen mit der romantischen Philisterkritik, denn auch am Philister werden Mittelmaß, Enge des Blicks, platte Alltäglichkeit angeprangert (vgl. etwa N II, 447f.).

Als anstößig an der Aufklärung erscheint sodann eine ihrer Wirkungen. Wie Max Weber später den Prozeß der fortschreitenden Veränderung der Welt durch die beherrschende Funktion der Vernunft als „Rationalisierung und Intellektualisierung" verstand, so begriff er deren ernüchternde Folge als „Entzauberung der Welt" (vgl. Detlev J.K. Peukert: Max Webers Diagnose der Moderne, Göttingen 1989, bes. 33ff.), eine Kategorie, die man nicht dem Wort, aber dem Begriff nach schon in der frühen Romantik finden kann. Deutlich als Entzauberung wird die Wirkung der Aufklärung von Novalis gekennzeichnet. Deren Vertreter, heißt es in seiner Europa-Rede,

„waren rastlos beschäftigt, die Natur, den Erdboden, die menschlichen Seelen und die Wissenschaften von der Poesie zu säubern, – jede Spur des Heiligen zu vertilgen, das Andenken an alle erhebenden Vorfälle und Menschen durch Sarkasmus zu verleiden, und die Welt alles bunten Schmucks zu entkleiden. Das Licht war wegen seines mathematischen Gehorsams und seiner Frechheit ihr Liebling geworden. Sie freuten sich, daß es sich eher zerbrechen ließ, als daß es mit Farben gespielt hätte, und so benannten sie nach ihm ihr großes Geschäft, Aufklärung. In Deutschland betrieb man dieses Geschäft gründlicher, man reformirte das Erziehungswesen, man suchte der alten Religion einen neuern vernünftigen, gemeinern Sinn zu geben, indem man alles Wunderbare und Geheimnißvolle sorgfältig von ihr abwusch" (N III, 516).

Der Tendenz aufklärerischen Denkens, das Universum kausalgesetzlich zu erklären und es als von selbst fortlaufenden, vom Schöpfer unabhängigen Mechanismus zu begreifen, wirft Novalis vor, „die unendliche schöpferische Musik des Weltalls zum einförmigen Klappern einer ungeheuren Mühle" gemacht zu haben, die, ohne Baumeister und Müller, „eigentlich ein ächtes Perpetuum mobile, eine sich selbst mahlende Mühle sey" (ebd., 515).

Damit zeigt sich schon, daß der Romantiker an der Aufklärung vornehmlich das verurteilt, was an ihr spezifisch cartesianisch ist: die mechanistische Welterklärung sowie die Voraussetzungen, auf denen sie beruht, d. h. die analytische Vernunft, den Dualismus von Geist und Materie, die Spaltung von Subjekt und Objekt. Und was sein eigenes Denken als Position hiergegen aufbaut, ist denn auch – in genauer Antithese – die Erklärung der Welt als Organismus, die Synthese von Geist und Materie, die Einheit von Subjekt und Objekt.

Vernunftbestimmt ist dies auch, obwohl nicht bestimmt von der Vernunft allein, aber es ist eine andere, die synthetische Vernunft, deren Stimme sich hier geltend macht (vgl. M. Frank 1989). Überhaupt ächtet die Romantik nicht schlechthin den Gebrauch der Vernunft, sondern nur den Dogmatismus und Absolutismus der Vernunft. Sie befehdet insofern zwar den Rationalismus, aber nicht das Prinzip der Rationalität. Und wie sie einerseits dem Rationalismus mit einem Gegenkonzept entgegentritt, so nimmt sie andererseits Ansätze des rationalen Denkens der Aufklärung auf und integriert sie in ihr eigenes Programm. Dazu gehört etwa die bereits im vorigen Abschnitt genannte Idee der Perfektibilität, wie sie sich beispielsweise in Novalis' Fichte-Studien äußert: „Princip der Vervollkommnung in der Menschheit – Die Menschheit wäre nicht Menschheit – wenn nicht ein tausendjähriges Reich kommen müßte." (N II, 291) Und die Frage, wann ein solches Reich möglich ist, beantwortet Novalis so: „Wenn die Erziehung zur Vernunft vollendet seyn wird." (N II, 281) Das ist nicht fern von Lessings *Erziehung des Menschengeschlechts*.

Friedrich Schlegel rezipiert den Fortschrittsgedanken, der später in seiner Definition der romantischen Poesie als „progressive Universalpoesie" zu finden ist, zunächst u. a. durch Condorcets Schrift *Esquisse d'un tableau historique des progrès de l'esprit humain,* der er 1795 eine scharfsinnige und, wenn auch kritische, so doch bewundernde Rezension widmet (FS VII, 3ff.). Zwar gibt er als "Problem der Geschichte", das Condorcet nicht erkannt habe, gewisse Rückfälle und Stillstände im Fortgang der Bildung zu bedenken, besonders den „großen totalen Rückfall der gesamten Bildung der Griechen und Römer" (ebd., 7), auch die auffällige Ungleichheit in der

Entwicklung zwischen der intellektuellen und der sittlichen Bildung, doch bekennt er, von der unendlichen Perfektibilität „als Idee" völlig überzeugt zu sein (ebd., 8). – Der Fortschrittsgedanke wandelt sich in der Romantik nicht unerheblich, etwa wenn die Möglichkeit der Vervollkommnung in der Rückkehr zur „Vorzeit" gesehen wird, aber die Zukunftshoffnung, die der Romantik in keiner Phase ihrer Entwicklung abzustreiten ist, mutet dennoch zum Teil als Erbe des 18. Jahrhunderts an.

Ansätze der Aufklärung werden von der Romantik nicht nur aufgenommen und fortgeführt, sondern auch überboten. Zumal in ihrer Frühphase genauso skeptisch wie spekulativ, handhabt sie das aufklärerische Prinzip des Zweifels bedingungsloser als die meisten Aufklärer, von einem Standpunkt aus, der dem Kantischen Postulat der Mündigkeit und Selbständigkeit alle Ehre macht. Unter dem Titel *Das Athenaeum* dichtet Friedrich Schlegel 1800 im Rückblick auf die gemeinsame Arbeit an der Zeitschrift ein Sonett, dessen erste zwei Strophen lauten:

> „Der Bildung Strahlen all' in eins zu fassen,
> Vom Kranken ganz zu scheiden das Gesunde,
> Bestrebten wir uns treu im freien Bunde,
> Und wollten uns auf uns allein verlassen:
>
> Nach alter Weise konnt' ich nie es lassen,
> So sicher ich auch war der rechten Kunde,
> Mir neu zu reizen stets des Zweifels Wunde,
> Und was an mir beschränkt mir schien, zu hassen."

(FS V, 317)

Von diesem weit vorgeschobenen Posten der Wahrheitserkundung aus sieht sich Friedrichs Bruder August Wilhelm legitimiert, der Aufklärung vorzuwerfen, ihren Weg nicht konsequent genug gegangen zu sein. In seiner Ende 1802 in Berlin gehaltenen Vorlesung *Allgemeine Übersicht des gegenwärtigen Zustandes der deutschen Literatur* heißt es, die Aufklärung empfehle zwar „das Forschen und Zweifeln, aber nur bis auf einen gewissen Grad, über welchen hinaus sie es wieder als eine Torheit und Verirrung des Geistes ansieht, welcher zu steuern sie eben eingesetzt worden sei." (AWS III, 63) Der „uninteressierte Wahrheitsforscher" gehe dagegen seinen Weg fort, „unbekümmert bei welchen Resultaten er endlich anlangen wird; ihm ist, mit Aufopferung aller persönlichen Neigungen die Wahrheit immer lieb und recht, wie sie sich ihm auch bei besserer Erkenntnis bestimmen möge." (Ebd.)

Wenn die Romantiker auf dem Weg des Forschens und Zweifelns weiter gehen als ihre Vorgänger, dann freilich in einer Weise, daß ihre Ergebnisse auf den fortgerücktesten Abschnitten aus dem Kanon des Beweisbaren herausfallen und den Anstrich des Hypothetischen, bloß Möglichen erhalten. Sie schleifen die Bastion des Nützlichen, sie relativieren absolute Positionen, die der Absolutismus der Vernunft errichtet hat, wie zum Beispiel den Gegensatz von Traum und Wirklichkeit, sie attackieren den Dogmatismus der Empirie, der nur die sinnlich erfahrbare Wirklichkeit als allein existent gelten lassen will, aber sie betreten mit dem an sich aufklärerischen Versuch, solche Ansichten als Vorurteile zu entlarven, den Boden der Spekulation. In der Konsequenz, mit der das romantische Denken weiter geht und radikaler zweifelt als die Aufklärung, liegt auch einer der Gründe dafür, daß der Zweifel in der Romantik dazu neigt, in den Glauben umzuschlagen und dieser sich als Medium des Ausdrucks statt der Sprache des Begriffs die ihm gemäßere Sprache des poetischen Bildes sucht.

Und doch verhält es sich keineswegs so, als werde das Prinzip der Vernunft verdrängt. Es wird nur ergänzt und bereichert durch die Kompetenz der Phantasie. Aus einem hierarchischen Verhältnis in der Aufklärung wird nun eine Polarität. Im Zeitalter der Vernunft ordnet sich die Phantasie, im 18. Jahrhundert zumeist „Einbildungskraft" genannt, der dominierenden Autorität der Ratio unter, in der Romantik ordnet sie sich der Ratio gleichberechtigt zu. Polar im Sinne des romantischen Denkens ist das Verhältnis deshalb, weil Vernunft und Phantasie dabei zwar einerseits einen Gegensatz bilden, andererseits aber sich nicht ausschließen, sondern sich vereinigen, gewissermaßen als das Harmonischentgegengesetzte. In seiner vorhin genannten Vorlesung schreibt August Wilhelm Schlegel:

„Auch unser Gemüt teilt sich wie die äußere Welt zwischen Licht und Dunkel, und der Wechsel von Tag und Nacht ist ein sehr treffendes Bild unseres geistigen Daseins. [...] Der Sonnenschein ist die Vernunft als Sittlichkeit auf das tätige Leben angewandt, wo wir an die Bedingungen der Wirklichkeit gebunden sind. Die Nacht aber umhüllt diese mit einem wohltätigen Schleier und eröffnet uns dagegen durch die Gestirne die Aussicht in die Räume der Möglichkeit; sie ist die Zeit der Träume. Einige Dichter haben den gestirnten Himmel so vorgestellt, als ob die Sonne nach Endigung ihrer Laufbahn in alle jene unzähligen leuchtenden Farben zerstöbe: dies ist ein vortreffliches Bild für das Verhältnis der Vernunft und Fantasie: in den verlorensten Ahnungen dieser ist noch Vernunft; beide sind gleich schaffend und allmächtig, und ob sie sich wohl unendlich entgegengesetzt scheinen, indem die Vernunft unbedingt auf Einheit dringt, die Fantasie in grenzenloser Mannigfaltigkeit ihr Spiel treibt, sind sie doch die gemeinschaftliche Grundkraft unseres Wesens." (AWS III, 65)

Novalis sieht es in einem Brief vom 5.10. 1791 an Reinhold noch als Vorzug, daß „meine Vernunft das entscheidende Uebergewicht über Sinnlichkeit und Fantasie erhält" (N IV, 96). Später wertet er die Phantasie auf und setzt sie zur Ratio in ein geschwisterliches Verhältnis: „Klarer Verstand mit warmer Fantasie verschwistert ist die ächte, Gesundheitsbringende Seelenkost." (N III, 560f. Fragment aus dem Jahre 1799). Die Ratio wird ihrerseits nicht herabgesetzt, in einem solchen Verhältnis ist ihr die gleichberechtigte Stellung gesichert.

Der Verschwisterung von Phantasie und Vernunft in der Romantik ist ihr doppelter Reiz zu verdanken, der beim Leser sowohl die ‚Tag'- wie die

‚Nacht'-Seite des Gemüts anspricht. Noch nie in der deutschen Geistesgeschichte ist so phantasievoll gedacht und so intellektuell phantasiert worden wie in dieser Epoche. Und ihre Intellektualität verbietet es, sie als „Irrationalismus" zu verstehen. Das wäre nur möglich, wenn sie, analog wie der Rationalismus die Rationalität, die Irrationalität zum Dogma erhöbe. Da sie indessen die Verbindung der irrationalen mit den rationalen Kräften anstrebt, ist das einzige, was ihr heilig, aber kein Dogma ist, die Allseitigkeit und Ganzheit der Ausbildung. „Man muß alle seine Kräfte üben und regelmäßig ausbilden – die Einbildungskraft – wie den Verstand – die Urteilskraft etc." (N II, 257)

Im Sinne des bereits vorhin Angemerkten schreibt Novalis im folgenden Fragment: „Wissenschaft ist nur Eine Hälfte. Glauben ist die Andre." (Ebd.) Man könnte auch sagen, daß die Romantik darin über die Aufklärung hinausgeht, daß sie den Bereich des Wissens um den des Nichtwissens erweitert. Wissen, daß man etwas nicht weiß, ist auch ein Wissen, nämlich mystischer Art. Dieser Wissensfortschritt gleicht der Expedition ins Unterirdische, die Heinrich von Ofterdingen im 5. Kapitel des Romans mit dem Bergmann unternimmt und die ihm zwar das Unterreich ‚aufklärt', aber doch nur als Schatzkammer von Wundern und Geheimnissen. Wie denn Novalis, ein Mystagoge mit der Fackel der Vernunft in der Hand, mit seinem ganzen Roman das Verborgene zum einen ans Licht bringt, zum anderen aber paradoxerweise in seiner Unergründlichkeit beläßt.

Zum Teil wird dabei ein aufklärerischer Ansatz geradezu umgekehrt. Die Aufklärung ist bestrebt, Unbekanntes auf Bekanntes zurückzuführen, die Romantik legt es vielfach darauf an, Bekanntes auf einen unbekannten Untergrund zu beziehen und es von daher zu relativieren. Was dabei gesucht wird, ist wiederum das Ganze, die Einheit der Welt, so wie die Verbindung der rationalen mit den irrationalen Kräften auf die Einheit des Gemüts zielt.

C. In der Sphäre von Pietismus und Empfindsamkeit

Mit der Vernunftkultur des 18. Jahrhunderts steht dessen Gefühlskultur in einem manchmal konkurrierenden, manchmal ergänzenden Verhältnis. Eine aus dem Protestantismus erwachsende, an mystische Traditionen anknüpfende religiöse Erweckungs- und Sezessionsbewegung, der Pietismus, verkündet als erste das neue Evangelium des Gefühls, indem sie Gotteserfahrung als persönliche innere Erfahrung des Herzens geltend macht und die Berufung zur Gnade an den mystischen Liebesverkehr der Seele mit Christus bindet. Damit wird die tote Dogmatik der orthodoxen Landeskirchen in einen Gemütsprozeß, deren starre Fundamentalbegriffe in erlebte Anschauungen aufgelöst.

Zum Teil im Gefolge, zum Teil als unabhängige Parallele dieser religiösen

Bewegung entsteht im 18. Jahrhundert ein weltlicher Emotionalismus, der sich selbst bald „Empfindsamkeit" nennt und im persönlichen Gefühl, wie der Pietismus Gott, nunmehr die „Tugend" als Eigenwert des Herzens erfährt. Und wie der Pietist die Gemeinschaft der Seele mit Christus sucht, so knüpft der Empfindsame einen säkularen Seelenbund mit dem Freund und mit der Geliebten, wobei er von beiden erwartet, daß sie mit ihm harmonieren wie gleichgestimmte Saiten.

Aufklärung und Empfindsamkeit begründen gleichermaßen die Autonomie des Subjekts, doch nicht ohne sich wechselseitig den Vorrang streitig zu machen. Die Vernunft neigt dazu, sich dem Gefühl überlegen zu zeigen, das Gefühl wehrt sich und weist den Anspruch der Vernunft zurück. In Friedrich Heinrich Jacobis Briefroman *Eduard Allwills Papiere,* einem vom jungen Friedrich Schlegel gern gelesenen und geschätzten Werk, liest man: „Es ist die hohlste Idee von der Welt, daß die bloße Vernunft die Basis unserer Handlungen seyn könne. Das Ding Vernunft, woher hat es sein Wesen? [...] Am Ende ist es doch allein die Empfindung, das Herz, was uns bewegt, uns bestimmt, Leben giebt und That, Richtung und Kraft." (Neudruck Stuttgart 1962, S. 85)

Neben extremen und existentiellen Formen wie dem Wertherismus gibt es die Empfindsamkeit im 18. Jahrhundert als bloße Mode, das heißt als Gefühlsseligkeit, die man trägt wie ein Kleid oder auch, nüchterneren Bedürfnissen zuliebe, ablegt. Zu ihrer Ausbreitung tragen insbesondere gewisse Trivialformen der Künste bei, und sie wird gepflegt im seelenvollen, aber affektierten Umgang, in der brieflichen Herzensergießung, in den Rührungen durch das Erleben der Natur und der Kunst. Sie verdient eher den Namen „Sentimentalität", Bezeichnung für eine Gefühlslage, mit der man bis heute zu Recht die Merkmale des Unechten, Gespielten, Oberflächlichen verbindet.

Es ist an dieser Stelle gleich zu sagen, daß die Romantik sich von dieser seichten Empfindsamkeit genauso distanziert wie von der „seichten Aufklärung" (s. Abschnitt B.). Sentimentalisch zwar im Schillerschen Sinn (s. Kap. IV.), ist sie doch keineswegs sentimental in der eben genannten Bedeutung, sondern gießt ihren Spott über die rührselige Roman- und Dramenliteratur trivialer Machart aus, die sich in der zweiten Hälfte des Jahrhunderts wie eine Epidemie ausbreitet.

Wenn aber einerseits die Klischeevorstellung vom Romantischen als sentimentaler Gefühlsschwärmerei fragwürdig erscheint, so ist andererseits nicht zu verkennen, daß die Wurzeln der Romantik zum Teil in der Gefühlskultur des 18. Jahrhunderts liegen, sei es im Pietismus, sei es in seinem säkularen Pendant, der Empfindsamkeit. Ein Indiz dafür ist schon die Herkunft der frühen Romantiker, sodann die Haltung, die sie in ihren Jugendbriefen einnehmen. Die Erziehung Schleiermachers und Hardenbergs war im frühen Alter durch die innerliche Religiosität der Herrnhuter beeinflußt, einer Gruppierung des Pietismus, die sich zu "Brüdergemeinen" organisiert und von Schlesien aus verbreitet hatte. Der Vater Schleiermachers, selber ein der Erweckungsbewegung anhängender Theologe, gab den Sohn, als er 14 Jahre alt war, in die Obhut der Brüdergemeine in Gnadenfrei, von wo er bald ins Pädagogium von Niesky wechselte. Novalis nahm den Geist der Herrnhuter im eigenen Elternhaus durch den Vater auf, der sich nach dem Tode seiner ersten Frau der pietistischen Erweckungsbewegung angeschlossen hatte. Noch am 24jährigen fallen die Zeichen dieser Erziehung auf. Der Freund Friedrich Schlegel schreibt am 2. 8. 1796 in einem Brief: „Gleich den ersten Tag hat mich H.[ardenberg] mit der Herrnhuterey so weit gebracht, daß ich nur auf der Stelle hätte fortreisen mögen." (FS XXIII, 326) Gleichwohl lassen sich an Friedrich Schlegel selber Symptome, wenn auch nicht einer pietistischen, so doch empfindsamen Introvertiertheit erkennen, die ihn, wie Novalis, zur Selbstreflexion drängte und ihm Einsamkeit als schmerzliche Erfahrung vermittelte. Ebenso bezeugt er vielfach in seinen Briefen das Bedürfnis nach seelischer Freundschaft, in dem ihm Novalis so warm und enthusiastisch entgegenkommt: „Du giebst Dich so offen hin, und weißt den andern so rein aufzunehmen, daß es eine Wollust ist, in Deinem Herzen zu wohnen." (FS XXIII, 95) August Wilhelm hat sich diesem Bedürfnis Friedrichs gleichfalls nicht verweigert, ist aber, ebenso wie Caroline Böhmer, seine spätere Frau, eine viel nüchternere Natur und wird darum später auch die Hinwendung der Romantik zur Mystik nicht mitvollziehen. Als tief geprägt vom Gefühlskult der Zeit erweisen sich dagegen Wackenroder und Tieck. Ihr Briefwechsel aus den Jahren 1792/93 ist das Dokument einer innigen Freundschaft, mit den Attributen des Schmachtenden und Zärtlichen besonders von Wackenroders Seite, wie man sie aus früheren – authentischen oder fingierten – empfindsamen Briefwechseln kennt (vgl. G. Sauder 1983, 81ff.).

Fragt man nun nach den Spuren solch früher Prägung in der Romantik selber, so sind gewisse Elemente der Empfindsamkeit direkt zu greifen, andere nur in veränderter, den neuen Bedürfnissen und Zielen assimilierter Gestalt. Ein unmittelbarer Niederschlag ist noch in Wackenroders *Herzensergießungen eines kunstliebenden Klosterbruders* gegeben, schon das Bild des sich in Gefühl ergießenden Herzens kann seine Herkunft aus der vorausgehenden Epoche nicht verleugnen. So auch lebt die ursprünglich biblische Formel von der „Fülle des Herzens", die sich die Gefühlskultur des 18. Jahrhunderts zu eigen macht, in der Romantik fort (vgl. M.L. Baeumer 1971). Im allgemeinen bleibt hier überhaupt der Begriff des „Herzens" in dem hohen Ansehen, das ihm bereits die religiöse Erweckungsbewegung verschafft hatte, besonders bei Novalis (vgl. R. Unger 1939), der die Anschauung von Wert und Kraft des Herzens gewiß nicht nur der Beschäftigung mit Hemsterhuis verdankt, sondern auch seiner eigenen Herkunft. Das beschränkt Gefühlige jedoch, das dem Herzenskult der Empfindsamkeit anhaftet, weicht im romantischen Kontext einem erweiterten und vertieften Erleben.

Der berühmte programmatische Hinweis des Novalis „Nach Innen geht
der geheimnißvolle Weg" (N II, 419) ist gleichwohl nicht denkbar ohne die
vorbereitende Wende nach Innen, welche das fühlende Ich im 18. Jahrhundert vollzieht, um hier reflektierend und zergliedernd den Regungen des
Herzens nachzuspüren und gleichzeitig zu entdecken, daß dessen Innerlichkeit eine eigene Welt ist. Sie ist dem Pietisten ein Kommunikationsraum für
die Zwiesprache der Seele mit Gott, dem Empfindsamen der Freiheitstempel
seines autonomen Selbst. „Ich kehre in mich selbst zurück, und finde eine
Welt!" schreibt Werther in seinem Brief vom 22. Mai. Solche Einkehr hält
auch Novalis, mit dem Bedürfnis jedoch, nicht nur sich selber zu finden,
sondern etwas Höheres, das im Selbst verborgen ist. „In uns oder nirgends
muß der *Grund* zu allem liegen", schreibt er schon in einem Brief vom 30. 3.
1796 an Christian Friedrich Brachmann (N IV, 176). Und nach dem oben
zitierten Satz heißt es weiter: „In uns, oder nirgends ist die Ewigkeit mit
ihren Welten, die Vergangenheit und Zukunft." (N II, 419) Das Innere, das
er in der Schule der traditionellen Gefühlskultur sich aufzuschließen gelernt
hat, wird ihm also nicht nur ein Medium zum Ich, sondern auch zur Welt.
„Wir werden die Welt verstehn, wenn wir uns selbst verstehn, weil wir und
sie integrante *Hälften* sind." (N II, 548) Der Subjektivismus, der sich im
Zuge der Empfindsamkeit in der zweiten Hälfte des 18. Jahrhunderts herausgebildet hatte, wird so entgrenzt und überwunden.

Man erkennt, wenn man den Entwicklungsgang Friedrich Schlegels verfolgt, auch bei ihm ein sich bildendes Bewußtsein von der geheimnisvollen
Tiefe des „innern Lebens" (FS XXIII, 145). An den Bruder schreibt er am
17. 5. 1792: „es sind in dem gemeinsten Menschen viele wunderbare Kräfte
tief verborgen, dem gemeinen Auge, dem Besitzer selbst ganz unsichtbar."
(Ebd., 53) Und an Novalis am 7. 4. 1793: „Nicht wahr! Du fühlst Dich
plötzlich unbegreiflich reich, selbst stark? – Das macht, wir besitzen gleichsam nur ein Stück unsres tiefren Selbst; ein starker Schlag muß erst die
verborgnen Kräfte ans Licht reißen." (Ebd., 90)

Introspektion und Selbstanalyse haben schon vorromantisch einiges von
diesen verborgenen Kräften ans Licht gezogen. Ein nicht unerheblicher Anteil an der Vorbereitung der Romantik kommt einer damals sich ganz neu
konstituierenden Disziplin, der Psychologie, zu. Sie ist sowohl von der Ge-
fühls- wie von der Vernunftkultur inspiriert, indem in ihr eine empfindsame
Neigung zur Innenschau mit einem Bedürfnis nach Aufklärung des psychischen Innenlebens zusammenfällt. Wer in Karl Philipp Moritz' *Magazin zur
Erfahrungsseelenkunde* blättert, das in zehn Bänden zwischen 1783 und
1793 erschien (Neudruck Nördlingen 1986), wird auf bemerkenswerte Darstellungen etwa über das Wesen des Traums, das Wesen der Ahnung treffen
(s. vor allem Bd. 4 bis 9). Die Analysen, die hier gegeben werden, sind nicht
aufklärerisch in dem Sinne, daß sie alles Rätselhafte der menschlichen Seele
wegerklären. Im Gegenteil: Wie die Romantik später Staunen und Schauder
vor den Geheimnissen der Psyche äußert, so bahnt sich schon bei den Auto-

ren des *Magazins* die Verwunderung darüber an, wie seltsam und tiefgründig das Innere des Menschen ist.

Die Empfindsamkeit arbeitet der Romantik auch darin vor, daß sie einen Abstand zum bürgerlichen Leben begründet. Unter den frühen Romantikern ist Novalis der einzige, der willig einem praktischen Beruf nachgeht, und auch bei ihm füllt dieser Beruf keineswegs die ganze Existenz, sondern macht nur die Tageshälfte eines zur anderen Hälfte der „Nachtseite" gewidmeten Daseins aus. „Noch weckst du, muntres Licht den Müden zur Arbeit – flößest fröhliches Leben mir ein [...] Aber getreu der Nacht bleibt mein geheimes Herz", heißt es in der vierten der *Hymnen an die Nacht* (N I, 137). In den Hauptfiguren romantischer Dichtung begegnen uns zumeist Künstler – Poeten, Maler, Musiker –, deren Kunstverständnis, das ihnen zugleich eine Deutung der Welt und des Lebens liefert, sie eine Existenz außerhalb oder am Rande der bürgerlichen Welt führen läßt. Sie schließen sich nicht selten freundschaftlich zusammen, in Bünden, die in der Nachfolge des empfindsamen Freundschaftskultes stehen.

Die empfindsame Freundschaft ist oft nichts anderes als die Intensivierung der Isolation des Ich durch die Verdoppelung der Einsamkeit zur Zweisamkeit. Noch Wackenroder malt sich in dem Briefwechsel 1792/93 das Zusammensein mit dem geliebten Tieck in dieser Weise aus: „Zwei Wesen, von dem traurigen Schwall und Wuste der Welt isoliert, in einer Freiheit, die Götter beneiden könnten, in einer Sorglosigkeit, die man vergeblich an andern Orten der Erde und in andern Zeitpunkten des menschlichen Lebens sucht, – durch nichts an die Menschen, bloß aneinander mit den unauflöslichsten Banden gekettet" (W, 348). Nun bilden auch die Romantiker in ihren Zusammenschlüssen Inseln der Vertrautheit und des Einverständnisses, und sie pflegen bewußt den Unterschied der eigenen, oftmals extravaganten Gesinnungen zur platten Allgemeinheit, aber aus dem empfindsamen Seelenbund ist doch bei ihnen ein Geistesbund geworden, bei dem nicht der Austausch von Gefühlen, sondern von Ideen den Zusammenhalt schmiedet. In dieser Hinsicht meint eine Beschreibung des Romantikerzirkels in Jena aus der Feder Hardenbergs, obwohl sie dem vorhin zitierten Wunschbilde Wackenroders nahekommt, etwas Neues und anderes: „bleiben Sie in der magischen Atmosphäre, die Sie umgiebt, und mitten in einer stürmischen Witterung, mitten unter kümmerlichen Moosmenschen, wie eine Geisterfamilie isolirt, so daß keine niedern Bedürfnisse und Sorgen Sie anziehn und zu Boden drücken können." (An Caroline Schlegel, 20. 1. 1799; N IV, 276) Nicht mehr auch ist dieser Kreis auf völlige Übereinstimmung fixiert. Während der empfindsame Freund empfindlich reagiert, wenn der Partner nicht harmonisch mitschwingt wie eine gleichgestimmte Saite, darf sich im Romantikerbund bei gleichem Geist ein Unterschied der Standpunkte, ja sogar der Charaktere geltend machen.

Die Distanz zum bürgerlich-praktischen Leben, in der Empfindsamkeit vorbereitet, von der Romantik – freilich modifiziert – beibehalten, ist noch von einer anderen Seite zu betrachten.

In dem freundschaftlichen Briefwechsel der frühen neunziger Jahre
schreibt Tieck an Wackenroder, es werde für ihn „immer wahrer [. . .], daß
der bessere Mensch unmöglich in dieser trocknen, dürren, erbärmlichen
Welt leben kann, er muß sich eine Ideenwelt erschaffen, die ihn beglückt und
dann kann er mit kaltem Auge auf alles sogenannte Glück des kleinen, sich
selbst lebenden Menschen herabsehn, [. . .] eine Seligkeit, für die jene Ego-
isten keinen Sinn haben, die sie nicht ahnden" (W, 389). Was Tieck hier
skizziert, ist ein Wunsch, der charakteristisch ist für den im 18. Jahrhundert
so genannten Schwärmer, einen Typus, den Wackenroder in der Figur des
Tonkünstlers Joseph Berglinger (im letzten Teil der *Herzensergießungen*)
und Tieck selber im Helden seines Romans *Geschichte des Herrn William
Lovell* dichterisch gestaltet hat. Es ist die Eigenart dieses Typus, mit der
gegebenen Realität nicht zufrieden sein zu können und sich für das Ungenügen an der empirischen Welt durch die subjektiv erträumte Teilhabe an einer
schöneren Phantasiewelt entschädigen zu wollen.

Das Schwärmertum gehört ursprünglich dem religiösen Bereich an. Der
Ausdruck „Schwarmgeister" wurde zu Luthers Zeit geprägt und polemisch
angewendet auf religiöse Gruppierungen, die sich außerhalb der ‚offiziellen‘
Reformationsbewegung und außerhalb der Landeskirchen formierten, wie
zum Beispiel die Wiedertäufer, die Mennoniten, später auch die Puritaner
und die Pietisten. Im Zuge der Empfindsamkeit wird der Religionsschwär-
mer in der zweiten Hälfte des 18. Jahrhunderts zum Gefühlsschwärmer sä-
kularisiert und bildet eine besondere Abart der Empfindsamkeit. Der
Schwärmer gibt sich zwar wie jeder Empfindsame der subjektivistischen
Seelenlust hin, es zeichnet ihn aber aus, daß bei ihm nicht die Exaltation des
Gefühls, sondern die Exaltation der Einbildungskraft das Übergewicht hat
(vgl. J. Viering 1976, 38ff.). Hier, in der Einbildungskraft, erschafft er sich
zum unbefriedigenden Alltag eine Gegenwelt, die er mit Zügen des Außeror-
dentlichen, Wunderbaren, Idealischen ausstattet, so daß sich ihm das Dasein
als Widerspruch zwischen Realität und Ideal, zwischen dem Wirklichen und
dem Wunderbaren darstellt. Er möchte nun zwar gern die eine Welt zugunsten der anderen verleugnen, der Wirklichkeit entfliehen, um ganz in dem
imaginären Wunderreich aufzugehen, das ihm seine Phantasie eröffnet. Es
ist aber sein Los, daß er den Kontrast zwischen beiden erleiden muß, indem
er immer wieder aus Illusion und Exaltation auf den Boden der nüchternen
Realität zurückfällt.

Mit dieser Dualität der Welten ist eine Konstellation geschaffen, die auch
für die Romantik charakteristisch ist. Jürgen Viering, der das Schwärmertum genauer an Romanen von Wieland, Jean Paul und aus dem Trivialbe-
reich untersucht und die Herkunft dieses Phänomens aus der Empfindsamkeit nachgewiesen hat, konnte denn auch mit Recht die These aufstellen,
daß es zugleich ein Phänomen des Übergangs zur Romantik ist (288ff.). Das
bedeutet jedoch nicht, daß man in Übereinstimmung mit der bekannten
Klischeevorstellung die Romantik als Schwärmerei abtun könne. Bereits an

der kritischen Haltung, die die Romantik gegenüber dem Schwärmertum einnimmt, so etwa in Wackenroders Berglinger-Erzählung oder in Tiecks Lovell-Geschichte, wird erkennbar, daß sie sich von ihm abgrenzt, zum einen im Bewußtsein einer neuen Offenheit gegenüber der empirischen Welt, zum anderen in der (Glaubens-)Gewißheit, daß die Phantasie mit ihren Ahnungen und Bildern eines höheren Seins damit nicht bloß eine subjektive Einbildung, sondern etwas objektiv Existierendes spiegelt. Die Romantik, fälschlich oft als ‚Flucht aus der Wirklichkeit' verstanden, will im Grunde weder der Realität entfliehen noch sich die höhere Welt als ‚Ersatz' zu eigen machen, sondern die Spaltung zwischen beiden überwinden und ihrer verborgenen Einheit auf die Spur kommen (vgl. auch Viering, 289f.).

Wenn der Schwärmer speziell ein Kunstenthusiast ist, dann ist die Idealsphäre, in der er allein leben möchte und um deretwillen er sich von der Realität lossagt, die Sphäre der Kunst. Tieck schreibt einmal an Wackenroder 1792: „Genau genommen solltest Du Dich allein mit der Musik, und ich mit der Dichtkunst beschäftigen, denn die Welt ist wirklich nicht für uns, so wie wir nicht für die Welt" (W, 367). Da in dieser Konstellation nicht nur die Phantasie, sondern auch das Gefühl eine Rolle spielt, als Medium der Kunstrezeption, dem Wackenroder in den gesamten *Herzensergießungen* engagiert das Wort redet, erhält das Gefühl hier eine ästhetische Dimension und Funktion (vgl. G. Sauder 1983, 98ff.). Die Ästhetisierung des Empfindens tritt aber nicht erst in der Romantik und in deren unmittelbarem Vorfeld auf, sondern reicht weiter zurück und prägt besonders ein neues Verhältnis zur Natur.

Die Geschichte des modernen Naturgefühls beginnt unter anderem damit, daß vormals als beschwerlich und gefährlich gemiedene Landschaften, wie die wilde und unwegsame Szenerie der Alpen, einen Reiz auf das Gemüt des zivilisierten Europäers ausüben und daher zunehmend Touristen anlocken. Es ergeht dieser neuen Art von Erlebnisreisenden etwa wie Rousseau, der gegen Ende des vierten Buches seiner *Confessions* erzählt, wie gern er im Hochgebirge einen Blick in Abgründe tut, da es ihm dabei zwar ängstlich und schwindlig zumute werde, er dieses Gefühl aber gleichzeitig als angenehm empfinde. In diesem Zusammenhang erklärt er, daß eine „schöne Landschaft" sich ihm niemals im flachen Lande eröffne. Vielmehr brauche er Gießbäche, Felsen, Tannen, dunkle Wälder, bergauf und bergab gehende holprige Wege und eben Abgründe neben sich, damit er Angst bekomme. Wenn Rousseau aber die Angst als angenehm empfindet, so bedeutet das, daß er sie nicht unmittelbar, sondern nur als der erfahrenen Lust vorgeschaltet erlebt. Auch die an sich bedrohliche Landschaft rückt damit aus dem Verhältnis der Unmittelbarkeit gegenüber dem Betrachter in eine gewisse Distanz, und sie wird, da sie nun schön und reizvoll wirkt, Gegenstand eines ästhetischen Genusses.

Ästhetisch genießbar wird eine solche Landschaft also, nicht weil sie es von sich aus ist, sondern weil sie vom Empfinden dazu gemacht wird. Die

Ästhetisierung des Empfindens gründet primär in diesem selbst. Sie beruht auf einem Wandel der subjektiven Erlebnisweise und läßt vermuten, daß sich die innere Struktur des Empfindens verändert hat. Im Verhältnis des Menschen gegenüber der Natur kommt es dabei zu einem Paradox: er rückt von ihr ab, in eine ästhetische Distanz, und tritt ihr gleichzeitig seelisch nahe.

Lust an der Angst auskostend, empfindet das Gemüt zudem etwas Doppeltes, Gemischtes. Für solche Erfahrungen fand denn auch das 18. Jahrhundert den Ausdruck „vermischte Empfindungen". Zumal das Gefühl des „Erhabenen", dem Empfindungen wie das der großartig-wilden Natur zugeordnet wurden, erklärte man damals vielfach als etwas widersprüchlich Zusammengesetztes, aus Unlust und Lust Vermischtes. In seiner frühen Schrift *Beobachtungen über das Gefühl des Schönen und Erhabenen* aus dem Jahre 1764 schreibt Kant: „Der Anblick eines Gebirges, dessen beschneite Gipfel sich über Wolken erheben, die Beschreibung eines rasenden Sturms, oder die Schilderung des höllischen Reiches von Milton, erregen Wohlgefallen, aber mit Grausen" (Kant II, 826).

Vermischte Empfindungen kommen jedoch nicht nur im Bereich des Naturerlebens vor. Wie eine Lust an der Angst, so kennt das Zeitalter auch eine Lust am Leiden und Mitleiden, an der Entsagung und der Melancholie, am Scheiden und am Sterben. Da makabre Reize aber nur genossen werden können, wenn man selber nicht wirklich betroffen ist und sich in Sicherheit weiß, suchen sich diese Reize vorwiegend ein fiktives Medium und erscheinen somit vor allem in Gestalt der Literatur. Es entsteht nun das rührende Drama und der rührende Roman, die Friedhofs- und Klagepoesie, sodann, was für die Romantik besonders wichtig ist, der in England zuerst von Horace Walpole ins Leben gerufene Schauerroman („gothic novel"), der mit zahlreichen Angstmotiven aufwartet (vgl. R. Alewyn 1974) und in der frühen Romantik bereits vom jungen Tieck rezipiert wird. Gemüter mit reizbarer Einbildungskraft konnten von solcher Lektüre über den ästhetischen Genuß hinaus auch in exzessive Erregungszustände getrieben werden. So erzählt Tieck seinem Freund Wackenroder in einem Brief, wie er eines Nachmittags und Abends innerhalb von zehn Stunden zwei Studienkollegen in ununterbrochener Begeisterung die ersten beiden Teile des Romans *Der Genius* von Carl Große (1791–95) komplett vorgelesen habe und durch diese Exaltation zeitweise in den Zustand des Wahnsinns geraten sei (W, 315ff.).

Auch die Vorliebe für die vermischten Empfindungen ist der Empfindsamkeit zuzuschreiben. Ein Erlebnis wie die Lust an der Angst oder die Lust am Leiden erklärt sich psychologisch aus der für die empfindsame Empfindungsweise charakteristischen Reflexion des Fühlens. Eine Regung der Angst, des Leidens verliert, wenn sie reflektiert wird, ihre unmittelbare Wirkung und formt sich, da sie das reflektierende Ich gleichwohl in Erregung versetzt, zugleich in eine angenehme Empfindung um, in einen Nervenkitzel, wie man heute sagen würde.

Der Romantik wird man schwerlich unterstellen können, daß sie das ästhetische Landschaftsempfinden, ob geheimnisvoll oder unheimlich, bloß um dieses Nervenkitzels willen pflegt. Vielmehr sind ihr die erregenden Elemente ebenso wichtig als magische Realien wie als seelische Reize. Der ästhetischen Attraktion tut dies aber keinen Abbruch, die Ästhetisierung des Erlebens, wie vom 18. Jahrhundert vorbereitet, ist umgekehrt Voraussetzung des romantischen Umgangs mit jenen Realien. Das gilt nicht minder für die neue Verherrlichung der Nacht. Die Nacht, vormals des Menschen Feind und ein bloßer Schrecken, mußte ästhetisch erst einmal erlebbar werden, um bei Novalis ihren magischen Zauber enthüllen zu können.

Novalis hat die einschlägige Nachtliteratur des 18. Jahrhunderts, den *Ossian*, die *Nachtgedanken* von Edward Young (*The Complaint, or Night-Thoughts on Life, Death and Immortality*, 1742–45) und anderes mehr, gekannt. In seinen Jugendgedichten weiß er die Motive der empfindsamen Poesie, die die Lust am Traurigen, Düsteren, Nächtigen vermitteln, durchzuspielen. Er schreibt Gedichte wie *Elegie auf einen Kirchhof*, *An Werthers Grabe* und sogar *An meine sterbende Schwester* und *Am Grabe meines Vaters*, obwohl beide Lieben sich noch des Lebens erfreuten. In einem Brief an Schiller vom 7. 10. 1791 gesteht er, die Empfindungen des Herbstes denen des Frühlings vorzuziehen, und kann dies auch, Zeichen der Reflektiertheit der Empfindungen, psychologisch richtig auf die Zusammengesetztheit, Vermischtheit des Fühlens zurückführen: „Die fruchtbare Reife beginnt in Verwesung überzugehn, und mir ist der Anblick der langsam hinsterbenden Natur beynah reicher und größer als ihr Aufblühn und Lebendigwerden im Frühling. Ich fühle mich mehr zu edeln und erhabenen Empfindungen jetzt gestimmt als im Frühjahr [...] Schon das Loßreißen von so viel schönen, lieben Gegenständen macht die Empfindungen zusammengesetzter und interressanter." (N IV, 98)

D. Philosophische Grundlagen: Kant, Hemsterhuis, der Idealismus

Bei philosophisch interessierten und spekulativ gearteten Gemütern wie Friedrich Schlegel, Novalis oder Schleiermacher erwächst die erste Phase der Romantik auch aus der Berührung und Auseinandersetzung mit den Denkgebilden der Philosophie. Neben Denkern der weiter und weitest zurückliegenden Zeit (Plato, Plotin, Spinoza, Leibniz) wirkten befruchtend vor allem der etwa zeitgleiche Idealismus, insbesondere Johann Gottlieb Fichtes, und die noch im 18. Jahrhundert angesiedelten Immanuel Kant und Franz Hemsterhuis. Nicht nur der Chronologie, auch der Bedeutung nach gebührt die Aufmerksamkeit zunächst der herausragenden, die Erneuerung des Denkens entscheidend einleitenden Rolle Kants (von Hemsterhuis wird an einer späteren Stelle und erst im Anschluß an Fichte und Schelling die Rede sein).

Die sogenannte Kopernikanische Wende, die Kant mit seiner *Kritik der reinen Vernunft* (1781) in der Erkenntnistheorie herbeiführte, besteht in dem Aufweis, daß wir die Welt nicht erkennen, wie sie (an sich) ist, sondern daß die Welt ist (so erscheint), wie wir sie erkennen. Unser erkennendes Bewußtsein ist nicht Abdruck der Welt, sondern die Welt Abdruck unseres Bewußtseins, denn was uns ohne Bewußtsein nur als chaotische Mannigfaltigkeit gegeben wäre, wird erst durch die ordnende Kraft unseres Geistes geformt und gegliedert. Insofern freilich ist uns die Welt nur als "Erscheinung" gegeben; wie sie „an sich" ist, jenseits der Erscheinung, entzieht sich unserer Erkenntnis. Hiermit zeigt Kant aller traditionellen Metaphysik die Grenzen auf, eben jeglichem Versuch, die Erscheinungswelt transzendierend etwas vom „Ding an sich" zu erkennen. Ausgegangen war Kant von der Frage, wie wissenschaftliche Aussagen („synthetische Urteile"), wie sie in der Mathematik und in den Naturwissenschaften gemacht werden, a priori möglich sind. Und seine Antwort lautet, daß diese Möglichkeit nur dann besteht, wenn die Gegenstände, auf die sich diese Aussagen beziehen, sich nach dem erkennenden Bewußtsein, und nicht umgekehrt, richten.

Begründet wird damit die „Transzendentalphilosophie", deshalb so genannt, weil sie sich nicht mit den Gegenständen der Erfahrung, sondern mit den subjektiven, im Bewußtsein gründenden Voraussetzungen der Erfahrung befaßt. „Ich nenne alle Erkenntnis *transzendental*", schreibt Kant, „die sich nicht so wohl mit Gegenständen, sondern mit *unserer Erkenntnisart* von Gegenständen, *so fern diese* a priori *möglich sein soll*, überhaupt beschäftigt." (Kant III, 63) Nicht zu verwechseln ist der Begriff „transzendental" = ‚diesseits aller Erfahrung, subjektiv begründet', mit dem Begriff „transzendent" = ‚jenseits aller Erfahrung, außerhalb der Reichweite der Erkenntnis durch das Subjekt'.

Wenn alle Erfahrung, alle Erkenntnis ihren Bestimmungsgrund im Subjekt hat, ist sie doch deshalb nicht subjektiv im Sinne von nicht-objektiv. Vielmehr kommt ihr nach Kant, da das Bewußtsein grundsätzlich bei allen Menschen gleichgeartet ist und gleich funktioniert, eine intersubjektive Allgemeinheit zu. (Die Romantiker werden diese Ansicht relativieren, u. a. auf Grund der Erfahrung, daß der Künstler die Welt anders sieht als der Philister.).

Im Keim ist in Kants Lehre von dem Unterschied zwischen Erscheinung und Ding an sich eine Zwei-Welten-Theorie angelegt, die auf Hardenbergs Unterscheidung zwischen sichtbarer und unsichtbarer Welt vorausdeutet und übrigens auch ein Pendant hat in der Dualität der Welten beim Schwärmer. Kant begrenzt unser Wissen streng auf die Erscheinungswelt, aber indem er es an die Grenzen führt, lädt er unwillkürlich dazu ein, über den Rand zu schauen in die Andere Welt, die ‚dahinter' liegt. Er selbst versagte sich diese Neugier, in der Gewißheit, doch nichts erkennen zu können: „was die Dinge an sich sein mögen, weiß ich nicht, und brauche es auch nicht zu wissen, weil mir doch niemals ein Ding anders, als in der Erscheinung vorkommen kann." (Kant III, 297) Anders die Romantiker und auch einer von Kants philosophischen Nachfolgern, Schopenhauer, der seine ganze Metaphysik auf Kants erkenntnistheoretischer Unterscheidung aufbauen wird.

Es ist bezeichnend, daß Novalis nach seinem Studium Fichtes, der das Ding an sich in seiner *Wissenschaftslehre* eliminiert hatte und dem romantischen Bedürfnis nach einem höheren Sein letztlich nicht viel sagen konnte, sich unter anderem wieder mit der *Kritik der reinen Vernunft* beschäftigt. „Giebt es noch *außersinnliche* Erkenntniß?" schreibt Novalis in seinen Kant-Studien aus dem Spätherbst des Jahres 1797. „Ist noch ein anderer Weg offen, aus sich selbst herauszugehn und zu andern Wesen zu gelangen, oder von ihnen afficirt zu werden?" (N II, 390) Kant selber hatte zwar in seiner Vernunftkritik, wie Novalis notiert, bemerkt, daß die Vernunft, zu allem Bedingten notwendig das Unbedingte denkend, über die Grenze der Erfahrung und aller Erscheinungen hinausstrebt. Aber er hatte dies zu einem Postulat der praktischen Vernunft in bezug auf das moralische Handeln, keineswegs aber zu einem Postulat der theoretischen Erkenntnis gemacht, die er vielmehr nach wie vor in die Grenzen der sinnlich-rationalen Erfahrung bzw. Erscheinungswelt gebannt sieht. Novalis dagegen spekuliert mit seiner Frage ausdrücklich auf ein Erkennen außerhalb der sinnlichen Wahrnehmung, nämlich jenes ganz Anderen jenseits der Erscheinungswelt, und verwandelt damit den transzendentalen Ansatz wieder in einen transzendenten. Der Weg „*aus uns* heraus" (N II, 386) fordert jedoch ein anderes, höheres Organ im Menschen als die Vernunft. Er fordert jenes innere Vermögen, das Novalis bei Hemsterhuis als „moralisches Organ" beschrieben fand (s. dazu weiter unten; vgl. auch N II, 337, Einleitung).

Immerhin bedeutete bereits Kants Ansicht vom Wesen der Vernunft einen für die Romantik richtungsweisenden, befreienden Schritt über das rein Empirische und das Rationale im engeren Sinne hinaus. Indem er die Vernunft als das Vermögen der „Ideen" vom Verstand als dem Vermögen der „Begriffe" abhob und den „reinen Vernunftbegriff" als „Begriff des Unbedingten" auffaßte (Kant IV, 328), dem „reinen Verstand" hingegen so viel Beschränktheit und Blindheit zuschrieb, nicht einmal sich über die „Grenzen seines Gebrauchs" im klaren zu sein und „zu wissen, was innerhalb oder außerhalb seiner ganzen Sphäre liegen mag" (III, 269), verlieh er der Vernunft eine Würde, die sie als Organ höherer Einsicht auszeichnete. Wohl unter dem Eindruck nicht nur seiner Lektüre Friedrich Heinrich Jacobis (s. FS VIII, S. XXXf.), sondern auch seiner Kant-Lektüre vermerkt Friedrich Schlegel in einem Brief vom 29. 9. 1793 an den Bruder: „Ist denn Vernunft etwas anders, als höheres Leben?" (FS XXIII, 136) Etwas später, am 16. 10. 1793, schreibt er: „Vernunft ist ja nicht nur ein Theil des Vorstellungsvermögens, sondern auch ein Grundtrieb, der nach dem Ewigen." (Ebd., 143)

In diesem Zusammenhang kommt Kant ebenfalls das Verdienst zu, dem Begriff „Idee" wieder eine Bedeutung gegeben zu haben, die an die platonische Tradition anknüpft (Schopenhauer verstand Kant sogar als Platoniker). In seiner *Allgemeinen Übersicht des gegenwärtigen Zustandes der deutschen Literatur* bemerkt August Wilhelm Schlegel ausdrücklich, Kant habe diesen Begriff „zuerst in seine Rechte wieder eingesetzt" (AWS III, 49). Er selbst definiert Ideen als „schrankenlose Gedanken", als „etwas, worauf der menschliche Geist mit einem unendlichen Bestreben gerichtet ist" (ebd.). Von seinem Bruder Friedrich zitiert er eine Definition aus dem *Athenäum:* „Ideen sind unendliche, selbständige, immer in sich bewegliche, göttliche Gedanken." (FS II, 257)

Allerdings war Kant nicht dagegen gefeit, auch mißverstanden oder in eine von ihm nicht legitimierte Richtung weitergedacht zu werden (s. o.). Eine Entwertung der empirischen Wirklichkeit etwa zur "Phantasmagorie", wie Schopenhauer die Erkenntniskritik interpretierte, lag gewiß nicht in seinem Sinn, da er streng darauf bestand, daß „Erscheinung" nicht für „Schein" gehalten und nicht einmal mit „Wahrscheinlichkeit" identifiziert werde (Kant IV, 308). Gleichwohl beginnt seine Philosophie jenen naiven Realismus zu unterminieren, der annimmt, daß das Wirkliche das Wahre, sogar das allein Wahre sei. Für die Romantiker besteht ein Zwiespalt zwischen dem Wahren und dem Wirklichen, wobei sie dem Wirklichen höchstens den Status des Wahrscheinlichen zubilligen, und dieser Ansicht mag Kant Vorschub geleistet haben; denn, wie Schopenhauer bemerkt, „Kants Lehre bringt in jedem Kopf, der sie gefaßt hat, eine fundamentale Veränderung hervor, die so groß ist, daß sie für eine geistige Wiedergeburt gelten kann. Sie allein nämlich vermag, den ihm angeborenen, von der ursprünglichen Bestimmung des Intellekts herrührenden Realismus wirklich zu beseitigen" (Zürcher Ausgabe 1977, I, 20).

Ungewollt hat Kant auch den von ihm inspirierten Fichte, der die Philosophie des Königsbergers wie eine Erleuchtung und Umwälzung empfand (s. Fichte Briefe I, 142, 164f., 449f.), dazu ermächtigt, der objektiven Welt die Eigenständigkeit abzusprechen und seine Lehre auf der Grundthese aufzubauen, daß alles Seiende „Setzung" des „Ich" sei. Erst Fichte stattet das Subjekt, das er nicht als empirisches versteht, mit einer so weitgehenden „transzendentalen" Schöpferkraft aus und macht es so autonom, daß der von Kant in mancher Hinsicht unbefriedigte Friedrich Schlegel der neuen idealistischen Philosophie mit Hingabe und Bewunderung, wenn auch nicht unkritisch (dazu weiter unten), gegenübertrat. Offenbar fühlte sich hier sowohl sein starkes Freiheitsbedürfnis wie seine jugendliche Überzeugung von der Genialität des menschlichen Geistes (s. seinen Brief vom 21.7. 1791; FS XXIII, 14), Erbstück der Sturm-und-Drang-Zeit, angesprochen.

Nachdem Fichte seine Philosophie zum ersten Mal in einer kürzeren Schrift, *Ueber den Begriff der Wissenschaftslehre,* 1794 vorgestellt hatte, ließ er sein Hauptwerk, *Grundlage der gesammten Wissenschaftslehre,* 1794/95 erscheinen. Er gab sie bogenweise für die Zuhörer seiner Vorlesungen heraus, die er soeben in Jena über eben diese Materie begonnen hatte.

Die Tatsache, daß mir alle Vorstellungen, die in einer gewissen Anschauung gegeben werden, als „meine" Vorstellungen gegeben sind, hatte Kant als transzendentale Einheit der Apperzeption begriffen und auf die „transzendentale Einheit des Selbstbewußtseins" zurückgeführt (Kant III, 136), diese aber nicht weiter untersucht. Hier setzt Fichte an und erklärt diese Einheit genauer als dialektische Synthese von Subjekt und Objekt, Ich und Nicht-Ich. Das Ich weiß zunächst sich selbst, ist sich seiner bewußt, damit „setzt" es sich. Zugleich weiß es notwendig, da es sich sonst nicht als Ich erfahren könnte, daß es auch ein Anderes (Nicht-Ich) weiß, welches das Ich begrenzt, so daß es, ebenso wie sich selbst, zugleich jenes Andere „setzt", sich entgegensetzt. Das Wissen des Ich, seine Reflexion, besteht somit aus der permanenten Dialektik von Setzen und Entgegensetzen. Beides ist Akt des Ich als erster und letzter Instanz, wie dies auch in den ersten beiden Grundsätzen zum Ausdruck kommt: „das Ich sezt sich als bestimmt durch das Nicht-Ich", „das Ich sezt sich als bestimmend das Nicht-Ich" [entgegen], woraus der dritte Grundsatz folgt: „das Ich, und das Nicht-Ich bestimmen sich gegenseitig" (Fichte WL, 385).

Fichte hat diese das Setzen und Entgegensetzen umfassende Reflexion als Tätigkeit aufgefaßt, wie denn auch Friedrich Schlegel in seiner Rezension von F.J. Niethammers *Philosophischem Journal*, 1797, befindet:

„Der einzige Anfang und vollständige Grund der *Wissenschaftslehre* ist eine *Handlung:* die Totalisierung der reflexen Abstraktion, eine mit Beobachtung verbundene Selbstkonstruktion, die innre freie Anschauung der Ichheit, des Sichselbstsetzens, der Identität des Subjekts und des Objekts. Die ganze Philosophie ist nichts anders als Analyse dieser einigen, in ihrer Bewegung aufgefaßten, und in ihrer Tätigkeit dargestellten Handlung." (FS VIII, 28)

In einem Brief an seine Braut Johanna Rahn von Anfang 1790 hatte Fichte geschrieben: „Ich habe nur eine Leidenschaft, nur ein Bedürfnis, nur ein volles Gefühl meiner Selbst, das: außer mir zu würken. Je mehr ich thue, je glüklicher scheine ich mir." (Fichte Briefe I, 62) Dazu steht im Widerspruch sein Desinteresse an der Außenwelt, an der sich Handeln bewähren müßte, die er aber zu einer Setzung des Ich degradiert.

Wenn allerdings die Außenwelt dem Augenschein nach etwas Selbständiges, schlechterdings Gegebenes, nicht Gesetztes ist, so erklärt Fichte diese nachweisliche Erfahrung des empirischen Ich mit der Tatsache, daß außer der reflektierenden Tätigkeit des Bewußtseins auch eine nicht-reflexive, unbewußte am Werk ist, nicht unbewußt zwar dem transzendentalen Ich im Aktus des Philosophierens, aber dem gemeinen Verstande. Es handelt sich um die unbewußte Tätigkeit der Einbildungskraft, die die Außenwelt dank ihrer schöpferischen Imaginationskraft erschafft, aber eben dem empirischen Bewußtsein unbewußt und damit so, als sei sie vom Ich gar nicht gesetzt, sondern diesem selbständig gegeben. Besonders diese im wichtigen Abschnitt E des zweiten Teils der *Wissenschaftslehre* dargelegte Ansicht ist

für die Romantik, zumal für Novalis, bedeutsam geworden. H.A. Korff
nennt den Begriff der produktiven Einbildungskraft den für die Romantik
folgenschwersten Begriff der Fichteschen Philosophie. Er sei die philosophische Legitimierung der Phantasie (H.A. Korff 1949, 255: s. GB 9.).
Bedeutsam ist auch, daß die Tätigkeit der Einbildungskraft von Fichte als
„Anschauen" begriffen wird. Damit kommt der für die Romantik wichtige
Grundsatz zur Geltung, daß die Phantasie nicht nur ein innerliches Organ
ist, sondern gleichsam Augen hat und sich nach außen wendet zur Wahrnehmung der Welt. Denn die Wahrheit der Welt ist ein Problem der Wahrnehmung, wie schon Kant ausgeführt hatte. Die Wahrnehmung selbst wiederum
beruht nicht auf einem rein rezeptiven, passiven Verhalten des Subjekts,
sondern auf dessen eigener prägender Leistung, die Fichte sogar als Tätigkeit
auslegt. Mit der Grundannahme, daß die Welt Produkt des Anschauens ist,
wird die romantische Idee geboren, daß sich die Welt durch die Anschauung
verändern läßt beziehungsweise daß ihre Mängel auf einem Mangel an An-
schauungskraft beruhen. In einem Fragment aus der ersten Hälfte des Jahres
1798 bemerkt Novalis: „Es liegt nur an der Schwäche unsrer Organe, daß
wir uns nicht in einer Feenwelt erblicken." (N II, 562) Auf dem Programm
der Romantik steht deshalb auch ein neues Sehen. Dieses, neben anderem,
meint Novalis, wenn er davon spricht, daß die Welt „romantisiert" werden
müsse (s. Kap. VI. Vgl. auch Mähl 1963, 202 ff.).
Sagt Fichte, daß die Welt ein Produkt der unbewußt tätigen Einbildungskraft ist, verleiht er ihr den Status eines fiktiven Gebildes, so als sei sie etwa
ein Werk der Poesie. In seiner im Wintersemester 1800/1801 in Jena gehaltenen Vorlesung über Transzendentalphilosophie erklärte Friedrich Schlegel:
„Der Idealismus betrachtet die Natur wie ein Kunstwerk, wie ein Gedicht.
Der Mensch dichtet gleichsam die Welt, nur weiß er es nicht gleich."
(FS XII, 105) Man könnte demnach Fichtes Lehre als „radikale Künstlerphi-
losophie" (E. Friedell) auffassen und vermuten, daß darin ihre besondere
Anziehung für Schlegel und Novalis lag (s. auch Ath.-Fr. 168; FS II, 192).
Auf der anderen Seite jedoch blieb Fichte allen ästhetischen Fragen so
fern, daß er die Gunst der Romantiker, die schließlich an nichts so sehr
interessiert waren wie an Kunst, bald einbüßen mußte. Auch andere für sie
wichtige Themen mußten sie an seiner Philosophie vermissen. „Die Wissenschaftslehre ist zu *eng;* es werden nur die Principien von Fichte darin deducirt [...] – *Gesellschaft, Bildung, Witz, Kunst* usw. hätten gleichfalls Recht
hier auch deducirt zu werden", heißt es bei Schlegel in den philosophischen
Fragmenten 1797/98 (FS XVIII, 32).
Am wenigsten konnte ihnen Fichtes Mißachtung der Objektwelt genügen,
an der sie zwar kein rein empirisches, aber ästhetisches und vor allem metaphysisches Interesse hatten. Im Innern der Welt sollte nicht die Leere einer
Fiktion, sondern die Substanz eines realen Seinsgrundes gefunden werden.
Früh schon moniert Schlegel an Fichte die Armut an Gegenständlichkeit:
„Es ist merkwürdig, wie er von allem was er nicht ist, so ganz und gar keine

Ahnung hat. – Das erstemahl, da ich ein Gespräch mit ihm hatte, sagte er mir: er wolle lieber Erbsen zählen, als Geschichte studieren. Ueberhaupt ist er wohl in jeder Wissenschaft schwach und fremd, die ein Objekt hat." (Brief vom 21. und 30. 9. 1796; FS XXIII, 333) Dem wachsenden Bedürfnis nach Ergänzung des Fichteschen Systems von der Objektseite her kam in der Folge Schlegels nähere Beschäftigung mit der Philosophie Spinozas entgegen, der er sich seit Sommer 1797 im Verkehr mit Schleiermacher und unter dessen Einfluß verstärkt zuwandte. Offenbar schwebte ihm als Ziel eine Verbindung des Fichteschen abstrakten Idealismus mit Spinozas pantheistischem Realismus vor. Bereits ein halbes Jahrzehnt später, in den Pariser Jahren von 1802–1804, wendet er sich mehr und mehr von Fichte ab.

Wenn die Romantik um die Jahrhundertwende mit der zeitgenössischen Philosophie überhaupt noch konform ging, dann mit der nun aufkommenden Naturphilosophie, die in Schelling ihren ersten großen Repräsentanten hatte. Auch Schelling kam von Kant zunächst zu Fichte, um aber schließlich dessen subjektiven Idealismus in einen objektiven Idealismus umzuformen. Im Gegensatz zu Fichte, der allein den Menschen als Vernunftwesen gelten läßt, schreibt er auch der Natur eine immanente Vernunft zu, die sich im Bewußtsein des Menschen vollende. Den Bruch mit Fichte besiegelt endgültig seine Schrift *Darstellung meines Systems der Philosophie* von 1801. Sie deklariert dieses System als Identitätssystem mit dem Grundgedanken, daß die Einheit von Subjekt und Objekt nicht im Ich liegt, sondern zwischen Ich und Nicht-Ich besteht auf der Basis eines Absolutums, an dem beide Seiten gleichermaßen teilhaben und das alles umfaßt. Der Romantik an die Seite aber tritt Schelling besonders mit der in zahlreichen Schriften entwickelten Auffassung, daß die Natur ebenso wie von unbewußtem, werdendem Geist allenthalben, auch im anorganischen Bereich, von Leben und Seele erfüllt ist. In dieser Hinsicht schreibt die Philosophie gedanklich fort (und hebt auf eine neue Stufe), was das empfindsame 18. Jahrhundert bereits als Gefühlserfahrung dokumentiert hatte, im Brief vom 10. Mai des *Werther* etwa oder wenn Friedrich Schlegel am 29. 9. 1793 gegenüber seinem Bruder äußert:

„was nennt ihr Natur? – Etwa alle einzelnen Dinge, so vorhanden sind? – Oder die Seele des Alls? Das mächtige Leben, das in allen, was entsteht und untergeht, seine eigne unendliche Fülle, in wechselnder Liebe und wechselndem Kampf mit sich selbst, ewig umschlingt? Ihr ahndet im heiligen Dunkel nicht ein unendliches Nichts, sondern *ewige* Quellen vergänglichen Lebens? – *Wir auch.*" (FS XXIII, 136)

Eine Umformung zum „magischen Idealism" (N III, 385, 430) erlebt Fichtes Philosophie bei Novalis. Gemeint ist damit wie bei Fichte ein geistiges Handeln, aber nicht als Setzung der Gegenstandswelt, sondern als deren Verwandlung. „Magie ist = Kunst, die Sinnenwelt willkürlich zu gebrauchen." (N II, 546) Ganz konkret malte sich Novalis unter anderem die Möglichkeit aus, mit Hilfe der nunmehr als Zauberkraft verstandenen Potenz des Gemütes den Körper in beliebige Bewegung zu setzen, vielleicht sogar „verlorne

Glieder zu restauriren", ja willkürlich den Tod herbeizuführen. Der Mensch werde „seine Sinne zwingen ihm die Gestalt *zu produciren,* die er verlangt – und im eigentlichsten Sinn in *Seiner* Welt leben können." (N II, 583) In diesem Zusammenhang sieht sich Novalis freilich immer noch Fichte verbunden: „Fichte hat den thätigen Gebrauch des Denkorgans gelehrt – und entdeckt." (Ebd.)

Andererseits zeigen schon die ersten Notizen der Fichte-Studien von 1795/ 96, daß Novalis dem Versuch Fichtes, die Welt als Konstrukt des transzendentalen, Wissen hervorbringenden und reflektierenden Ich auszulegen – etwa nach dem Motto: Die Welt ist, weil und insofern ich sie weiß –, die Frage entgegenhält, ob nicht dem Wissen (Bewußtsein) ein Sein vorausliegt und die Wissensphilosophie notwendig an ein „Gegebenes" anknüpfen muß. Da hiermit die Allmacht des Ich in Zweifel gesetzt ist, kann er auch fragen: „Hat Fichte nicht zu willkührlich alles ins Ich hineingelegt? mit welchem Befugniß?" (N II, 107) Und er kommt bereits wenig später zu dem Schluß: „Was die Reflexion *findet, scheint* schon *da zu seyn"* (ebd., 112). Dieses Sein gewinnt im Denken Hardenbergs den Charakter eines Seinsgrundes, aus dem alles hervorgeht und mit dem alles, was sich von ihm gelöst hat, die entfremdete Realität, in der sich unser Leben abspielt, wiedervereinigt werden soll. Dieser von ihm auch mehrfach als „unsichtbare Welt" bezeichnete tiefere Grund (N III, 469; IV, 213, 215, 276), auf den sich ihm die Aussicht besonders nach dem Tode seiner Braut Sophie von Kühn am 19. März 1797 eröffnet, ist mit dem bloßen Wissen nicht auszuloten. So findet sich im letzten Teil der Fichte-Studien der Satz: „Wissenschaft ist nur Eine Hälfte. Glauben ist die Andre." (N II, 257) Methodisch überwindet Novalis die einseitige Ich-Philosophie Fichtes durch eine doppelte Denkbewegung, die er in den Fichte-Studien „*Hin* und *her* Direction" oder „Wechselbestimmung" nennt und zur „Basis alles Philosophirens" erklärt (N II, 117f.). Es ist die Bewegung vom Gefühl zur Reflexion und von der Reflexion zum Gefühl, von Innen nach Außen und von Außen nach Innen, von der Synthese zur Analyse und von der Analyse zur Synthese, von der Mitte weg (zentrifugal) und zur Mitte hin (zentripetal), vom Besonderen zum Allgemeinen und vom Allgemeinen zum Besonderen, von der Idee zur Anschauung und von der Anschauung zur Idee, vom Endlichen zum Unendlichen und vom Unendlichen zum Endlichen, vom Ich zum Du und vom Du zum Ich etc. (vgl. J. Striedter 1985, 40ff.) Diese Hin- und- Her-Bewegung kehrt auch in der Doppelheit des „Romantisierens" (Potenzierens) und „Logarithmisierens" wieder (s. dazu Kap. VI. B.).

Noch einmal, nach dem Tode der Braut, beschäftigt sich Novalis mit Fichte, um sich jedoch von seiner Autorität endgültig zu emanzipieren (was freilich nicht heißen muß, daß er sich dem Einfluß Fichtes völlig entzieht). Am 14. 6. 1797 schreibt er an Friedrich Schlegel:

„Fichte ist der Gefährlichste unter allen Denkern, die ich kenne. Er zaubert einen in seinem Kreise fest. [...] Du bist erwählt gegen Fichtes Magie die aufstrebenden Selbstdenker zu schützen. Ich hab es in der Erfahrung, wie sauer dieses Verständniß wird – Manchen Wink, manchen Fingerzeig, um sich in diesem furchtbaren Gewinde von Abstractionen zurechzufinden, verdank ich lediglich Dir und der mir vorschwebenden Idee Deines freyen, kritischen Geistes." (N IV, 230)

Ein anderer, der ihm bei der Auseinandersetzung mit Fichte half, der ihn auch aus dem Bannkreis des Magiers befreite, war der holländische, französisch schreibende Philosoph Franz Hemsterhuis (1721–1790), den Novalis bereits 1791 kennengelernt und eifrig gelesen hatte. Die 1797 neben dem Studium Kants (s. o.) erneut aufgenommene Lektüre des Holländers verdeutlichte und stärkte seine Überzeugung vom Vorhandensein einer zweiten, eher durch Gefühl und Ahnung als durch die Verstandeskräfte zu erfassenden Wirklichkeit jenseits der Sinnenwelt. Hemsterhuis, dem Kreis von Münster um Franz von Fürstenberg und die Fürstin Amalia von Gallitzin verbunden, der auf katholischer Seite ein Zentrum der Gefühlskultur des 18. Jahrhunderts bildete, bezeichnete jene unbekannte, den Sinnen abgewandte Seite des Universums als dessen „moralische" Sphäre. Dieser Ausdruck ist nicht im landläufigen Sinne zu verstehen, sondern gemäß einer im 18. Jahrhundert üblichen Terminologie, nach der sich die Welt in einen "physikalischen", körperlichen, und einen „moralischen", geistigen, Bereich teilt. Da aber nach Hemsterhuis der letztere eine verborgene innere Einheit ist, die den Sinnesorganen verschlossen bleibt, kann sie auch nur durch einen inneren Sinn erfühlt werden, den er das „moralische Organ" nennt (vgl. hierzu und zum Folgenden N II, Einleitung, 313ff.). Für Novalis lag in der Ausbildung dieses Organs die Gewähr für eine bessere, den Verlust Sophiens wie überhaupt die Mängel der Realität ausgleichende Zukunft: „Hemsterhuis Erwartungen vom moralischen Organ sind ächt profetisch." (N II, 562)

Anregend war für Novalis sodann Hemsterhuis' Anschauung, daß zwischen körperlicher und geistiger Welt eine durchgehende Analogie bestehe, daß es die gleichen zwei Grundkräfte seien, die die eine wie die andere durchwirken. Die eine Grundkraft hatte der Philosoph als Attraktionskraft begriffen, wirksam in den Regungen der Liebe und der Sehnsucht nach Vereinigung, die andere als Zentrifugalkraft, mit der sich das Prinzip der Individuation, der Selbstbehauptung zur Geltung bringe. Und wenn er die Liebe als ein Weltgesetz des Universums verstand, so hatte er auch Hardenbergs Konzept des Goldenen Zeitalters vorgearbeitet. Sein Dialog *Alexis ou de l'âge d'or* war 1787 von Friedrich Heinrich Jacobi, der ebenfalls zum Kreis von Münster gehörte, aus der französischen Handschrift übersetzt worden und in Riga unter dem Titel *Alexis, oder Von dem goldenen Weltalter* erschienen. Novalis war mit diesem Werk früh vertraut. Nach der ersten Begegnung mit Hardenberg in Leipzig schreibt Friedrich Schlegel im Januar 1792 an seinen Bruder: „seine Lieblingsschriftsteller sind Plato und Hemsterhuys – mit wildem Feuer trug er mir einen der ersten Abende seine

Meinung vor – es sey gar nichts böses in der Welt – und alles nahe sich wieder dem goldenen Zeitalter." (FS XXIII, 40)

Schließlich liegt Hemsterhuis' Bedeutung für Novalis darin, daß er, kritisch eingestellt gegenüber dem beschränkten Vermögen der Ratio und des wissenschaftlichen Diskurses, als kreativere Macht die dichterische Einbildungskraft und als der höheren Erkenntnis adäquateres Medium die Sprache der Poesie in den Vordergrund rückte. Das Wort des Dichters sei göttlichen Wesens und offenbare, von Begeisterung getragen, jene Andere Welt, die den rationalen Wissenschaften, allein auf die gegenständliche Realität fixiert, verschlossen bleibe. Diese Botschaft konnte Novalis, der philosophischen Abstraktion überdrüssig, aber ohne in der Folge die Philosophie beiseite zu setzen, um so williger aufnehmen, als sich in ihm selber der schöpferische Drang zur poetischen Gestaltung regte, in der eigenen Einsicht auch, daß sich die lebendige Fülle des tieferen (oder höheren) Seins nicht im engen eindeutigen Begriff, sondern nur im vieldeutigen dichterischen Symbol ausdrücken lasse. Zudem wird er nun auf poetische Weise Ernst machen mit dem geistigen Handeln der produktiven Einbildungskraft, von dem Fichte den ersten Wink gegeben hatte. Ebenfalls in Verbindung mit seinen Hemsterhuis-Studien hatte er die Erkenntnis gewonnen, daß wir etwas nur wissen, insoweit wir es machen. In den späteren Fragmenten heißt es dann etwa: „Was ich begreife, das mus ich machen können – was ich begreifen will – machen lernen." (N III, 289) „Das ächte Denken erscheint, wie ein Machen – und ist auch solches." (Ebd., 404)

Der Weg von der Abstraktheit der Philosophie zur Lebendigkeit der Poesie erschloß Novalis im übrigen nicht nur die Tiefe der „unsichtbaren Welt", sondern auch die Sinnenfülle der gegenständlichen Wirklichkeit. Im Februar 1800 schreibt er an den Kreisamtmann Just: „Die Philosophie ruht jetzt bey mir nur im Bücherschranke. Ich bin froh, daß ich durch diese Spitzberge der reinen Vernunft durch bin, und wieder im bunten erquickenden Lande der Sinne mit Leib und Seele wohne." (N IV, 321)

(Zum Einfluß Fichtes auf die frühe Romantik siehe ergänzend Abschnitt E. dieses Kapitels.)

Exkurs: Die Redeweise vom „Geist"

Kennzeichen des Idealismus ist es, daß er sich als "Philosophie des Geistes" im Gegensatz zu einer „Buchstaben-Philosophie" versteht (s. etwa das Älteste Systemprogramm des deutschen Idealismus, in: Aus der Frühzeit des deutschen Idealismus, hg. von Martin Oesch, Würzburg 1987, S. 85). Als ebenso bezeichnend für die frühen Romantiker erscheint, daß sie gern und bedeutungsvoll vom „Geist" reden.

Gemäß einer aus dem indogermanischen Wortstamm abgeleiteten Bedeutungsvariante meint „Geist" ursprünglich soviel wie ‚Erregung, Ergriffenheit', während in der biblisch-kirchlichen Tradition auf das Wort die Bedeutung von lateinisch „spiritus" und griechisch „pneuma" übertragen wird, so in „heiliger Geist", „Geist Gottes". Teils theologisch, teils philosophisch steht „Geist" für den Gegensatz zu ‚Körper' und zu ‚Materie'. Üblich wird es in neuerer Zeit, vom Geist eines Menschen, einer Epoche, einer Kultur im Sinne von individueller Wesensart zu sprechen und was der Bedeutungsschattierungen mehr sind. Im 18. Jahrhundert, besonders in poetischen Texten, wird das Wort in seiner ganzen Bedeutungsbreite und -fülle gebraucht, in der es im Grimmschen Wörterbuch in einem fast 120 Spalten umfassenden Artikel erklärt wird (Neudruck Bd. 5, Sp. 2623–2741).

Von Interesse im Zusammenhang mit der Romantik ist besonders die verbreitete Neigung, den Geist der Sphäre des Innern oder gar Innersten zuzuweisen, als verborgenen Lebenskern und -quell (ebd., Sp. 2679, 2723). Als solchem kommen ihm die Attribute des Organischen zu, das Zeugen, das Wachsen, das Nähren und Genährtwerden. Diese Konnotation mit ‚Leben' ist an vielen Stellen romantischer Texte deutlich, aber auch die mit ‚Verborgenheit' und ‚Innerstem' in der Polarität Außen – Innen. Der berühmteste Beleg hierfür ist die vielzitierte Stelle aus dem 16. Blütenstaub-Fragment des Novalis: „Die Tiefen unsers Geistes kennen wir nicht. – Nach Innen geht der geheimnißvolle Weg." (N II, 419) Das heißt: die Innenwelt des Menschen, aber auch die Innenwelt der Außenwelt ist eine geistige Welt, nicht als Abstraktion, sondern als „geistiges *Leben*". Der lebendige Geist bleibt aber nicht innen: „Der Geist entfaltet sich wiederum, geht aus sich selbst wieder heraus" (ebd., 431).

Die Vorstellung vom Innen- und Verborgen-Sein des Geistes mag sich bei den Romantikern auf vielerlei Weise herausgebildet haben. Sicher ist, daß daran eine hermeneutische Erfahrung im Umgang mit Schriftwerken einen wesentlichen Anteil hatte, nämlich die, daß der Sinn zumal poetischer Texte nicht an der Oberfläche liegt, sondern ein Eindringen erfordert. Als Intellektuelle, die ihre Bildung vornehmlich aus Büchern bezogen und in Brief und Gespräch austauschten, waren sie an Sprache und Schrift orientiert, Leser und Kommunikatoren freilich einer neuen Kategorie, überzeugt, daß Geist und Buchstabe nicht einfach zusammenfallen und daß sich der Wert eines Werkes nach seinem Geist bemißt. „So viel geistiges Leben ein Werk enthält, so viel Werth hat es", schreibt Friedrich Schlegel im Mai 1793 an den Bruder (FS XXIII, 98). Nachdem er sich mit Shakespeares *Hamlet* abgemüht und ein richtiges Verständnis gewonnen zu haben glaubt, gibt er wenige Wochen später an August Wilhelm weiter, was er als das „Innerste" des Helden und des ganzen Stückes gefaßt hat:

„Dieß ist der *Geist* des Gedichts; alles andre nur Leib, Hülle. Und dieser [Geist] kann seiner Natur nach nur von sehr Wenigen gefaßt werden; so daß es wohl geschehen, daß im Schauspielhause kein Einziger von den Spielenden, und auch kein einziger von den Zuschauern etwas von der Sache ahndet." (Ebd., 105)

Der dauernde Umgang mit Büchern wurde zuweilen auch als Entfremdung vom Geist empfunden. Am 5. 2. 1798 schreibt Novalis an Caroline Just:

„Was hilfts, daß ich mich bis zur höchsten Ermüdung bey Buchstaben aufhalte – verliere ich darüber nicht die lehrreichste Schrift, die Menschengestalt, aus den Augen? Ich kehre am Ende immer zu Einem zurück – und dieses Eine ist der Geist des Menschen – von dem am Ende doch alles Ausfluß und Offenbarung ist – und warum dieses Eine gerade in dem todten Zeichen, und nicht in lebendiger Anschauung suchen." (N IV, 249)

Der Gegensatz von Geist und Buchstabe geht auf die christliche Überlieferung zurück. Paulus schreibt im 2. Korintherbrief:

„Er [Christus] hat uns fähig gemacht, Diener des Neuen Bundes zu sein, nicht des Buchstabens, sondern des Geistes. Denn der Buchstabe tötet, der Geist aber macht lebendig." (3,6)

Für Lessing ist diese Dichotomie ein Hauptargument bei der Verteidigung der von ihm herausgegebenen Reimarus-Fragmente gegen die orthodoxen Theologen bzw. der Religion gegen die Einwürfe des „Ungenannten":

„Kurz: der Buchstabe ist nicht der Geist; und die Bibel ist nicht die Religion. Folglich sind Einwürfe gegen den Buchstaben, und gegen die Bibel, nicht eben auch Einwürfe gegen den Geist und gegen die Religion." (Sämtliche Schriften, hrsg. von Lachmann-Muncker, XII, 428)

Und Lessing bereits legt den Geist als „inneren" Geist, als „innere Wahrheit" aus:

„Aus ihrer innern Wahrheit müssen die schriftlichen Ueberlieferungen erklärt werden, und alle schriftliche Ueberlieferungen können ihr [der Religion] keine innere Wahrheit geben, wenn sie keine hat." (Ebd., 429)

Den Geist gegen den Buchstaben wachzurufen, wird Bedürfnis der Romantiker. Unter den *Ideen* betitelten Fragmenten Friedrich Schlegels im III. Band des *Athenäums* findet sich das folgende:

„Man redet schon lange von einer Allmacht des Buchstabens, ohne recht zu wissen, was man sagt. Es ist Zeit, daß es Ernst damit werde, daß der Geist erwache und den verlornen Zauberstab wieder ergreife." (FS II, 262)

Die Allmacht des Buchstabens bekämpft Novalis sowohl in der Politik wie in der Religion. Keine Hoffnung auf Besserung des Staatslebens sieht er in *Glauben und Liebe* in der geschriebenen Verfassung: „Man kann sich für eine Constitution nur, wie für einen Buchstaben interessiren", der Buchstabe aber sei nichts weiter als "papierner Kitt" (N II, 487, 488). Und in der *Christenheit oder Europa* greift er die Reformation und den Protestantismus dafür an, daß sie die auf den Wortlaut der Bibel fixierte reine Schriftgläubigkeit eingeführt hätten, die „dem heiligen Geiste die freie Belebung, Eindringung und Offenbarung unendlich" erschwere (N III, 512).

Wie das poetologische, politische, religiöse Denken der Romantik die Paulinische Formel aufgreift, so auch ihre Deutung der Welt. In seinen philosophischen Fragmenten stellt Friedrich Schlegel fest, „Daß der *horizontale Realismus* nur das Aeußre des Buchstabens des Realen kenne, der *centrale* (der sich mit dem *Ding an sich* beschäftigt) hingegen den Geist des Innern" (FS XVIII, 41). Bei Novalis fließt die Dichotomie Buchstabe – Geist mit der aus der Antike stammenden, über das Mittelalter überlieferten Vorstellung zusammen, daß die ganze Welt ein Buch, Schrift, Sprache, Mitteilung sei, freilich nunmehr unter der Prämisse, daß diese Schrift kaum mehr verständlich ist:

„Alles, was wir erfahren ist eine *Mittheilung*. So ist die Welt in der Tat eine *Mittheilung* – Offenbarung des Geistes. Die Zeit ist nicht mehr, wo der Geist Gottes verständlich war. Der Sinn der Welt ist verlohren gegangen. Wir sind beym Buchstaben stehn geblieben. Wir haben das Erscheinende über der Erscheinung verlohren. Formularwesen." (N II, 594)

Im Buchstaben seiner eigenen Poesie versucht Novalis nichts geringeres als den Geist der Welt wiederzubeleben und wieder zum Ausdruck zu bringen, und zwar in der magischen Beschwörung durch die Sprache des Symbols. Daher bei ihm die Rede auch von der „Verwandlung des Geists in Buchstaben" (III, 580) oder von der Entfaltung und dem „Herausgehen" des Geistes (s. o.).

Der Geist bedarf geradezu des Buchstabens, er läßt sich nicht ‚rein‘ mitteilen. So heißt es in Schlegels *Lucinde*:

„Du mußt das unsterbliche Feuer nicht rein und roh mitteilen wollen [...] Bilde, erfinde, verwandle und erhalte die Welt und ihre ewigen Gestalten im steten Wechsel neuer Trennungen und Vermählungen. Verhülle und binde den Geist im Buchstaben. Der echte Buchstabe ist allmächtig und der eigentliche Zauberstab. Er ist es, mit dem die unwiderstehliche Willkür der hohen Zauberin Fantasie das erhabene Chaos der vollen Natur berührt, und das unendliche Wort ans Licht ruft, welches ein Ebenbild und Spiegel des göttlichen Geistes ist, und welches die Sterblichen Universum nennen." (FS V, 20)

E. Reflexion als fundamentale Denkhaltung

„Reflexion" ist ein anderer Zentralbegriff der Frühromantik, vor allem bei Friedrich Schlegel und Novalis. Da er für einen ganzen Denkstil repräsentativ ist (vgl. etwa W. Benjamin 1973, E. Behler 1973, E. Huge 1971), andererseits ebenfalls seine Herkunft aus dem 18. Jahrhundert nicht verleugnen kann, ist er hier zu erörtern und verlangt einen eigenen Abschnitt.

Schlegel, der die Reflexion als die „eigentümliche Form unsers Denkens" bezeichnet hat (FS XVIII, 179), erklärt sie in den Kölner Vorlesungen von 1804–1805 wie folgt: Reflexion sei gegeben,

„wenn man nämlich nicht bloß auf den vorgestellten Gegenstand, sondern auch auf die vorstellende Tätigkeit sieht, wodurch die Vorstellung zu einer höhern Dignität gesteigert wird. Z. B. die Vorstellung des individuellen Baumes ist eine niedere vom ersten Grade, die Vorstellung des Sehens aber oder unsre besondre Tätigkeit bei jener erwähnten Vorstellung ist eine höhere vom zweiten Grade, es ist eine reflektierte Vorstellung, oder ein Begriff. Reflexion ist soviel als Zurückbringung der Aufmerksamkeit auf uns selbst." (FS XIII, 234f.)

Setzt man für Vorstellung „Gedanke", kann man auch sagen: Reflexion ist nicht einfach der Gedanke von etwas, sondern die ‚Rückbeugung' auf die denkende Tätigkeit als solche, auf das Denken des Gedankens. Sie besteht somit in der Spiegelung des Gedankens im Bewußtsein des denkenden Ich, das sich, indem es sich beim Denken gewissermaßen zuschaut, dabei seiner selbst bewußt wird. Deshalb kann Schlegel die Reflexion als „Zurückbringung der Aufmerksamkeit auf uns selbst" verstehen.

Jede subjektive Funktion, falls sie der Reflexion, des Bewußtwerdens überhaupt fähig ist, konstituiert auf diese Weise zwangsläufig Selbstbewußtsein. Dabei ist es nur ein Schritt von dem Bewußtsein „Ich denke (bzw. empfinde, erkenne etc.)" zu dem Bewußtsein „Ich bin die Quelle meines Denkens (bzw. Empfindens, Erkennens etc.)". Auf seine Weise, jedoch mit vielen Einschränkungen und Vorbehalten, hat Kant diesen Schritt in bezug auf das Erkennen vollzogen. In seiner Erkenntnistheorie das Erkennen selbst zum Gegenstand des Erkennens machend, es also reflektierend, lenkte er nicht nur die „Aufmerksamkeit auf uns selbst" als Erkennende, sondern fand im Subjekt sogar den Bestimmungsgrund des Erkennens. Wenn aber mit der Reflexion die Selbstanschauung des Bewußtseins verbunden ist – die „intellektuelle Anschauung", wie der Terminus in der damaligen Philosophie lautet – und mit ihr die Frage auftaucht, ob es eine Erkenntnis des reinen, transzendentalen Selbstbewußtseins gebe, so hat sich Kant diesem Ansinnen verweigert. Er hielt dafür, daß das reine Selbstbewußtsein zwar die Einheit der Apperzeption gewährleiste, jedoch selber kein Gegenstand der Erkenntnis werden könne, da es der Sinnlichkeit ermangele. Fichte hingegen richtet auf eben dieses reine Ich sein ganzes Hauptaugenmerk, mit dem Anspruch, es in seiner Struktur durchschauen zu können, und begründet hierauf seine Ich-Philosophie. Das denkende Selbstbewußtsein bei Fichte geht völlig in einer einzigen Rolle auf: sich selbst beim Denken zuzuschauen, um sich als denkendes Selbst zu begreifen. Entschiedener als bei Kant macht es dabei das Ich zur Quelle alles dessen, was ihm gegeben scheint, auch das Nicht-Ich, das es in Wahrheit als „gesetztes" deklariert.

Der Akt des Setzens und Entgegensetzens ist bei Fichte nicht ganz mit dem Akt des Reflektierens identisch (vgl. Benjamin, 18f.), aber der Unterschied braucht hier nicht zu interessieren. Wesentlich ist, daß bei Fichte die Reflexion einen bis dahin nicht dagewesenen Stellenwert erhält, eben als ausschließliche, die Philosophie revolutionierende Methode der Erkenntnis und als Geisteshaltung, von der Schlegel und Novalis sofort fasziniert waren. Das zeigt sich ebenso in den Fragmenten Schlegels, sowohl in denen des *Lyceums* und des *Athenäums* wie denen des Nachlaßwerks *Philosophische*

Lehrjahre, wie in den Fichte-Studien Hardenbergs. Und ihre Theorie der Poesie nimmt die Reflexion als wesentliches Element auf (s. Kap. IV.). Sie gehen jedoch über Fichte hinaus, und sie werden schließlich die Reflexion auch zu kompensieren versuchen, durch Zustände der Unbewußtheit und Selbstvergessenheit (dazu weiter unten).

Für Fichte hat die Reflexion wie auch das Setzen bei aller Permanenz und Insistenz eine Grenze. Sie ist erreicht, wenn das Selbstbewußtsein sich völlig erfaßt hat, wenn es theoretisch vollendet, absolut geworden ist. Für die frühen Romantiker dagegen ist die Reflexion ein unendlicher Prozeß (vgl. Benjamin, 21ff.; Behler, 225ff.), der von Schlegel als ironische Relativierung alles Bedingten gesehen wird (s. dazu Kap. III. E.) und sich bei Novalis als mystische Tiefschürfung des inneren Sinns darbietet. Fichte gab zu dieser „Selbstdurchdringung des Geistes" (N II, 526) freilich die entscheidende Anleitung. „Kant hat das *Ende* der Metaphysik entdeckt [...] Fichte aber den Anfang, nicht aber im Ich und Nicht Ich, sondern in der innern Freiheit der Reflexion." (FS XVIII, 280)

Es stimmt gleichwohl nicht, daß, wie Karl Jaspers einmal bemerkt hat, mit Fichte das Zeitalter der Reflexion erst beginne. Es beginnt früher, und wesentlich früher als in der Philosophie manifestiert es sich in der Dichtung. Was Schiller an der Poesie seiner Zeit als das „Sentimentalische" entdeckte, war nicht nur ein Mangel an Unmittelbarkeit, sondern eine Vermitteltheit und Distanz, die gerade darauf beruht, daß der sentimentalische Dichter die Eindrücke, die er von der Außenwelt empfängt, und seine damit verbundenen Empfindungen immer auch in seinem Gemüt reflektiert. Wir erhalten somit seinen Gegenstand nicht „aus erster Hand", wie Schiller sagt, sondern in der Spiegelung durch sein Bewußtsein, und stellt der Dichter seinen eigenen inneren Zustand dar, dann wiederum nicht unvermittelt, sondern als Zuschauer seiner selbst, der sagt, was er über sein inneres Befinden denkt. Als Beispiele nennt Schiller in seiner Abhandlung *Über naive und sentimentalische Dichtung* Albrecht von Haller, Ewald von Kleist und Friedrich Gottlieb Klopstock, die er als repräsentativ besonders für den elegischen Part der sentimentalischen Dichtung bezeichnet:

„Unter Deutschlands Dichtern in dieser Gattung will ich hier nur *Hallers, Kleists* und *Klopstocks* erwähnen. Der Charakter ihrer Dichtung ist sentimentalisch; durch Ideen rühren sie uns, nicht durch sinnliche Wahrheit, nicht sowohl weil sie selbst Natur sind, als weil sie uns für Natur zu begeistern wissen. Was indessen von dem Charakter sowohl dieser als aller sentimentalischen Dichter *im Ganzen* wahr ist, schließt natürlicherweise darum keineswegs das Vermögen aus, *im Einzelnen* uns durch naive Schönheit zu rühren: ohne das würden sie überall keine Dichter seyn. Nur ihr eigentlicher und herrschender Charakter ist es nicht, mit ruhigem, einfältigem und leichtem Sinn zu empfangen und das Empfangene eben so wieder darzustellen. Unwillkührlich drängt sich die Phantasie der Anschauung, die Denkkraft der Empfindung zuvor, und man verschließt Auge und Ohr, um betrachtend in sich selbst zu versinken. Das Gemüth kann keinen Eindruck erleiden, ohne sogleich seinem eigenen Spiel zuzusehen, und was es in sich hat, durch Reflexion sich gegenüber und aus sich herauszustellen. Wir erhalten auf diese Weise nie den Gegenstand, nur was der reflektirende Verstand des Dichters aus dem Gegenstand machte, und selbst dann, wenn der Dichter selbst dieser Gegenstand ist, wenn er uns seine Empfindungen darstellen will, erfahren wir nicht seinen Zustand unmittelbar und aus der ersten Hand, sondern wie sich derselbe in seinem Gemüth reflektirt, was er als Zuschauer seiner selbst darüber gedacht hat." (Schiller XX, 452)

Die Gründe für die Aufhebung von Unmittelbarkeit, „Naivität", durch Reflexion können hier nicht genauer erörtert werden. Sie liegen nicht nur in einer umwälzenden Veränderung des Denkens, sondern auch des Fühlens. Die damalige Empfindsamkeit bedeutet im Kern das Aufkommen eines psychischen Verhaltens, bei dem das Subjekt ein Gefühl von etwas nicht nur hat, sondern es sich auch bewußt macht und in der dadurch bedingten „Zurückbringung der Aufmerksamkeit auf uns selbst" (s. o.) nicht nur sich denkt, sondern auch sich fühlt. Das Selbstgefühl als Reflexion des Objektgefühls ist dann ein Fühlen des Fühlens, wie das Sichdenken als Reflexion des Gedankens ein Denken des Denkens ist. Da Selbstgefühl immer lustvoll ist, entsteht in Kombination mit unlustvollen Objektempfindungen jene Kategorie von „vermischten Empfindungen", von der bereits in einem früheren Abschnitt die Rede war, z. B. Lust am Leiden, Lust an der Angst usw. (s. Abschnitt C.)

Wenn die Neigung zur Reflexion sich in der Dichtung niederschlägt, dann entsteht Poesie, die über sich selbst denkt, also auf einer ersten Stufe bereits das, was Schlegel später „Poesie der Poesie" nennt, und wenn sie sich in der Wissenschaft niederschlägt, dann entsteht das Wissen des Wissens wie in Fichtes *Wissenschaftslehre*. Wenn schließlich die Reflexion sogar über sich selbst reflektiert und sich dabei in einen unendlichen Prozeß einspinnt, wie in der frühen Romantik, dann entsteht das Höchstmaß an Selbstdurchdringung des Geistes: „Reflexion über die Reflexion ist der Geist der kritischen Philosophie als Philosophie der Philosophie." (FS XVIII, 320)

Je mehr Reflexion, desto mehr Selbstbewußtsein und desto mehr aktive Selbstbehauptung gegenüber der Außenwelt. Im fünfundzwanzigsten seiner Briefe *Über die ästhetische Erziehung des Menschen* schreibt Schiller: „Solange der Mensch, in seinem ersten physischen Zustande, die Sinnenwelt bloß leidend in sich aufnimmt, bloß empfindet, ist er auch noch völlig Eins mit derselben, und eben weil er selbst bloß Welt ist, so ist für ihn noch keine Welt." (Schiller XX, 394) Anders, wenn die Reflexion ihn zur Welt in Distanz setzt:

„Die Betrachtung (Reflexion) ist das erste liberale Verhältniß des Menschen zu dem Weltall, das ihn umgiebt. Wenn die Begierde ihren Gegenstand unmittelbar ergreift, so rückt die Betrachtung den ihrigen in die Ferne, und macht ihn eben dadurch zu ihrem wahren und unverlierbaren Eigenthum, daß sie ihn vor der Leidenschaft flüchtet. Die Nothwendigkeit der Natur, die ihn im Zustand der bloßen Empfindung mit ungetheilter Gewalt beherrschte, läßt bey der Reflexion von ihm ab, in den Sinnen erfolgt ein augenblicklicher Friede, die Zeit selbst, das ewig wandelnde, steht still, indem des Bewußtseyns zerstreute Strahlen sich sammeln, und ein Nachbild des Unendlichen, die *Form,* reflektirt sich auf dem vergänglichen Grunde." (Ebd.)

Der Mensch wird um so freier, als er sich der Welt und seiner selbst nicht nur bewußt wird, sondern der Welt durch sein Selbstbewußtsein sogar seinen Stempel aufdrückt: „Aus einem Sklaven der Natur, solang er sie bloß empfindet, wird der Mensch ihr Gesetzgeber, sobald er sie denkt." (Ebd., 395) Für Kant war dieses Denken der Welt ein Akt des subjektiv bestimmten Erkennens, für Fichte ist es ein Akt des Setzens durch das Ich, für Schiller gipfelt es in dem Schaffen des Künstlers, als ästhetische Gestaltgebung. „So weit er der Materie Form giebt und solange er sie giebt, ist er ihren Wirkungen unverletzlich; denn einen Geist kann nichts verletzen, als was ihm die Freiheit raubt, und er beweist ja die seinige, indem er das Formlose bildet." (Ebd.)

Für eine solche Apotheose des Bewußtseins und Selbstbewußtseins durch die Reflexion müssen die frühen Romantiker sowohl als Denker wie als Poeten empfänglich gewesen sein. Nicht oder nicht ganz dagegen entsprach sie ihrem Lebensgefühl. Ebenfalls bereits früher im 18. Jahrhundert bereitet sich ein Unbehagen an der Reflexion vor, das, wie Schillers Beschreibung des Sentimentalischen andeutet, auf dem Verlust an Unmittelbarkeit, genauer: auf der Spaltung in Sein und Bewußtsein, beruht. Die Spaltung ist eine doppelte: im Verhältnis des Menschen zur Welt und im Verhältnis des Menschen zu sich selbst. Indem er zum Bewußtsein seiner selbst kommt, rückt er die Gegenstände, wie Schiller sagt, in die Ferne. Und wird er im Bewußtsein seiner selbst sein eigenes Objekt, so spaltet er sich in einen, der beobachtet, und einen, der beobachtet wird. Dabei erleidet er einen doppelten Entzug. Mit der „Zurückbringung der Aufmerksamkeit" auf die eigene Subjektivität entzieht er sich Welt, mit der Intellektualisierung des Seins im Bewußtsein entzieht er sich Leben.

Als gegen Ende des 18. Jahrhunderts nicht der Beginn, sondern der Höhepunkt des Zeitalters der Reflexion erreicht ist, drängt das Problem auf eine Lösung. Es kann die „Reflexionsbildung unseres heutigen Lebens", wie Hegel in seiner *Ästhetik* sagt, in dem für sie charakteristischen Zwiespalt nicht fortexistieren:

„Die geistige Bildung, der moderne Verstand bringt im Menschen diesen Gegensatz hervor, der ihn zur Amphibie macht, indem er nun in zwei Welten zu leben hat, die sich widersprechen, so daß in diesem Widerspruch nun auch das Bewußtsein sich umhertreibt und, von der einen Seite herübergeworfen zu der anderen, unfähig ist, sich für sich in der einen wie in der anderen zu befriedigen. Denn einerseits sehen wir den Menschen in der gemeinen Wirklichkeit und irdischen Zeitlichkeit befangen, [...] andererseits erhebt er sich zu ewigen Ideen, zu einem Reiche des Gedankens und der Freiheit, gibt sich als Wille allgemeine Gesetze und Bestimmungen, entkleidet die Welt von ihrer belebten, blühenden Wirklichkeit und löst sie zu Abstraktionen auf, indem der Geist sein Recht und seine Würde nun allein in der Rechtlosigkeit und

Mißhandlung der Natur behauptet, der er die Not und Gewalt heimgibt, welche er von ihr erfahren hat. Mit dieser Zwiespältigkeit des Lebens und Bewußtseins ist nun aber für die moderne Bildung und ihren Verstand die Forderung vorhanden, daß solch ein Widerspruch sich auflöse." (Hegel, Suhrkamp Werkausgabe 1970, XIII, 24f., 80f.)

Es bedeutet den Beginn der Romantik und deren Charakteristikum, daß mit dem Auftreten der neuen Intellektuellen- und Dichtergeneration in den neunziger Jahren der Widerspruch akut wird und nun Lösungen versucht werden.

Eine von ihnen besteht in der Unendlichkeit der Reflexion, die wohl letztlich doch ein Ziel und Ende haben soll, nämlich die vollkommene „Selbstdurchdringung des Geistes" (s. o.). Es ist nicht zu beweisen, aber als wahrscheinlich anzunehmen, daß Schlegel und Novalis dabei, vielleicht eher undeutlich als deutlich, zeitweise ein Ziel vorschwebte, wie Heinrich von Kleist es in seinem Aufsatz *Über das Marionettentheater* (1810) formuliert. Die Reflexion, deren Bedeutung für die Geschichte des Menschen auch hier erkannt ist, wird verantwortlich gemacht für den Verlust von Unschuld und Grazie, die in ihrer bewußtseinslosen Bewegung und Existenz die Marionette und das Tier repräsentieren. Wenn nun die Grazie im Progreß der Geschichte wiedergewonnen werden soll, dann nur dadurch, daß die Reflexion ins Unendliche getrieben wird, bis zu dem Punkt, wo das Bewußtsein selber unendlich geworden ist:

„Wir sehen, daß in dem Maße, als, in der organischen Welt, die Reflexion dunkler und schwächer wird, die Grazie darin immer strahlender und herrschender hervortritt. – Doch so, wie sich der Durchschnitt zweier Linien, auf der einen Seite eines Punkts, nach dem Durchgang durch das Unendliche, plötzlich wieder auf der andern Seite einfindet, oder das Bild des Hohlspiegels, nachdem es sich in das Unendliche entfernt hat, plötzlich wieder direkt vor uns tritt: so findet sich auch, wenn die Erkenntnis gleichsam durch ein Unendliches gegangen ist, die Grazie wieder ein; so, daß sie, zu gleicher Zeit, in demjenigen menschlichen Körperbau am reinsten erscheint, der entweder gar keins, oder ein unendliches Bewußtsein hat, d. h. in dem Gliedermann, oder in dem Gott." (Sämtl. Werke u. Briefe, hrsg. v. H. Sembdner, 5. Aufl. München 1970, II, 345)

Unendlich wäre für die Romantiker ein Bewußtsein, das nicht nur das Selbst, sondern auch die Welt vollkommen enthielte, die Einheit von Subjekt und Objekt aufs vollkommenste herstellte. Und dann wäre auch für sie ein solches Bewußtsein „Gott". Novalis: „Wenn unsre Intelligenz und unsre Welt harmonieren – so sind wir *Gott gleich.*" (N III, 253) Kleist meint, der Progreß, der zum Wiedergewinn der Unschuld durch die Erweiterung des Bewußtseins führt, sei „das letzte Kapitel von der Geschichte der Welt" (S. 345). Auch dies haben die Romantiker kaum anders gesehen.

Ein Höchstmaß an Reflexion, die überscharfe Helle des Bewußtseins, bereitet, wie Schlegel mehrfach deutlich gemacht hat, auch Schmerz (vgl. Behler, 237f.). Eine zweite und ganz andere Lösung besteht daher in dem

Versuch, die Reflexion durch ein polares Gegengewicht zu entschärfen. Zu diesem Ende experimentiert die Romantik von Beginn an mit psychischen Zuständen, geistigen Haltungen, poetischen Formen wie Naivität, Traum, Rausch, Mythos, Glaube. Während es bei der ersten Methode darum geht, die Reflexion zu vervollkommnen, geht es bei der zweiten darum, sie zu kompensieren. In der Frühzeit der Romantik kommen beide Methoden, nebeneinander und miteinander, zur Geltung. Je älter die Romantik wird, desto mehr verdrängt die zweite die erste.

Auch das Bedürfnis nach Kompensation wird nicht erst in der Romantik selber geboren. Es ist geistes- und seelengeschichtlich älteren Datums und ruft die Romantik mit hervor. Als Kompensationsphänomen ist die Romantik außerdem in einem umfassenderen und komplexeren Sinne zu verstehen, nicht also nur unter dem Gesichtspunkt der Reflexion.

F. Psychologische Hintergründe: Kompensation eines Ungenügens

Wer eine einfache Gleichung zwischen Literatur und historischer Realität herstellen und aus der Darstellung eines Gegenstandes im Text direkte Schlüsse auf seine Beschaffenheit in der authentischen Wirklichkeit ziehen wollte, müßte bei romantischer Literatur zu größtenteils falschen Ergebnissen gelangen. Daß romantische Texte eine innige Beziehung zur Natur vermitteln, müßte den Schluß nahelegen, daß die damalige Zeit besonders naturnah war. Daß sie einen Sinn für das Wunderbare und Geheimnisvolle erkennen lassen, den Schluß auf entsprechende Reize im wirklichen Leben. Daß sie eine Vorliebe für das Einfältige und Einfache bekunden, müßte zu der Annahme führen, auch die Menschen damals seien einfach und einfältig gewesen.

In Wahrheit ist jedoch das Gegenteil der Fall. Nicht Unmittelbarkeit gegenüber der Natur liegt romantischer Naturdarstellung zugrunde, sondern eine teils zivilisationsbedingte, teils psychologisch bedingte Distanz (s. Abschnitt C.). Nicht Wunderglaube und Geheimnis regierten das damalige Leben in den gebildeten Kreisen, sondern eine im Gefolge der Aufklärung sich durchsetzende Rationalität und Nüchternheit (s. Abschnitt B.). Nicht einfältig und einfach war das Gemüt der Gebildeten, sondern hochgradig intellektuell und kompliziert, und so überhaupt das gesamte Geistesleben (s. Abschnitt D. und E.).

Wenn die romantische Literatur etwas ‚widerspiegelt‘, dann nicht Tatsachen, sondern Reaktionen auf Tatsachen, will sagen Bedürfnisse. Und indem sie Bedürfnisse auf der fiktiven Ebene befriedigt, dient sie der Kompensation von Mängeln in der Realität.

In diesem Kontext ist Kompensation (zu deutsch „Ausgleich, Ersetzung") ein psychologischer Begriff und bezeichnet ein psychisches Geschehen. Er wurde von dem Tiefenpsychologen Alfred Adler eingeführt, vornehmlich um das Hervorgehen eines Geltungsdrangs aus Minderwertigkeitsgefühl, eines Machttriebs aus Unterlegenheitsempfinden zu deuten. C. G. Jung hat diesen Begriff von Adler übernommen, faßt ihn aber allgemeiner als Ausgleichung von Einseitigkeiten, die infolge der Bewußtseinsfunktion entstehen, durch die Tätigkeit des Unbewußten.

Gleichviel, ob man diese Theorie im ganzen hier übernehmen will oder nicht: der Begriff Kompensation hilft jedenfalls, Widersprüche, die sowohl zwischen Romantik und außerromantischer Realität wie auch innerhalb der Romantik vorkommen, zu deuten und die widersprüchlichen Seiten aufeinander zu beziehen. Ohne Zuhilfenahme der Psychologie ist eigentlich die Romantik schon immer als Kompensation der Aufklärung gedeutet worden, als Ausgleich der Einseitigkeiten eines reinen Rationalismus nämlich durch einen angeblichen Irrationalismus. Sodann hat diese Deutung innerhalb der Romantikforschung eine Rolle gespielt bei der Darstellung des Verhältnisses von Frühromantik und Hochromantik. Besonders auf Siegbert Elkuss (Zur Beurteilung der Romantik und zur Kritik ihrer Erforschung, München und Berlin 1918) geht der später von Erich Ruprecht (Der Aufbruch der romantischen Bewegung, München 1948) wieder aufgegriffene Versuch zurück, die frühe Romantik im Kreise von Jena dem vorromantischen Intellektualismus zu subsumieren, ihr also die Eigenschaft des Romantischen im Grunde abzusprechen und als Romantik erst die nach der Jahrhundertwende stärker einsetzende und im Heidelberger Kreis kulminierende ‚irrationalistische‘ Bewegung gelten zu lassen.

Indessen sind dies Konstruktionen, die einer genaueren Prüfung nicht standhalten. Weder ist die Romantik im ganzen noch die ‚Hochromantik‘ im besonderen irrationalistisch, und andererseits ist die frühe Romantik keineswegs bloß intellektuell geartet, sondern sie weist schon alle jene irrationalen Elemente auf, die man gern der Hochromantik zuschreibt, so daß eine Trennung zwischen beiden Phasen überhaupt problematisch erscheint.

Bereits beim jungen Schlegel finden sich zwei divergierende Meinungen, die einen Widerspruch konstituieren, den nämlichen, der die Romantik in ihrer Frühphase, aber auch noch in weiten Bereichen ihrer Spätphase charakterisiert. Da äußert sich auf der einen Seite ein Hang zu Reflexion und Skepsis, der sich mit der grüblerischen Natur Hamlets identifiziert (FS XXIII, 104ff.), auf der anderen Seite eine schon in Briefen der Jahre 1791 und 1792 so bezeichnete „Sehnsucht nach dem unendlichen" (ebd., 24, 52), die in einem Brief vom 28. 8. 1793 auch „Durst nach Ewigkeit, die Sehnsucht nach Gott, also das Edelste unsrer Natur" genannt wird (ebd., 130). Zwischen beiden besteht unzweifelhaft ein kompensatorisches Verhältnis in dem Sinne, daß die auflösende Negativität der Skepsis das Bedürfnis nach einem positiven Halt, die Unfruchtbarkeit der Selbstbespiegelung das Verlangen nach Entgrenzung und Aufgehen in einem größeren Ganzen hervorruft. Auch "Begeisterung", wenngleich nicht von der rauschhaften

Art, diente Schlegel als Gegengewicht zu Kritik und Zweifel, wie er später im Rückblick selber bemerkte: „Aus dem gänzlichen absoluten Skeptizismus (theoretisch und moralisch) – war das einzige, woran ich mich damals festhielt, die intellektuelle Begeisterung, als das göttlich Positive des geistigen Lebens, was demselben allein einen positiven Wert verleihen könnte" (zit. nach FS XXIII, 403). Desgleichen sagt er in einer späteren Notiz, daß in den philosophisch-kritischen Bemühungen seiner ersten Periode zwar „der *geistige Mittelpunkt der Erleuchtung und des Glaubens"* fehlte, daß er ihn „jedoch frühzeitig anfing zu suchen" (FS XIX, 346). Eine Hinwendung zum Religiösen (wie immer man dieses bewertet), so auffällig hervortretend etwa seit 1798/99, ist also latent schon viel früher vorhanden.

Auch die Tendenz zu Einfalt und Einfachheit läßt sich als Kompensation kritischer und skeptischer Intellektualität verstehen, wird diese von einem gewissen Punkt an, wie man annehmen muß, nicht nur als Beförderung der Erkenntnis, sondern auch als Hemmung des Lebens empfunden. Offenbar viel früher schon im 18. Jahrhundert hat der Verlust an Spontaneität und Unbekümmertheit, den die damalige Zeit mit dem ungeheuren Zuwachs an Wissen und Wissen des Wissens bei gleichzeitigem Verfall der alten Ordnungs- und Wertungssysteme erlebte, ein Bedürfnis nach "Reduktion von Komplexität" aufkommen lassen. Schon Winckelmann lenkt den Blick auf die „edle Einfalt" der griechischen Antike, und im Zeichen des Rousseauismus wird man auf die naiven Reize des Kindes und des Naturmenschen aufmerksam. Wenn Friedrich Schlegel sich zunächst voller Enthusiasmus auf das Studium der griechischen Dichter wirft, um möglichst ein "Winckelmann der griechischen Poesie" zu werden, so hat auch ihn, wie fast gleichzeitig Schiller (s. *Über naive und sentimentalische Dichtung),* an den Alten das – scheinbar – Einfältige, Naive gereizt.

Unvermindert behält freilich für Schlegel und seinesgleichen das komplexe und kritische Denken seinen Wert. Die reflektierende Poetik ist ihm so wichtig wie die Poesie selbst, die Reflexion bleibt stets das Medium, durch das alles, auch das Naive, dem Bewußtsein einverleibt wird. Jede höhere Geistesbetätigung überhaupt, ob philosophischer, poetologischer oder künstlerischer Art, ist den jungen Romantikern Entschädigung für das, was ihnen die Wirklichkeit versagt. Und was versagt sie ihnen? Das ist nicht leicht auszumachen. Im Einzelfall läßt sich gelegentlich eine konkrete Bewandtnis erkennen, so bei Novalis der Verlust seiner Braut Sophie von Kühn am 19. März 1797, den er kraft des Geistes mit der Hoffnung auf die „unsichtbare Welt" zu bewältigen sucht. Aber das Ungenügen am Bestehenden war kein bloß persönliches, sondern ein Generationsproblem. Auch Novalis wird nicht erst durch den persönlichen Verlust zur Sehnsucht nach einem höheren Sein erweckt. „Frühzeitig hab ich meine precaire Existenz fühlen gelernt und vielleicht ist dieses Gefühl das erste Lebensgefühl in der Künftigen Welt", schreibt er am 8. 2. 1797 in einem Brief an Wilhelmine Thümmel (N IV, 201). Und schon Ende November 1794 spricht er von einer „traurigen nicht zu tilgenden Sehnsucht" und einem „ängstlichen Ueberdruß an der Gegenwart" (ebd., 148).

Überdruß nicht nur an der Gegenwart, sondern am Leben sucht den jungen Friedrich Schlegel heim. Er geht mit Suicidgedanken um und gesteht November 1792 dem Bruder: „Seit fast drey Jahren ist der Selbstmord täglicher Gedanke bey mir" (FS XXIII, 78). Nicht viel heiterer kann es um das Lebensgefühl Wackenroders und Tiecks bestellt gewesen sein, liest man ihre Briefe oder die Darstellung eines Charakters wie William Lovell in Tiecks gleichnamigem Briefroman, in dem sich offensichtlich vieles von der damaligen Seelenlage des Autors spiegelt. Hölderlin könnte hier ebenfalls zitiert werden mit seinem Lebens- und Weltschmerz oder Kleist, der in seinem Abschiedsbrief November 1811 an die Schwester Ulrike schrieb: „die Wahrheit ist, daß mir auf Erden nicht zu helfen war." (Sämtl. Werke u. Briefe, hrsg. v. H. Sembdner, 5. Aufl. München 1970, II, 887)

Denkt man an Hölderlins Klagen über die Entgötterung der Welt, an die Klagen der Romantiker über ihre Entzauberung, so beruht das Unbehagen zum einen auf einer Verarmung und Verödung des Daseins. Ihr psychisches Korrelat ist die Langeweile, in der die Leere spezifisch als Zeitleere (Zeitstillstand, Monotonie) bewußt und manifest wird. In der extremen und erdrückenden Form der existentiellen Langeweile oder „Lebenslangeweile", wie sie in der sechsten von Klingemanns *Nachtwachen* genannt wird und besonders bei Tieck und Wackenroder spürbar ist, tritt sie zur Zeit der Romantik als typische Zeitkrankheit auf und weckt auch in der Romantik selber das Kompensationsbedürfnis nach einer schöneren und Erfüllung gewährenden Welt. Wirklichkeitserfahrung wird mit dem Übergang in die Moderne in zunehmendem Maße eine Erfahrung von Alltäglichkeit, Gewöhnlichkeit, Uniformierung und Mechanisierung (vgl. L. Pikulik 1979). Äußere Leere ist aber auch bedingt durch innere Leere: durch Glaubensverlust, Sinnverlust. Deutlich setzt bei Friedrich Schlegel die spätere Wende zum Glauben den Verlust des Glaubens in der Jugend und den damit verbundenen horror vacui voraus. „Gieb mir den Glauben der Jugend wieder", schreibt er im November 1792 an seinen Bruder, „und das Größte wird mir nicht zu schwer seyn. Aber alles ist mir unbefriedigend, leer und eckelhaft – Du selbst, – ich selbst." (FS XXIII, 78) Sodann entzieht die Aufblähung der Subjektivität im reflektierenden Denken und Fühlen, zumal im subjektiven Idealismus, der Welt und dem Leben Substanz und Fülle. Mit der Selbstbespiegelung kommt der Sinn für das, was außerhalb des Selbst ist, abhanden. Eine neuere Arbeit über Fichte zitiert als zeitgenössische Äußerung die Bemerkung, „dass die ganze Reflectionsform in absolut Nichts zerfalle", und gelangt zu dem Befund, daß der Idealismus sich als ein verborgener und unheimlicher Nihilismus enthülle (W. Janke: Fichte. Sein und Reflexion – Grundlagen der kritischen Vernunft, Berlin 1970, S. 27).

Auf eine zweite Quelle des Unbehagens wurde bereits zu Anfang dieser Darstellung aufmerksam gemacht (s. Abschnitt A.). Als die Romantik beginnt, bietet sich die historische Wirklichkeit als Zerfall eines ehemals viele Jahrhunderte bestehenden Zusammenhangs dar. Das christliche Weltbild, die gesellschaftliche und politische Ordnung, die überlieferten Systeme des Wissens, der Moral, der Kunst, sie geraten aus den Fugen oder werden zumindest erschüttert infolge von Umwälzungen, die sich im 18. Jahrhundert in all diesen Bereichen vollziehen. Die Romantik spiegelt diesen Prozeß der Desintegration in ihrem Fragmentarismus, aber sie kompensiert ihn auch, indem sie ihm mit dem Traum vom Goldenen Zeitalter die Idee einer neuen Ganzheit entgegensetzt.

Je bedrückender das Leid, desto intensiver das Kompensationsbedürfnis und desto drastischer die Kompensation selbst. Leiden an der Bewußtheit, das sich als Folge potenzierter Reflexion einstellt, sucht seine Heilung in der Romantik gelegentlich im krassen Umschlag in Zustände der Bewußtlosigkeit, so in den Wein- und Drogenrausch, von dem Novalis in der 2. *Hymne an die Nacht* spricht. Aber romantisches Ideal ist dies nicht. Generell zielt die Romantik nicht auf Eliminierung des einen um des anderen willen, nicht auf *Über*kompensation peinigender Einseitigkeiten, sondern auf Ausgleich und Synthese. Dies gilt besonders von der frühen Phase der Romantik, die, wenn sie nach dem Mythos ruft, doch nicht den Logos austreiben, wenn sie sich dem Dionysischen öffnet, doch nicht das Sokratische ächten, wenn sie mit Glaube und Einfalt experimentiert, doch nicht das komplexe Denken verwerfen will.

Ob ihr der Ausgleich im Sinne einer Integration tatsächlich gelungen ist, steht auf einem anderen Blatt. Wenn aber irgendwo, hat sie dieses Ziel in den poetischen, nicht in den theoretischen Texten erreicht. Allein die Poesie, vor allem als „Poesie der Poesie", war das angemessene Medium, befähigt, Realität und Reflexion, Bild und Begriff, Alltag und Wunder, Tag und Traum, Licht und Nacht sowohl gegenüberzustellen wie zu vereinigen.

G. Politik und Geist:
Französische Revolution und Bewußtseinswende

Zahlreiche Äußerungen der Romantiker zeigen, daß sie den Aufgang des neuen Zeitalters als revolutionären Umbruch begriffen. Diese Auffassung ist nicht denkbar ohne den Einfluß der Revolution in Frankreich, die damals jeden denkenden Kopf auch in Deutschland bewegte und zu einer Stellungnahme herausforderte.

In der jungen Generation wurde das Ereignis zunächst begeistert begrüßt. Tieck schreibt am 28. 12. 1792 an Wackenroder:

„Oh, wenn ich izt ein Franzose wäre! [...] Oh, in Frankreich zu sein, es muß doch ein groß Gefühl sein, unter Dumouriez zu fechten und Sklaven in die Flucht zu jagen, und auch zu fallen, – was ist ein Leben ohne Freiheit? Ich begrüße den Genius Griechenlands mit Entzücken, den ich über Gallien schweben sehe, Frankreich ist jetzt mein Gedanke Tag und Nacht, – ist Frankreich unglücklich, so verachte ich die ganze Welt und verzweifle an ihrer Kraft, dann ist für unser Jahrhundert der Traum zu schön, dann sind wir entartete, fremde Wesen, mit keiner Ader denen verwandt, die einst bei Thermopylä fielen, dann ist Europa bestimmt, ein Kerker zu sein." (W, 405)

Wackenroder stimmt mit seiner Antwort wenig später ein: „Du kannst Dir nicht vorstellen, wie ich nach Freiheit lechze." (Ebd., 410) „Ich denke ganz mit Dir gleich von ihnen [den Franzosen], und stimme von ganzem Herzen in Deinen Enthusiasmus ein, das versichere ich Dich." (Ebd., 411) Allerdings gesteht er, nicht genug Mut in sich zu fühlen, um selbst mitwirken zu wollen.

Seltsam verknüpft Novalis seine Sehnsucht nach Ehe und Familienglück mit der von der Revolution angestachelten Sehnsucht nach Freiheit:

„Ich sehne mich ungeduldig nach Brautnacht, Ehe und Nachkommenschaft. Wollte der Himmel, meine Brautnacht wäre für Despotismus und Gefängnisse eine Bartholomäinacht, dann wollt ich glückliche Ehestandstage feiern. Das Herz drückt mich – daß nicht jetzt schon die Ketten fallen wie die Mauern von Jericho. So leicht der Sprung, so stark die Schwungkraft – und so stark der weibischte Kleinmuth. Staarbrillen sind nötig – zum Staarstechen ist die Zeit noch nicht. Aber immer ein Zirkel – zum Freidenken gehört Freiheit, zur Freiheit Freidenken – zum Zerhauen ist der Knoten – Langsames Nisteln hilft nichts." (N IV, 140f.)

So in einem Brief an Friedrich Schlegel vom 1. 8. 1794. (Weitere Belege etwa bei H. Koopmann 1989, 60f.)

Schlegel seinerseits bekundet ebenfalls Sympathie mit dem Umsturz in Frankreich, wenn er auf kritische Äußerungen seines Bruders in einem Brief vom 24. 11. 1793 entgegnet:

"Mit Rührung verehre ich Deine edle Menschlichkeit, die die kleinste Gewaltthätigkeit verabscheut, sie mag im Namen der Ordnung oder im Namen der Freyheit verübt werden; aber ungern sehe ich daß Dein Haß gegen die Franken Dich unbillig macht, daß alle Theilname, die Du einem großen Volke zu schenken hast, einige bittre Spöttereyen sind." (FS XXIII, 161)

Einen gewissen Anteil an diesem Engagement hatte Caroline Böhmer, ab 1796 die Frau August Wilhelms und nachmalige Gattin Schellings, die Friedrich im Sommer 1793 kennengelernt hatte und mit der er seither in enger Verbindung stand.

Caroline war für die Ideale der Revolution während ihres Aufenthaltes im zeitweise französisch besetzten republikanischen Mainz, besonders durch ihre Bekanntschaft mit Georg Forster, eingenommen worden. Ihr Einfluß auf Friedrich schlug sich vor allem in seinem Aufsatz *Georg Forster* aus dem Jahre 1797 und in seinem *Versuch über den Begriff des Republikanismus*, erschienen 1796, nieder. Der erstere war eine Ehrenrettung des von vielen Seiten angefeindeten Mannes und eine in die moralische und ästhetische Würdigung eingehüllte Sympathieerklärung für den Forsterschen Republikanismus. Der letztere entstand in der Auseinandersetzung mit der kurz zuvor erschienenen Schrift Kants *Zum ewigen Frieden* und bot eine eigenständige Ableitung der republikanischen Prinzipien nebst Gedanken zur Begründung einer Weltrepublik. Auch daß er diesen Aufsatz in der Zeitschrift *Deutschland* veröffentlichte, die der Herausgeber Johann Friedrich Reichardt, Komponist und Musikschriftsteller und erklärter Anhänger der Französischen Revolution, in Opposition zu Schillers konservativen *Horen* gegründet hatte, war für seine Haltung bezeichnend.

Bald nach den anfänglichen Sympathieerklärungen jedoch traten die Romantiker in ein kritisches Verhältnis zu den Vorgängen in Frankreich. Das hing nicht so sehr mit der Entartung der Revolution zur Schreckensherrschaft zusammen, obwohl diese eine Rolle gespielt haben mag. Maßgeblich aber waren andere Gründe.

Zum einen das Bestreben jenseits des Rheins, den neuen Staat auf einer Konstitution zu begründen. „Man kann sich für eine Constitution nur, wie für einen Buchstaben interessiren", sagt Novalis in seiner Staatsschrift *Glauben und Liebe* von 1798. Der Buchstabe aber sei nichts weiter als "papierner Kitt" (N II, 487, 488), wertlos ohne den rechten „Geist".

Zum anderen eine im Gefolge der politischen und sozialen Gleichmacherei sich abzeichnende allgemeine Nivellierung und Verödung des Lebens, die Novalis mit einem Bild charakterisiert: „Ein einstürzender Thron ist, wie ein fallender Berg, der die Ebene zerschmettert und da ein todtes Meer hinterläßt, wo sonst ein fruchtbares Land und lustige Wohnstätte war." (Ebd., 487) Zu verstehen ist dies nicht als konservatives Plädoyer für den Absolutismus, von dessen Überlebtheit Novalis auch jetzt überzeugt war, sondern als Ausdruck einer Aversion gegen die Abschaffung dessen, was die Ganzheit des ersehnten neuen Zeitalters mannigfaltig und farbig machen soll: des Eigentümlichen aller Wesen, ihrer bei aller Ähnlichkeit („Analogie") untereinander distinguierten Individualität.

Ein dritter Grund hängt mit den beiden eben genannten zusammen. Wenn eine Revolution auf die Festschreibung des Rechts in einer Konstitution hinauswill, wenn sie Unterschiede einstürzen läßt, nur damit sich ein gleichmäßiges ödes Niveau bildet, wenn sie überhaupt auf Stabilisierung und Reglementierung hinarbeitet und nach der Beseitigung eines Systems ihrerseits wiederum ein System etabliert, dann droht sie in den Augen der Romantiker, nachdem sie einem lebensunfähig und leblos gewordenen Regime den Garaus gemacht hat, selber in Leblosigkeit zu erstarren. Man kann nicht genug betonen, daß das politische Denken der Romantik wie das romantische Denken überhaupt von dem Grundsatz einer allwaltenden und ewigen Prozeßhaftigkeit bestimmt ist. Und man sollte nicht übersehen, daß die frühe Romantik, da sie den unendlichen Progreß nicht als lineares Kontinuum, sondern als eine Dynamik dialektischer Sprünge begriff, sich selber als revolutionäre Bewegung im Geiste verstand.

Der Begriff einer Revolution des Geistes relativiert aus der Sicht der Romantik die Bedeutung des Ereignisses in Frankreich. Im berühmten

216. Athenäums-Fragment läßt Friedrich Schlegel den Umsturz jenseits des Rheins als eine der größten „Tendenzen" des Zeitalters noch gelten, stellt ihm aber als gleichrangig zwei geistige Ereignisse an die Seite: „Fichtes Wissenschaftslehre, und Goethes Meister" (FS II, 198. S. dazu Kap. III. J. 1.). Diese Sehweise ist freilich vorgeprägt bei Denkern des 18. Jahrhunderts, die bereits vor 1789 davon sprechen, daß die Zeit dazu bestimmt sei, eine Epoche der Umwälzung des menschlichen Geistes zu sein (vgl. E. Behler 1972, 191ff.), oder sogar ihr eigenes Denken als revolutionär empfinden. So hat Kant in der Vorrede zur zweiten Auflage der *Kritik der reinen Vernunft* gesagt, daß er mit dem bisherigen Verfahren der Metaphysik durch seine Erkenntniskritik „eine gänzliche Revolution" vorzunehmen versuche (Kant III, 28). Eine entsprechende Wirkung hatte Kants Philosophie auf Fichte, der in einer brieflichen Äußerung vom November 1790 bemerkt: „Der Einfluß den diese Philosophie, besonders der Moralische Theil derselben, der aber ohne Studium der Kritik der reinen Vernunft nicht verständlich ist, auf das ganze Denksystem eines Menschen hat, die Revolution, die durch sie besonders in meiner ganzen Denkungsart entstanden ist, ist unbegreiflich." Und er gesteht, daß er nun „von ganzem Herzen an die Freiheit des Menschen glaube, und wohl einsehe, daß nur unter dieser Voraussetzung Pflicht, Tugend, und überhaupt eine Moral möglich ist" (Fichte Briefe I, 142). Das so begründete Engagement für den Freiheitsgedanken veranlaßte ihn bald zu einer unerschrockenen Parteinahme für die Französische Revolution. 1790 waren Edmund Burkes antirevolutionäre *Reflections on the Revolution in France* erschienen. Sehr bald ins Deutsche übersetzt, u. a. 1793 von Friedrich Gentz, fanden sie ein Echo in August Wilhelm Rehbergs *Untersuchungen über die französische Revolution* (1793), in denen dem Volk das Recht zur Revolution grundsätzlich bestritten wurde. Hiergegen veröffentlichte Fichte im selben Jahr seinen *Beitrag zur Berichtigung des Urteils des Publikums über die Französische Revolution*, nachdem er zuvor bereits seine Rede *Zurückforderung der Denkfreiheit von den Fürsten Europens, die sie bisher unterdrückten* (ebenfalls 1793) verfaßt hatte.

Dem Engagement für die politische Revolution geht bei Fichte also eine Revolution des Bewußtseins voraus, eine „Revolution in meinem Kopfe, und Herzen", wie er auch an anderer Stelle sagt (Briefe I, 165; vgl. auch 449f.). Und diese Priorität, exemplarisch nicht nur für eine typische Meinungsbildung in Intellektuellenkreisen, sondern auch Kernpunkt einer wachsenden Überzeugung im Kreise der Romantiker, bestimmt deren Zukunftshoffnung. Denn wenn sie am Horizont die Morgenröte eines neuen Zeitalters erblicken, dann in der unumstößlichen Gewißheit, daß die umwälzende Veränderung der Welt von innen, vom Geiste aus erfolgen wird. In Kants Philosophie, mehr noch im Idealismus Fichtes hatte sich die Macht des Bewußtseins offenbart. Schelling, der wie Hölderlin und Hegel im Tübinger Stift durch die Philosophie Kants produktiv beeinflußt war und sich für die Französische Revolution begeistert hatte, schreibt 1795 in seiner inzwischen auch von Fichte geprägten Schrift *Vom Ich als Princip der Philosophie oder über das Unbedingte im menschlichen Wissen:*

„Es ist ein kühnes Wagestück der Vernunft, die Menschheit freizulassen und den Schrecken der objektiven Welt zu entziehen; aber das Wagstück kann nicht fehlschlagen, weil der Mensch in dem Maße größer wird, als er sich selbst und seine Kraft kennen lernt. Gebt dem Menschen das Bewußtseyn dessen, was er *ist,* er wird bald auch lernen, zu seyn, was er *soll:* gebt ihm *theoretische* Achtung vor sich selbst, die *praktische* wird bald nachfolgen. Vergebens würde man vom guten Willen der Menschen große Fortschritte der Menschheit hoffen, denn um besser zu werden, müßten sie schon vorher gut seyn; eben deßwegen aber muß die Revolution im Menschen vom *Bewußtseyn* seines Wesens ausgehen, er muß theoretisch gut seyn, um es praktisch zu werden" (Schelling I, 37).

Aus zahlreichen Stellen in den Briefen und Schriften der frühen Romantiker geht hervor, daß sie sich im Geiste als „revoluzionäre Menschen" und in einem „revoluzionären Zustande" (Krisenjahre I, 9) empfanden. Novalis nennt Friedrich Schlegels Fragmente „ächte, revoluzionaire Affichen" (N IV, 241), von seinen eigenen Fragmenten meint er: „Revolutionairen Inhalts scheinen sie mir hinlänglich" (ebd., 242). Schleiermachers Reden *Über die Religion* bezeichnet Schlegel als „ein Buch wie mein Studium der alten Poesie, revolzionär und der erste Blick in eine neue Welt" (FS XXIV, 230f.) – die Belege ließen sich vermehren. Thomas Mann hat diese Geisteshaltung mit dem Wortungetüm "Bewußtheitsrevolutionarismus" charakterisiert (Ges. Werke in 12 Bänden, Berlin/Weimar 1965, XI, 209).

Das revolutionäre Element liegt besonders in der spezifischen Denkbewegung der frühen Romantik. Die unendliche Reflexion (s. Abschnitt E.) bewegt sich in der Weise fort, daß jede erreichte Position sogleich wieder in Frage gestellt wird, im permanenten Wechsel also von Affirmation und Negation (vgl. Behler, 202). Da hiermit jedesmal eine punktuelle Umwälzung erfolgt und sich fortlaufend ein Umschwung an den anderen reiht, kann Schlegel in den *Philosophischen Lehrjahren* sagen: „Bei einem Menschen, der eine gewisse Höhe und Universalität der Bildung erreicht hat, ist sein Innres eine fortgehende Kette der ungeheuersten Revoluzionen." (FS XVIII, 82f.) Er hat auf die skeptisch-ironische Negation als den eigentlichen Stachel der Bewegung sogar den an sich politischen Begriff der „Insurrektion" angewendet (vgl. Behler, 202).

Jedoch nicht der Destruktion und Anarchie soll dieses Denken dienen, sondern dem „revolutionären Wunsch, das Reich Gottes zu realisieren" (Ath.-Fr. 222; FS II, 201). In seiner Europa-Rede sagt Novalis:

„Daß die Zeit der Auferstehung gekommen ist, und grade die Begebenheiten, die gegen ihre Belebung gerichtet zu seyn schienen und ihren Untergang zu vollenden drohten, die günstigsten Zeichen ihrer Regeneration geworden sind, dieses kann einem historischen Gemüthe gar nicht zweifelhaft bleiben. Wahrhafte Anarchie ist das Zeugungselement der Religion. Aus der Vernichtung alles Positiven hebt sie ihr glorreiches Haupt als neue Weltstifterin empor." (N III, 517)

H. Sozialgeschichtliches

Im Gegensatz zu Frankreich konnte der absolutistische Staat in Deutschland seine Macht behaupten, da die – sehr komplexen – Voraussetzungen, die jenseits des Rheins zur Revolution führten, diesseits nicht gegeben waren. Wenn die äußeren Verhältnisse stabil blieben, traten gleichwohl auch hier, im Innern, destabilisierende Kräfte in Erscheinung, die zu erheblichen gesellschaftlichen Wandlungen führten. In ihrem Gefolge wird die Romantik möglich, wie andererseits die Romantik diese Wandlungen wiederum befördert.

Die überkommene ständische Ordnung wird unterminiert, wenn der einzelne sich nicht mehr mit einem Stand identifiziert, ständisch denkt, fühlt und handelt, sondern sich als Individuum zu erleben beginnt. Diese Tendenz zur Individualisierung setzt in Deutschland verstärkt um die Mitte des 18. Jahrhunderts ein, zum Teil infolge wachsender Mobilität (horizontal wie vertikal), die es gestattet, kommunale und soziale Schranken zu überspringen und Ungebundenheit zu erfahren, zum Teil durch den Zuwachs an Bildung, mit dem sich geistige Horizonte öffnen, zum Teil durch das Autonomieerlebnis, das die Aufklärung dem Kopf, die Empfindsamkeit dem Herzen vermittelt, um nur einige Gründe zu nennen. Im gleichen Zuge kommt es zu neuen Formen der Vereinigung. Um drohender Isolation zu entgehen, zum geistigen und seelischen Austausch oder weil man wechselseitig eine Übereinstimmung in den Wertvorstellungen und Zielen erkennt, schließen sich die Individuen in einer Vielzahl von Logen, Orden, Bruderschaften, Konventikeln, mehr oder weniger geheimen Bünden zusammen. Gegenüber den ständisch-korporativ geprägten Vereinigungstypen besteht das Charakteristikum solcher Zusammenschlüsse in der „Assoziation". Diese Vereinigungsform beruht auf dem Prinzip der Freiwilligkeit, läßt einen Trend zur sozialen Egalisierung erkennen und bildet eine autonome Verfahrensregelung aus (vgl. O. Dann 1978, 120).

Die am wenigsten formalisierte und reglementierte Vergemeinschaftung neuer Art ist der auch in der Romantik florierende Freundschaftsbund, eine ganz auf persönliche Zuneigung und seelische Intimität gegründete Vereinigung (vgl. W. Rasch 1936, F.H. Tenbruck 1964). Gerade weil er keine einer Konstitution ähnliche Satzung, keine Zweckbestimmung und auch sonst nichts kennt, was an den festen Umriß eines institutionalisierten Vereins erinnert, kommt er der auf Offenheit und Bewegungsspielraum größten Wert legenden Denkhaltung der Romantiker entgegen und wird deren bevorzugte Assoziationsform. Dabei wird das aus dem empfindsamen Freundschaftskult übernommene Muster, wie schon früher bemerkt (s. Abschnitt C.), modifiziert. Die Loslösung vom Stand erfolgte in der Regel im Jugendalter und als Lockerung vor allem der Bindung an die Familie, insbesondere an deren nach traditionellen Vorstellungen unbestrittenes Oberhaupt, den Vater. Und wenn im Konflikt mit dem Vater dessen Autorität bestritten wurde, so wurde damit auch analog die Autorität des Landesvaters und des Vatergottes infrage gestellt (vgl. H.H. Gerth 1976, 47). Eine solch dreifache Entfremdung vollzog sich auf exemplarische Weise bei Friedrich Schlegel. Von seiner Sympathie für die Französische Revolution war bereits die Rede (s. Abschnitt G.). Eine zynische Äußerung gegenüber seinem Bruder November 1792 lautet: „Es ist gut, daß ich gegen meinen Vater Religion und gegen meine Familie Achtung heuchle, die ich nicht habe." (FS XXIII, 72) Der Versuch seines Vaters, ihn in eine juristische Beamtenlaufbahn zu drängen, kollidierte mit seinen völlig anders gelagerten Interessen und vor allem mit seinem Wunsch (in einem Brief vom 8. 5. 1793): „ich muß und will mir selbst leben, sicher und unbesorgt über das, was mir dabey aufstoßen mag, *animo fretus* [dem Geist vertrauend]." (Ebd., 91) Er beteuerte, daß er „jede bürgerliche Bestimmung schlecht erfüllen würde, und nicht glücklich darin seyn könnte" (ebd., 104), daß es ihm ganz unmöglich sei, sich „in ein bürgerliches Joch zu schmiegen" (ebd., 99). Ähnlich haben Tieck und Wakkenroder gefühlt, beide haben ihren Widerstand gegen die Väterwelt in ihren Dichtungen zum Ausdruck gebracht. Schleiermacher ließ es zu einem offenen Konflikt mit seinem Vater kommen, als er gewahr wurde, daß er dessen kirchlichen Glauben sich nicht zu eigen machen könne und die Gemeinde verlassen müsse (vgl. W. Dilthey 1970, 28ff.: s. GB 9.).

Differenzierter muß der Fall Hardenbergs gesehen werden. Die Schlegel und Schleiermacher stammten wie so viele Literaten des 18. Jahrhunderts aus einem protestantischen Pfarrhaus, der Vater Tiecks war Handwerker, ein Seilermeister, der Vater Wackenroders Geheimer Kriegsrat und Justizbürgermeister. Novalis, adliger Herkunft, scheint eine engere Bindung, wenn nicht an seinen Stand, so doch an seine Familie gehabt zu haben, da er öfters vom Wohlsein im Kreise seiner Lieben spricht und Sinn für häusliches Glück äußert. Möglich, daß dazu die heimelige Lebensform des Landadels, die später noch Eichendorff als Ort heimatlicher Geborgenheit pries, das ihre beitrug. Entscheidender jedoch war wohl, daß die Enge des konventionellen Denkens bereits von seinem herrnhutisch gesinnten Vater durchbrochen worden war, der seiner Familie das Beispiel einer im Vergleich zu anderen Standesgenossen relativ unabhängigen Gesinnung gab.

Die Vorurteilslosigkeit des Vaters hatte jedoch Grenzen. Sein Adelsstolz erwachte, und er schritt vehement ein, als der Sohn während des Wintersemesters 1792/93 an der Universität Leipzig eine Liaison mit einem siebzehnjährigen Mädchen aus dem Bürgerstand, Julie Eisenstuck, einging. Im Verlauf dieser Affäre faßte Novalis den Entschluß, unter die Soldaten zu gehen. In seinem Brief vom 9. 2. 1793 bittet er den Vater ausdrücklich um seine Zustimmung, als Begründung hält er hauptsächlich zwei Argumente bereit: er wolle Disziplin lernen, um seine Phantasie und Leidenschaftlichkeit zu zügeln, und er wolle einer Bestimmung folgen, die aus seinem individuellen Bedürfnis und seinem Herzen stammt.

Novalis ist nicht unter die Soldaten gegangen, aber seine Begründung ist insofern charakteristisch für ihn, als sie zwei unterschiedliche Neigungen verbindet: einerseits, sich in ein geregeltes Leben einzupassen, Pflichten zu erfüllen, praktisch zu wirken, und andererseits, sich in sein Inneres zu versenken und seiner inneren Stimme zu gehorchen. „Stilles Zurücktreten in sich selbst" nannte er in einem Brief vom 16. 3. 1793 diese Einkehr auch (N IV, 114), damit deutlich ein pietistisches Erbe dokumentierend. Im selben Brief schreibt er: „wir können alles aus uns selbst herausbilden, und nichts von innerlicher Beständigkeit und Zufriedenheit ist an eine äußere Stelle gebunden." (Ebd., 115) Von einem beweglichen, rastlos grübelnden Intellekt, einer lebhaften, ausschweifenden Phantasie bestimmt, konnte er freilich weder außen noch innerlich Ruhe und Stetigkeit erlangen, geschweige Zufriedenheit und in seinem Wesen Einheit und Harmonie. Sich selbst beobachtend, gibt er in den Fichte-Studien von sich folgendes Bild: „Ich bin zu sehr an der Oberfläche – nicht stilles, inneres Leben – Kern – von innen aus einem Mittelpunct heraus wirkend – sondern an der Oberfläche – im Zickzack – horizontal – unstät und ohne Karacter – Spiel – Zufall – nicht geseztliche Wirkung – Spur der Selbstständigkeit – Äußerung *Eines* Wesens." (N II, 257) Die Aufgabe, dennoch im Leben zu bestehen, bewältigte Novalis, indem er sich mit seiner Familie und ihren Erwartungen arrangierte, sich im praktischen Berufsleben engagierte, am häuslichen und geselligen Leben seiner Umwelt teilnahm. So ging er auch eindreiviertel Jahr nach dem Verlust Sophie von Kühns eine neue Bindung ein; er verlobte sich Ende 1798 mit Julie von Charpentier.

Friedrich Schlegel scheint 1795 eine Zeitlang ernsthaft erwogen zu haben, mit August Wilhelm und Caroline nach Amerika auszuwandern. Seine äußeren Verhältnisse waren drückend. Er hatte gewaltige Schulden und war ständig auf die Unterstützung durch seinen Bruder angewiesen, der sich besser stand. Einen Ausweg sah er zeitweise auch darin, eine Hofmeisterstelle anzunehmen, fände er nur eine, „bey der ich einige Freyheit behielte" (Brief vom 2. 6. 1793, FS XXIII, 100; s. auch Brief vom 7. 8. 1795, ebd., 245). Mehr Unabhängigkeit versprach der Beruf des freien Schriftstellers, für den er und Tieck sich entschieden, womit sie sich allerdings von den Verlegern und Herausgebern von Zeitschriften, dem Publikum und den Unwägbarkeiten des inzwischen kommerzialisierten Literaturbetriebs abhängig machten. Nicht nur der Einfallsreichtum seines Kopfes, auch die Notwendigkeit, sich durch Honorare über Wasser zu halten, ließ bei Schlegel in schneller Folge ein Projekt nach dem anderen entstehen. Und mit den Höhenflügen des Geistes verband sich nun immer die profane Überlegung, welcher Verleger oder Herausgeber das Geplante drucken könnte und zu welchem Preis.

Im weitergefaßten gruppenspezifischen Sinne kann man Intellektuelle wie die frühen Romantiker einer Schicht zuordnen, die sich seit dem 18. Jahrhundert als „freie Intelligenz" (in der Prägung durch Alfred Weber: „freischwebende Intelligenz") formierte. Unter „Intelligenz" oder „Intelligentsia" allgemein versteht die von Karl Mannheim und seinen Schülern (u. a. H.H. Gerth) begründete Wissenssoziologie eine soziale Gruppe, wie sie in jeder Gesellschaft existiert und deren besondere Aufgabe darin besteht, der Gesellschaft eine Deutung der Welt zu besorgen (s. dazu und zum Folgenden K. Mannheim 1969, 11ff.). In statischen Gesellschaften neigt diese Schicht dazu, sich als Kaste zu organisieren; Beispiele: die Magier, die Brahminen, der mittelalterliche Klerus (zu nennen wären auch die humanistischen Gelehrten der frühen Neuzeit). Indem eine solche Kaste das Recht auf Predigt, Lehre und Weltinterpretation monopolisiert, bildet sie zwei Spezifika aus: eine scholastische Denkweise und eine damit zwangsläufig verbundene Lebens- und Realitätsferne. Denn nicht an konkreten Erfahrungen orientiert sich eine derartige Gruppe, sondern an überlieferten, fraglos hingenommenen und als unbestreitbar gültig gerechtfertigten Vorstellungen. Dies gewährleistet die Gleichförmigkeit des Denkens, und das Denken ist um so gleichförmiger, je mehr sich die Gruppe zum Exponenten einer durchorganisierten Kollektivität, wie z.B. der Kirche, macht, die als dogmatisch bindende Macht fungiert.

Im Gegensatz dazu ist die freie Intelligenz Resultante einer mobilen, sich ständig wandelnden Gesellschaft, weder kastenmäßig organisiert noch Vertreter eines Monopols. In ihr herrscht vielmehr der freie Wettbewerb der geistigen Produktionsweisen, die ihrerseits nicht an Tradition und Konvention gebunden sind. Die Intellektuellen dieser Schicht haben selber nicht die Illusion, daß es nur eine Art des Denkens gibt – man möchte hinzufügen, daß in dieser Hinsicht besonders die frühen Romantiker ganz illusionslos waren. Es kommt hinzu, daß sie es mehr als jede frühere Generation lernten, eine Sache perspektivisch zu betrachten. Wie sie sich vom festen Standort der Herkunft lösten, wird für sie auch der Gesichtspunkt der Betrachtung verschiebbar und multiplizierbar.

Nur bedingt ist es richtig, wenn man vermutet, daß damals der Geist hauptsächlich dort am freiesten wehte und mit sich selbst konkurrierte, wo am meisten Wissen produziert und vermittelt wurde: an den Universitäten. Größtenteils verharrten diese noch in der zweiten Hälfte des 18. Jahrhunderts im überkommenen scholastischen und dogmatischen Denken, im Reproduzieren vorgegebener Ansichten. Eine neue Entwicklung hatten aber moderne Universitäten wie Halle (1694 gegründet) und Göttingen (1734 gegründet) eingeschlagen, indem sie sich, von seiten des Staates besonders gefördert, der Heranbildung einer qualifizierten Beamtenschaft widmeten. Hier, wie auch an der herausragenden Leipziger Universität, entstand eine durch „Leistungswissen" geschulte Intelligenz (Gerth, 34), bestimmt, in den Dienst des Staates zu treten und dessen Interessen wahrzunehmen, dadurch allerdings motiviert, sich wiederum zur Kaste zu formieren. In Göttingen und Halle faßte indessen auch der Neuhumanismus Fuß, als Grundlage eines Ideals zweckfreier Bildung, dem sich die von der wissenschaftlichadministrativen Intelligenz zu unterscheidende literarisch-kritische Intelligenz, die die eigentlich „freie" ist, anschließen konnte.

In Göttingen haben August Wilhelm und Friedrich Schlegel, Tieck und Wackenroder studiert, Tieck auch in Halle und zusammen mit Wackenroder in Erlangen. Friedrich Schlegel war zudem in Leipzig, wo er Novalis kennenlernte, der vorher in Jena studiert hatte und später nach Wittenberg ging. Leipzig und besonders Göttingen waren die vom Adel bevorzugten Universitäten. Hier kam es denn auch zu zahlreichen Freundschaften zwischen Adligen und Bürgerlichen, wie etwa zwischen Schlegel und Novalis. Tieck, der mit Wilhelm von Burgsdorff, dem Sohn eines märkischen Edelmannes, eng befreundet war, schreibt seiner Schwester Sophie am 6. 11. 1792 aus Göttingen, er gehe „mit lauter Grafen und Herrn" um (Letters to and from Ludwig Tieck, ed. by Edwin H. Zeydel et al., Chapel Hill 1967, S. 310).

Noch weniger an ständische Grenzen gebunden war der Umgang in den Salons, Pflegestätten verfeinerter gesellschaftlicher Kultur, geistreicher Konversation, kritischer Diskussion und Analyse, die sich im 17. Jahrhundert in Paris unter der Führung gebildeter Frauen zu Zentren des Geisteslebens entwickelt hatten. Als Umschlagplatz neuen Denkens und Ort der Begegnung für vorurteilsfreie Geister spielten sie gegen Ende des 18. Jahrhunderts auch in Deutschland eine bedeutende Rolle, besonders in Berlin. Die Voraussetzungen waren hier für sie besonders günstig. Französischer Geist war bereits unter dem Großen Kurfürsten durch die Hugenotten eingezogen, die in Berlin eine französische Kolonie begründeten. Unter der Regierung Friedrichs II., der den französischen Geschmack und die französische Bildung privilegierte, vergrößerte sich dieser Einfluß; es kam als entscheidendes Element aber noch hinzu, daß die Toleranz des Preußenkönigs es den Juden erlaubte, sich zu emanzipieren und am kulturellen Leben teilzunehmen. Wohlhabende jüdische Familien begannen große Häuser zu führen, französische Lehrer für die Erziehung der Kinder zu verpflichten und sich der Gesellschaft Berlins zu nähern. Nach dem Vorbild Frankreichs wurden besonders gebildete Frauen aus diesen Familien Mittelpunkt geselliger Kreise, in denen Vertreter des Adels und des Bürgertums verkehrten. So etwa Dorothea Veit (geboren 1763), die Tochter Moses Mendelssohns, des Freundes Lessings und ersten Juden der deutschen Geistesgeschichte. Oder Henriette Herz (geboren 1764), Tochter eines aus Portugal stammenden Arztes, Benjamin de Lemos, der eine französische Jüdin geheiratet hatte. Ihr war besonders Schleiermacher eng verbunden. Am bedeutendsten wurde der Salon von Rahel Levin (geboren 1771), Tochter des wohlhabenden Berliner Kaufmanns Levin Markus und spätere Gattin Varnhagens von Ense. Zu ihren Gästen gehörten Prinz Louis Ferdinand von Preußen, Fürst Anton von Radziwill, Alexander und Wilhelm von Humboldt, Friedrich Gentz, Jean Paul, Friedrich Schlegel, Clemens Brentano, später auch Heinrich Heine.

In den Salons wurden die neuesten philosophischen Ideen Kants und Fichtes diskutiert, literarische Neuerscheinungen besprochen, besonders dem Genius Goethes gehuldigt. Das konnte den Romantikern unter den Gästen gefallen und wird sie zusätzlich inspiriert haben. Und wenn Schleiermacher 1799 den *Versuch einer Theorie des geselligen Betragens* veröffentlicht, die Romantiker überhaupt einen Sinn für Gespräch und Geselligkeit bekunden, so wird daran der Verkehr in den Salons einen Anteil gehabt haben.

Ob der Salon darüber hinaus die romantische Theorie und Dichtung beeinflußt hat, läßt sich nicht beweisen oder ist zumindest bisher nicht genauer untersucht worden. Ebenfalls ist nicht gewiß, ob überhaupt eine weitergehende innere Beziehung zwischen Salonkultur und Romantik bestand (vgl. K. Feilchenfeldt 1987, 160ff.). Nicht zu bestreiten ist allerdings der gemeinsame, sozialgeschichtlich bedeutende Nenner, den beide darin haben, daß sie gegenüber der – vor allem bürgerlichen – Tradition die Rolle der Frau um- und aufwerteten. Die gebildeten Jüdinnen Berlins stellen ebenso wie Frauen von der Art der Caroline Schlegel die Avantgarde einer Emanzipation dar, die die Gesellschaft auf breiterer Front erst sehr viel später erfaßte.

II. Kapitel: Die Romantik konstituiert sich

A. Kontakte, Zusammenkünfte, Zerwürfnisse

Es war Heinrich Heine, der, um die Gemeinsamkeit der Romantiker zu fassen, als einer der ersten den Begriff „Schule" prägte und damit das Stichwort lieferte, unter dem die Romantik in der Folgezeit zumeist gesehen und begriffen wurde. Nach seiner Schrift *Die Romantische Schule* (Hamburg 1836; noch 1833 unter dem Titel *Zur Geschichte der neueren schönen Literatur in Deutschland*) betitelten auch Hermann Hettner 1850 und Rudolf Haym 1870 ihre Darstellungen (s. GB 9.).

„Schule" als Bezeichnung für den Gruppencharakter wird den Romantikern aber ebensowenig gerecht wie „Doktrin" (vgl. A. Schlagdenhauffen 1934 u. a.) als Bezeichnung für das, was sie dachten und dichteten. Die Disziplin, den festen Konsens, das Gleichmaß eines schulischen Zusammenhalts konnten und wollten sie nicht erreichen, da sie zu verschieden waren und auf Selbständigkeit Wert legten. Und einer doktrinären Einstellung stand ihre Verachtung für alles Starre und Statische entgegen. Insofern sie innerlich wie äußerlich die größte Mobilität bewiesen, Aufenthaltsorte ebensowenig lange beibehielten wie geistige Etappenziele, könnte man ihr Zusammengehen am ehesten als „Bewegung" kennzeichnen, auch als Jugendbewegung. Dabei ist Jugend eher als geistige und seelische Kategorie denn als Kategorie des Lebensalters zu verstehen. Unfestgelegtheit als Zeichen von Jugendlichkeit läßt sich auch im Alter bewahren (und manche Romantiker haben dies gekonnt), wie umgekehrt nicht jede Jugend in diesem Sinne jugendlich ist.

Wenn Individualisten wie die Romantiker sich überhaupt assoziieren, dann zum Teil um der inneren Einsamkeit zu entgehen und die Heimatlosigkeit des von Herkunft und festem Standort gelösten Denkens zu kompensieren, zum Teil aber auch aus einem wechselseitigen Ergänzungs- und Befruchtungsdrang, der auf der Einsicht beruht, daß der Einzelne der Unendlichkeit des Denkens nicht gewachsen ist. Er steht vielmehr in Gefahr, allein zu wenig zu erreichen oder sich zu früh mit etwas Vorläufigem zu begnügen. So schreibt Friedrich Schlegel am 28. 8. 1793 an seinen Bruder:

> „Ich finde es immer mehr die herrlichste Art über diesen Gegenstand, wo Vollendung im Untersuchen nicht so früh zu hoffen ist, zu den reichhaltigsten Aufschlüssen zu kommen; einer regt den andern an, eine Ansicht gebiert viele andre, und so werden wir mit dem ganzen Umfang unsres Stoffs bekannt, und entgehen der drohenden Gefahr die unendliche Natur in einen engen Begriff eindrücken zu wollen."
> (FS XXIII, 129)

Diese Äußerung gibt gewissermaßen die Gründungsidee der Romantik als Gruppe wieder. Die Schlegels und ihresgleichen kommen ihr nach, indem sie sich brieflich oder – lieber noch – im Gespräch austauschen, das praktizieren, was sie programmatisch mit der Vorsilbe „sym-" oder "syn-" charakterisieren:

„Vielleicht würde eine ganz neue Epoche der Wissenschaften und Künste beginnen, wenn die Symphilosophie und Sympoesie so allgemein und so innig würde, daß es nichts Seltnes mehr wäre, wenn mehre sich gegenseitig ergänzende Naturen gemeinschaftliche Werke bildeten. Oft kann man sich des Gedankens nicht erwehren, zwei Geister möchten eigentlich zusammengehören, wie getrennte Hälften, und nur verbunden alles sein, was sie könnten." (Athenäums-Fragment 125. FS II, 185)

Das aktuelle Zusammenspiel der geistigen Kräfte in der Gruppe soll zweifellos auch die angestrebte romantische Utopie antizipieren: die dank einer großen allwaltenden *Syn*these wiederhergestellte Ganzheit der Welt, einer Ganzheit freilich, die – das wurde in dieser Arbeit schon betont – keine monotone Einheit darstellen, sondern alles Individuelle als Ausdruck von Mannigfaltigkeit bewahren soll. Und die individuelle Eigenart des Einzelnen bestimmt wiederum den Zusammenschluß der Gruppe in ihrer geistigen Syn-Aktivität mit: „und wenn auch Ein Geist alle beseelt, so hat doch jeder seine Ansicht und seinen Gesichtspunkt, und eine Wahrheit [...] muß von *allen* Seiten ins Licht gesetzt werden." (FS XXIV, 288) Daß die Verschiedenheit teilweise sogar als Gegensätzlichkeit gesehen wurde, zeigt Friedrich Schlegels briefliche Äußerung gegenüber Novalis Ende Juli 1794: „Dein Weg ist vielleicht nicht blos divergirend von dem meinigen, sondern diametral entgegengesetzt." (FS XXIII, 204f.) Darauf aber Novalis am 1. 8. 1794: „Wir können doch *eine* Bahn gehn" (N IV, 140). Sogar von seinem Verhältnis zum Bruder kann Friedrich sagen: „Meine Freundschaft oder Fraternität mit Wilhelm kann nie etwas andres seyn als ein heilsamer und piccante dolce Antagonism zu gemeinschaftlichen Zwecken und Werken." (An Novalis, 28. 5. 1798; FS XXIV, 133)

Die Begegnungen waren oft nur kurz, die Beziehungen fluktuierend und von größerer Intensität nur im Zweierbund. Den Kern der Gruppe bildeten Paarungen und Partnerschaften wie die Beziehung zwischen Friedrich und August Wilhelm Schlegel, Friedrich und Novalis, Friedrich und Schleiermacher, Friedrich und Dorothea, August Wilhelm und Caroline, Caroline und Schelling, Wackenroder und Tieck, Tieck und Novalis. In größerer Zahl traf sich die Gruppe der frühen Romantiker dreimal. Mitte Juni 1797 verläßt Friedrich Schlegel nach knapp einjährigem Aufenthalt Jena und langt nach einem Besuch Hardenbergs in Weißenfels in der zweiten Julihälfte in Berlin an. Hier lernt er durch die Vermittlung von Henriette Herz im August Schleiermacher kennen, der als protestantischer Prediger an der Charité wirkte. Er zieht in Schleiermachers Wohnung und wird durch diesen in das Berliner Salonleben eingeführt. Zwischen beiden entspinnt sich eine innige, zwei Jahre währende Freundschaft. In den späten Augusttagen dieses Jahres macht Friedrich im Salon der Henriette Herz die Bekanntschaft von Dorothea (damals noch "Brendel") Veit geb. Mendelssohn, Ende September auch die von Tieck, der sich bei Friedrichs Ankunft in Hamburg bei seiner Braut Amalie Alberti aufgehalten hatte. Friedrich, der kurz nach seiner Ankunft auch der „Mittwochsgesellschaft" beigetreten war, die die frühere „Montagsgesellschaft" abgelöst hatte und ein Forum literarischer Diskussionen war, wird nun selbst Mittelpunkt eines eigenen literarischen Zirkels, der manchmal so genannten „ersten Berliner Romantik". Der Zirkel erfährt in seiner Spätphase eine Bereicherung noch durch Fichte, den Dorothea und Friedrich im Sommer 1799 als Kostgänger aufnehmen, nachdem er wegen des Vorwurfs des Atheismus an der Universität Jena entlassen worden war.

Diese Berliner Periode dauert bis in den Spätsommer 1799. Zwischenzeitlich kommen bei einem Aufenthalt in Dresden im Juli und August 1798 Friedrich, August Wilhelm, Caroline, Novalis, Fichte und Schelling zusammen. In der Forschung ist diese Zusammenkunft gelegentlich als eigentliche Konstituierung der „Romantischen Schule" angesehen worden.

Das dritte größere Treffen, September 1799 bis etwa April 1800, ist das wichtigste – zumindest hat es als Konstitution der „Jenaer Romantik" am meisten von sich reden gemacht. In Jena hatten sich auf Einladung Schillers kurz nach ihrer Vermählung am 1. Juli 1796 August Wilhelm und Caroline niedergelassen. Im Herbst 1799 kamen hierhin auch Friedrich und Dorothea, Ludwig Tieck und seine Frau Amalie. Zu diesem Zirkel gehörte ferner Schelling, und zeitweise, vom 11. bis 15. November, war mit den Freunden auch Novalis unter einem Dach vereinigt. Hier las er am 13. November *Die Christenheit oder Europa* und einige *Geistliche Lieder* vor. Er besuchte außerdem Johann Wilhelm Ritter in dessen Wohnung. Friedrich und Dorothea Schlegel blieben in Jena bis April 1801, um dann wieder nach Berlin zurückzugehen. Mitte 1800 hatten bereits August Wilhelm und Caroline und die Tiecks Jena verlassen.

Ungetrübt waren diese Beziehungen und Treffen keineswegs. Schon im November 1792 hatte Friedrichs Freundschaft mit Novalis, den er erst im Januar kennengelernt hatte, einen schweren Bruch erlitten (s. Brief vom 21.–25.11. 1792; FS XXIII, 75ff.). Mit Schleiermacher geriet Friedrich mehrere Wochen vor seiner Abreise nach Jena in Streit. Feindseligkeiten zwischen Caroline und Dorothea führten das Ende des Jenenser Zirkels herbei. Es waren eigenwillige, reizbare und leicht verletzliche Naturen, die da zusammenkamen und, wenn es nicht schon die äußeren Umstände geboten, auf Grund von Verstimmungen, Spannungen, Eifersüchteleien und Zänkereien bald wieder auseinanderfielen. Das Interesse füreinander und daran, durch Gleichgesinnte sich zu stärken, hat sie andererseits immer wieder zueinander gebracht, allerdings nicht mehr nach der Jenaer Periode.

Was die Bekanntschaften und Begegnungen grundsätzlich ermöglichte, waren die Gelegenheiten, die sich durch das Universitätsstudium, durch den

Verkehr in den Salons, durch die Teilnahme am literarischen Leben boten. Eine Publikation war geeignet, eine Beziehung anzubahnen. August Wilhelms Interesse an Tieck zum Beispiel geht auf dessen *Volksmärchen* zurück, die er rezensierte. Durch den Bruder wollte er deren Verfasser kennenlernen, während Friedrich zunächst gegen Tieck Vorbehalte hatte und erst durch den *Sternbald* für ihn gewonnen wurde. Begeistert hätte Friedrich Schlegel auch über Hölderlins *Hyperion* sein müssen, der 1797 und 1799 bei Cotta in Tübingen erschienen war. Seltsamerweise scheint weder er noch ein anderer seines Kreises diese Publikation wahrgenommen zu haben. Angesichts der zahlreichen Kontakte, die die Romantiker jener Periode knüpften und suchten, bleibt es unerfindlich, warum Hölderlin nicht in ihren Gesichtskreis trat, den sie wie kaum einen sonst zu den Ihren hätten rechnen können. Immerhin hatte Novalis ihn ja im Mai 1795 zusammen mit Fichte im Haus des Jenaer Philosophieprofessors Friedrich Immanuel Niethammer getroffen. Niethammer vermerkte dazu in seinem Tagebuch: „Viel über Religion gesprochen und über Offenbarung und daß für die Philosophie noch viele Fragen offen bleiben." (N IV, 588) In seinen Schriften erwähnt Novalis ihn kein einziges Mal.

Einige knappe Bemerkungen müssen dem Verhältnis der frühen Romantiker zu Goethe und Schiller gewidmet werden. In der deutschen Literaturgeschichtsschreibung besteht die Neigung, „den wirren Knoten, in den klassisch-romantische Gedanken- und Dichtungsfäden unlösbar verknüpft sind" (J. Körner 1924, 5), zu zerhauen und Romantik und Klassik in eine Antithese zu zwängen. Ein exemplarisches Beispiel dafür ist Fritz Strichs *Deutsche Klassik und Romantik oder Vollendung und Unendlichkeit* (München 1922). Schon da „diese unterschiedlichen Ströme deutschen Geisteslebens einem gemeinsamen Quellgrund entflossen" (Körner, 7), ist solch schroffe Trennung jedoch anfechtbar. Die Unterschiede innerhalb der Romantik sind wohl nicht minder groß als die zwischen Romantik und Klassik. Andererseits sind sie zwischen Goethe und Schiller, den beiden Repräsentanten der Klassik, in mancher Hinsicht größer als etwa zwischen Schiller und den Schlegels.

Beide Seiten haben allerdings selber den Ruf ihrer Gegensätzlichkeit begründet, zum guten Teil im Zuge kleinlicher, von persönlichen Kränkungen geprägter Fehden und weniger aus sachlichen Gründen. Vor allem der Streit zwischen Friedrich Schlegel und Schiller, der damit anhob, daß der Ältere und Avancierte dem Ehrgeiz des Jüngeren, in Zeitschriften wie der *Neuen Thalia* und den *Horen* zu veröffentlichen, nicht entgegenkam, und darin gipfelte, daß der Jüngere sich durch eine verletzende Rezension von Schillers *Musenalmanach für das Jahr 1796* rächte, scheint der wichtigste und äußerlich auch sichtbarste Anlaß zur Abzweigung der Romantiker von der Klassik in Deutschland gewesen zu sein (über das Nähere vgl. Körner). Auch zu Goethe geriet deren Verhältnis nach einer Phase der uneingeschränkten Verehrung, die der Geehrte u. a. mit lobenden Worten für das *Athenäum* honorierte, in die Krise, nachdem es zu unqualifizierten Herabsetzungen Goethes und entsprechenden Erhebungen Tiecks, Hardenbergs und Friedrich Schlegels durch Parteigänger der Romantik gekommen war, Tieck und Schlegel zudem selber durch philologische Manipulation bei der Edition der Schriften des Novalis 1802 das Goethebild des Frühverstorbenen verfälscht hatten (vgl. H.-J. Mähl 1967). Goethe nahm freilich auch mehr und mehr Anstoß an der ‚katholisierenden' Tendenz der Romantik, die durch Schriften wie Wackenroders *Herzensergießungen* und durch die romantischen Konversionen einen ungebührlich hohen Stellenwert in der literarischen Öffentlichkeit erhalten hatte.

(Über das Verhältnis besonders Friedrich Schlegels und Hardenbergs zu Schiller und Goethe s. auch Kap. IV. A. 2. und 3. und Kap. VI. A.)

B. Das *Athenäum*

Zur Konstitution der Romantik trug besonders bei, daß die Brüder Schlegel mit der Gründung der Zeitschrift *Athenäum* (1798–1800) der Gruppe ein eigenes Publikationsorgan und einen geistigen Sammelpunkt schufen. Der Plan zu einem solchen Unternehmen reicht weit zurück. Im Januar 1793 schreibt Friedrich an August Wilhelm:

„Wie wäre es, wenn wir einmal versuchten gemeinschaftlich unsre Gedanken über die Dichtkunst zu entwickeln, die wir vielleicht künftig einmal in der Form von Briefen oder Gesprächen bekannt machen könnten. Du müßtest dann die letzte Hand dran legen, um Einheit in das ganze zu bringen, und ich sollte denken dieß wäre möglich; unsre Gedanken würden einstimmig genug seyn, und doch auch hinlänglich von einander abstechen." (FS XXIII, 81)

Akut wird die Gründung mit der kritischen Situation, die 1797 mit den in Jena aufgetretenen Spannungen und besonders für Friedrich durch sein inzwischen auch mißlich gewordenes Verhältnis zu Reichardt eingetreten war. Mit Reichardts Zeitschriften *Deutschland* und *Lyceum der schönen Künste* hatte er ein Unterkommen und Einkommen gefunden. Als er sich von Reichardt am 16. Dezember 1797 im Intelligenzblatt der Jenaer Literaturzeitung öffentlich lossagt, steht er auf dem literarischen Markt ohne Medium und Einkommen da.

Im Brief vom 31. 10. 1797, in dem er auch seine Trennung von Reichardt ankündigt, legt er dem Bruder den Gründungsplan vor und malt ihm die Vorteile aus:

„Denk Dir nur den unendlichen Vortheil, daß *wir alles thun und lassen könnten, nach unserm Gutdünken.*" (FS XXIV, 31) „Ein andrer großer Vortheil dieses Unternehmens würde wohl seyn, daß wir uns eine große Autorität in der Kritik machen, hinreichend, um nach 5–10 Jahren kritische Dictatoren Deutschlands zu seyn, die Allgemeine Litteratur-Zeitung zu Grunde zu richten, und eine kritische Zeitschrift zu geben, die keinen andren Zweck hätte als Kritik." (Ebd., 31f.)

Dieses Gelüst paßt allerdings wenig zu dem kurz zuvor noch über Reichardt geäußerten Vorwurf, daß er „nicht liberal" und literarische Gemeinschaft mit ihm daher auch nicht möglich sei (ebd., 30).

Kritisch ist das *Athenäum* geworden, auch polemisch und provokant, stellenweise im Sinne der „erhabnen Frechheit", die Friedrich zum Kriterium für Qualität erhob (ebd., 31), jedoch viel zu unterschiedlich in seinen Beiträgen, um diktatorisch und doktrinär zu wirken. Gerade das Institut der Zeitschrift war wenig geeignet, der zusammenhängenden und systematischen Entfaltung einer ‚Lehre' Raum zu geben. In seiner Eigenschaft als mehrstimmiges Organ entsprach es vielmehr der Pluralität der Perspektiven im romantischen Denken. Mit den treffenden Worten Ernst Behlers, der eine tiefe Affinität der Romantik zu dieser Ausdrucksform feststellt:

„Die Zeitschrift half hinweg über die bekannte romantische Unfähigkeit, die Vielfalt des neuen Welterlebens in systematischer Verkettung, nach dem Vorbild der idealistischen Systeme, oder nach der mechanischen Einheit der französischen Enzyklopädie zu entfalten, und war doch auch die natürliche Darstellungsform dieser nach Pluralität und Paradoxie der Gesichtspunkte, nach innigster Gemeinschaft ihrer Denker, nach Lebendigkeit des Ausdrucks, nach Vermischung der Disziplinen und literarischen Formen strebenden Bewegung. Die Zeitschrift war mit einem Wort die romantische Form der Enzyklopädie, sie war der Ausdruck des gesprengten, des ‚offenen Systems'. Das ‚Athenäum' leitete den Zyklus der romantischen Zeitschriften ein und bestimmte die nachfolgenden Blätter." (E. Behler 1960, 13)

Der Charakter der Pluralität und Systemoffenheit wurde noch potenziert durch die Aufspaltung eines großen Teils des dargestellten Gedankengutes in Fragmente. Allerdings war gleichzeitig, wie schon an Friedrichs frühem Vorschlag von 1793 ersichtlich, ein Zusammenstimmen des Disparaten angestrebt, nicht im Sinne einer „Einheit des Stoffs", sondern einer *„Einheit des Geistes"* (Friedrich an August Wilhelm, 5. 12. 1797; FS XXIV, 56). Auch sollte das Ganze den Zweierbund der Brüder zum Kern haben, auf der „Verbrüderung der Kenntnisse und Fertigkeiten" beruhen, wie es in der *Vorerinnerung* heißt. Gleich wird hier aber auch dem Mißverständnis vorgebeugt, als stehe die Einheit für Gleichheit. Wieder ist die den frühen Romantikern so wichtige Selbständigkeit unterstrichen, wenn es heißt:

„Wir theilen viele Meynungen mit einander; aber wir gehn nicht darauf aus, jeder die Meynungen des andern zu den seinigen zu machen. Jeder steht daher für seine eignen Behauptungen. Noch weniger soll das geringste von der Unabhängigkeit des Geistes, wodurch allein das Geschäft des denkenden Schriftstellers gedeihen kann, einer flachen Einstimmigkeit aufgeopfert werden; und es können folglich sehr oft abweichende Urtheile in dem Fortgange dieser Zeitschrift vorkommen." (Vorerinnerung)

Der Meinungsvielfalt soll eine formale und inhaltliche Vielfalt entsprechen. Formal werden „Abhandlungen mit Briefen, Gesprächen, rhapsodischen Betrachtungen und aphoristischen Bruchstücken wechseln", inhaltlich „besondre Urtheile mit allgemeinen Untersuchungen, Theorie mit geschichtlicher Darstellung, Ansichten der vielseitigen Strebungen unsers Volks und

Zeitalters mit Blicken auf das Ausland und die Vergangenheit, vorzüglich auf das klassische Alterthum." Ausgeschlossen soll aber bleiben, was „in keiner Beziehung auf Kunst und Philosophie" steht (ebd.). Wenngleich die Brüder erklären, daß sie nicht nur Herausgeber, sondern auch Verfasser der Zeitschrift seien (ebd.), treten doch mehrere Mitarbeiter hinzu. So vor allem aus dem engeren Kreis der Gruppe Novalis, Schleiermacher, Dorothea und Caroline. Sodann August Ludwig Hülsen, Schüler Fichtes und Mitglied des Jenaer Freundeskreises der „Freien Männer"; Karl Gustav von Brinkman, Jugendfreund Schleiermachers und schwedischer Diplomat in Berlin, wo er in den Salons verkehrte; August Ferdinand Bernhardi, Lehrer Tiecks am Friedrich-Werderschen Gymnasium in Berlin und durch die Heirat mit Tiecks Schwester Sophie sein Schwager; schließlich Sophie Bernhardi-Tieck, später zeitweise die Geliebte August Wilhelm Schlegels. Tieck selbst und auch Schelling blieben ausgeschlossen. Gegenüber Tieck hatte besonders Friedrich Schlegel starke Vorbehalte, die er erst revidierte, als er den Sternbald kennenlernte. Seine abschätzig gemeinte Charakterisierung Tiecks als „Fantast" (Brief vom 28./29. 12. 1797; FS XXIV, 76) klingt freilich seltsam als Urteil eines Romantikers über einen anderen. Abneigung hegte er auch gegenüber Schelling, dessen Beitrag Epikurisch Glaubensbekenntnis Heinz Widerporstens aber für das Athenäum nicht aus persönlichen Gründen abgelehnt wurde (s. u.).

Einige der wichtigsten Schriften der frühen Romantiker erschienen zum erstenmal in dieser Zeitschrift, so die bedeutendsten von Friedrich Schlegels Fragmenten, seine Wilhelm Meister-Rezension (Über Goethes Meister), sein Gespräch über die Poesie; von Novalis die Sammlung Blüthenstaub und die Hymnen an die Nacht. Der Aufsatz Die Christenheit oder Europa, die Novalis im November 1799 im Kreis der Freunde in Jena vorgelesen hatte, war nahe daran, in den dritten Band des Athenäums aufgenommen zu werden, blieb aber ebenso wie Schellings Replik auf diesen Aufsatz, Epikurisch Glaubensbekenntnis, auf den Rat Goethes, der als Schiedsmann hinzugezogen wurde, ungedruckt.

Auf alle drei Bände gesehen spiegelt die Zeitschrift die Tendenz, die sich im allgemeinen mehr und mehr in der Romantik ausprägt: vom Abstrakt-Allgemeinen zum Historisch-Individuellen, von der Philosophie zur Poesie, von der Skepsis zum Glauben, von der Kritik zur Mystik. Friedrich Schlegel hat dies später (1803 in der Zeitschrift Europa) so ausgedrückt:

„Im Anfange derselben ist Kritik und Universalität der vorwaltende Zweck, in den spätern Teilen ist der Geist des Mystizismus das Wesentlichste. Man scheue dieses Wort nicht; es bezeichnet die Verkündigung der Mysterien der Kunst und Wissenschaft, die ihren Namen ohne solche Mysterien nicht verdienen würden; vor allem aber die kräftige Verteidigung der symbolischen Formen und ihrer Notwendigkeit, gegen den profanen Sinn." (FS III, 10)

Besonders der III. Band des *Athenäums* mit Friedrichs Sammlung *Ideen*, dem *Gespräch über die Poesie* und Hardenbergs *Hymnen an die Nacht* offenbart diesen Hang zum Mystischen oder Religiösen. Mit dem Begriff „Universalität" spielt Schlegel auf die Absicht der Zeitschrift an, ein breites Spektrum nicht nur ästhetischer und philosophischer, sondern auch moralischer und gesellschaftlicher Ansichten zu entfalten.

Zur Verwirklichung des Unternehmens wurde der Berliner Verleger Friedrich Vieweg gewonnen, der jedoch, zumal ihm die Zeitschrift nicht den erhofften buchhändlerischen Erfolg brachte, seinen Verlag auflösen mußte. Darauf kam Anfang 1799 der Kontrakt mit einem neuen Verleger, Heinrich Frölich, ebenfalls Berlin, zustande. Die Auflage wurde auf 1250 Exemplare festgesetzt, eine zu optimistisch kalkulierte, auch für heutige Verhältnisse sehr hohe Zahl, das Honorar auf 15 Taler pro Bogen, später, unter Frölich, auf 12 Taler (Schiller zahlte als Herausgeber der *Horen*, was außergewöhnlich war, 5 Louisd'or = 25 Taler). Das erste Heft erschien Anfang Mai 1798. Ursprünglich von Friedrich Schlegel auf sechs Hefte pro Jahr geplant, kamen pro Jahrgang dann nur zwei heraus.

Nach dem dritten Band bzw. sechsten Heft ging die Zeitschrift ein. Avantgardistisch und extravagant wie sie war, konnte sie in breiteren Kreisen keinen Anklang finden, und provozierend wie sie auftrat, mußte sie mehr Gegner als Freunde auf sich ziehen. Die satirischen „Teufeleien", die die Schlegels und Schleiermacher gern ausheckten, verliehen ihr eine pikante Note, aber die wenigsten goutierten dies, und das *Athenäum* und seine Herausgeber sahen sich bald einer Vielzahl von Angriffen ausgesetzt (vgl. dazu W. Pfeiffer-Belli 1925), zunächst vor allem seitens der Berliner Spätaufklärer um Friedrich Nicolai, bald auch durch die *Allgemeine Literaturzeitung* in Jena, von der infolge des Streits August Wilhelm, der mit 300 Rezensionen ihr prominentester Mitarbeiter war, im November 1799 seinen Abschied nahm. Das *Athenäum* hat insofern auch dadurch zur Konstitution der Romantik beigetragen, daß es die Fronten klärte.

C. Der Begriff „romantisch"

Die Gruppe um die Brüder Schlegel nannte ihre Bewegung selbst noch nicht „Romantik", erkannte aber im bereits existierenden Begriff „romantisch" eigene Wesenszüge und suchte ihn als Kennzeichen ihrer Vorstellungen und Bestrebungen zu adoptieren.

„Romantisch" geht auf eine mittelalterliche Wortform (afrz. romanz < romantice) zurück, die ursprünglich als Bezeichnung für die romanische Volkssprache im Gegensatz zum Latein der Gebildeten diente, sodann – in der Form französisch „romance", italienisch „romanzo" – ein in der Volkssprache verfaßtes erzählendes Gedicht meinte, insbesondere den Typus des im hohen und Spätmittelalter verbreiteten Ritter- und Abenteuerbuches.

Aus französisch „romance" entwickelt sich „roman", das im 17. Jahrhundert in Deutschland als Fremdwort aus dem Französischen übernommen und bis ins 18. Jahrhundert der immer noch fortlebenden und weithin beliebten Ritter- und Abenteuererzählung zugeordnet wird.

Die Form „romantisch" leitet sich von englisch „romantic" her, das auf der Insel seit 1650 belegt ist. Sie dringt um 1700 als Adjektiv zu Roman und im Sinne von „unwahr" nach Deutschland ein (vgl. R. Ullmann/H. Gotthard 1927). Beispielsweise veröffentlicht 1698 in Zürich Gotthard Heidegger seine polemische Schrift *Mythoscopia Romantica oder Discours von den so benannten Romans* (neu hrsg. von W.E. Schäfer, Bad Homburg 1969). Allerdings ist die Form „romanticus" als literarische Bezeichnung schon mittellateinisch belegt (vgl. das Grimmsche Wörterbuch, Neudr. Bd. 14, Sp. 1155). Neben „romantisch" findet sich im 18. Jahrhundert häufig auch „romanhaft", vereinzelt auch noch „romanisch", das im 17. Jahrhundert allgemein als Adjektiv zu Roman verwendet worden war (ebd.).

Aus der Herkunft und Geschichte des Begriffs werden folgende Bedeutungen, die „romantisch" zur Zeit der Entstehung der Romantik hat, erklärlich:

Man verwendete das Wort im allgemeinen so wie heute „romanisch", d. h. als Bezeichnung für die Tochtersprachen des Lateinischen und die in diesen Sprachen geschriebenen Werke, vornehmlich allerdings für die ältere romanische Literatur vom 13. bis zum 16. Jahrhundert, von Dante bis Tasso.

Da die in der romanischen Volkssprache verfaßten Werke sich nicht der klassischen Versmaße bedienten oder sogar in Prosa abgefaßt waren, bezeichnete man mit „romantisch" in formaler Hinsicht eine nicht-klassische literarische Form.

Wie aber „romantisch" sich gerade als Adjektiv zur nichtklassischen Form des Romans entwickelt hatte, so diente der Begriff auch als inhaltliche Kategorie und bedeutete, sofern der Bezug zu Roman noch bewußt war, „wie in Romanen", insbesondere : so abenteuerlich, phantastisch, unglaubwürdig wie im überkommenen Ritterroman.

Allerdings ist die damalige Bedeutungsvielfalt des Begriffs damit bei weitem nicht erschöpft. Er trat auch in Kontexten auf, in denen der ursprüngliche literarische Bezug mehr oder weniger aus dem Bewußtsein geschwunden war, so vor allem bei der Wiedergabe von Landschaftseindrücken. Wie Raymond Immerwahr in seiner Arbeit *Romantisch. Genese und Tradition einer Denkform* (1972) gezeigt hat, läßt sich die Anwendung des Begriffs auf Landschaften bereits in den sechziger Jahren des 17. Jahrhunderts in England belegen (S. 15). Und Engländer waren die Pioniere bei der Erschließung des „Romantischen" in der Natur nicht nur auf heimischem Boden. Sie waren sogar die ersten, welche die Romantik der deutschen Rheinlandschaft entdeckten, mehrere Jahre bevor Arnim und Brentano 1802 auf ihrer berühmten Rheinreise die nämliche Entdeckung machten (vgl. G. Dischner 1972).

Was nach damaligem Empfinden an einer Landschaft „romantisch" anmutet, sind zumeist Phänomene des Wilden und Erhabenen, die sich in dynamischer Bewegtheit und schroffen Kontrasten darbieten: hohe Felsen, steile Berge, tiefe Abgründe, reißende Wasser etc. Deshalb tritt als Urbild für die Faszination, die hiervon ausgeht, im Laufe der Zeit immer deutlicher die Landschaft der Alpen hervor, einer Region, die vormals als gefährlich und beschwerlich tunlichst gemieden worden war, nun aber immer mehr Reisende, auch immer mehr Künstler anlockt. Auch ein gegenüber dem Hochgebirge recht anders gearteter Landschaftstypus, nämlich der englische Landschaftsgarten, wurde von den Zeitgenossen als „romantisch" empfunden (vgl. Immerwahr, 57ff.). Denn obwohl eigentlich eine Kulturlandschaft, weil künstlich angelegt, war er doch als Ausdruck freier Natürlichkeit konzipiert, also als Kunstgebilde, das die künstlerische Regel verleugnet. Im Gegensatz zum barocken Garten sollte in ihm die streng geometrische Anlage zugunsten des Anscheins ungeregelter Wildheit oder doch zumindest Ungezwungenheit aufgelöst und damit mehr die frei schweifende Einbildungskraft als der rationale Ordnungssinn angesprochen werden.

Wie schon angedeutet, fließt damals der Eindruck des Romantischen mit dem des Erhabenen zusammen. Erhaben ist gemäß der damaligen Theorie und Erfahrung ein Gegenstand, der uns objektiv niederdrückt, um uns gleichzeitig subjektiv zu erheben. Er macht uns angesichts des überwältigenden Sinneseindrucks unsere Kleinheit fühlbar, vermittelt uns andererseits aber zugleich ein Bewußtsein unserer seelischen Größe und Freiheit. Plausibel wird damit die Bedeutung, die in der „romantischen Landschaft" Elemente des Gewaltigen, Ungeheuren erlangen. Goethe, der diese Erfahrung vielfach erprobte, vor allem auf seinen Schweizer Reisen, gibt noch in den *Maximen und Reflexionen* folgende Definition: „Das sogenannte Romantische einer Gegend ist ein stilles Gefühl des Erhabenen unter der Form der Vergangenheit oder, was gleich lautet, der Einsamkeit, Abwesenheit, Abgeschiedenheit." (Goethe XII, 488)

Das reichhaltige Material, das Immerwahr in seinem Buch ausgebreitet hat, zeigt, daß man im 18. Jahrhundert mit dem Begriff „romantisch" nicht nur gewisse Landschaftstypen, sondern auch vieles andere bezeichnet: Menschen und Dinge, Vorstellungen und Ideen, Stimmungen und Gefühle, Zeiten und Völker. Voraussetzung ist dabei häufig, daß das betreffende Objekt oder die betreffende Person etwas der Wirklichkeit Entrücktes hat. Als „romantisch" wirkt nicht das Nahe, sondern das Ferne; nicht das Gegenwärtige, sondern das Vergangene; nicht das Alltägliche und Gewöhnliche, sondern das Sonderbare; nicht das Erkennbare und Erklärliche, sondern das Dunkle und Unbegreifliche; nicht das deutlich Bestimmte, sondern das Vage, Unbestimmte. Und als „romantisch" wirkt auch ein Mensch, der wenig Sinn für die Wirklichkeit besitzt, sondern schwärmt, träumt, sich eher seiner Einbildungskraft als seinem Verstand überläßt. So könnte man sagen, daß das Romantische sich bereits vorromantisch als Gegenbegriff zur alltäglichen Wirklichkeit oder „Normalität" und auch als Gegenbegriff zur Haltung des Realismus herausschält.

Aus der Sicht sowohl des „gesunden Menschenverstandes" wie der aufgeklärten, das Erkenn- und Erklärbare privilegierenden Vernunft mußte „romantisch" damit notwendig zur pejorativen Kategorie werden, und als solche ist der Begriff denn auch, ebenso wie „romanhaft", reichlich im 18. Jahrhundert belegt. Für jene Ende des Jahrhunderts nach einer anderen Wirklichkeit, der von Novalis so genannten „unsichtbaren Welt", suchende Generation hingegen bot sich der Begriff aus dem gleichen Grunde als Parole ihres Sehnens und Wollens an, wie denn auch Novalis von ihm einen entsprechenden Gebrauch macht. Eines seiner berühmtesten Worte lautet:

„Die Welt muß romantisirt werden. So findet man den ursprünglichen Sinn wieder. [...] Diese Operation ist noch ganz unbekannt. Indem ich dem Gemeinen einen hohen Sinn, dem Gewöhnlichen ein geheimnißvolles Ansehn, dem Bekannten die Würde des Unbekannten, dem Endlichen einen unendlichen Schein gebe so romantisire ich es" (N II, 545; s. dazu Kap. VI. B.).

Wenn das Romantische im 18. Jahrhundert vorwiegend seelischer Reiz und Stimmungschiffre war, so ist es hier eine Kategorie der Weltanschauung, mehr noch: ein Verfahren, eine in der Poesie zum Zuge kommende „Operation", mit dem Ziel nicht der Weltflucht, sondern der Weltveränderung. Bemerkenswert, daß Novalis etwa fünf Jahre vorher, in einem Brief an den Vater vom 9. 2. 1793, das „Romantische" noch negativ akzentuiert hatte. Sich selbstkritisch einer unbändigen Phantasie anklagend, teilt er den Wunsch mit, in den Soldatenstand zu treten, um sich zu disziplinieren, und er hegt die Hoffnung, daß die „Erfahrung" ihm „manche romantische Jugendidee" austreiben werde (N IV, 109). „Der Romantische Schwung wird in dem alltäglichen, sehr unromantischen Gange meines Lebens viel von seinem schädlichen Einfluß auf meine Handlungen verlieren und nichts wird mir übrigbleiben, als ein dauerhafter, schlichter bonsens, der für unsre modernen Zeiten den angemessensten, natürlichsten Gesichtspunkt darbietet." (Ebd., 109f.) Aber damit steht ihm der Begriff des Romantischen als Gegenbegriff zur alltäglichen Wirklichkeit bereits zur Verfügung und braucht nur noch ins Positive umgewertet zu werden. Wird das Romantische darüber hinaus zur „Operation" im eben zitierten Sinne, so wird es freilich auch in enge Beziehung zur Alltagsrealität gebracht, so nämlich, daß es an dieser ansetzt, sie zum Objekt macht und *in* ihr, nicht außerhalb, den höheren Sinn, das Geheimnis, die Würde des Unbekannten aufdeckt. Das ist eine Bedeutung von „romantisch", die dem 18. Jahrhundert noch fern gelegen hatte.

Eine Modifikation erlebt der Begriff auch bei Friedrich Schlegel. Stellen wie das 116. Athenäums-Fragment von 1798, das mit dem Satz „Die romantische Poesie ist eine progressive Universalpoesie" (FS II, 182) beginnt, zeigen, daß er ihn zu einem „kritischen Begriff von universaler ästhetischer Bedeutung" (Immerwahr, 166) entwickelt hat. Dabei bestehen in der Forschung Meinungsverschiedenheiten über die genauere Auslegung des Ausdrucks „romantische Poesie". Nach der Analyse von Arthur O. Lovejoy *On the Meaning of ,Romantic' in Early German Romanticism* (1916/17) kehrt in ihm der Begriff der „interessanten Poesie" wieder, den Schlegel in dem Aufsatz *Über das Studium der griechischen Poesie* verwendet hatte, wobei zu sagen wäre, daß der Austausch bereits durch den traditionellen Gebrauch ermöglicht ist, da „interessant", im 18. Jahrhundert häufig für „reizend" und „rührend", mit „romantisch" damals durchaus ins selbe Wortfeld gehört. Hans Eichner hat Lovejoys Ansicht in seinem Aufsatz *Friedrich Schlegel's Theory of Romantic Poetry* (1956) entgegengehalten, daß „romantische Poesie" im Sinne von „Romanpoesie" zu lesen sei, das heißt, daß Schlegel im Begriff „romantisch" den ursprünglichen Bezug zu „Roman" aufgegriffen oder wiederbelebt habe. Der Universalität des Begriffs tut diese Auslegung keinen Abbruch, da man, wie Eichner belegen konnte, „Roman" nach dem Verständnis Schlegels als „Mischgedicht" begreifen muß, das auch Dramen, etwa wie diejenigen Shakespeares, umfassen kann. Diese weite Fassung hatte dem Begriff Roman bereits Herder in den *Briefen zur Beförderung der Humanität* (1793–1797) gegeben (s. Eichner, 1019ff.).

Im übrigen verwendet Schlegel, wiederum an traditionellen Gebrauch anknüpfend (s. o.), „romantisch" auch als literarischen Stilbegriff und als literarischen Epochenbegriff – als literarischen Stilbegriff im Sinne von nicht-klassisch (d. h. nicht den aus der Antike überlieferten Formen entsprechend). Jedoch ist zu bemerken, daß die Universalität des Romantischen nach Schlegels Verständnis auf der fortgeschrittensten Stufe der Progression auch das Klassische einschließt. Da die romantische Poesie „der höchsten und der allseitigsten Bildung fähig" ist, wie es im 116. Athenäums-Fragment heißt, wird ihr „die Aussicht auf eine grenzenlos wachsende Klassizität eröffnet" (FS II, 183). Als literarischer Epochenbegriff meint das Romantische die „Moderne" im Gegensatz zur Antike, aber nicht die jüngste Phase der Moderne, das 18. Jahrhundert, sondern eine ältere Stufe, nach heutigen Begriffen: späteres Mittelalter und Renaissance. Im *Brief über den Roman*, einem Abschnitt des *Gesprächs über die Poesie*, das im III. Band des *Athenäums* (1800) erschien, wird ausdrücklich bestritten, daß

„das Romantische und das Moderne völlig gleich gelte. Ich denke es ist etwa ebenso verschieden, wie die Gemälde des Raffael und Correggio von den Kupferstichen die jetzt Mode sind. Wollen Sie sich den Unterschied völlig klar machen, so lesen Sie gefälligst etwa die *Emilia Galotti* die so unaussprechlich modern und doch im geringsten nicht romantisch ist, und erinnern sich dann an Shakespeare, in den ich das eigentliche Zentrum, den Kern der romantischen Fantasie setzen möchte. Da suche und finde ich das Romantische, bei den ältern Modernen, bei Shakespeare, Cervantes, in der italiänischen Poesie, in jenem Zeitalter der Ritter, der Liebe und der Märchen, aus welchem die Sache und das Wort selbst herstammt. Dieses ist bis jetzt das einzige, was einen Gegensatz zu den klassischen Dichtungen des Altertums abgeben kann" (FS II, 335).

Andererseits ist das Romantische allerdings auch das Neue, das über die Gegenwart in die Zukunft hinausweist, das Nachmoderne, in dem das Frühmoderne, ja sogar das Klassische wiederkehrt.

Mittlerweile, so scheint es, hatte der Begriff in Friedrich Schlegels Bewußtsein eine solche Weite und Komplexität angenommen, daß er am 1. 12. 1797 dem Bruder August Wilhelm, der von ihm offenbar eine Definition verlangt hatte, schreibt: „Meine Erklärung des Worts *Romantisch* kann ich Dir nicht gut schicken, weil sie – 125 Bogen lang ist. Laß mir das immer." (FS XXIV, 53) 125 Bogen sind 2000 Druckseiten, und rechnet man auch die ironische Übertreibung ab, zeigt die Bemerkung immer noch, was es heißt, die Summe der Bedeutungen, die in dem Begriff enthalten sind, erfassen zu wollen.

Ein anderer Vertreter der neuen Literaturgeneration, Clemens Brentano, hat vom Romantischen gleichwohl eine kurze und bündige Erklärung gegeben. In seinem Roman *Godwi* liest man: „Alles, was zwischen unserm Auge und einem entfernten zu Sehenden als Mittler steht, uns den entfernten Gegenstand nähert, ihm aber zugleich etwas von dem Seinigen mitgiebt, ist romantisch." Daraus wird gefolgert: „Das Romantische ist also ein Perspectiv oder vielmehr die Farbe des Glases und die Bestimmung des Gegenstandes durch die Form des Glases." (B II, 258f.) Immerwahr hat darauf hingewiesen, daß bereits bei den frühen englischen Belegen des Wortes „romantisch" das Medium, durch das dem Betrachter der romantische Gegenstand erscheint, eine Hauptquelle seiner romantischen Werte bildet (S. 178f.). In der Romantik ist das wichtigste Medium die Poesie. Somit wäre das Romantische eine Qualität, die nicht von vornherein dem Gegenstand anhaftet, sondern erst durch die poetische Behandlung des Gegenstandes erzeugt wird. Das stimmt weitgehend auch mit Hardenbergs Ansicht überein, für den „Romantisieren" und "Poetisieren" dasselbe bedeuten (s. dazu Kap. VI. B.).

Novalis war es auch, der im *Allgemeinen Brouillon* die Ausdrücke „Romantik" und „Romantiker" prägte (N III, 255, 256, 271, 280), freilich noch nicht als Bezeichnung für die eigene Epoche und das eigene Programm und deren Vertreter. „Romantik" steht bei ihm vielmehr sowohl für Romanlehre wie für die Kunst des Romantisierens, bedeutet also gewissermaßen eine Disziplin und eine Fertigkeit. Der Romantiker ist entsprechend Roman-Kenner und -Dichter und vor allem der, der die Kunst des Romantisierens ausübt, allerdings indem er einen weiten Bereich erfaßt, sich dem „Studium des Lebens" widmet: „Das Leben ist etwas, wie Farben, Töne und Kraft. Der Romantiker studirt das Leben, wie der Mahler, Musiker und Mechaniker Farbe, Ton und Kraft. Sorgfältiges Studium des Lebens macht den Romantiker, wie sorgfältiges Studium von Farbe, Gestaltung, Ton, und Kraft den Mahler, Musiker und Mechaniker." (N III, 466)

Popularisiert wurden die Ausdrücke „Romantik" und „Romantiker" durch Jean Paul, der auf sie in den 1802 von Friedrich Schlegel und Tieck posthum herausgegebenen Schriften Hardenbergs aufmerksam wurde und sie in seine 1804 erstmalig veröffentlichte *Vorschule der Ästhetik* aufnahm.

Jedoch versteht auch er noch nicht „Romantik" als aktuellen Epochen- und Programmbegriff, sondern als ästhetische Qualität, die innerhalb und außerhalb der Poesie, zu allen Zeiten und in den unterschiedlichsten Kulturen, von der Antike bis zur Gegenwart, vorkommen kann. So spricht er beispielsweise von einer „christlichen" und einer „indischen", einer "südlichen" und einer „nordischen Romantik", findet Romantisches schon bei Homer und bei Sophokles, und aus der eigenen Gegenwart nennt er u. a. Schiller und Goethe (Werke, hg. von N. Miller, München 1960ff. V, 82ff.). Bei seiner Bestimmung des „Romantischen" erkennt man, daß er sich an traditionelle Vorbilder und Auffassungen anlehnt und an Beispiele, die den Eindruck des Umrißlosen, ins Weite Verschwimmenden erzeugen. Allerdings grenzt er es vom „Erhabenen" ab. „Es ist in allen diesen Beispielen nicht das *Erhabene*, das, wie gedacht, so leicht ins Romantische verfließt, sondern das *Weite*, welches bezeichnet. Das Romantische ist das Schöne ohne Begrenzung, oder das *schöne* Unendliche, so wie es ein *erhabenes* gibt." (Ebd., 88)

Es waren letztlich die Kritiker der Romantik, Johann Heinrich Voß, Heinrich Heine und andere, die spezifisch die Romantiker „Romantiker" nannten und damit der Epoche ihren Namen gaben.

Bibliographie zum Ersten Teil

Teilbibliographien zu Kap. I.

Zu A. Im Zeichen der Bildungsbewegung

Apfelstedt, H.: Selbsterziehung und Selbstbildung in der deutschen Frühromantik. F. Schlegel, Novalis, Wackenroder, Tieck, München 1958

Fiedler, Ralph: Die klassische deutsche Bildungsidee, Weinheim [3]1973

Geppert, Klaus: Die Theorie der Bildung im Werk des Novalis, Frankfurt 1977

Günzler, Claus: Bildung und Erziehung im Denken Goethes, Köln/Wien 1981

Menze, Clemens: Der Bildungsbegriff des jungen Friedrich Schlegel, Ratingen [2]1964

Nakai, Chiyuki: Poesie und Bildung. Untersuchungen zu Friedrich Schlegels Idee der Bildung des Menschen und ihrer Beziehung zur Poesie, Bonn 1968

Rauhut, Franz – Schaarschmidt, Ilse: Beiträge zur Geschichte des Bildungsbegriffs. Eingeleitet und mit einem Anhang von Wolfgang Klafki, Weinheim 1965

Vierhaus, Rudolf: Bildung, in: O. Brunner, W. Conze, R. Koselleck (Hg.): Geschichtliche Grundbegriffe. Historisches Lexikon zur politisch-sozialen Sprache in Deutschland, Bd. 1, Stuttgart 1972, S. 508–551

Vogel, Paul: Das Bildungsideal der deutschen Frühromantik, in: Zeitschrift für Geschichte der Erziehung und des Unterrichts 4 (1914), S. 175–226, 259–295

Weil, Hans: Die Entstehung des deutschen Bildungsprinzips, Bonn 1930

Zu B. Im Lichte der Aufklärung

Ayrault, Roger 1961ff.: s. GB 9.

Dod, Elmar: Die Vernünftigkeit der Imagination in Aufklärung und Romantik. Eine komparatistische Studie zu Schillers und Shelleys ästhetischen Theorien in ihrem europäischen Kontext, Tübingen 1985

Frank, Manfred: Aufklärung als analytische und synthetische Vernunft. Vom französischen Materialismus über Kant zur Frühromantik, in: Jochen Schmidt (Hg.): Aufklärung und Gegenaufklärung in der europäischen Literatur, Philosophie und Politik von der Antike bis zur Gegenwart, Darmstadt 1989, S. 377–403

Härtl, Heinz: Frühe Romantik – späte Aufklärung, in: Weimarer Beiträge 33 (1987), S. 649–654

Höhle, Thomas: Friedrich Schlegels Auseinandersetzung mit Lessing. Zum Problem des Verhältnisses zwischen Romantik und Aufklärung, in: Weimarer Beiträge 23 (1977), S. 121–135

Krauss, Werner: Französische Aufklärung und deutsche Romantik, in: Ders.: Perspektiven und Probleme. Zur französischen und deutschen Aufklärung und andere Aufsätze, Neuwied 1965

Mattenklott, Gert: Zum Ursprung des modernen Romans bei Friedrich Schlegel im Hinblick auf das Verhältnis von Aufklärung und Frühromantik, in: Literaturgeschichte als geschichtlicher Auftrag. In memoriam Werner Krauss. Bearb. von Rolf Geißler und Joachim-Jürgen Slanka, Berlin-Ost 1978, S. 223–235

Mederer, Wolfgang: Romantik als Aufklärung der Aufklärung? Frankfurt 1987

Naumann, Dietrich: Politik und Moral, Heidelberg 1977

Peter, Klaus 1980: s. GB 9.

Ders.: Friedrich Schlegel und Adorno. Die Dialektik der Aufklärung in der Romantik und heute, in: E. Behler, J. Hörisch (Hg.) 1987, S. 219–235: s. GB 9.

Pütz, Peter: Die deutsche Aufklärung, Darmstadt 1978

Rasch, Wolfdietrich: Zum Verhältnis der Romantik zur Aufklärung, in: E. Ribbat (Hg.) 1979, S. 7–21: s. GB 9.

Schanze, Helmut 1976: s. GB 9.

Schröder, Winfried: Die Präromantiktheorie. Eine Etappe in der Geschichte der Literaturwissenschaft, in: Weimarer Beiträge 12 (1966), S. 723–764

Träger, Claus: Ideen der französischen Aufklärung in der deutschen Romantik, in: Weimarer Beiträge 14 (1968), S. 175–186

Unger, Rudolf: Hamann und die Aufklärung. Studien zur Vorgeschichte des romantischen Geistes im 18. Jahrhundert, 2 Bde., Tübingen [3]1964 (zuerst 1911)

Vietta, Silvio: Frühromantik und Aufklärung, in: Ders. (Hg.) 1983, S. 7–84: s. GB 9.

Zu C. In der Sphäre von Pietismus und Empfindsamkeit

Alewyn, Richard: Die Lust an der Angst, in: Ders.: Probleme und Gestalten. Essays, Frankfurt 1974, S. 307–330

Baeumer, Max L.: „Fülle des Herzens". Ein biblischer Topos der dichterischen Rede in der romantischen Literatur, in: Jahrbuch der Deutschen Schillergesellschaft 15 (1971), S. 133–156

Boeschenstein, Hermann: Deutsche Gefühlskultur. Studien zu ihrer dichterischen Gestaltung, 2 Bde., Bern 1954/66

Kaiser, Gerhard: Pietismus und Patriotismus im literarischen Deutschland, Wiesbaden 1961

Kurzke, Hermann: Friedrich von Hardenbergs ‚Apologie der Schwärmerey‘, in: Jahrbuch des Freien Deutschen Hochstifts 1983, S. 132–146

Langen, August: Der Wortschatz des deutschen Pietismus, Tübingen ²1968

Lappe, Klaus: Studien zum Wortschatz der empfindsamen Prosa, Saarbrücken 1971

Pikulik, Lothar: Die Frühromantik in Deutschland als Ende und Anfang. Über Tiecks „William Lovell" und Friedrich Schlegels Fragmente, in: S. Vietta (Hg.) 1983, S. 112–128: s. GB 9.

Ders.: Leistungsethik contra Gefühlskult. Über das Verhältnis von Bürgerlichkeit und Empfindsamkeit in Deutschland, Göttingen 1984

Sauder, Gerhard: Empfindsamkeit. Bd. I: Voraussetzungen und Elemente, Stuttgart 1974

Ders.: Empfindsamkeit und Frühromantik, in: S. Vietta (Hg.) 1983, S. 85–111: s. GB 9.

Schmidt, Martin: Pietismus, Stuttgart/Berlin/Köln/Mainz ²1978

Seidel, Margot 1983: s. GB 6.

Unger, Rudolf: Das Wort „Herz" und seine Begriffssphäre bei Novalis. Umrisse einer Bedeutungsentwicklung, in: G. Schulz (Hg.) 1986, S. 160–173: s. GB 6. (zuerst 1939)

Viering, Jürgen: Schwärmerische Erwartung bei Wieland, im trivialen Geheimnisroman und bei Jean Paul, Köln/Wien 1976

Zu D. Die philosophischen Grundlagen: Kant, Hemsterhuis, der Idealismus

Ayrault, Roger 1961ff.: s. GB 9.

Frank, Manfred: „Intellektuale Anschauung". Drei Stellungnahmen zu einem Deutungsversuch von Selbstbewußtsein: Kant, Fichte, Hölderlin/Novalis, in: E. Behler, J. Hörisch (Hg.) 1987, S. 96–126: s. GB 9.

Ders.: Die Philosophie des sogenannten ‚magischen Idealismus‘, in: Euphorion 63 (1969), S. 88–116

Hartmann, Nicolai: Die Philosophie des deutschen Idealismus. I. Teil: Fichte, Schelling und die Romantiker, Berlin/Leipzig 1923

Haym, Rudolf 1870: s. GB 9.

Jaeschke, W./Holzhey, H. (Hg.) 1990: s. GB 9.

Korff, Hermann August 1949: s. GB 9.

Körner, Josef: Friedrich Schlegels philosophische Lehrjahre. Einleitung zu F. Schlegel, Neue philosophische Schriften, Frankfurt 1935, S. 3–114

Krüger, Gerhard: Die Philosophie im Zeitalter der Romantik, in: Th. Steinbüchel (Hg.) 1948, S. 43–63: s. GB 9.

Kuhn, Hugo: Poetische Synthesis oder ein kritischer Versuch über romantische Philosophie und Poesie aus Novalis' Fragmenten, in: G. Schulz (Hg.) 1986, S. 203–258: s. GB 6. (zuerst 1950/51)

Küster, Bernd: Transzendentale Einbildungskraft und ästhetische Phantasie. Zum Verhältnis von philosophischem Idealismus und Romantik, Königstein 1979

Link, Hannelore: Zur Fichte-Rezeption in der Frühromantik, in: R. Brinkmann (Hg.) 1978, S. 355–368: s. GB 9.

Lypp, Bernhard: Ästhetischer Absolutismus und politische Vernunft. Zum Widerstreit von Reflexion und Sittlichkeit im deutschen Idealismus, Frankfurt 1972

Mähl, Hans-Joachim: Novalis und Plotin. Untersuchungen zu einer neuen Edition und Interpretation des ‚Allgemeinen Brouillon', in: G. Schulz (Hg.) 1986, S. 357–423: s. GB 6. (zuerst 1963)

Molnár, Géza von: Novalis' ‚Fichte Studies'. The Foundations of his Aesthetics, The Hague / Paris 1970

Poritzky, J.E.: Franz Hemsterhuis. Seine Philosophie und ihr Einfluß auf die deutschen Romantiker, Berlin/Leipzig 1926

Rothermel, Otto: Friedrich Schlegel und Fichte, Gießen 1934

Röttgers, Kurt: Fichtes Wirkung auf die Frühromantiker, am Beispiel Friedrich Schlegels. Ein Beitrag zur „Theoriepragmatik", in: Deutsche Vierteljahrsschrift für Literaturwissenschaft und Geistesgeschichte 51 (1977), S. 55–77

Strack, Friedrich 1982: s. GB 6.

Striedter, Jurij 1985: s. GB 6.

Summerer, Stefan: Wirkliche Sittlichkeit und ästhetische Illusion. Die Fichterezeption in den Fragmenten und Aufzeichnungen Friedrich Schlegels und Hardenbergs, Bonn 1974

Volckmann-Schluck, Karl Heinz: Novalis' magischer Idealismus, in: H. Steffen (Hg.) 1989, S. 45–53: s. GB 9.

Zu E. Reflexion als fundamentale Denkhaltung

Behler, Ernst: Die Kunst der Reflexion. Das frühromantische Denken im Hinblick auf Nietzsche, in: Vincent J. Günther u. a. (Hg.): Untersuchungen zur Literatur als Geschichte. Festschrift für Benno von Wiese, Berlin 1973, S. 219–248

Benjamin, Walter 1973: s. GB 9.

Huge, Eberhard 1971: s. GB 5.

Janke, Wolfgang: Fichte. Sein und Reflexion – Grundlagen der kritischen Vernunft, Berlin 1970

Menninghaus, Winfried 1987: s. GB 9.

(s. auch die Literatur unter D.)

Zu F. Psychologische Hintergründe: Kompensation eines Ungenügens

Burger, Heinz Otto: Die Geschichte der unvergnügten Seele. Ein Entwurf, in: Ders.: ‚Dasein heißt eine Rolle spielen'. Studien zur deutschen Literaturgeschichte, München 1963, S. 120–143

Jung, Carl Gustav: Psychologie und Dichtung, in: Emil Ermatinger (Hg.): Philosophie der Literaturwissenschaft, Berlin 1930, S. 315–330

Ders.: Psychologische Typen, Olten und Freiburg i. Br. [14]1981 (Kap. XI: Defintitionen, Stichwort „Kompensation", S. 484ff.)

Küfner, Hans K.: Der Mißvergnügte in der Literatur der deutschen Aufklärung 1688–1759, Würzburg 1959 (masch. Diss.)

Loquai, Franz: Künstler und Melancholie in der Romantik, Frankfurt 1984

Pikulik, Lothar 1979: s. GB 9.

Rehm, Walther: Gontscharow und Jacobsen oder Langeweile und Schwermut, Göttingen 1963

Völker, Ludwig: Langeweile. Untersuchungen zur Vorgeschichte eines literarischen Motivs, München 1975

Zu G. Politik und Geist: Französische Revolution und Bewußtseinswende

Behler, Ernst: Die Auffassung der Revolution in der deutschen Frühromantik, in: Peter Uwe Hohendahl u. a. (Hg.): Essays on European Literature. In Honour of Liselotte Dieckmann, St. Louis, Missouri 1972, S. 191–215

Ders.: Unendliche Perfektibilität. Europäische Romantik und Französische Revolution, Paderborn 1989

Brinkmann, Richard: Deutsche Frühromantik und Französische Revolution, in: Deutsche Literatur und Französische Revolution. Sieben Studien (Von R. Brinkmann u. a.), Göttingen 1974

Eibl, Karl (Hg.): Französische Revolution und deutsche Literatur, Hamburg 1986 (= Aufklärung Jg. 1, H. 2). Mit einer bibliographischen Übersicht von Monika Wilwerding

Fink, Gonthier-Louis (Hg.): Les Romantiques allemands et la Révolution française. Die deutsche Romantik und die französische Revolution. Actes du Colloque International Strasbourg 2–5 novembre 1988, Strasbourg 1989

Gebhard, Jürgen (Hg.): Die Revolution des Geistes. Politisches Denken in Deutschland 1770–1830. Goethe – Kant – Fichte – Hegel – Humboldt, München 1968

Günther, Horst (Hg.): Die Französische Revolution. Die Augenzeugenberichte und Darstellungen deutscher Schriftsteller und Historiker, Frankfurt 1986

Güssmer, Claudia: Revolutionär-demokratische Literatur in Deutschland 1790–1800. Ein Forschungsbericht, in: Weimarer Beiträge 29 (1983), S. 2151–2160

Koopmann, Helmut: Freiheitssonne und Revolutionsgewitter. Reflexe der Französischen Revolution im literarischen Deutschland zwischen 1789 und 1840, Tübingen 1989

Sauerland, Karol: Goethes, Schillers, Friedrich Schlegels und Novalis' Reaktionen auf die neuen politischen, konstitutionellen und sozialphilosophischen Fragen, die die Französische Revolution aufwarf, in: N. Honsca u. H.-G. Roloff (Hg.): Daß eine Nation die andere verstehen möge. Festschrift für Marian Szyrocki zu seinem 60. Geburtstag, Amsterdam 1988, S. 615–637

Segeberg, Harro: Deutsche Literatur und Französische Revolution. Zum Verhältnis von Weimarer Klassik, Frühromantik und Spätaufklärung, in: Karl Otto Conrady (Hg.): Deutsche Literatur zur Zeit der Klassik, Stuttgart 1977, S. 243–266

Voss, Jürgen (Hg.): Deutschland und die Französische Revolution. 17. Deutschfranzösisches Historikerkolloquium des Deutschen Historischen Instituts Paris, München und Zürich 1983

Wilson, Daniel W.: *Philosophen- und Schriftstellerkabale:* The Conspiracy Theory of the French Revolution and the Origins of German Romanticism (Fichte, F. Schlegel, Novalis), in: Euphorion 83 (1989), S. 131–159

Zu H. Sozialgeschichtliches

Arendt, Hannah: Rahel Varnhagen. Lebensgeschichte einer deutschen Jüdin aus der Romantik, München 1981 (zuerst 1959)

Brunschwig, Henri: Gesellschaft und Romantik in Preußen im 18. Jahrhundert. Die Krise des preußischen Staates am Ende des 18. Jahrhunderts und die Entstehung der romantischen Mentalität. Aus dem Franz. von Marie-Luise Schultheis, Frankfurt/Berlin/Wien 1975 (zuerst 1947)

Coulmas, Peter: Bürgertum und Unbürgerlichkeit in der Romantik, in: Universitas 2 (1947), S. 529–542

Dann, Otto: Gruppenbildung und gesellschaftliche Organisierung in der Epoche der deutschen Romantik, in: R. Brinkmann (Hg.) 1978, S. 115–131: s. GB 9.

Feilchenfeldt, Konrad: Die Berliner Salons der Romantik, in: Barbara Hahn und Ursula Isselstein (Hg.): Rahel Levin Varnhagen. Die Wiederentdeckung einer Schriftstellerin, Göttingen 1987, S. 152–163

Frederiksen, Elke: Die Frau als Autorin zur Zeit der Romantik: Anfänge einer weiblichen literarischen Tradition, in: Amsterdamer Beiträge zur neueren Germanistik 10 (1980), S. 83–108

Gerth, Hans H.: Bürgerliche Intelligenz um 1800. Zur Soziologie des deutschen Frühliberalismus, mit einem Vorwort und einer ergänzenden Bibliographie hg. von Ulrich Herrmann, Göttingen 1976 (zuerst 1935)

Haferkorn, Hans J.: Zur Entstehung der bürgerlich-literarischen Intelligenz und des Schriftstellers in Deutschland zwischen 1750 und 1800, in: B. Lutz (Hg.): Deutsches Bürgertum und literarische Intelligenz 1750–1800, Stuttgart 1974, S. 113–275

Herz, Henriette: Ihr Leben und ihre Erinnerungen, hg. von J. Fürst, Berlin 1850. Fotomech. Neudr. Leipzig 1977

Hillebrand, Karl: Die Berliner Gesellschaft in den Jahren 1789 bis 1815, in: Ders.: Unbekannte Essays. Aus dem Franz. und Engl. übers. und hg. von Hermann Uhde-Bernays, Bern 1955, S. 13–81

Holborn, Hajo: Der deutsche Idealismus in sozialgeschichtlicher Beleuchtung, in: Hans-Ulrich Wehler (Hg.): Moderne deutsche Sozialgeschichte, Köln [5]1976, S. 85–108 (zuerst 1952)

Kiesel, Helmuth – Münch, Paul: Gesellschaft und Literatur im 18. Jahrhundert. Voraussetzungen und Entstehung des literarischen Marktes in Deutschland, München 1977

Lankheit, Klaus: Das Freundschaftsbild der Romantik, Heidelberg 1952

Lüthi, Kurt: Feminismus und Romantik. Sprache, Gesellschaft, Symbole, Religion, Köln/Wien 1985

Mannheim, Karl: Ideologie und Utopie, Frankfurt [5]1969

Ders.: Das konservative Denken, in: Ders.: Wissenssoziologie. Auswahl aus dem Werk, eingeleitet und hg. von Kurt Wolff, Neuwied und Berlin [2]1970, S. 408–508

Ders.: The Problem of the Intelligentsia. An Enquiry into its Past and Present Role, in: Ders.: Essays on the Sociology of Culture, London 1956, S. 91–170

Paulsen, Wolfgang (Hg.): Die Frau als Heldin und Autorin. Neue kritische Ansätze zur deutschen Literatur, Bern/München 1979

Peters, Günther: Das tägliche Brot der Literatur. Friedrich Schlegel und die Situation des Schriftstellers in der Frühromantik, in: Jahrbuch der Deutschen Schillergesellschaft 27 (1983), S. 235–282

Rasch, Wolfdietrich: Freundschaftskult und Freundschaftsdichtung im deutschen Schrifttum des 18. Jahrhunderts vom Ausgang des Barock bis zu Klopstock, Halle 1936

Rek, Klaus: Die Jenaer Gesellschaft der freien Männer 1794–1799, in: Wiss. Zeitschrift der Karl-Marx-Universiät Leipzig. Gesellschafts- und sprachwiss. Reihe 32 (1983), S. 577–583

Roth, Stefanie: Der Einfluß des Göttinger Neuhumanismus und der Universität auf die frühromantische Bewegung, in: Silvio Vietta (Hg.): Romantik in Niedersachsen. Der Beitrag des protestantischen Nordens zur Entstehung der literarischen Romantik in Deutschland, Hildesheim/Zürich/New York 1986, S. 133–173

Scurla, Herbert: Rahel Varnhagen. Die große Frauengestalt der deutschen Romantik. Eine Biographie, Frankfurt 1980 (zuerst 1962)

Seibert, Peter: Der Salon als Formation im Literaturbetrieb zur Zeit Rahel Levin Varnhagens, in: B. Hahn, U. Isselstein (Hg.) [s. unter Feilchenfeldt, K.] S. 164–172

Strelka, Joseph: Das Romantische als soziologisches Phänomen, in: Literatur und Kritik 3 (1968), S. 238–246

Tenbruck, Friedrich H.: Freundschaft. Ein Beitrag zu einer Soziologie der persönlichen Beziehungen, in: Kölner Zeitschrift für Soziologie und Sozialpsychologie 16 (1964), S. 431–456

Trunz, Erich: Seelische Kultur. Eine Betrachtung über Freundschaft, Liebe und Familiengefühl im Schrifttum der Goethezeit, in: Deutsche Vierteljahrsschrift für Literaturwissenschaft und Geistesgeschichte 24 (1950), S. 216ff.

Vierhaus, Rudolf: Deutschland im 18. Jahrhundert. Politische Verfassung, soziales Gefüge, geistige Bewegungen. Ausgewählte Aufsätze, Göttingen 1987

Teilbibliographie zu Kap. II

Behler, Ernst: Athenaeum. Die Geschichte einer Zeitschrift = Nachwort zum fotomech. Nachdr. des „Athenaeum", Stuttgart 1960, Anhang S. 1–63. (Auch im dreibändigen repr. Nachdr. Darmstadt 1983)

Ders.: Die Zeitschriften der Brüder Schlegel. Ein Beitrag zur Geschichte der deutschen Romantik, Darmstadt 1983

Ders.: Die Wirkung Goethes und Schillers auf die Brüder Schlegel, in: Wilfried Barner u. a. (Hg.): Unser Commercium. Goethes und Schillers Literaturpolitik, Stuttgart 1984

Blanchot, Maurice: Das Athenäum. (Aus dem Franz. von R. Hörisch-Helligrath) in: Volker Bohn (Hg.) 1987, S. 107–120: s. GB 9.

Borcherdt, Hans Heinrich: Schiller und die Romantiker. Briefe und Dokumente, Stuttgart 1948

Dahnke, Hans-Dietrich: Zeitverständnis und Literaturtheorie. Goethes Stellung zu den theoretischen Bemühungen Schillers und Friedrich Schlegels um eine Poesie der Moderne, in: Goethe-Jahrbuch 95 (1978), S. 65–84

Dischner, Gisela: Ursprünge der Rheinromantik in England. Zur Geschichte der romantischen Ästhetik, Frankfurt 1972

Doppler, Alfred: Schiller und die Frühromantik, in: Jahrbuch des Wiener Goethe-Vereins 64 (1960), S. 71–91

Eichner, Hans: Friedrich Schlegel's Theory of Romantic Poetry, in: Publications of the Modern Language Association of America 71 (1956), S. 1018–1041

Ders. (Hg.): „Romantic" and its Cognates. The European History of a Word, Toronto 1972

Haym, Rudolf 1870: s. GB 9.

Hocks, Paul – Schmidt, Peter: Literarische und politische Zeitschriften 1789–1805. Von der politischen Revolution zur Literaturrevolution, Stuttgart 1975

Immerwahr, Raymond: Romantisch. Genese und Tradition einer Denkform, Frankfurt 1972

Jauß, Hans Robert: Literarische Tradition und gegenwärtiges Bewußtsein der Modernität, in: Ders.: Literaturgeschichte als Provokation, Frankfurt 1970, S. 11–66 [zum Begriff „Romantisch" S. 44ff.]

Körner, Josef: Romantiker und Klassiker. Die Brüder Schlegel in ihren Beziehungen zu Schiller und Goethe, Berlin 1924. Nachdr. Bern 1974

Kunisch, Hermann: Friedrich Schlegel und Goethe, in: Ders.: Kleine Schriften, Berlin 1968, S. 189–204

Lovejoy, Arthur O.: The Meaning of ‚Romantic' in Early German Romanticism, in: Modern Language Notes 31 (1916), S. 385–396 und 32 (1917), S. 65–77. Auch in: A.O. Lovejoy: Essays in the History of Ideas, Baltimore ²1952, S. 183–206

Ders.: Schiller and the Genesis of German Romanticism, in: Modern Language Notes 35 (1920), S. 1–10 und 136–146. Auch in: A.O. Lovejoy: Essays in the History of Ideas, Baltimore ²1952, S. 207–227

Mähl, Hans-Joachim: Goethes Urteil über Novalis, in: Jahrbuch des Freien Deutschen Hochstifts 1967, S. 130–270

Malsch, Wilfried: Klassizismus, Klassik und Romantik der Goethezeit, in: Karl Otto Conrady (Hg.): Deutsche Literatur zur Zeit der Klassik, Stuttgart 1977, S. 381–408

Ders.: Der ästhetische Schein des poetisches Staates: Zur Bedeutung Schillers für Novalis, in: Aurora 51 (1991)

Pfeiffer-Belli, Wolfgang: Antiromantische Streitschriften und Pasquille (1798–1804), in: Euphorion 26 (1925), S. 602–630

Ribbat, Ernst: Poesie und Polemik. Zur Entstehungsgeschichte der romantischen Schule und zur Literatursatire Ludwig Tiecks, in: E. Ribbat (Hg.) 1979, S. 58–79: s. GB 9.

Schanze, Helmut: „Dualismus unsrer Symphilosophie". Zum Verhältnis Novalis – Friedrich Schlegel, in: Jahrbuch des Freien Deutschen Hochstifts 1966, S. 309–335

Schlagdenhauffen, Alfred 1934: s. GB 9.

Ders.: Die Grundzüge des Athenaeum, in: Zeitschrift für deutsche Philologie 88 (1969), Sonderheft, S. 19–41

Schulz, Gerhard: Theater um Goethe und die Brüder Schlegel. Bemerkungen zu Demarkationslinien der Literaturgeschichte, in: Wolfgang Wittkowski (Hg.): Goethe im Kontext. Kunst und Humanität, Naturwissenschaft und Politik von der Aufklärung bis zur Restauration. Ein Symposium, Tübingen 1984, S. 194–200

Stadler, Ulrich: Novalis – ein Lehrling Friedrich Schillers? In: Aurora 50 (1990), S. 47–62

Stoljar, Margaret: Athenaeum. A Critical Commentary, Bern/Frankfurt 1973

Uerlings, Herbert: Novalis und die Weimarer Klassik, in: Aurora 50 (1990), S. 27–46

Ullmann, Richard – Gotthard, Helene: Geschichte des Begriffs „Romantisch" in Deutschland. Vom ersten Aufkommen des Wortes bis ins 3. Jahrzehnt des 19. Jahrhunderts, Berlin 1927. Nachdr. Nendeln/Liechtenstein 1967

Ziegler, Hans Gerhard: Friedrich Schlegel als Zeitschriftenherausgeber. Eine Studie zum literarischen Leben der Goethezeit, Berlin 1967

Zweiter Teil: Theoretische Konzepte

III. Kapitel: Abenteuer des Denkens (Zu den Fragmenten und Notizen von F. Schlegel und Novalis)

Einleitung

Am Anfang der Romantik war das Fragment, Ausdruck des Bruchs mit dem konventionellen Denken ebenso wie des Suchens nach neuen Ufern. Das Fragment ist das Gegenteil der klassischen Abhandlung, die eine Wahrheit vermittelt, welche der Verfasser bereits besitzt oder zu besitzen glaubt. Im Gegensatz dazu bedeutet das Fragment nur eine Bewegung auf die Wahrheit zu, Annäherung, aber nicht Erreichen. Die Abhandlung erhellt, was dunkel ist, und löst es auf. Das Fragment bedeutet einen Vorstoß ins Dunkle, Unbekannte, ohne es ,aufzuklären' und ihm seinen Nimbus zu rauben. Es ist eine sokratische Form: Wissen, daß man etwas nicht weiß oder von etwas zu wenig weiß.

Während die Abhandlung von den Garantien und Sicherheiten der logischen Gesetze profitiert, lebt das Fragment von Gnaden der überraschenden Entdeckung, des Einfalls, und von den tastenden Schritten des Experiments. Während die Abhandlung nichts vertritt, was nicht auf den festen Füßen einer Begründung steht, geht das Fragment das Risiko ,haltloser' Behauptungen ein. Darin liegen auch Reiz und Lust. Den romantischen Fragmentaristen lockt das intellektuelle Abenteuer. Er ist vergleichbar den Wandernden und Fahrenden der romantischen Erzählliteratur, die ebenfalls ins Unbekannte aufbrechen, nur begibt er sich auf eine „Gedankenfahrt", wie Herder dergleichen einmal genannt hat.

Geleitet wird er sodann von der Überzeugung, daß die Wahrheit nicht verfügbar, sondern tief verborgen ist und ständig gesucht werden muß. Ende Mai 1793 schreibt Friedrich Schlegel an den Bruder: „Zur *Wahrheit* gehört [...] die *Tiefe* im Gegensatz zur Flachheit, dem untrüglichen Kennzeichen der Gemeinheit." (FS XXIII, 97) Wenig später, am 16. 10. 1793: „Wer die Wahrheit liebt, soll nie wähnen, sie zu besitzen" (ebd., 143). Dies nimmt zweifellos Bezug auf Lessings berühmte *Duplik*, in der es heißt, daß nicht der Besitz, sondern die Nachforschung der Wahrheit den Menschen fördere und daß die reine Wahrheit doch nur allein für Gott sei. In Lessing sah Schlegel folgerichtig einen Fragmentaristen: „Alles was Lessing geschrieben ein Fragment." (FS XVIII, 333)

Die negative Kehrseite des Fragmentarismus ist, oberflächlich betrachtet, Mangel an Ganzheit. In ihm drückt sich der Zerfall der traditionellen Weltbilder aus. Untergründig suchen aber Schlegel und Novalis zu einer neuen Synthese zu gelangen, nicht im Sinne eines geschlossenen, sondern eines offenen Weltbildes, d. h. des Bildes einer Welt, die ebenso unergründlich tief wie unausmeßbar weit ist. Wenn sich in den Fragmenten der beiden Romantiker einerseits eine dekonstruktivistische Tendenz äußert, so andererseits auch eine konstruktivistische. Man muß – das ist ihr Grundgedanke – aus starrer Gefügtheit erlösen, was zu neuem Leben und in lebendigem Zusammenhang wiedergeboren werden soll.

Der belebenden Funktion entspricht es, wenn Novalis seine Blütenstaub-Fragmente „litterarische Sämereyen" nennt (N II, 463). Er begreift sie als Gedankenkeime, die zu wachsen und sich zu entfalten vermögen, wenn sie auf fruchtbaren Boden fallen. Damit kommt der Leser ins Spiel. Gefragt ist bei den Fragmenten ein empfängliches Gemüt, in dem die Saat aufgehen kann.

Daß diese Texte sich dem Verstehen oft widersetzen, macht ihre Interpretation zu einer permanenten, nicht abzuschließenden Aufgabe. Als tröstlich mag immerhin erscheinen, daß auch Novalis viele der Athenäums-Fragmente seines Freundes Schlegel mit den Vermerken „unverständlich", „confus", „dunkel" kommentierte (N II, 623f.), ohne doch selber immer klar und verständlich sein zu können oder auch nur zu wollen.

Die folgende Darstellung ist nicht so sehr der Analyse einzelner Fragmente gewidmet (Ausnahme: s. Abschnitt J.), sondern skizziert einige wichtige Denkansätze und Denkformen, die sich durch die Fragmente in ihrer Gesamtheit verfolgen lassen.

Als textliche Grundlage dienen dabei auch Notizensammlungen, die nicht im engeren Sinne zur Textspezies Fragment gerechnet werden können, ferner Briefstellen sowie Stellen aus Essays und anderen kürzeren Prosastücken.

1. Grundlageninformation

1.1. Texte und Materialien

Fragmentsammlungen von Friedrich Schlegel

Kritische Fragmente. Erstdruck in: Lyceum der schönen Künste. Ersten Bandes, zweiter Teil. Berlin 1797. (Verfasserangabe: von Friedrich Schlegel.) S. 133–169. [Zitiert: L.-Fr.] Kritische Ausgabe: FS II, 147–163. Mit Numerierung von 1–127, die im Erstdruck fehlt.
Fragmente. Erstdruck in: Athenaeum. Ersten Bandes Zweites Stück. Berlin 1798. (Ohne Verfasserangabe.) Nr. I. S. 3–146. [Zitiert: Ath.-Fr.] Kritische Ausgabe: FS II, 165–255. Mit Numerierung von 1–451, die im Erstdruck fehlt.
Von August Wilhelm Schlegel stammen: Nr. 6–9, 11, 14, 18, 20, 40, 58–60, 106,

110, 122, 127–136, 140–142, 169–195, 197–205, 207–210, 224, 236, 237, 241, 243, 254, 257, 260, 261, 269, 271, 273 (mit einem Zusatz von Friedrich), 309–311, 313, 314, 380, 405; evtl. auch 2, 57, 312.

Von Schleiermacher: 35 (teilweise), 38, 279, 280, 328–331, 334–338, 340, 341, 349–356, 361, 362, 364, 371, 378, 407, 428; evtl. auch 86, evtl. teilweise 276. Von Novalis: 282–294 [ursprünglich in *Blüthenstaub*].

Ideen. Erstdruck in: Athenaeum. Dritten Bandes Erstes Stück. Berlin 1800. (Verfasserangabe: Von Fr. Schlegel.) Nr. II, S. 4–33.
Kritische Ausgabe: FS II, 256–272. Mit Numerierung von 1–156, die im Erstdruck fehlt.

Philosophische Lehrjahre. 7502 Fragmente vornehmlich aus den Jahren 1796–1806, die sich im Nachlaß Friedrich Schlegels erhalten haben. [Zitiert: Phil. Lj.] Vollständiger Druck: FS XVIII und XIX.

Fragmente zur Poesie und Literatur. Ebenfalls aus dem Nachlaß stammende und vorwiegend derselben Entstehungszeit angehörende Masse von mehreren tausend Fragmenten [zitiert: L.u.P.]. Vollständiger Druck: FS XVI und XVII.

Fragmentsammlungen von Novalis

Blüthenstaub. Erstdruck in : Athenaeum. Ersten Bandes Erstes Stück. Berlin 1798. (Verfasserangabe: Von Novalis.) Nr. II., S. 70–106. [Zitiert: Bst.] Kritische Ausgabe: N II, 399–470. Mit Numerierung von 1–114, die im Erstdruck fehlt.
Entstehung: Die Sammlung ist Zeugnis der Entwicklung, die Hardenbergs Denken unmittelbar nach der Auseinandersetzung mit Fichte und der erneuten Beschäftigung mit Kant und Hemsterhuis (s. dazu Kap. I. D.) gewonnen hat. Das nicht mehr erhaltene ursprüngliche Manuskript, am 24. Februar 1798 an August Wilhelm Schlegel abgesandt, wurde von Friedrich für den Druck erheblich verändert. Er sonderte 13 Fragmente aus und fügte sie in die Sammlung der Athenäums-Fragmente ein (dort Nr. 282–294). Umgekehrt fügte er in *Blüthenstaub* 4 eigene Fragmente ein (dort Nr. 15, 20, 26, 31). Außerdem hat er sprachliche Korrekturen vorgenommen, mehrere Fragmente geteilt und andere zusammengefaßt. Im Nachlaß Hardenbergs fand sich eine Handschrift, überschrieben *Vermischte Bemerkungen* [zitiert: VB] und wahrscheinlich zwischen Mitte Dezember 1797 und Mitte Januar 1798 entstanden, die als Vorstufe des *Blüthenstaub*-Manuskripts gelten kann. Sie ist in der Kritischen Ausgabe parallel mit dem Athenäums-Druck wiedergegeben.

Glauben und Liebe und *Politische Aphorismen*. S. dazu Kap. V.

Vorarbeiten zu verschiedenen Fragmentsammlungen. Dazu gehören mehrere Sammlungen kleineren Umfangs aus dem Jahre 1798, die sich im Nachlaß erhalten haben, darunter die von Novalis so genannten *Logologischen Fragmente*. Kritische Ausgabe: N II, 507–651.

Fragmente und Studien 1799–1800. Eine Sammlung von Aufzeichnungen, von denen nur ein Teil als Fragment im engeren Sinne anzusprechen ist, entstanden in den anderthalb Jahren von Hardenbergs Rückkehr aus Freiberg Mitte Mai 1799 bis Spätherbst 1800. Kritische Ausgabe: N III, 527–693.

Nicht im engeren Sinne als Fragment-, sondern weitgehend nur als Notizensammlung sind die aus dem Nachlaß in Abt. II und III (N II, 29–395) sowie in Abt. VIII, IX und XIII (N III, 3–493, 697–803) der Kritischen Ausgabe veröffentlichten Texte anzusehen. Besondere Aufmerksamkeit im Zusammenhang dieses Kapitels ver-

dient Ab. IX, das *Allgemeine Brouillon* (Materialien zur Enzyklopädistik 1798/
99), bestehend aus 1151 Aufzeichnungen aus der zweiten Hälfte von Hardenbergs
Freiberger Studienzeit, entstanden zwischen September 1798 und März 1799.
[Zitiert: AB]

1.2. Forschungsliteratur

Auf allgemeine Literatur zum Denken Friedrich Schlegels und Hardenbergs verweisen die Angaben in der Gesamtbibliographie.

An spezieller Literatur zu den im folgenden behandelten Aspekten finden sich
reichlich Untersuchungen über die Ironie, in geringerer, aber nicht kleiner Zahl auch
noch solche über den Witz, die Gattung Fragment und das Enzyklopädie-Projekt.
Dagegen bestehen Forschungsdefizite in der Behandlung des Einfalls, des Experiments, der Hypothese und seltsamerweise auch der Analogie, obwohl es ein Gemein-
platz zu sein scheint, daß diese Denkform etwas typisch Romantisches ist.

Behler, Ernst: Friedrich Schlegels Enzyklopädie der literarischen Wissenschaften im
Unterschied zu Hegels Enzyklopädie der philosophischen Wissenschaften, in: He-
gel-Studien 17 (1982), S. 169–202 [Schlegels Konzept der Enzyklopädie sei aus
der Philologie hervorgegangen und so allumfassend, wie es das 116. Ath.-Fr. ausdrückt, während Hegels Enzyklopädie auf die Philosophie beschränkt sei.]

Ders.: Klassische Ironie, romantische Ironie, tragische Ironie. Zum Ursprung dieser
Begriffe, Darmstadt 1972 [Vereinigt frühere Studien des Autors zum Thema. Stellt
die Entfaltung des Ironiebegriffs im geschichtlichen Prozeß dar.]

Biemel, Walter: L'ironie romantique et la philosophie de l'idéalisme allemand, in:
Revue Philosophique de Louvain 61 (1963), S. 627–643 [Zur Herausbildung des
romantischen Ironie-Begriffs unter dem Einfluß Fichtes und Schellings.]

Böckmann, Paul: Die romantische Poesie Brentanos und ihre Grundlagen bei Friedrich Schlegel und Tieck, in: Jahrbuch des Freien Deutschen Hochstifts 1934/35, S.
56–176 [U. a. über die Form des Fragments, die auf ein neues Lebensgefühl bei F.
Schlegel zurückgeführt wird. Auch über Witz und Ironie.]

Bubner, Rüdiger: Zur dialektischen Bedeutung romantischer Ironie, in: E. Behler, J.
Hörisch (Hg.) 1987, S. 85–95: s. GB 9. [Betont im Gegensatz zu anderen Arbeiten
den Unterschied zwischen Schlegels Ironie-Begriff und Fichtes Philosophie.]

Carlsson, Anni: Die Fragmente des Novalis, Basel 1939 [Grenzt das Fragment, das
als philosophisch fruchtbare, lebendige Darstellungsweise gewertet wird, strikt
vom Aphorismus ab, der der Verf. als „starr, unlebendig, unbildsam" gilt.]

Comstock, Cathy: „Transcendental Buffoonery": Irony as Process in Schlegel's
„Über die Unverständlichkeit", in: Studies in Romanticism 26 (1987), S. 445–464
[U. a. kritische Auseinandersetzung mit Paul de Man: Interpretation, Baltimore
1969, der Schlegels Ironie allein eine ‚dekonstruktive' Tendenz ohne das Ziel der
Synthese unterstellt.]

Frank, Manfred: Das „fragmentarische Universum" der Romantik, in: Lucien Däl-
lenbach und Christiaan L. Hart Nibbrig (Hg.): Fragment und Totalität, Frankfurt
1984, S. 212–224 [Philosophisch orientierte Darstellung, die den „Zustand der
zersplitterten Welt" als Ergebnis des analytischen Denkens, besonders in der Aufklärung, deutet.]

Fricke, Harald: Aphorismus, Stuttgart 1984 [Allgemeiner Überblick mit zahlreichen Literaturangaben.]

Gockel, Heinz: Friedrich Schlegels Theorie des Fragments, in: E. Ribbat (Hg.) 1979, S. 22–37: s. GB 9. [Untersucht die Beziehung des fragmentarischen Ausdrucks zu den Begriffen der intellektuellen Anschauung, des Chaos, des Mystizismus, des Witzes, der Ironie, der Individualität in F. Schlegels *Philosophischen Lehrjahren.*]

Goodbody, Axel: Natursprache. Ein dichtungstheoretisches Konzept der Romantik und seine Wiederaufnahme in der modernen Naturlyrik (Novalis – Eichendorff – Lehmann – Eich), Neumünster 1984 [Über Novalis S. 49–103. Dabei u. a. über die zentrale Bedeutung der Analogie.]

Haering, Theodor: Novalis als Philosoph, Stuttgart 1954 [Versteht Novalis' Philosophie als „Repräsentationsidealismus". N. strebe nach einem dialektischen Begreifen der Welt, einer dialektischen Aufhebung aller Unterschiede in lebendiger Einheit. Zum Fragment S. 11–22.]

Heftrich, Eckhard: Novalis. Vom Logos der Poesie, Frankfurt 1969 [Sieht in Novalis einen spekulativen Geist, lehnt es aber ab, ihn als Philosophen zu verstehen, sondern deutet sein Werk als Offenbarung orphischen Dichtertums. Zu „Enzyklopädistik und Experiment" S. 26ff.; zur Analogie S. 129 ff.]

Heimrich, Bernhard: Fiktion und Fiktionsironie in Theorie und Dichtung der deutschen Romantik, Tübingen 1968 [Untersucht, ausgehend hauptsächlich vom Poesie- und Ironie-Begriff F. Schlegels, an epischen Texten Brentanos, Eichendorffs und E.T.A. Hoffmanns die Zerstörung der Erzählfiktion, an Komödien Tiecks und Eichendorffs die Zerstörung der dramatischen Fiktion.]

Heiner, Hans-Joachim: Das Ganzheitsdenken Friedrich Schlegels. Wissenssoziologische Deutung einer Denkform, Stuttgart 1971 [U. a. zum Enzyklopädie-Projekt, zum Fragment, zum Witz. Mit kritischer Einstellung zu Schlegels „Schwäche eines unklaren und diffusen Denkens".]

Hinrichs, Heribert: Verwendung und Bedeutung des Begriffs „Ironie" bei Friedrich Schlegel, University of Utah, U.S.A. 1980 [Philologisch orientierte genaue Herleitung des Ironie-Begriffs aus den einschlägigen Textstellen, die im Anhang in einer nützlichen Übersicht vollständig aufgelistet werden. In drei Teilen untersucht der Verf. Schlegels Anknüpfung an den traditionellen Gebrauch der Ironie, sein Verständnis der Ironie als Phänomen literarischer Texte sowie als künstlerische Geisteshaltung und philosophisches Vermögen. In der Einleitung eine umfassende Darstellung der bisherigen Forschung zum Thema.]

Höft, Albert: Novalis als Künstler des Fragments. Ein Beitrag zur Geschichte des deutschen Aphorismus, Göttingen 1935 [Philologisch orientierte Untersuchung der stilistischen Besonderheiten der Fragmente.]

Immerwahr, Raymond: The Subjectivity or Objectivity of Schlegel's Poetic Irony, in: The Germanic Review 26 (1951), S. 173–191. In deutscher Übersetzung auch in H. Schanze (Hg.) 1985, S. 112–142: s. GB 5. [Diskutiert unterschiedliche Ansichten der Forschung zum Thema mit dem Ergebnis, daß man Schlegels Ironie-Auffassung nicht auf eine starre Formel reduzieren könne. Wendet sich gegen die vereinfachende Ansicht, romantische Ironie sei Relativierung von „Illusion".]

Japp, Uwe: Theorie der Ironie, Frankfurt 1983 [Will „einerseits die Struktur der Ironie auf allgemeine Weise" bestimmen, „um andererseits die jeweils besondere Bedeutung dieses Allgemeinen auf exemplarische Weise zu zeigen".]

Link, Hannelore: Abstraktion und Poesie im Werk des Novalis, Stuttgart 1971 [Zielt weniger auf den Gedankeninhalt des dichterischen Werkes als auf die von Novalis vermittelte Denkmethode und ihre spezifisch poetische Qualität. Widerspricht den populären Vorstellungen von romantischer Dichtung. Bedeutende Ausführungen über Novalis' Sprachtheorie und Umgang mit der Sprache.]

Mähl, Hans-Joachim: Novalis und Plotin. Untersuchungen zu einer neuen Edition und Interpretation des ‚Allgemeinen Brouillon', in: G. Schulz (Hg.) 1986, S. 357–423: s. GB 6. (zuerst 1963) [Zum Enzyklopädie-Projekt des Novalis. Plädoyer für eine Erschließung des *Allgemeinen Brouillons* nach quellenkritischen Gesichtspunkten vor allem am Beispiel der Plotin-Rezeption Hardenbergs. Die Ergebnisse dieser Studie sind in den Kommentar der Kritischen Ausgabe, Bd. III, eingegangen.]

Mason, Eudo C.: The Aphorism, in: S. Prawer (Hg.) 1970, S. 204–234: s. GB 9. [Hauptsächlich über F. Schlegel und Novalis. Geht auf den Unterschied der deutschen Frühromantik zur „nichtaphoristischen" englischen Romantik ein.]

Mautner, Franz H.: Aphorismus, in: Das Fischer Lexikon. Literatur II, Erster Teil, Frankfurt 1965, S. 43–48 [Zum Aphorismus allgemein, unter Berücksichtigung auch der Fragmente F. Schlegels und Hardenbergs.]

Mennemeier, Franz Norbert: Fragment und Ironie beim jungen Friedrich Schlegel. Versuch der Konstruktion einer nicht geschriebenen Theorie, in: Poetica 2 (1968), S. 348–370. Auch in: K. Peter (Hg.) 1980: s. GB 9. [Aspektreiche Darstellung des Zusammenhangs zwischen Fragment und Ironie, u. a. mit Hinweisen auf die Beziehung zwischen Fragment-Sprache und ironischem Sprachbewußtsein, zwischen Ironie und dem Komplex des Erhabenen.]

Neumann, Gerhard: Ideenparadiese. Untersuchungen zur Aphoristik von Lichtenberg, Novalis, Friedrich Schlegel und Goethe, München 1976 [Monumentale Darstellung, ausgehend von einer ausführlichen Gattungsbestimmung. Bietet u. a. „Lesemodelle" für die Rezeption der Fragmente des Novalis und eine Bestimmung des Witzes bei F. Schlegel.]

Perkins, Robert L.: Hegel and Kierkegaard: Two Critics of Romantic Irony, in: Frederick G. Weiss (Hg.): Hegel in Comparative Literature, Jamaica / New York 1970, S. 232–254 [Auch mit einer Begriffsbestimmung der romantischen Ironie S. 233–241.]

Prang, Helmut: Die romantische Ironie, Darmstadt ³1989 [Knappe Überblicksdarstellung.]

Pütz, Peter: Aphorismus und Gespräch im „Athenäum", in: Germanica Wratislaviensia 67 (1988), S. 7–17 [Geht von einer allgemeinen Charakteristik des Aphorismus aus. Betont am romantischen Fragment die Spannung zwischen Subjektivität/Individualität und Universalität.]

Schanze, Helmut: Romantik und Aufklärung. Untersuchungen zu Friedrich Schlegel und Novalis, Nürnberg ²1976 [Mit wichtigen Bemerkungen zur romantischen Enzyklopädie S. 114–150.]

Stadler, Ulrich: „Ich lehre nicht, ich erzähle." Über den Analogiegebrauch im Umkreis der Romantik, in: C. Klinger (Hg.): s. GB 9. [Wichtige Studie zum Begriff der Analogie und der Homologie und zu Hardenbergs Enzyklopädie-Projekt.]

Ders.: System und Systemlosigkeit. Bemerkungen zu einer Darstellungsform im Umkreis idealistischer Philosophie und frühromantischer Literatur, in: W. Jaeschke/H. Holzhey (Hg.) 1990, S. 52–68: s. GB 9. [Bei der damaligen Diskussion um System und Systemlosigkeit gehe es um die Differenz bzw. Vereinbarkeit von Philosophie und Poesie. F. Schlegel vertrete die Verbindung theoretisch wie praktisch.]

Striedter, Jurij: Die Fragmente des Novalis als „Präfigurationen" seiner Dichtung, München 1985 (zuerst 1953) [Sieht in den Fragmenten das Ringen um die Lösung des Problems, wie sich das ‚Unendliche' und ‚Unbedingte' in endlicher, bedingter Form fassen lasse, in einem Prozeß der wechselseitigen Abstimmung von Denk- und Darstellungsweise. Mit beispielhaften Analysen Hardenbergscher Fragmente.]

Strohschneider-Kohrs, Ingrid: Die romantische Ironie in Theorie und Gestaltung, Tübingen ²1977 (zuerst 1960) [Ausführliche Deutung des Ironie-Begriffs von der Konzeption F. Schlegels aus. Die Ironie in der Gestaltung wird hauptsächlich an Texten von Novalis, F. Schlegel, Tieck, Brentano, E.T.A. Hoffmann untersucht.]

Dies.: Zur Poetik der deutschen Romantik II: Die romantische Ironie, in: H. Steffen (Hg.) 1989, S. 75–97: s. GB 9. [Zusammenfassende Darstellung, basierend auf der umfangreichen Studie der Verf. von 1960.]

Szondi, Peter: Friedrich Schlegel und die romantische Ironie. Mit einem Anhang über Ludwig Tieck, in: H. Schanze (Hg.) 1985, S. 143–161: s. GB 5. (zuerst 1954) [Sieht als Subjekt der romantischen Ironie den isolierten, sich gegenständlich ge- wordenen, bewußten und der Tat unfähigen Menschen, der sich nach Einheit und Unendlichkeit sehnt. Ironie sei sein Versuch, seine kritische Lage auszuhalten.]

Walzel, Oskar: Methode? Ironie bei Friedrich Schlegel und bei Solger, in: H. Schanze (Hg.) 1985, S. 71–94: s. GB 5. (zuerst 1938) [Korrigiert die Ansicht, daß Solger, über F. Schlegel hinausgehend, den wahren Begriff der romantischen Ironie ent- hüllt habe, und stellt statt dessen die Verwandtschaft zwischen den Auffassungen F. Schlegels und Solgers heraus.]

A. Abkehr von der formalen Logik und vom konventionellen Systemdenken

Um dem abenteuernden Intellekt die Aussicht in eine neue Weite zu eröff- nen, befreit sich die Romantik zunächst einmal von den einengenden Geset- zen der formalen Logik, besonders dem Gesetz des Widerspruchs (princi- pium contradictionis) und dem Gesetz des zureichenden Grundes (princi- pium rationis sufficientis).

Wenn das Gesetz des Widerspruchs besagt, daß zwei gegensätzliche Aus- sagen über eine Sache nicht gleichermaßen wahr sein können, man sich also auf eine der beiden festlegen muß, so ist für den Romantiker damit eine Einseitigkeit und Starrheit verbunden, die dem Leben und dem Wesen des Menschen fremd sind. So schreibt Friedrich Schlegel in seinem Aufsatz über Georg Forster:

„Für ein Lehrgebäude mag die gänzliche Freiheit auch von den geringsten Widersprü- chen die wesentlichste Haupttugend sein. An dem einzelnen ganzen Menschen aber im handelnden und gesellschaftlichen Leben entspringt diese Gleichförmigkeit und Unveränderlichkeit der Ansichten in den meisten Fällen nur aus blinder Einseitigkeit und Starrsinn, oder wohl gar aus gänzlichem Mangel an eigner freier Meinung und Wahrnehmung. Ein Widerspruch vernichtet das System; unzählige machen den Phi- losophen dieses erhabenen Namens nicht unwürdig, wenn er es nicht ohnehin ist. Widersprüche können sogar Kennzeichen aufrichtiger Wahrheitsliebe sein, und jene

Vielseitigkeit beweisen, ohne welche Forsters Schriften nicht sein könnten, was sie doch in ihrer Art sein sollen und müssen." (FS II, 87)

„Vielseitigkeit" meint die Betrachtung einer Sache von mehreren Seiten mit dem Ergebnis widersprüchlicher Urteile, spielt also auf das Prinzip der Dialektik und des Perspektivismus an, wie es auch mit dem neuen Konzept der Ironie zur Geltung kommt (s. Abschnitt E.). Und kultiviert der Philosoph den Widerspruch, statt ihn auszuschließen, so dient er, wie dem Leben, zugleich dem Geist, denn „Geist besteht aus durchgängigen Widersprüchen" (Phil. Lj. II, Nr. 192; FS XVIII, 36) und ist Prinzip des Lebens, wie das Leben Prinzip des Geistes ist. Umgekehrt macht das Geistfeindliche des Satzes vom Widerspruch diesen besonders verhaßt und erklärt die Meinung Hardenbergs: „Den Satz des Widerspruches zu vernichten ist vielleicht die höchste Aufgabe der höhern Logik." (N III, 570; Nr. 101)

Wenn Novalis in der „gewöhnlichen Logik" eine „Mechanik des Denkens" findet (N II, 526; Nr. 16), so hat er zweifellos auch das Gesetz des zureichenden Grundes im Sinn, das von jedem Urteil eine Begründung verlangt und den Denkvorgang auf das lineare Fortschreiten vom Grund zur Folge bzw. von der Behauptung zur Begründung oder zum Beweis durch Begründung festlegt. Diese Beziehung auf der Denkebene entspricht der Beziehung von Ursache und Wirkung auf der Seinsebene, das Gesetz des zureichenden Grundes also dem Kausalitätsgesetz, die Mechanik des Denkens einem mechanistischen Weltbild. Ausdrücklich erklärt Novalis diese Mechanik übrigens damit, daß sich die gewöhnliche Logik im „Verhältnisse der Begriffe untereinander" erschöpfe und die logischen Begriffe sich zueinander verhielten „wie die Worte, ohne Gedanken" (ebd.). Er hätte wohl auch sagen können: wie Buchstaben ohne Geist. Schon die Prägung „Logologie", die eine Eigenschöpfung Hardenbergs sein dürfte, deutet darauf hin, daß künftig in einer ganz anderen Dimension, in einer Art potenzierter Logik, gedacht werden soll.

Ebenfalls gegen die auf dem Satz des zureichenden Grundes beruhende Grund-Folge-Beziehung in der konventionellen philosophischen „Demonstration", dem begrifflich abgesicherten Beweisen von Thesen und Behauptungen, richtet sich Friedrich Schlegels 82. Athenäums-Fragment:

„Die Demonstrationen der Philosophie sind eben Demonstrationen im Sinne der militärischen Kunstsprache. Mit den Deduktionen steht es nicht besser wie mit den politischen; auch in den Wissenschaften besetzt man erst ein Terrain, und beweist dann hinterdrein sein Recht daran. [...] Die notwendigen Förmlichkeiten der Kunstphilosophie arten aus in Etikette und Luxus. Als Legitimation und Probe der Virtuosität haben sie ihren Zweck und Wert, wie die Bravourarien der Sänger, und das Lateinschreiben der Philologen. Auch machen sie nicht wenig rhetorischen Effekt. Die Hauptsache aber bleibt doch immer, daß man etwas weiß, und daß man es sagt. Es beweisen oder gar erklären wollen, ist in den meisten Fällen herzlich überflüssig." (FS II, 177)

Die Wahrheit ist entweder evident und braucht dann nicht weiter „bewiesen" zu werden oder – das ist die hier mitzudenkende Alternative – so tief verborgen, daß kein Beweis sie aufdeckt. Man kann dann, im Stile der klassischen Philosophie gesprochen, nur „behaupten", nicht beweisen. Da aber die Behauptung ohne Beweis ein ungesicherter Schritt in Richtung Wahrheit ist und Schritte dieser Art einem Tasten auf schmalem Grat gleichen, das jederzeit vom Absturz ins Leere bedroht ist, kann Schlegel in der Fortsetzung des Fragments sagen, es sei „unstreitig viel schwerer behaupten, als beweisen." (Ebd.) Und letztlich ist die Wahrheit nicht zu finden, sondern sie kann immer nur gesucht werden. In dem Aufsatz *Lessings Gedanken und Meinungen* (1804) schreibt Schlegel:

„Der Begriff schon, der Name selbst der Philosophie und auch ihre ganze Geschichte lehren uns, sie sei ein ewiges Suchen und Nichtfinden können; und alle Künstler und Weise sind darin einverstanden, daß das Höchste unaussprechlich ist, d. h. mit andern Worten: alle Philosophie ist notwendigerweise mystisch. Wie natürlich; denn sie hat keinen andern Gegenstand, und kann keinen andern haben, als denjenigen, der das Geheimnis aller Geheimnisse ist; ein Geheimnis aber kann und darf nur auf eine geheimnisvolle Art mitgeteilt werden." (FS III, 99)

Es ist fast müßig zu sagen, daß die Ablehnung der formalen Logik bei Schlegel und Novalis einhergeht mit der Ablehnung jenes Ordnungsprinzips, das die Schulphilosophie „System" nannte. Nicht nur beruht der systematische Zusammenhang im Sinne der Schulphilosophie auf der Anwendung der logischen Gesetze, Systemdenken tendiert auch zu Geschlossenheit und Apodiktik, Eigenschaften, die nicht das Suchen, sondern das Gefundenhaben der Wahrheit signalisieren. Nimmt man noch hinzu, daß jedes System etwas Künstliches ist, insofern es, Produkt einer analytischen Operation, in Teile gliedert, was im Leben zusammengehört, sodann aus pragmatischen Gründen Komplexitäten reduziert und vereinfacht wiedergibt, so mag man es als Vorwurf der Lebensfremdheit verstehen, wenn Schlegel schon in einem Brief vom 16. 10. 1793 an seinen Bruder meint, daß „System [...] einer der Fremdlinge" sei, „die mit Feuer und Dolch getilgt werden müssen, wenn die Wissenschaft gedeihen soll" (FS XXIII, 143).

Andererseits wäre es jedoch voreilig, aus solcher Aversion den Schluß zu ziehen, daß es dem frühromantischen Denken an jeder systematischen Intention mangelte. Wenn System außer Gliederung auch Zusammenhang, Ganzheit bedeutet, muß man gerade diesem Denken eine solche Intention zusprechen. Freilich nicht im Sinne des schulphilosophischen Schematismus. Das Denkgebäude der Schulphilosophie ist Außenwerk, errichtet nach Regeln formaler Bildung. Den Romantikern dagegen ist System, wie die Wahrheit, etwas Untergründiges, eine tiefere Einheit. Schon in einem etwas früheren Brief vom 28. 8. 1793 hatte Friedrich seinem Bruder geschrieben:

„Es giebt nur Ein wirkliches System – die große Verborgene, die ewige Natur, oder die *Wahrheit*. – Aber denke Dir alle menschliche Gedanken als ein Ganzes, so leuchtet ein, daß die Wahrheit, die vollendete Einheit das nothwendige obschon *nie* erreichbare Ziel alles Denkens ist." (FS XXIII, 130)

Das Ganze ist das Wahre, und es gibt nur ein wahres Ganzes, nämlich den einheitlichen Seinsgrund, den das philosophische System, will es wahr sein, spiegeln muß. Und wie Schlegel einen Unterschied macht zwischen einem System, das bloß Konstrukt der Philosophie und zu dekonstruieren ist, und einem System, das die innere ewige Ordnung der Natur selbst bedeutet, so setzt er im selben Zuge noch hinzu, „daß der Geist des Systems [...] etwas ganz anders ist als ein System" (ebd.), durchaus hier dasselbe meinend, denn die Redeweise vom „Geist" beschwört in der Romantik immer wieder den inneren Sinn der Dinge, um ihn gegen die Äußerlichkeit des „Buchstabens" auszuspielen (s. Kap. I. D. Exkurs).

Wie sehr dem wahren System Geschlossenheit und Endgültigkeit abgehen, betont Novalis, wenn er sagt:

„Das eigentliche Philosophische System muß Freyheit und Unendlichkeit, oder, um es auffallend auszudrücken, Systemlosigkeit, in ein System gebracht, seyn. Nur ein solches System kann die Fehler des Systems vermeiden und weder der *Ungerechtigkeit*, noch der Anarchie bezogen [bezichtigt] werden." (N II, 288 f., Nr. 648)

In solch systemlosem System oder systematischer Systemlosigkeit drückt sich das dialektische Zusammenwirken zweier polar entgegengesetzter Grundkräfte aus:

„Zentripetalkraft – ist das synthetische Bestreben – Centrifugalkraft – das analytische Bestreben des Geistes – Streben nach Einheit – Streben nach Mannichfaltigkeit – durch wechselseitige Bestimmung beyder durch Einander – wird jene höhere Synthesis der Einheit und Mannichfaltigkeit selbst hervorgebracht – durch die Eins in Allem und Alles in Einem ist." (N II, 589, Nr. 274)

Novalis hat dieses Hervorbringen der „höheren Synthesis" nicht nur als Erkenntnis eines metaphysischen Zusammenhangs der Welt, sondern auch als Zusammenschluß aller Wissenschaften zu einem neuen Wissenschaftssystem verstanden. Mit seinem Konzept der „Enzyklopädistik" erstrebt er als Spiegel der Einheit der Welt eine neue Einheit alles Wissens. Es wird später zu zeigen sein, daß er dafür die magische Denkform der Analogie aus älteren Traditionen wiederbelebt. (S. Abschnitt F.)

B. Einfall und Witz

Die Absage an den evolutionären Gang des diskursiven Denkens trägt das romantische Fragment am augenscheinlichsten durch den gleichsam revolutionären Blitz des Einfalls zur Schau. Der Einfall ist nicht entwickelt und erdacht, sondern unmittelbar da und überrascht auch den, der ihn hat. Kein Ergebnis eines Plans und einer Absicht, ist er auch nicht bloß Produkt des Verstandes, sondern ebensowohl der Phantasie, und wie er schlagartig kommt, so wirkt er auch frappierend auf den Leser. Er läßt sich schwerlich ‚nachvollziehen', denn er ist nichts Abgeleitetes, nichts Begründetes, sondern ist Behauptung, die sich den Beweis erspart, ja sich ihm widersetzt. Da ihm dieses Fundament abgeht, bleibt er schwebend und ist auch nur transitorisch. Er ist so schnell verflogen, wie er gekommen ist, so daß ein Fragment, als Niederschlag des Einfalls, notwendig kurz ist, ja sogar dahin tendiert, nur kurzzeitig im Gedächtnis des Lesers zu haften und rasch wieder vergessen zu werden. Merkwürdig genug hat man bei den Fragmenten vielfach den Eindruck, daß die Einfälle sich wechselseitig auslöschen. Wenn einer aufleuchtet, nimmt er alle Geltung für sich in Anspruch. Aber plötzlich ist er erloschen, und ein neuer Einfall zieht, ebenso hell ins Licht tretend, alle Aufmerksamkeit auf sich, kümmert sich auch nicht um seinen Vorgänger, sondern behauptet anderes. Deshalb ist es schwierig, etwas Durchgehendes in den Fragmenten begrifflich festzumachen. Immer wiederkehrende Begriffe, wie sie in den Registern der kritischen Ausgaben von Friedrich Schlegel (FS II, XIX) und Novalis (N, V) aufgeführt sind, wechseln häufig ihre Farbe, und es wäre vergebliche Mühe, sie auf widerspruchsfreien und konsequenten Gebrauch fixieren zu wollen.

Über das Phänomen des flüchtigen Gedankenstoffs macht Novalis einmal in einem Brief an Friedrich Schlegel vom 7. 11. 1798 eine interessante Bemerkung, anknüpfend an ein Urteil über Schelling:

„Es ist ein sonderbares, modernes Phaenomén, das nicht zu Schellings Nachtheil ist, daß seine Ideen *schon so welk*, so unbrauchbar sind – Erst in neuesten Zeiten sind solche *kurzlebige* Bücher erschienen. Auch Deine Griechen und Römer sind zum Theil eine solche interressante Indication der zunehmenden Geschwindigkeit und Progression des menschlichen Geistes.
Mit der Kürze der Lebensdauer wächst der Gehalt, die Bildung und Geistigkeit. Die Bücher nähern sich jetzt den Einfällen – Einmal vorübergehend – aber schöpferische Funken.
Wenn es mir gelänge einen solchen Funken – als Lebensthätigkeit zu fixiren?" (N IV, 263f.)

Die Kurzlebigkeit des Gedankens wird hier als Indiz des sich bewegenden, ständig und beschleunigt weiterschreitenden Geistes gewertet, ist also keineswegs zu bedauern, sondern zu begrüßen. Die Kürze deutet nicht auf Schwäche, sondern auf Fülle, Entwicklung, Intensität. Da Kurzlebigkeit ein Attribut des Einfalls ist, wird der Einfall konstitutiv für das neue Denken im Sinne und Dienste des lebendigen Geistes. Nicht nur das Fragment, jede gedankliche Äußerung überhaupt, selbst das Buch, wird damit zum Einfall oder soll es werden. Mit dem abschließenden Wunsch äußert Novalis etwas Paradoxes: Wie sollte sich etwas Vorübergehendes „fixieren" lassen? Allerdings meint er: „als Lebensthätigkeit", also im zeitlichen Vollzug, und dann mag der Wunsch dem Gegenstand adäquat sein.

Als „schöpferischer Funken" ist der Einfall keine Seifenblase, die zerplatzt und sich in Nichts auflöst. Er ist ein Moment in der Bewegung des Geistes, arbeitet am Wachstum von „Gehalt, Bildung und Geistigkeit" mit und ist insofern ein aufbauendes Element. Novalis im *Allgemeinen Brouillon*: „Ein *Einfall* ist ein synthetischer Gedanke." (N III, 344; Nr. 480) Und erscheint der Einfall, unerwartet und überraschend wie er aufblitzt, auch als Zufall, d. h. isoliert und wie herausgefallen aus dem Kausalzusammenhang von Ursache und Wirkung, so hat er doch teil an dem untergründigen Zusammenhang, den die Romantik als das allein wahre System anerkennt.

Ein Spezifikum des Einfalls ist der Witz. Es gibt witzige Einfälle, und jeder Witz ist im romantischen Verstande ein Einfall, denn er leuchtet plötzlich und unerwartet auf, fast möchte man sagen, mit einer gewissen Vehemenz. Wenn mit jedem Einfall Geist entbunden wird, so erfolgt die Entbindung beim witzigen Einfall geradezu explosionsartig. „Witz ist eine Explosion von gebundnem Geist", sagt Friedrich Schlegel im 90. Lyceums-Fragment (FS II, 158). Man mag mit Absicht witzig zu sein versuchen, aber als Einfall kann der Witz, der wahre Witz jedenfalls, nicht gewollt werden. Athenäums-Fragment 32: „Man soll Witz haben, aber nicht haben wollen; sonst entsteht Witzelei, Alexandrinischer Styl in Witz." (FS II, 170) Und Nr. 106 fügt hinzu: „Das Wollen beim Witze darf nur darin bestehen, daß man die konventionellen Schranken aufhebt, und den Geist frei läßt." (Ebd., 181)

Unter Witz verstehen die Romantiker nicht einfach Einfälle, über die man lachen kann. Solche Einfälle gibt es unter ihren Fragmenten zwar auch, wie etwa Athenäums-Fragment 40: „Noten [Anmerkungen] zu einem Gedicht sind wie anatomische Vorlesungen über einen Braten." (FS II, 171; von August Wilhelm Schlegel) Oder Nr. 62: „Das Druckenlassen verhält sich zum Denken, wie eine Wochenstube zum ersten Kuß." (Ebd., 174) Aber das romantische Verständnis sieht im Witz weit mehr: ein Element der Bildung und Weisheit: „Witzige Einfälle sind die Sprüchwörter der gebildeten Menschen." (Ath.- Fr. 29; ebd., 170) Sodann ist der Witz eine Erkenntnisweise der Philosophie:

> „Ist aller Witz Prinzip und Organ der Universalphilosophie, und alle Philosophie nichts andres als der Geist der Universalität, die Wissenschaft aller sich ewig mischenden und wieder trennenden Wissenschaften, eine logische Chemie; so ist der Wert und die Würde jenes absoluten, enthusiastischen, durch und durch materialen Witzes, worin Baco und Leibniz, die Häupter der scholastischen Prosa, jener einer der ersten, dieser einer der größten Virtuosen war, unendlich. Die wichtigsten wissenschaftlichen Entdeckungen sind *bonmots* der Gattung. Das sind sie durch die überraschende Zufälligkeit ihrer Entstehung, durch das kombinatorische des Gedankens, und durch das Barocke des hingeworfenen Ausdrucks. Doch sind sie dem Gehalt nach freilich weit mehr als die sich in Nichts auflösende Erwartung des rein poetischen Witzes. Die besten sind *echappées de vue* ins Unendliche. Leibnizens gesamte Philosophie besteht aus wenigen in diesem Sinne witzigen Fragmenten und Projekten." (Ath.- Fr. 220; ebd., 200)

Wenn der Witz den Romantikern teuer ist, dann besonders seiner „kombinatorischen" Fähigkeit wegen. Schon im 18. Jahrhundert galt der Witz als

Mittel, zwischen Verschiedenartigem Ähnlichkeiten zu entdecken, wie etwa – beim oben zitierten Fragment Schlegels – zwischen dem Druckenlassen im Verhältnis zum Denken und der Wochenstube im Verhältnis zum ersten Kuß, bedeutete aber nicht mehr als ein Stilelement der Poesie und eine Tugend der Konversation. Eine höhere Weihe erhält er in der Romantik, weil seine Fähigkeit, zwischen Heterogenem überraschend eine Brücke zu schlagen, gerade die ist, deren die romantische Sehnsucht nach Vereinigung des Getrennten bedarf. Friedrich Schlegel: „Der Witz ist der allgemeine (geistige) Mittler." (Phil. Lj, IV, Nr. 722; FS XVIII, 253) Novalis: „Der Witz ist schöpferisch – er *macht* Ähnlichkeiten." (AB, Nr. 732; N III, 410) So begrüßt man den Witz nicht primär als Mittel des ästhetischen Genusses oder der geselligen Lachlust, geschweige denn bloß als Ausweis intellektueller Virtuosität, sondern als universalen Beziehungsstifter im Dienst der Metaphysik. Novalis:

„Witz, als Prinzip der Verwandtschaften ist zugleich das menstruum universale. Witzige Vermischungen sind z. B. Jude und Kosmopolit, Kindheit und Weisheit, Räuberey und Edelmuth, Tugend und Hetärie, Überfluß und Mangel an Urtheilskraft in der Naivetät und so fort ins Unendliche." (Bst. Nr. 57; N II, 435)

Desgleichen können überraschende Zusammenstellungen wie die im Athenäums-Fragment 216 als Ausdruck romantischen Witzes gelten: „Die Französische Revolution, Fichtes Wissenschaftslehre, und Goethes Meister sind die größten Tendenzen des Zeitalters." (FS II, 198)

Im besten Sinne ist der Witz „echappée de vue ins Unendliche", wie es in Schlegels Athenäums-Fragment 220 heißt, ein kurzer, flüchtiger Blick in die untergründige Entgrenzung des Endlichen, Isolierten, zugunsten eines universalen Zusammenhangs. Und weil der Witz den Zusammenhang nicht etwa eigenmächtig erkünstelt, sondern als im Innersten bereits bestehend bloß enthüllt, ist er nicht bloß kombinatorisches Spiel des Intellekts, sondern Eigenschaft der Natur selbst, so daß Novalis im *Allgemeinen Brouillon* sagen kann: „Die Natur hat Witz – Humor, Fantasie etc. Naturkarricaturen – Unter den *Thieren* – den *Pflanzen*. Im Thierreiche war die Natur am *Witzigsten* – durchaus Humoristisch." (Nr. 420; N III, 320)

Es ist dann auch nicht verwunderlich, daß der Witz in die Nähe von Religion, Mystik, Magie rückt. „Es giebt eine Art desselben, die nur magisches Farbenspiel in höhern Sfären ist." (N II, 424/26; VB Nr. 30) „Witz ist Transcendentale Logik, fragmentarische *Mystik*." (FS XVIII, 90; Phil. Lj. II, Nr. 730) „Witz und Religion stehn in der genausten Beziehung; nichts ist witziger als die alte Götterlehre und die Bibel." (Ebd., 133; III, Nr. 138) „Aller Witz ist *divinatorisch*." (Ebd., 252; IV, Nr. 693)

Allerdings macht sich gelegentlich auch ein Vorbehalt gegenüber dem Witz bemerkbar. „Witz zeigt ein gestörtes Gleichgewicht an", vermerkt Novalis in der nämlichen Passage der *Vermischten Bemerkungen*, in der er „eine Art desselben [...] magisches Farbenspiel in höhern Sfären" nennt

(s. o.). In der Folge schreibt er: „Der Zustand der Auflösung aller Verhältnisse – die Verzweiflung, oder das geistige Sterben – ist am fürchterlichsten
witzig." Bei Friedrich Schlegel heißt es sogar: „Aller Witz tendencirt auf
Nihilism (Voltaire, Swift)." (Phil. Lj. II, Nr. 99; FS XVIII, 27) Für diese
Ansicht mag das manchmal Grelle und Stechende, das Scharfe und Ätzende
des Witzes den Ausschlag gegeben haben. Das Vermögen des Witzes, Verbindungen herzustellen, wird denn auch nicht als organisch, sondern nur als
„chemisch" angesehen: „Verstand ist mechanischer, Witz ist chemischer,
Genie ist organischer Geist." (Ath.-Fr. 366; FS II, 232) Die witzigste Nation,
die Franzosen, nennt Schlegel im 426. Athenäums-Fragment deshalb „eine
chemische Nation [...]. Das Zeitalter ist gleichfalls ein chemisches Zeitalter.
Revolutionen sind universelle nicht organische, sondern chemische Bewegungen. [...] Die chemische Natur des Romans, der Kritik, des Witzes, der
Geselligkeit, der neuesten Rhetorik und der bisherigen Historie leuchtet von
selbst ein." (FS II, 248) In der Chemie werden die Stoffe nicht nur gemischt,
sondern auch geschieden, im Prozeß der Analyse. Um dem Ziel der Einheit
nahezukommen, müßte demnach „auf das chemische ein organisches Zeitalter folgen" (ebd., 248f.).

Wenn auch der Witz die so wichtige Fähigkeit des Kombinierens besitzt,
ist er doch nicht eigentlich, trotz mancher Behauptung in den *Philosophischen Lehrjahren* Schlegels, eine kombinatorische *Kunst* im engeren Sinne.
Denn solche Kunst muß mit Absicht und methodisch ausgeübt werden können, während der Witz, seiner Entstehung nach als Einfall, sich dem Wollen
entzieht. So läßt Schlegel ihn im 220. Athenäums-Fragment als „Prinzip und
Organ der Universalphilosophie" zwar gelten, schließt aber folgende Einschränkung an:

„Freilich ist die Philosophie erst dann in einer guten Verfassung, wenn sie nicht mehr
auf genialische Einfälle zu warten, und zu rechnen braucht, und zwar nur durch
enthusiastische Kraft, und mit genialischer Kunst aber doch in sicherer Methode
stetig fortschreiten kann. Aber sollen wir die einzigen noch vorhandenen Produkte
des synthetisierenden Genies darum nicht achten, weil es noch keine kombinatorische Kunst und Wissenschaft gibt?" (FS II, 200)

Mit solcher Kunst und Wissenschaft ließe sich das neue System etablieren,
das den Romantikern vorschwebt. Und wie im Systemzusammenhang der
Einfall dem methodisch gefundenen Gedanken wiche, würde aus dem abge-
sonderten Fragment der integrative Bestandteil eines Beziehungskontinu-
ums. Auf dieses Beziehungsganze arbeitet die Denkform hin, die der romantischen Vorstellung von einer universellen Synthese am angemessensten entspricht: das analogische Denken (s. Abschnitt F. dieses Kapitels).

C. Experiment

Das gedankliche Tasten und Suchen in Gestalt des romantischen Fragments hat immer auch etwas vom Experiment an sich. Wie der Physiker durch eine Versuchsanordnung Erfahrungen herbeiführt, die er nicht durch Beobachtung in der sich selbst überlassenen Natur zu machen hoffen kann, so unternimmt der Gedankenexperimentator probeweise gewisse Denkschritte oder auch Kombinationen von Begriffen und Vorstellungen, um zu Erkenntnissen zu gelangen, die ihm nicht die ‚natürliche' Logik und nicht schon der bloße Einfall bescheren. Friedrich Schlegel spricht von einer „Experimentalphysik des Geistes" (Ath.-Fr. 75; FS II, 176), ein Ausdruck, der sich auch im *Allgemeinen Brouillon* Hardenbergs findet (N III, 387; Nr. 647), und eben hier trifft man auf Bemerkungen wie diese: „Experimentiren mit Bildern und Begriffen im Vorstellungs-Vermögen ganz auf eine dem physikalischen Experimentiren analoge Weise. Zusammen Setzen. Entstehn lassen – etc." (N III, 443; Nr. 911)

Der experimentelle Gedankengang setzt an einem bestimmten Punkt an, um sich von da aus ins Unbestimmte vorzutasten. Schlegel in einem Brief an seinen Bruder vom November 1795:

„Bey jeder Arbeit muß man einen *äussern Anhalt* haben, ein völlig Gegebnes, wo unser Geist daran hinwandelt, hineinarbeitet, vertieft, bestimmt, tappt und leise fühlt. Wenn wir eben auch nicht jeden Augenblick grosse Blicke ins Innre thun, so kommen wir doch ganz leise immer weiter. – Meine Arbeiten über die Griechen sind fast alle *Arbeiten* in diesem Sinne, und ich befinde mich wohl dabey." (FS XXIII, 260)

Die frühen Aufsätze Schlegels über die Griechen sind im engeren Sinne und auch seinem Selbstverständnis nach „Essays", der Essay aber ist, nicht nur seinem Namen, sondern auch seinem Wesen nach, ein „Versuch", das will sagen, weniger das Elaborieren und Fixieren eines Sachverhalts als seine probeweise Erkundung, darin dem Fragment ähnlich. „Der Essay nicht *Ein* Experiment sondern ein beständiges Experimentiren. – Auch Kants Schriften Essays." (Phil. Lj. IV, Nr. 248; FS XVIII, 215) Überhaupt neigt Schlegel dazu, die neuere Philosophie als Experiment zu sehen. So sagt er auch von Fichte: „Daß die Wissenschaftslehre nichts als ein Experiment sei, ist sehr wahr; das größte und wichtigste was noch gemacht. Auch ists vollkommen gelungen." (Phil. Lj. III, Nr. 160; ebd., 135)

Essay, Fragment, der Reichtum an Notizen, den Schlegel und Novalis hinterlassen haben, überhaupt alle Arten nichtelaborierter schriftlicher Niederlegung zeigen, daß das probierende Denken sein Pendant und Vehikel im probierenden Schreiben und, wenn man das Symphilosophieren im Gespräch hinzunimmt, auch im probierenden Sprechen hat. Die klassische Abhandlung setzt das völlige Durchdachthaben der Sache voraus. Entsprechend lang ist die Phase des Denkens, die dem Schreiben vorausgeht, und entsprechend lang wird der Zeitpunkt der Niederschrift hinausgeschoben. Diese selbst ist dann aber nichts Geringeres als der Niederschlag eines fertigen, zu Ende gebrachten Denkprozesses, gleichsam eine Gedankengeschichte, die aus der Perspektive des erreichten Endpunktes erzählt ist, auktorial und vom olympic point of view. Dagegen erlebt man den Denkprozeß in der experimentellen Gedankenniederschrift in statu nascendi, in Frische und Vorläufigkeit wie auch Unausgegorenheit, weil das Schreiben nicht nach, sondern unmittelbar mit dem Denken einsetzt, ähnlich dem Tagebuch und dem Brief, die denn auch den gleichen Mangel an Systematik und Abgeschlossenheit aufzuweisen pflegen wie Fragment und Essay. Unwillkürlich machen die Romantiker dabei eine Erfahrung, die Kleist in seiner berühmten Schrift *Über die allmähliche Verfertigung der Gedanken beim Reden* (1805/06 entstanden) beschreibt, daß nämlich die Sprache – das Schreiben sowohl wie das Sprechen – die Gedanken finden hilft, und nicht bloß Umsetzung der Gedanken ist. Aus dem vorhin zitierten Brief Friedrich Schlegels vom November 1795 stammt auch die folgende Darstellung seiner Arbeitsweise:

„Von grossem Vortheil ist es mir gewesen, alle *Plane* sogleich zu *Papier zu bringen*, wenn auch nur mit einigen Worten, was ein Buch werden soll. Ich wende dann rhapsodisch dazu, was mir während der permanenten Arbeit von selbst einfällt [...]. Vor diesem zu Papier bringen hat man gewöhnlich eine lebhafte Abneigung. Diese muß überwunden werden, und man kann sich hier ohne allen Nachtheil Zwang anthun. Es ist eine natürliche Empfindung, was wir in dunkler Form ahndeten mit warmer Gluth, wo sich das Unbestimmte regt wie der schwangre Keim einer werdenden Welt, das erscheint in den kahlen Zügen, die sich grade fassen lassen, dürftig und oft genung sogar lächerlich. Dadurch kommt in unser Bilden und Weben *Beharrlichkeit*, die dem Künstler und Denker so nothwendig ist, wie dem Helden." (FS XXIII, 261)

Nur dürftig zwar ist das, was das spontane oder auch gegen einen Widerstand sofortige Niederschreiben vom dunkel Erahnten erfaßt, aber dem Gedankenkeim zur Entwicklung und Geburt zu verhelfen, ist die Sprache gleichwohl geeignet, sofern sie an der erahnten Gestalt beharrlich bildet und webt, auch wenn das Ziel, sie vollständig zur Anschauung zu bringen, unerreichbar bleibt.

Wenn die Sprache aus sich heraus fähig ist, Gedanken zu ertasten und ans Licht zu heben, kommt ihr grundsätzlich eine andere Macht und Stellung zu als nach Auffassung der klassischen Rhetorik. Für diese ist die Beziehung zwischen Gedanken und Worten („res" und „verba") ein Verhältnis des Nacheinander und die Sprache ein Mittel zum Zweck. Erst findet man die Gedanken (im rhetorischen Schema die „inventio"), dann kleidet man sie in das dazu passende Wortkostüm („elocutio"). Zwar kann die Sprache damit ein auch ästhetisches, dekoratives Ansehen gewinnen, aber sie ist doch um der Gedanken oder Sachen willen da, die es auszudrücken gilt. Novalis hat hiergegen in einer kurzen Schrift, *Monolog* betitelt, eine ganz andere Ansicht geltend gemacht:

„Der lächerliche Irrthum ist nur zu bewundern, daß die Leute meinen – sie sprächen um der Dinge willen. Gerade das Eigentümliche der Sprache, daß sie sich blos um sich selbst bekümmert, weiß keiner. Darum ist sie ein so wunderbares und fruchtbares Geheimniß, – daß wenn einer blos spricht, um zu sprechen, er gerade die herrlichsten, originellsten Wahrheiten ausspricht. Will er aber von etwas Bestimmten sprechen, so läßt ihn die launige Sprache das lächerlichste und verkehrteste Zeug sagen. [...] Wenn man den Leuten nur begreiflich machen könnte, daß es mit der Sprache wie mit den mathematischen Formeln sei – Sie machen eine Welt für sich aus – Sie spielen nur mit sich selbst, drücken nichts als ihre wunderbare Natur aus, und eben darum sind sie so ausdrucksvoll – eben darum spiegelt sich in ihnen das seltsame Verhältnißspiel der Dinge." (N II, 672)

Gebrauch der Sprache nicht um der Dinge, sondern um ihrer selbst willen: das bedeutet ihre Befreiung von der instrumentellen Funktion und von der Festlegung auf einen bestimmten, vorgegebenen Sinn. Und wer sich des instrumentellen Gebrauchs begibt, den beschenkt sie mit Wahrheiten, die sie sonst als Geheimnis hütet. Die Sprache dient dann nicht zur Einkleidung der Dinge, sondern zu ihrer Enthüllung, nämlich der verborgenen Beziehungen, in denen sie zueinander stehen. Der experimentelle Umgang mit der Sprache erweitert sich dabei zum Beziehungsspiel, wie in der Mathematik der Umgang mit den Formeln, das Aufdecken von und das Spielen mit Beziehungen aber erreicht für Novalis seinen höchsten Grad in der Poesie (s. Kap. VI.).

D. Hypothese

In enger Beziehung zum Experiment steht im romantischen Denken auch die Hypothese. Im fünften seiner *Dialogen* läßt es Novalis, nachdem der Sprecher B eine Behauptung über die Fürsten aufgestellt hat, zu folgender Auseinandersetzung kommen:

„A. Am Ende, Lieber, was sollen alle diese Hypothesen – Eine einzige wahrhaft beobachtete Thatsache ist doch mehr werth, als die glänzendste Hypothese. Das Hypothesiren ist eine risquante Spielerey – Es wird am Ende Leidenschaftlicher Hang zur Unwahrheit – und vielleicht hat nichts den besten Köpfen und den Wissenschaften mehr geschadet, als diese Renommisterey des fantastischen Verstandes. Diese szientifische Unzucht stumpft den Sinn für Wahrheit gänzlich ab, und entwöhnt von strenger Beobachtung, welche doch allein die Basis aller Erweiterung und Entdeckung ist.
B. Hypothesen sind Netze, nur der wird fangen, der auswirft.
Ist nicht America selbst durch Hypothese gefunden?
Hoch und vor allem lebe die Hypothese – nur sie bleibt
Ewig neu, so oft sie sich auch selbst nur besiegte."
(N II, 668)

Sprecher A ist Skeptiker und Empiriker. Er will als Methode der Erfahrung allein die Beobachtung, als wahr allein das Tatsächliche gelten lassen. Deshalb verwirft er die Hypothese, ein methodisches Prinzip, das die Wahrheit nicht direkt aus der Wirklichkeit ableitet, sondern zunächst als Möglichkeit, im besten Fall als Wahrscheinlichkeit statuiert. Wenn aber nicht statuiert wird, was ist, sondern nur was sein könnte, wird die Wahrheit letztlich Funktion eines Denkens, das zugleich Phantasieren ist, und das Aufstellen von Hypothesen zu einer Spielerei, ja zu einer Passion für das Unwahre oder, was für A sicher dasselbe ist, für das Fiktive. Allerdings geht A in seinem Skeptizismus weiter als selbst die auf strengen rationalen Prinzipien beruhenden neuzeitlichen Naturwissenschaften, die sämtlich, schon weil die Versuchsanordnung beim Experiment von gewissen Annahmen ausgehen muß, mit Hypothesen arbeiten, wenn auch stets mit dem Ziel, diese der Probe zu unterziehen, ob sie sich in der Wirklichkeit bewähren, und sie also zu verifizieren oder zu falsifizieren.

Sprecher B, der die romantische Ansicht vertritt, schreibt der Hypothese einen ganz anderen Wert zu. Er ist offenbar gar nicht an Tatsachen, am Gegebenen interessiert, sondern am Nichtgegebenen, Unbekannten. Darum sein Eintreten für die Hypothese, die er mit einem Fangnetz vergleicht. Es könnte sogar sein, daß er an „Tatsachen", die A so ohne weiteres voraussetzt, gar nicht glaubt, daß er etwa so denkt, wie es in einem Fragment Schlegels zum Ausdruck kommt: „Jedes Factum ist zugleich *Mysterium* und Experiment. Jedes Factum ist Hypothese, das versteht sich." (Phil. Lj. III, Nr. 107; FS XVIII, 131) Dann bewegen wir uns aber, wenn wir uns in der Wirklichkeit zu bewegen glauben, in einer Welt von Hypothesen, und wo eine Hypothese widerlegt („besiegt") ist, dann nicht durch eine Tatsache, sondern nur durch eine andere Hypothese, d. h. im Prinzip durch sich selbst, so daß sie immer wieder neu ersteht und „Ewig neu" bleibt.

Damit will B keineswegs sagen, daß man sich nur in einem unfruchtbaren Zirkel bewege. Er glaubt offenbar an eine Erweiterung und einen Fortschritt des Wissens, wie er in einem dem poetischen Preis auf die Hypothese angefügten, zum Teil ironisch gefaßten Abschnitt deutlich kundtut:

„Und nun in Prosa die Nutzanwendung. Der Skeptiker, mein Freund, hat so wenig, wie der gemeine Empirismus das Mindeste zur Erweiterung der Wissenschaft gethan – Der Skeptiker verleidet höchstens den Hypothetikern den Ort, wo sie stehn, macht ihnen den Boden schwanken; Eine sonderbare Art Fortschritte zu stande zu bringen. Wenigstens ein sehr indirectes Verdienst. Der ächte Hypothetiker ist kein andrer, als der Erfinder, dem vor seiner Erfindung oft schon dunkel das entdeckte Land vor Augen schwebt – der mit dem dunkeln Bilde über der Beobachtung, dem Versuch schwebt – und nur durch freye Vergleichung – durch mannichfache Berührung und Reibung seiner Ideen mit der Erfahrung endlich die Idee trift, die sich negativ zur positiven Erfahrung verhält, daß beyde dann auf immer zusammenhängen – und ein neues himmlisches Licht die zur Welt gekommene Kraft umstrahle." (N II, 668f.)

Durchaus wird hier der Hypothese die Fähigkeit zugesprochen, zu einer Entdeckung zu führen und einer verborgenen Kraft zur Geburt zu verhelfen, und durchaus ist sie nach B's Worten nicht bloß das, als was A sie hinstellen möchte: ein unverbindliches Phantasieprodukt. Vielmehr ist sie beim echten Hypothetiker inspiriert durch die Ahnung dessen, was der Entdeckung harrt, also durch einen transsubjektiven Impuls. Andererseits ist aber bei dieser Art des Hypothesierens nicht daran gedacht, die Annahme durch Erfahrung zu verifizieren oder falsifizieren. Die Probe könnte, da alle romantischen Hypothesen letztlich auf transempirische Befunde zielen, immer nur negativ ausfallen. Und da die Wahrheit offenbar nicht in den Tatsachen liegt, das Wirkliche kein Garant für das Wahre ist, besteht gar kein Grund, die Erfahrung zum Kriterium der Wahrheit und Prüfstein der Hypothese zu erheben. Der Hypothetiker hat die Freiheit zu einem freien Vergleich zwischen Hypothese und Wirklichkeit, er läßt seine Annahmen, die nunmehr bezeichnenderweise den ehrenden Namen „Ideen" erhalten, mit der Erfahrung nur in Berührung und Reibung treten, wobei das Ziel offenbar die fruchtbare Polarität ist, aus der etwas Neues hervorgeht.

Sprecher B nennt den echten Hypothetiker „Erfinder", dem die Hypothese so etwas ist wie der Vor-Schein des zu entdeckenden Landes, nach Hardenbergs Begriff eine „Fiction" (s. u.). Sie ist damit aber nicht als unwahr zu verstehen, sowenig wie das Nichtfiktive, Wirkliche als das Wahre. An einer Vielzahl von Äußerungen Hardenbergs wie aus der gesamten Romantik überhaupt ließe sich nachweisen, daß das romantische Denken immer wieder um diese Diskrepanz zwischen dem Wirklichen und dem Wahren kreist, eine Diskrepanz, die es für den Aufklärer des 18. Jahrhunderts noch nicht gegeben hatte, da dieser vielmehr als selbstverständlich voraussetzte, daß das Wirkliche auch immer das Wahre sei (dies auch die Meinung, die Sprecher A vertritt). Wenn nun das Wahre auch das Nichtwirkliche – im empirischen Sinne – sein kann, das Nichtwirkliche zumindest nicht mehr als unmöglich erscheint, vermag die Fiktion den Charakter eines wahrheitsträchtigen und damit glaubwürdigen Mediums anzunehmen. Daß sie damit ihren konventionellen Sinn verliert, versteht sich. Landläufig als bloßes Phantasiegebilde verstanden, kann sie in der Romantik Ausdruck wahrhafter Hoffnung auf die Erfüllung metaphysischer Sehnsucht werden und sogar, da sie in Gestalt der poetischen „Repräsentation" durch Symbole ein Hier und Jetzt herbeizaubert, die Vergegenwärtigung des Zukünftigen leisten. Novalis:

„Die ganze Repraesentation beruht auf einem Gegenwärtig machen – des Nicht Gegenwärtigen und so fort – (Wunderkraft der Fiction.) Mein Glauben und Liebe beruht auf *Repraesentativen Glauben*. So die Annahme – der ewige Frieden ist schon da – Gott ist unter uns – hier ist Amerika oder Nirgends – das goldne Zeitalter ist hier – wir sind Zauberer – wir sind moralisch und so fort." (N III, 421; Nr. 782)

Novalis hätte ebenso sagen können: Mein Glauben beruht auf Fiktion, ohne im mindesten damit einzugestehen, daß es ihm an Überzeugung von der Wahrheit des Geglaubten mangele, und geradesogut hätte er seinen Glauben „hypothetisch" nennen können, wiederum ohne ihn damit einem Zweifel auszusetzen. In der Tat, der Begriff der Hypothese wird von ihm in der Formulierung „So die Annahme" verwendet, und dann folgen bemerkenswerterweise Aussagen nicht mit konjunktivischen Einschränkungen wie „vielleicht", „möglicherweise", sondern im indikativischen Modus „ist". Man könnte, um an den Dialog zwischen A und B anzuknüpfen, sagen, daß die Hypothese hier nicht nur das Netz ist, mit dem etwas gefangen werden soll, sondern daß sie den Fang bereits erhascht hat. Jedoch ist das nicht so zu verstehen, als sei bereits völlig gegeben, was ersehnt ist. Wäre dies so, handelte es sich nicht mehr um eine „Annahme", sondern um reine Wahrnehmung (Wahr-Nehmung), um Erfüllung dann auch, nicht mehr bloß um Hoffnung und Sehnsucht. Jenes indikativische „ist" steht darum eigentlich für ein „scheint", wobei Schein wiederum im eben erwähnten Sinne von Fiktion zu verstehen ist.

In der romantischen Dichtung tritt für dieses Zwitterwesen von Hypothese und Wahrheit, Schein und Sein, Ferne und Nähe zumeist die Form des „als ob" ein. „Es war ihm, als..." heißt dann immer: Er hat einen subjektiven Eindruck von etwas, was empirisch nicht wirklich gegeben, aber gleichwohl wahr ist.

E. Ironie

Als Friedrich Schlegel den Kritikern des *Athenäums*, die sich über die Unverständlichkeit der Beiträge, zumal der Fragmente, beklagt hatten, im letzten Heft der Zeitschrift mit seinem Essay *Über die Unverständlichkeit* antwortete, befand er: „Ein großer Teil von der Unverständlichkeit des ATHENAEUMS liegt unstreitig in der Ironie, die sich mehr oder minder überall darin äußert." (FS II, 368) Er sagte damit aber ironischerweise wieder nur etwas Unverständliches, da er hier mit Ironie nicht das meint, was man traditioneller- und konventionellerweise darunter verstand, sondern etwas völlig Neues. Zwar belegt er den neuen Sinn mit zwei Fragmenten aus dem *Lyceum*, gibt damit aber gar keinen rechten Aufschluß, da sich der Sinn in ihnen eher versteckt als enthüllt. Dazu noch foppt er sein Publikum mit dem anschließenden Kommentar: „Muß nicht jeder Leser, welcher an die Fragmente im ATHENAEUM gewöhnt ist, alles dieses äußerst leicht ja trivial finden?" (Ebd.)

Gleichwohl bietet er mit dem Anfang des ersten der beiden Fragmente (L.-Fr. 108) einen Anhaltspunkt, wenn nicht gar einen Schlüssel zum Verständnis: „Die sokratische Ironie ist die einzige durchaus unwillkürliche und durchaus besonnene Verstellung." (Ebd. Vgl. den ursprünglichen Wortlaut im *Lyceum* FS II, 160.) Gemeint ist also nicht Ironie als bloße Redefigur, wie sie in der traditionellen Rhetorik beschrieben ist, nämlich als Form, bei der man das Gegenteil von dem zu verstehen gibt, was man sagt, sondern als jene auf Sokrates zurückgehende Denk- und Gesprächshaltung, die Schlegel hier „besonnene Verstellung" nennt und als primär philosophisch versteht. Bezeichnenderweise gehörte zu seinen Projekten eine „Charakteristik der Sokratischen Ironie", wie er dem Verleger Johann Friedrich Cotta am 7. 4. 1797 mitteilt (FS XXIII, 356). Er hat dieses Projekt, wie so viele andere, nicht verwirklicht, aber wie im Lyceums-Fragment 108 so vor allem in Nr. 42 die Grundzüge seines Vorhabens angedeutet:

> „Die Philosophie ist die eigentliche Heimat der Ironie, welche man logische Schönheit definieren möchte: denn überall wo in mündlichen oder geschriebenen Gesprächen, und nur nicht ganz systematisch philosophiert wird, soll man Ironie leisten und fordern; und sogar die Stoiker hielten die Urbanität für eine Tugend. Freilich gibts auch eine rhetorische Ironie, welche sparsam gebraucht vortreffliche Wirkung tut, besonders im Polemischen; doch ist sie gegen die erhabne Urbanität der sokratischen Muse, was die Pracht der glänzendsten Kunstrede gegen eine alte Tragödie in hohem Styl. Die Poesie allein kann sich auch von dieser Seite bis zur Höhe der Philosophie erheben, und ist nicht auf ironische Stellen begründet, wie die Rhetorik. Es gibt alte und moderne Gedichte, die durchgängig im Ganzen und überall den göttlichen Hauch der Ironie atmen. Es lebt in ihnen eine wirklich transzendentale Buffonerie. Im Innern, die Stimmung, welche alles übersieht, und sich über alles Bedingte unendlich erhebt, auch über eigne Kunst, Tugend, oder Genialität: im Äußern, in der Ausführung die mimische Manier eines gewöhnlichen guten italiänischen Buffo." (FS II, 152)

Die Abgrenzung von der Rhetorik zeigt, daß die Ironie nicht als etwas Punktuelles, sondern als durchgängiges Prinzip verstanden werden soll, eben als eine das Ganze prägende Denkhaltung, und nicht bloß als einzelne Redefigur. Ebenso wird klar, daß sie, in der Philosophie beheimatet, gleichwohl nur dort am Platze ist, wo nicht „systematisch" philosophiert wird – eine Aussage, die zu erwarten war und sogar ergänzt werden könnte durch die Feststellung, daß die Ironie im Schlegelschen Sinne geradezu systemsprengend wirkt (dazu weiter unten). Schon hier drängt sich die Vermutung auf, daß sie eine Äußerungsform des „Geistes" ist, der nach romantischer Vorstellung lebendigen und bewegenden Kraft im Innern der Dinge (s. Kap. I. D. Exkurs). Darauf deutet die Metapher vom „Hauch" und „Atmen", die an die Vorstellung vom belebenden Pneuma, dem Hauch Gottes, erinnert. Insofern auch die Rede vom „göttlichen" Hauch, wie denn Schlegel die Sokratische Ironie bereits im Essay über Georg Forster mit einem Heiligenschein versieht: „Es ist ein zartes, geflügeltes und heiliges Ding." (FS II, 90)

Nicht zufällig spricht er auch von der Sokratischen „Muse". Er denkt bei der Ironie sogleich an die Dichtung, sieht in ihr die Möglichkeit, die Poesie zur Höhe der Philosophie zu erheben. Die Ironie ist berufen, die Poesie mit dem Geist des „Unendlichen" zu adeln, wie besonders die poetologischen Überlegungen Friedrich Schlegels erkennen lassen (s. dazu Kap. IV.). Die

Definition „logische Schönheit" soll auf diese Weihe durch den (göttlichen) Logos verweisen. Selbstverständlich ist hier keine Anlehnung an die formale Logik gemeint.

An Sokrates faszinierte Schlegel zunächst der Gestus des Nichtwissens, der ein Akt der Verstellung ist, da er höherer Einsicht entspringt und insofern wiederum Wissen anzeigt. Besonders in Platons *Apologie* kehrt Sokrates diese Gebärde gegenüber den vielen heraus, die zwar etwas zu wissen glauben, aber wenig oder nichts wissen. Wenn Schlegel dies als vorbildlich empfindet, dann auf Grund seiner schon früher erwähnten Vorstellung, daß die Wahrheit nicht verfügbar ist, sondern in einem unendlichen Prozeß gesucht werden muß. Der ist weise, der dies weiß. Ergänzend hierzu leitet ihn die Überzeugung, daß vieles, was sich als Wissen darbietet, eigentlich Täuschung ist oder einen doppelten Boden besitzt. Das Kriterium des täuschenden Wissens ist der allzu leichte Zugang, die Verständlichkeit. Eben dies schreibt Schlegel seinen Kritikern in dem Essay *Über die Unverständlichkeit* ins Stammbuch, die sich darüber hinaus sagen lassen müssen, daß die von ihnen verpönte Unverständlichkeit, als Kriterium verborgenen Wissens, nichts geringeres als das Heil der Welt verbürgt:

„Aber ist denn Unverständlichkeit etwas so durchaus Verwerfliches und Schlechtes? – Mich dünkt das Heil der Familien und der Nationen beruhet auf ihr; wenn mich nicht alles trügt, Staaten und Systeme, die künstlichsten Werke der Menschen, oft so künstlich, daß man die Weisheit des Schöpfers nicht genug darin bewundern kann. Eine unglaublich kleine Portion ist zureichend, wenn sie nur unverbrüchlich treu und rein bewahrt wird, und kein frevelnder Verstand es wagen darf, sich der heiligen Grenze zu nähern. Ja das Köstlichste was der Mensch hat, die innere Zufriedenheit selbst hängt, wie jeder leicht wissen kann, irgendwo zuletzt an einem solchen Punkte, der im Dunkeln gelassen werden muß, dafür aber auch das Ganze trägt und hält, und diese Kraft in demselben Augenblicke verlieren würde, wo man ihn in Verstand auflösen wollte. Wahrlich, es würde euch bange werden, wenn die ganze Welt, wie ihr es fodert, einmal im Ernst durchaus verständlich würde. Und ist sie selbst diese unendliche Welt nicht durch den Verstand aus der Unverständlichkeit oder dem Chaos gebildet?" (FS II, 370)

Diese Apotheose der Unverständlichkeit, Ausdruck von Ironie im Sinne der „transzendentalen Buffonerie", wie Schlegel sie im 42. Lyceums-Fragment nennt, erweitert das kommunikative zu einem metaphysischen Problem. Das Unverständliche, Dunkle erscheint hier als Sacrum, dessen erhaltende Kraft verlorenginge, wenn der Verstand Zugang zu ihm erhielte (es auflöste). Und die Ironie ist der lächelnde Wärter, der den Zugang bewacht.

Die Ironie zeigt sich hier von einer doppelten, nämlich einer inneren und einer äußeren Seite. Im „Innern" ist sie die „Stimmung, welche alles übersieht, und sich über alles Bedingte unendlich erhebt", im „Äußern" gebärdet sie sich spaßig. Im Innern ist sie Ernst, im Äußern Scherz, darum aber äußerlich Verstellung. Im 108. Lyceums-Fragment heißt es: „In ihr soll alles Scherz und Ernst sein, alles treuherzig offen, und alles tief verstellt." (FS II,

160) Auch für diese Konstellation könnte Sokrates Modell gestanden haben. In Platons *Symposion* wird von ihm gesagt, er gleiche jenen Statuen der Bildhauer, die äußerlich einen Silen, einen Satyr, darstellen, inwendig aber, wenn man die eine Hälfte wegnimmt, ein Götterbild zum Vorschein kommen lassen; er treibe nach außen Scherz mit den Menschen sein Leben lang, sei inwendig aber voller Weisheit und Besonnenheit (Platon: Sämtliche Werke. Übers. von F. Schleiermacher, Hamburg 1957, Bd. 2, S. 243f.).

Daß die Ironie etwas Widersprüchliches ist – und das ist sie ja schon als rhetorische Figur, in dem Auseinanderklaffen von Sagen und Meinen –, zeigt auch eine wichtige Stelle im 108. Lyceums-Fragment: „Sie enthält und erregt ein Gefühl von dem unauflöslichen Widerstreit des Unbedingten und des Bedingten, der Unmöglichkeit und Notwendigkeit einer vollständigen Mitteilung." (FS II, 160) Was den ersten Teil des Satzes angeht, so fällt zunächst auf, daß die Ironie offensichtlich nicht einseitig als rein intellektuelle Haltung verstanden wird. Wie schon vorher als „Stimmung" ausgelegt, wird ihr hier „Gefühl" als Gehalt und Wirkung assoziiert, wie sie andererseits auch als „Besonnenheit" verstanden wird. Sie umfaßt somit, wie romantisch „Geist" und diesem entsprechend, mehrere verschiedene Gemütskräfte. Die Begriffe des Bedingten und Unbedingten könnten ebenso Fichte entlehnt wie Kants *Kritik der reinen Vernunft* entnommen sein, wo sie dem Gegensatz von Verstand und reiner Vernunft, sinnlicher Erfahrung und transzendentaler Idee zugeordnet sind (s. Kant IV, 327ff.). Hieran erinnert man sich auch, wenn Schlegel im Athenäums-Fragment 238, wo er den Begriff des Transzendentalen auf die Poesie überträgt, von der „Transzendentalpoesie" sagt, daß „deren eins und alles das Verhältnis des Idealen und des Realen ist" (FS II, 204).

Wenn es die Ironie ist, die den Widerstreit zwischen Bedingtem und Unbedingtem, Realem und Idealem, Endlichem und Unendlichem ins Bewußtsein hebt, so exponiert sie die Grenze oder Schwelle zwischen beiden und damit den Ort, der für die Romantik der bedeutungsvollste ist. Die Schwelle trennt und gewährt denoch einen Blick über sie hinaus. Und wenn die Ironie von dieser Position aus sowohl nach der einen wie nach der anderen Seite schaut, dann macht sie zum einen den gegenwärtigen Zwiespalt der Welt bewußt, weist andererseits aber vom Endlichen über die Schwelle hinweg auf das Unendliche hin. „Ironie ist gleichsam die Epideixis [Schaustellung] der Unendlichkeit, der Universalität, vom Sinn fürs Weltall", lautet ein Fragment in den *Philosophischen Lehrjahren* (III, Nr. 76; FS XVIII, 128). Aufgelöst wird der Zwiespalt von der Ironie nicht. Da sie die Grenze gerade markiert, erweckt sie den Eindruck der Unauflöslichkeit. Dennoch gibt sie andererseits – weil die Schwelle auch die Funktion des Vermittelns hat – einen Vorschein der Auflösung. Sie gleicht darin dem hypothetischen Vorausgriff und der Fiktion (s. Abschnitt D.). Novalis: „So die Annahme – der ewige Frieden ist schon da – Gott ist unter uns" etc. (N III, 421) Entsprechend Schlegel:

„Der Glaubensartikel für Philosophie des Universums ist *jene* Welt. – Wie ein Mensch einen unendlichen Sinn hat für andre Menschen, so hat die Menschheit einen Sinn für JENE WELT – für ein Jenseits. Warum aber diese Antithesis? Jene Welt ist schon hier. So lange man noch sagt, diese und jene Welt, hat man noch gar keinen Sinn für die Welt. – Giebts wohl einen andren Namen für meine Ironie, und ist sie nicht wirklich die innerste Mysterie der kritischen Philosophie?" (Phil. Lj. IV, Nr. 1067; FS XVIII, 285)

Der zweite Teil des Satzes aus dem 108. Lyceums-Fragment besagt, daß die Ironie ein Gefühl von der „Unmöglichkeit und Notwendigkeit einer vollständigen Mitteilung" enthält und erregt. Vollständig wäre die Mitteilung dem Inhalt nach, wenn sie alles enthielte, was universell den „Sinn fürs Weltall" ausmacht, der Form nach, wenn sie durchaus verständlich wäre. Beides aber ist unmöglich, weil Unendlichkeit und Universalität unerreichbar bleiben und das tiefere Wissen von ihnen sich nur verschlüsselt (symbolisch, hieroglyphisch; s. dazu Kap. IV.) und „unverständlich" vermitteln kann, wie der Essay *Über die Unverständlichkeit* andeutet. Andererseits ist die vollständige Mitteilung notwendig: als metaphysisches Postulat, dem nachzukommen man nicht müde werden darf.

Der Begriff „Mitteilung" läßt die Ironie als Problem der Kommunikation erscheinen. Auch in Lyceums-Fragment 42 heißt es, Ironie sei zu leisten und zu fordern, „wo in mündlichen oder geschriebenen Gesprächen" philosophiert wird. Am Anfang des Essays *Über die Unverständlichkeit* spricht Schlegel von der Notwendigkeit, mit Menschen im Verkehr zu stehen, „aus deren gegenseitiger Mitteilung sich erst solche Verhältnisse und Verhältnisbegriffe erzeugen, die sich als Gegenstände des Nachdenkens bei genauerer Reflexion immer mehr vervielfältigen und verwickeln" und uns „zu immer tieferem Nachdenken" reizen (FS II, 363).

Solche Stellen erinnern wieder an Sokrates, dessen Ironie nicht nur eine Denk-, sondern auch eine Gesprächshaltung ist, die sich in einem mäeutischen Frage- und Antwortspiel äußert. Wie besonders der längere Dialog über das Wesen der Gerechtigkeit zu Beginn von Platons *Politeia* zeigt, weiß Sokrates den Gesprächspartner ständig zu fragwürdigen Thesen zu verlokken, um diese in der Folge stets zu widerlegen und zudem die „Verhältnisse", in denen die Sache steht, immer mehr zu „vervielfältigen" und zu „verwikkeln". Der Gesprächspartner ist so genötigt, sich ständig zu korrigieren, er kommt damit aber auch der Wahrheit ständig einen Schritt näher.

Hier bewährt sich die Ironie, ganz einfach gesagt, als Reiz „zu immer tieferem Nachdenken", und gerade in dieser Funktion bedarf sie des Gesprächs; denn im besten Fall ist einer da, der reizt, und ein anderer, der gereizt wird. Es ist jedoch auch der Fall denkbar, daß ein einzelner diesen Reiz gegen sich selbst richtet, gewissermaßen in einem ironischen Selbstgespräch sich ständig dazu anstachelt, eine erreichte Denkposition zu korrigieren, aufzugeben und weiterzuschreiten, um zu einer neuen und der Wahrheit vielleicht näheren Position zu gelangen. Dies meint Schlegel, wenn er vom „steten Wechsel von Selbstschöpfung und Selbstvernichtung" spricht (Ath.-

Fr. 51; FS II, 172) und zugleich auch an die Bestimmung anknüpft, daß die Ironie „sich über alles Bedingte unendlich erhebt" (s. o.). Denn „Selbstvernichtung" will eben nichts anderes sagen, als daß man eine Position, die man erreicht hat, als bedingt erkennt, sie darum für nichtig oder beschränkt erklärt (an anderer Stelle, L.-Fr. 37, spricht Schlegel von „Selbstbeschränkung"; FS II, 151) und über sie hinweggeht, in einem unendlichen Prozeß der Relativierung, mit dem Bestreben der Annäherung an das Absolute.

Im Akt des Bezweifelns, des Infragestellens einer Position äußert sich die Ironie als skeptische, zersetzende Denkform. „Ironie ist die höchste, reinste Skepsis." (Phil. Lj. V, Nr. 1023; FS XVIII, 406) Im Akt des neuen Setzens dagegen erweist sich die Ironie als schöpferisch und, da schöpferisches Tun für Schlegel nicht ohne Begeisterung denkbar ist, auch als enthusiastisch. „Ironie ist [...] immer enthusiastisch." (Phil. Lj. IV, Nr. 70; ebd., 203) Sodann ist der stete Wechsel von Selbstschöpfung und Selbstvernichtung ein Akt permanenter Reflexion (s. dazu auch Kap. I. E.). Wo der Reiz „zu immer tieferem Nachdenken" sich im denkenden Selbstgespräch auswirkt, wird das Denken auch Spiegel seiner selbst, der Denkende – auf den Stufen des Zweifels – Beobachter seiner selbst. Und je mehr sich die Spiegelungen vervielfältigen, um so höher ist die Potenz, zu der sich die Reflexion steigert. Schließlich dürfte zu Recht angemerkt werden, daß die Ironie als das methodische Prinzip, als welches sie hier erscheint, dem experimentellen Verfahren gleicht. „Ironie ist Universelles Experiment" (Phil. Lj. IV, Nr. 279; FS XVIII, 217). Da sie permanent das scheinbar Endgültige ins Vorläufige verwandelt, erhält sie alles in jener Schwebe, die auch dem Verfahren des bloßen Ausprobierens angemessen ist.

Schlegel hat selber mit der Ironie die Vorstellung vom „Schweben" verbunden (vgl. Phil. Lj. IV, Nr. 1081; FS XVIII, 287; indirekt auch Ath.-Fr. 116), so auch wenn er ihr Flügel andichtet (s. o.). Auf der Schwelle zwischen dem Realen und Idealen den gegenwärtigen Zwiespalt und die künftige Einheit exponierend, also gleichsam einen Mittelstand einnehmend, dabei jedoch luftig emporgehoben durch den Auftrieb sich potenzierender Reflexion, mag sie in der Tat diese Vorstellung hervorrufen. Nicht aber darf mit ihr der Eindruck eines Stillestehens verbunden werden, da die Ironie ein Prinzip der Bewegung ist und im Wechsel von Selbstschöpfung und Selbstvernichtung ebensowohl fortschreitet wie „schwebt". Dabei vollzieht sich das Fortschreiten nicht kontinuierlich, sondern in dialektischen Sprüngen; nicht evolutionär, sondern revolutionär. In den *Philosophischen Lehrjahren* findet sich das bedeutsame Fragment: „*Bildung* ist antithetische Synthese, und Vollendung bis zur Ironie. – Bei einem Menschen, der eine gewisse Höhe und Universalität der Bildung erreicht hat, ist sein Innres eine fortgehende Kette der ungeheuersten Revoluzionen." (II, Nr. 637; FS XVIII, 82f.) Als methodisches Prinzip wird die Ironie damit durchaus einer metaphysischen Gegebenheit gerecht. Denn der Bewegung im menschlichen Geist entspricht eine Bewegung im Wesen der Welt, das die Romantiker nicht als fertiges Sein, sondern als ewiges Werden begreifen. Die Ironie ist die gedankliche Spiegelung dieser ewigen Bewegung, mit der Chaos dauernd und unerschöpflich in Bildung übergeht, so daß Schlegel sagen kann: „Ironie ist klares Bewußtsein der ewigen Agilität, des unendlich vollen Chaos." (Ideen 69; FS II, 263) Auch in der Welt ist ewiges Werden nur möglich, wenn Gewordenes stirbt und eine Neugeburt an seine Stelle tritt. Insofern impliziert die Spiegelung der Weltverfassung durch die Ironie die ganze Dialektik von Selbstschöpfung und Selbstvernichtung, Setzung und Zersetzung. Zudem gewinnt die Ironie damit den Charakter des Zyklischen (vgl. Phil. Lj. II, Nr. 961, 976; FS XVIII, 109, 110).

Auf seiten des gedanklichen Prozesses ist nicht zu übersehen, daß diese Dialektik eine Gerinnung der von der Ironie ins Spiel gebrachten Ideen zu festen Begriffen verhindert. Die wogende Ideenmasse der Fragmente hält alle Begriffe in Fluß, umspielt sie experimentell in immer neuen Ansätzen, und man muß sich damit abfinden, daß man zu vielen Aussagen in den Fragmentsammlungen auch das Gegenteil finden kann. Der Widerspruch ist hier durchaus kein Lapsus, sondern einkalkuliert, ja begrüßt als Ausdruck des dialektischen Verfahrens der Ironie, von der es denn auch heißt: „Ironie ist die Form des Paradoxen." (L.-Fr. 48; FS II, 153)

Der Mangel an Fixierung, an Fixierbarkeit betrifft den Begriff der Ironie selbst. Man sollte sich nicht täuschen lassen dadurch, daß viele Bestimmungen Schlegels wie Definitionen klingen. Sie sind es im Grunde nicht, sondern nur perspektivische Annäherungen an etwas eigentlich Undefinierbares. Schwer fällt es darum auch, die Ironie von anderen, ebenfalls für Schlegel wichtigen Begriffen abzugrenzen wie z. B. Witz. Schlegel selbst hat mehrfach versucht, das Verhältnis zwischen den beiden zu klären, aber er erzielt diese Klärung nicht, kann auch von seinen eigenen Prämissen aus nicht ernsthaft glauben, sie erzielen zu können. Ironie und Witz werden von ihm mehrfach in engste Beziehung gesetzt, die Ironie sogar gelegentlich als Witzart erklärt (vgl. etwa L. u. P. V, 776, 1038, 1039; IX 534, 951; FS XVI, 152, 171, 298, 334), jedoch ist es im Sinne Schlegels wohl angemessener, wenn man eher den Unterschied zwischen beiden betont. Da der Witz sich als Einfall geltend macht, kann er kaum als methodisches Prinzip dienen. Auch ist nicht gut vorstellbar, daß eine Metapher wie die vom „göttlichen Hauch" der Ironie (s. o.) auch auf den Witz angewendet werden könnte.

Im übrigen kann man fragen: Mußte Schlegel für das, was er als Kern seines Denkens charakterisieren wollte, unbedingt den Begriff „Ironie" bemühen? Was die mit ihm bezeichnete Denkform ausmacht: das Dialektische, Perspektivische, Experimentelle, Reflexive, Schwebende, Fortschreitende usw., läßt sich, mit gewissen Einschränkungen und Modifikationen, auch bei Novalis finden. Aber dieser spricht wenig von Ironie und meint zu den Bestimmungen des Freundes: „Was Fr. Schlegel als Ironie karakterisirt, ist meinem Bedünken nach nichts anders als die Folge, der Karakter der Besonnenheit, der wahrhaften Gegenwart des Geistes. Schlegels Ironie scheint mir ächter Humor zu seyn. Mehre Nahmen sind einer Idee vortheilhaft." (Bst. 29; N II, 425) Dem letzten Satz dieses im *Athenäum* im Rahmen der Sammlung *Blüthenstaub* abgedruckten Fragments hat Schlegel wohl zugestimmt. Dennoch hatte er guten Grund, von Ironie zu sprechen, insofern er an die Sokratische Ironie anknüpfte, dieser freilich ganz neue Dimensionen verlieh.

Teils im Gefolge Schlegels, teils unabhängig von ihm hat die Ironie dann in der Romantik sowohl als Gegenstand theoretischer Bestimmung wie als Mittel poetischer Gestaltung Furore gemacht (vgl. etwa die Textanalysen bei I. Strohschneider-Kohrs 1977). Desgleichen wurde die Ironie zum Aufhänger für eine Kritik an der Romantik, vor allem bei Hegel und Kierkegaard (vgl. ebd., 215ff.; E. Behler 1972, 104ff.), und zum hochfavorisierten Untersuchungsobjekt der literaturwissenschaftlichen Romantikforschung. Da freilich diese Popularität alle übrigen Denkformen in den Schatten stellte, ist sie der Erkenntnis der Romantik nicht bloß zuträglich gewesen. Übersehen und kaum untersucht wurde vor allem die fundamentale Bedeutung, die im romantischen Denken die Analogie besitzt.

F. Analogie

Was die Analogie den Romantikern bedeuten mußte, wird auf Anhieb klar, wenn man sich in einem ersten Schritt vergegenwärtigt, daß sie eine Form der Synthese ist. Im allgemeinsten Sinn die Ähnlichkeit oder Entsprechung zwischen Verschiedenem bezeichnend, deutet sie auf Verwandtschaftsverhältnisse und damit auf die Erlösung des Einzelnen vom Fluch der Individuation. Wenn die Ironie das Einzelne in seiner Bedingtheit erfaßt und überschreitet, aber doch den „Widerstreit des Unbedingten und des Bedingten" nicht auflöst, ordnet die Analogie das Einzelne in das Ganze, das „Universum", ein, läßt sie das Ganze als Komplex von Beziehungen erkennen, in dem alles mit allem verknüpft ist. Es war besonders Novalis, der dieser Anschauungsweise in seinem Denken Raum gab, doch schreibt auch Friedrich Schlegel der Analogie eine Schlüsselrolle zu, wie mehrere Aufzeichnungen in den *Philosophischen Lehrjahren* (etwa IV, Nr. 213, 1221, 1446; FS XVIII, 213, 296f., 313) und der Abschnitt *Lehre von der Analogie* in den Kölner Philosophischen Vorlesungen der Jahre 1805/06 (FS XIII, 314ff.) zeigen. Diesem zufolge beruht die Analogie auf der „Idee der unendlichen Einheit und unendlichen Fülle, und dem Grundsatze eines allgemeinen organischen Zusammenhanges aller Dinge" (ebd., 316).

Wenn die Analogie zwischen einzelnen Dingen ein Verhältnis der Ähnlichkeit begründet, so hält sie die Position zwischen der völligen Gleichheit und der völligen Verschiedenheit. Sie läßt die Dinge weder miteinander identisch noch voneinander getrennt erscheinen. Goethe schreibt in den *Maximen und Reflexionen*:

„Jedes Existierende ist ein Analogon alles Existierenden; daher erscheint uns das Dasein immer zu gleicher Zeit gesondert und verknüpft. Folgt man der Analogie zu sehr, so fällt alles identisch zusammen; meidet man sie, so zerstreut sich alles ins Unendliche. In beiden Fällen stagniert die Betrachtung, einmal als überlebendig, das andere Mal als getötet." (Goethe XII, 368)

Wie Goethe so geht es auch der Romantik um ein Gleichgewicht zwischen Einheit und Mannigfaltigkeit. Über der Einheit aller Dinge soll ihre Individualität nicht verlorengehen, ihre Individualität soll ihre Geborgenheit im Allgemeinen nicht ausschließen. Das meint wohl auch Friedrich Schlegel, wenn er die „Seele der Analogie" auf die mystische Formel bringt: „Alles in Einem und Eines in Allem" (FS XVIII, 415; V, Nr. 1131).

Das Denken in Analogien ist ein Erbe der griechischen Antike, des Mittelalters und der Renaissance. Lebendig ist es noch in der „hermetischen Tradition" des 18. Jahrhunderts (vgl. Rolf Christian Zimmermann: Das Weltbild des jungen Goethe, München 1969, I, 29ff.). Und wenn in den naturphilosophischen Spekulationen des 16. Jahrhunderts etwa Analogien zwischen den verschiedenen Bereichen der Natur, dem Starren und dem Flüssigen oder der Pflanze und dem Tier gefunden werden, so zielt auch Novalis, der sich zeitweise in diese vergangene Ideenwelt versenkt, auf solche Beziehungen:

„Sollte nicht jeder Pflanze ein Stein, und ein Thier entsprechen.
Realität der Sympathie, Parallelism der Naturreiche.
Pflanzen sind gestorbene Steine.
Thiere – gestorbene Pflanzen etc.
Theorie der Metempsychose." (N III, 663; Fragmente und Studien Nr. 601)

Das medizinische Interesse Hardenbergs am Körper und den körperlichen Funktionen (s. dazu Kap. VII.) führt ihn zu Feststellungen wie:

„Aehnlichkeiten von Kranckheiten – Jedes Organ kann ziemlich alle Kranckheiten der Andern haben. [...] (Aehnlichkeit des Nasenschleims und des Saamens – ähnlicher Geruch im Catarrh – der *Galle* und des *Speichels*. Des Urins und der Ausdünstungsmaterie etc.) (Das Gehirn gleicht den Hoden.)" (N III, 444; AB Nr. 918)

Analogien (oder Ähnlichkeiten, Entsprechungen, Sympathien) bestehen nicht nur zwischen einzelnen Phänomenen, sondern auch zwischen Kleinem und Großem, Teil und Ganzem, Innenwelt und Außenwelt, Subjekt und Objekt, Geist und Körper, Geist und Natur.

„Unser Körper ist ein *Theil* der *Welt* – Glied ist besser gesagt: Es drückt schon die *Selbstständigkeit*, die Analogie mit dem Ganzen – kurz den Begriff des Microcosmus aus. Diesem Gliede muß das Ganze entsprechen. So viel Sinne, so viel Modi des Universums – das Universum völlig ein Analogon des menschlichen Wesens in Leib – Seele und Geist. Dieses Abbreviatur, jenes Elongatur derselben Substanz." (N II, 650f.; Studien zur bildenden Kunst, Nr. 485)

Wenn der Mensch als Mikrokosmos Analogon des Makrokosmos ist, das Universum umgekehrt als „Macroandropos" (N III, 316; AB Nr. 407) Analogon des Menschen ist, dann läßt sich der Mensch durch die Welt, die Welt durch den Menschen erklären, und dann ist die Analogie nicht nur eine Denk-, sondern auch eine Erkenntniskategorie. Demnach ist ebenso der Geist durch die Natur, die Natur durch den Geist zu erkennen, wie die Analogie auch den Rückschluß vom Endlichen auf das Unendliche, von der Erscheinungswelt auf das „Ding an sich", den einheitlichen Seinsgrund, erlaubt (was Kant verneint hatte), freilich nur im Sinne einer allmählichen Annäherung:

> „Die Betrachtung des Großen und die Betrachtung des Kleinen müssen immer zugleich wachsen – jene mannichfacher, diese einfacher werden. Zusammengesezte Data sowohl des Weltgebäudes, als auch des Individuellsten Theils desselben (Macrocosm und Microcosm.) vergrößern sich allmählich durch gegenseitiges Analogisiren – So klärt *das Ganze den Theil* und *der Theil das Ganze auf.*" (N III, 59; Freiberger naturwissenschaftliche Studien)

Analogien bestehen aber nicht nur zwischen den existierenden Dingen und Bereichen, sondern auch zwischen den wirkenden Kräften und den Tätigkeiten der verschiedenen Organe. Der menschliche Geist wirkt analog der schaffenden Natur, beispielsweise in den Gebilden der Kunst.

> „Der menschliche Geist kann die äußern Symptome und ihre Compositionen approximando nachmachen – er muß also Analogie mit den Bestandtheilen und *Naturkräften* haben –
> Schlüsse daraus. / Ausgeführte vergleichende Betrachtung der Natur und Kunst und Folgerungen aus der Vergleichenden Wissenschaft von beyden." (Ebd., 426; AB Nr. 799)

Stehen Kunst und Natur in einem analogen Verhältnis, so auch Künstler und Gott.

Am meisten scheint Novalis die Idee fasziniert zu haben, daß eine Analogie zwischen Denken und Machen bestehe und somit eine „romantisierende" Verwandlung der Wirklichkeit allein aus der Kraft des Geistes möglich sei, wiederum in Gestalt des Kunstgeistes und mit dem Ergebnis einer Poetisierung der Welt (s. dazu Kap. VI.). Er hat diesen Gedanken u. a. unter dem Einfluß Plotins gefaßt, in dessen Verbindung von „logischer" Emanation und „realer" Weltkonstruktion er das überzeugende Modell für jene Entfaltung des Seins aus dem Denken fand, das ihm in einem ersten Entwurf bereits Fichte vorexerziert hatte (vgl. dazu H.-J. Mähl 1963). Die physische Zeugung aus dem Geist beruht auf der vorhin zitierten Analogie: „Das Gehirn gleicht den Hoden." An einer anderen Stelle wird das Verhältnis ins Makrokosmische ausgeweitet: „Die Denkorgane sind die Weltzeugungs – die Naturgeschlechtstheile." (N III, 476; AB Nr. 1144)

Wenn Denken Zeugen ist, dann sind die Gedanken der Samen oder „Blütenstaub". Jedoch bedarf es zur Befruchtung des anderen, empfangenden Teils, weshalb das Ich bei Novalis die autoritäre Stellung, die es bei Fichte hat, aufgibt und eine hingebungsvolle Beziehung zum Du aufbaut: „Wir sollen alles in ein Du – in ein zweytes Ich verwandeln – nur dadurch erheben wir uns selbst zum Großen Ich – das *Eins* und Alles zugleich ist." (Ebd., 314; AB Nr. 398) Auch wäre es dem analogischen Denken nicht angemessen, die Fichtesche Herabsetzung des Nicht-Ich beizubehalten. Die Analogie stellt zwar nicht Gleichheit in Sein und Wesen her, aber sie begründet zwischen allen Gliedern und auch zwischen Ich und Welt eine gleiche Daseinswürde. Deshalb tauft Novalis Fichtes Nicht-Ich um: „Statt NichtIch – Du." (Ebd., 430; AB Nr. 820) Und nicht ohne Grund drückt sich nun das Verhältnis in Begriffen der Liebesbeziehung aus. Denn im tiefsten Sinn verwandelt die Analogie die Welt in eine Liebesgemeinschaft, wie umgekehrt die Liebe allenthalben Analogien enthüllt, auch sich so den Zugang zur Welt erschließt. Der Liebende umarmt in der Geliebten das Universum, das Universum ist auf Grund der mikro-makrokosmischen Entsprechung „Ausdehnung" der Geliebten:

„Was man liebt, findet man überall, und sieht überall Ähnlichkeiten. Je größer die Liebe, desto weiter und mannichfaltiger diese ähnliche Welt. Meine Geliebte ist die Abbreviatur des Universums, das Universum die Elongatur meiner Geliebten." (N II, 485; Glauben und Liebe Nr. 4)

Die Ausdrücke „Abbreviatur" und „Elongatur" hatte Novalis in J.H. Lamberts *Neuem Organon*, Leipzig 1764, Bd. I, gefunden (s. N III, 132).

Ergänzend muß noch erwähnt werden, daß es bei der Analogie auch um proportionale Entsprechungen geht, wie denn Novalis sich aus Lamberts *Neuem Organon* notierte: „Analogie und Proportion ist eins." (Ebd.) Der Begriff der Proportion nimmt im engeren Sinne auf Größenverhältnisse Bezug. Beispielsweise verhält sich 3 zu 9 wie 4 zu 12, nämlich übereinstimmend wie 1 zu 3. Da sich solche Verhältnisse in Zahlen und generell in den Zeichen und Formeln der Mathematik ausdrücken lassen, avanciert die Mathematik in den Augen Hardenbergs zu einem Beziehungsspiel mit metaphysischem Tiefsinn. Die Mathematik scheint zwar etwas völlig Abstraktes, ein geschlossenes Reich für sich, abgehoben von der wirklichen Welt, jedoch spiegelt sich gerade in ihr, in höchster Reinheit nämlich, die Beziehungsstruktur der wirklichen Dinge. Im *Monolog* sagt Novalis von den mathematischen Formeln: „Sie machen eine Welt für sich aus – Sie spielen nur mit sich selbst, drücken nichts als ihre wunderbare Natur aus, und eben darum sind sie so ausdrucksvoll – eben darum spiegelt sich in ihnen das seltsame Verhältnißspiel der Dinge." (N II, 672) Ebenso heißt es in den *Mathematischen Fragmenten* im Rahmen der Fragmente und Studien 1799–1800 von den Zahlen: „Ihre Verhältnisse sind Weltverhältnisse. Die reine Mathematik ist die Anschauung des Verstandes, als Universum." (N III, 593) Gerade weil die Mathematik in ihrer Abstraktheit der sinnlich-empirischen Welt fern steht, scheint sie der „unsichtbaren Welt", die der Erscheinungswelt als „Ding an sich" zugrunde liegt, besonders nah, ist sie offenbar deren Analogon:

„Alles aus *Nichts* erschaffene *Reale*, wie z. B. die Zahlen und die abstracten Ausdrücke – hat eine wunderbare Verwandtschaft mit Dingen einer andern Welt – mit unendlichen Reihen sonderbarer Combinationen und Verhältnissen – gleichsam mit einer mathematischen und abstracten Welt an sich – mit einer *poëtischen mathematischen* und abstracten Welt." (Ebd., 440f.; AB Nr. 898)

Ein mathematisches Buch kann man dann, ja soll man dann als ein Buch der Offenbarung lesen: „Wer ein mathematisches Buch nicht mit Andacht ergreift und es, wie Gottes Wort, ließt, der versteht es nicht." (Ebd., 594; Mathematische Fragmente). Auf diese Affinität von Mathematik und Metaphysik mag man übrigens auch die Neigung Friedrich Schlegels zurückführen, sich in den *Philosophischen Lehrjahren* und in den Literarischen Notizen in mathematischen Kürzeln auszudrücken.

Wenn die Analogie das Mittel ist, selbst eine so große Kluft zu überwinden wie die zwischen Zahlen und Dingen, einem abstrakten Beziehungsspiel und den inneren Verhältnissen der Welt, generell überhaupt zwischen dem reinen Denken und dem lebensvollen Sein, so stellt sich die Frage, welcher Art die analogische Verknüpfung als solche ist. Auf den ersten Blick möchte man annehmen, daß sie nur virtueller, nicht reeller Natur ist, also nicht wie bei der Metonymie ein sachlicher Bezug, sondern nur wie bei der Metapher eine bloß imaginäre „Übertragung" ohne reale Grundlage. Eine solche Deutung würde der Anschauung Hardenbergs jedoch nicht gerecht. Die Annahme ist wohl richtiger, daß er die Analogie als Realbezug versteht, und zwar so wie dies die Begriffe der „Berührung" und des vermittelnden „Dritten" implizieren: „Berührung ist Trennung und Verbindung zugleich." (N III, 293; AB Nr. 295) „2 [Zwei] werden durch den Dritten getrennt und verbunden." (Ebd.) Vom Begriff des Mittlers ist besonders Hardenbergs Vorstellung der Beziehung des Menschen zu Gott geprägt (s. Bst. Nr. 74, N II, 441ff. und Kap. V. dieser Arbeit). An einer früher zitierten Stelle kam der Gedanke zum Ausdruck, daß die Geliebte Mittlerin zum Universum sei. So wird der Realbezug durch die Liebe gestiftet: „Die Liebe ist das höchste *Reale* – der Urgrund." (N III, 254; AB Nr. 79) Im übrigen ist es sicher nicht nur die Affinität von Analogie und Liebe, die Licht auf die Art der Beziehung wirft, sondern auch die Tatsache, daß die Dinge der Welt nach romantischer Anschauung in einem polaren Verhältnis zueinander stehen, ist doch die Liebe als Verbindung des männlichen und weiblichen Prinzips selber eine Polarität. Und damit tritt wieder das Zugleich von Verbindung und Trennung ins Bewußtsein.

Wie immer Novalis sich den Bezug gedacht haben mag, gewiß ist, daß dieser Bezug, wenn auch wahr, nicht aus der bloßen Empirie zu gewinnen ist, sondern dem Empiriker vielmehr als nicht „wirklich" erscheint. Und dies wiederum bedeutet, daß man ihn sich als „magisch" (vorhanden und doch weder greifbar noch begreifbar) zu denken hat. In seiner Europa-Rede spricht Novalis bezeichnenderweise vom „Zauberstab der Analogie" (N III, 518); der Mathematik schreibt er, da sie, wie oben skizziert, im Beziehungsspiel der Zahlen und Formeln die unsichtbare Welt heraufzubeschwören vermag, eine ebensolch zauberische Funktion zu: „Ächte Mathematik ist das eigentliche Element des Magiers." (Ebd., 593; Mathematische Fragmente)

Der Komplex der Analogien stellt aber nicht nur einen allseitigen Sachzusammenhang, sondern auch einen allseitigen Verweisungszusammenhang dar. Wenn alles mit allem zusammenhängt, ist jedes Existierende auch der Verweis auf anderes Existierendes und alles Existierende im Ganzen. Da hierbei das eine für das andere steht wie umgekehrt auch das andere für das eine, ergibt sich ein „Repräsentations"-Verhältnis reziproker Art bzw. – auf der Ebene der Theorie – eine „*Wechselrepraesentation*lehre des *Universums"* (ebd., 266; AB Nr. 137)

Fast unausweichlich gelangt Novalis in diesem Zusammenhang auf den Begriff des Zeichens und dazu, die allwaltende Analogie als wechselseitiges Bezeichnungsverhältnis zu sehen. Denn verweist das eine auf das andere, so ist es auch dessen Zeichen, und es besteht dann ebenso eine „*Sympathie des Zeichens* mit dem Bezeichneten" (ebd.) wie von dem Begriff der Repräsentation aus gesehen eine Sympathie des Repräsentierenden mit dem Repräsentierten.

Wiederum nur eine Ausdrucksvariante desselben Sachverhalts bedeutet die Einführung des Begriffs „Symbol" und die Auffassung des Repräsentierens als Symbolisieren. „Alle Analogie ist symbolisch." (N II, 551; Logologische Fragmente Nr. 118) „Alles kann Symbol des Andern seyn – Symbolische Function." (N III, 398; AB Nr. 685) Und da hier immer ein Wechselverhältnis, ja ein Verhältnis der Potenzierung besteht, insofern als der symbolisierende Gegenstand immer schon sich auf einen anderen bezieht, der von ihm symbolisiert wird, aber selber symbolisierende Funktion hat, nimmt die Symbolik eine komplizierte Struktur an: „Jedes Symbol kann durch sein Symbolisirtes wieder Symbolisirt werden – Gegensymbole. Es gibt aber auch Symbole der Symbole – Untersymbole." (Ebd., 397)

Keinesfalls aber führt das Verweisen des einen auf das andere in diesem Konzept zu einer Identifizierung der beiden. Den Grundgedanken, daß die Analogie alles ähnlich, aber nicht identisch macht, Einheit herstellt, aber nicht Mannigfaltigkeit beseitigt, das Gemeinsame enthüllt, aber gleichermaßen die Differenz zur Geltung kommen läßt, zum Allgemeinen hin-, aber vom Individuellen nicht wegführt, diesen Gedanken unterstreicht Novalis auch, wenn er vor der Verwechslung des Symbols mit dem Symbolisierten warnt, indem er sie als Aberglaube und Irrtum deklariert:

„Auf Verwechselung des *Symbols* mit dem Symbolisirten – auf ihre Identisirung – auf den Glauben an wahrhafte, vollständige Repraesentation – und Relation des Bildes und des Originals – der Erscheinung und der Substanz – auf der Folgerung von äußerer Aehnlichkeit – auf durchgängige innere Übereinstimmung und Zusammenhang – kurz auf Verwechselungen von Subject und Object beruht der ganze Aberglaube und Irrthum aller Zeiten, und Völker und Individuen." (Ebd.)

Der Analogie, das kann resümierend festgehalten werden, kommt in der Romantik, besonders bei Novalis, eine universale Funktion zu: Sie ist Denkform, Erkenntnisform, Seinsform, Form des Schaffens, Erzeugens und schließlich auch Form des Bezeichnens, Verweisens.

G. Enzyklopädie

Offensichtlich war es das in Novalis schon früh aufkeimende analogische Denken, das ihm in der zweiten Hälfte des Jahres 1798 die Idee eingab, die Gesamtheit der Wissenschaften in einen Systemzusammenhang zu bringen und eine „Enzyklopädie" zu schaffen. Um eine Systematisierung des gesamten Wissens und der gesamten Bildung waren schon frühere Zeiten bemüht gewesen, das Mittelalter etwa mit dem Konzept der Artes liberales oder die französische Aufklärung mit Diderots und d'Alemberts *Encyclopédie, ou Dictionnaire raisonné des sciences, des arts et des métiers* (1751–1780), einem Unternehmen, mit dem sich Novalis bei seinen Vorstudien ebenso beschäftigte wie mit Wilhelm Traugott Krugs *Versuch einer Systematischen Enzyklopädie der Wissenschaften* (1796/97). Aber so sehr ihn besonders das französische Werk inspirierte, wie seine Exzerpte aus d'Alemberts Vorrede *Discours Préliminaire des Editeurs*, die in das *Allgemeine Brouillon* eingegangen sind, zeigen, versuchte er doch etwas Neues zu begründen, indem er das Wissen und die Wissenschaften in den gleichen analogischen Konnex setzen wollte, in dem er die ganze Welt sah, um so wiederum alles Verschiedene auf eine tiefere Einheit zurückzuführen. Und da hiermit nichts geringeres als ein Buch der Offenbarung geschaffen wäre, verknüpft sich ihm der Gedanke sogleich mit der Idee einer neuen „Bibel".

Dem Freunde Schlegel, der seinerseits als „Ziel meiner litterarischen Projekte" die Absicht enthüllt hatte, „eine neue Bibel zu schreiben, und auf Muhameds und Luthers Fußstapfen zu wandeln" (Brief vom 20. 10. 1798, FS XXIV, 183), berichtet er am 7. 11. 1798 von seinem Plan:

„Du schreibst von Deinem Bibelproject und ich bin auf meinem Studium der Wissenschaft überhaupt – und ihres Körpers, des *Buchs* – ebenfalls auf die Idee *der Bibel* gerathen – der Bibel – als des *Ideals jedweden* Buchs. Die Theorie der Bibel, entwikkelt, giebt die Theorie der Schriftstellerey oder der Wortbildnerey überhaupt – die zugleich die symbolische, indirecte, Constructionslehre des schaffenden Geistes abgiebt. Du wirst aus dem Brief an die Schwägerinn sehn, daß mich eine vielumfassende Arbeit beschäftigt – die für diesen Winter meine ganze Thätigkeit absorbirt.

Dies soll nichts anders, als eine Kritik des Bibelprojects [„Kritik" hier im Sinne von reflektierender Durchdringung, wie bei Kant] – ein Versuch einer Universalmethode des Biblisirens – die Einleitung zu einer ächten Encyklopaedistik werden.

Ich denke hier Wahrheiten und *Ideen im Großen* – *genialische* Gedanken zu erzeugen – ein lebendiges, wissenschaftliches Organon hervorzubringen – und durch diese synkritische Politik der Intelligenz mir den Weg zur ächten Praxis – dem wahrhaften Reunionsprozess – zu bahnen." (N IV, 262f.)

Er sammelt zu diesem Zweck jene Materialien, die das zwischen September 1798 und März 1799 entstandene *Allgemeine Brouillon* ausmachen. Diese Notizensammlung ist außer durch zahlreiche Lektüreanregungen auch durch Fichtes *Wissenschaftslehre* (als Wissenschaft allen Wissens) sowie durch den Einfluß des Bergbauwissenschaftlers und Mineralogen Abraham Gottlob Werner geprägt, bei dem Novalis während seines Studiums an der Bergakademie in Freiberg vom 1. Dezember 1797 bis Pfingsten 1799 Vorlesungen hörte. Eine der Notizen im *Allgemeinen Brouillon* lautet: *„Bearbeitung des wissenschaftlichen Systems,* nach Wernerscher Art, aber viel universeller." (N III, 340; Nr. 475)

Das Projekt ist in der Tat ein Beispiel des romantischen Universalismus. Alles wollte Novalis erfassen, sowohl die Naturwissenschaften wie die Geisteswissenschaften (eine Unterscheidung übrigens, die er nicht kannte und auch nicht akzeptiert hätte), praktische ebenso wie theoretische Disziplinen, Historisches ebenso wie Soziales, Politisches ebenso wie Ästhetisches. Und alle diese Bereiche sollten in ein interdisziplinäres Verhältnis gesetzt werden, es sollten „Aehnlichkeiten – Gleichheiten – Wirckungen der Wissenschaften auf einander" (ebd., 280; Nr. 233) deutlich werden, damit als Fazit der Schluß gezogen werden konnte: *„Alle Wissenschaft* ist *Eine."* (Ebd., 356; Nr. 526)

Eine zentrale Rolle kam dabei der Philosophie, Poesie und Mathematik zu. Sie sollten eine Basisfunktion ausüben und als Modell der interdisziplinären Annäherung dienen. So heißt es beispielsweise mit Bezug auf die Mathematik: „Die Basis aller Wissenschaften und Künste muß eine Wissenschaft und Kunst seyn – die man der Algéber [Algebra] vergleichen kann" (ebd., 257; Nr. 90). Oder mit Bezug auf die Philosophie: „Die WissenschaftsLehre oder die reine Philosophie ist das Relationsschema der Wissenschaften überhaupt." (Ebd., 378; Nr. 624) Novalis scheint aber auch an eine Erweiterung dieser Basiswissenschaften durch die Chemie (die wegen der Vorgänge des Trennens und Verbindens im romantischen Denken überhaupt eine Rolle spielt) und die Historie gedacht zu haben: „Es giebt eine philosophische, eine kritische, eine Mathematische, eine poëtische, eine chemische, eine historische *WissenschaftsLehre."* (Ebd., 321; Nr. 429)

Es hat wohl seine besondere Bewandtnis, daß Novalis sein Unternehmen fast immer „Enzyklopädistik" und nicht nur „Enzyklopädie" nennt, erkennt man doch, daß es ihm nicht um stoffliche Vollständigkeit, sondern um die *Lehre* der Enzyklopädie, das heißt um eine Methode geht, die zur Erkenntnis der tieferen Einheit führt: „Wenn mein Unternehmen zu groß in der Ausführung werden sollte – so geb ich nur die Methodik des Verfahrens – und Beyspiele – den *allgemeinsten Theil* und Bruchstücke aus den Besondern Theilen." (Ebd., 356; Nr. 526) Methodisch gesehen sollte sein Werk eine „Combinationslehre der wissenschaftlichen Operationen" (ebd., 361; Nr. 552) oder, wie es in dem Brief an Schlegel hieß, eine „Constructionslehre des schaffenden Geistes" bieten. Wo aber der Geist Einheit schaffen soll, muß er Grenzen aufheben, Distanzen überbrücken, Fixierungen verflüssigen und das ganze starre Klassifizierungssystem traditioneller und konventioneller Provenienz in einen Schwebezustand versetzen: „Die Philosophie macht alles *los* – relativirt das Universum – Sie hebt wie das Copernikanische System die *festen* Puncte auf – und macht aus dem Ruhenden ein Schwebendes. Sie lehrt die Relativitaet aller Gründe und aller Eigenschaften" (ebd., 378; Nr. 622). Beispielsweise die Relativität von Zeit und Raum: „Zeit ist *innrer Raum* – Raum ist *äußre Zeit.*" (Ebd., 455; Nr. 991) „Zeit und Raum entstehn zugleich und sind also wohl Eins, wie Subject und Object. Raum ist beharrliche Zeit – Zeit ist fließender, variabler Raum – Raum – Basis alles Beharrlichen – Zeit – Basis alles Veränderlichen." (Ebd., 427f.; Nr. 809) Hier klingt auch das Axiom an, auf dem dieses Denken beruht: Wenn alles aus demselben Seinsgrund hervorgeht, muß es untereinander verwandt sein. Andere Beispiele etwa: die Relativität von Schmerz und Lust, Krankheit und Gesundheit (s. dazu Kap. VII.). Unvermittelt stößt man im *Allgemeinen Brouillon* auf ein Loblied über den „merkantilischen Geist". Man müßte sich wundern, daß Novalis so begeisterte Worte für etwas so Prosaisches wie den Handel findet, wäre nach dem Gesagten nicht klar, daß er hierin ein Paradigma des regen Austausches, der vielfältigen Verbindung sehen mußte, wie er sie in seiner Enzyklopädie deutlich zu machen suchte: „Der Handelsgeist ist der *Geist der Welt.* Er ist der *großartige* Geist schlechthin. Er sezt alles in Bewegung und verbindet alles. Er weckt Länder und Städte – Nationen und Kunstwercke. Er ist der Geist der Kultur – der Vervollkommnung des Menschengeschlechts." (N III, 464; Nr. 1059)

Bei aller Wichtigkeit, die in der Enzyklopädie dem Verbinden zukommt, ist freilich auch hier zu betonen, daß es nicht das Unterscheiden ausschließen soll. Einheit darf nicht auf Kosten der Mannigfaltigkeit gesucht werden, das Eigentümliche jedes Wissensgebietes nicht verlorengehen. Novalis erkennt sogar, daß die Eignung zur Interdisziplinarität wächst, je mehr Facetten die einzelne Disziplin in ihrer Individualität als Berührungsflächen bietet: „Je mannichfacher Etwas individualisirt ist – desto mannichfacher ist *seine Berührung* mit andern Individuen – desto *veränderlicher seine Grenze* und *Nachbarschaft*. Ein unendlich caracterisirtes Individuum ist Glied eines Infinitinomiums " (ebd., 261; Nr. 113). Und so zerlegt er beispielsweise die Kriegskunst in eine Vielzahl von Komponenten, deren jede eine Verbindungsmöglichkeit zu einer anderen Disziplin darstellt: „Die Kriegskunst zerfällt in eine Menge besonderer Lehren – die *Tanzkunst* – Gymnastik – Fechtkunst – Schießkunst – Psychologie etc. liefern ihre Beyträge zur Kriegskunst (Auch Rechenkunst, Mathematik, Oeconomie, Politik etc.)" (ebd., 454; Nr. 982).

Am Ende ergäbe sich also ein System, in dem der vollkommenste Zusammenhang zugleich die differenzierteste Mannigfaltigkeit zur Geltung kommen ließe, umgekehrt auch die allseitig entfaltete Mannigfaltigkeit den allseitigen Zusammenhang keineswegs ausschlösse, sondern allererst überhaupt ermöglichte. Konform damit geht auch die Vorstellung Friedrich Schlegels: „*System* ist eine durchgängig gegliederte Allheit von wissenschaftlichem Stoff, in durchgehender Wechselwirkung und organischem Zusammenhang. – *Allheit* eine in sich selbst vollendete und vereinigte Vielheit." (FS XVIII, 12; Phil. Lj. I, Nr. 84) Novalis hat diesen Endzustand mit einem für ihn bezeichnenden Bild „Ideenparadies" genannt. Das Bild impliziert sowohl Harmonie wie Lebensfülle, das Miteinander ebenso wie die Selbständigkeit des Individuellen. Im „geistigen Natur System" müsse man „jedem seinen eigenthümlichen Boden – Klima – seine besondere Pflege – seine eigenthümliche *Nachbarschaft* geben – um ein *Ideen Paradies* zu bilden – dies ist das ächte System." (N III, 446; Nr. 929)

Das Bild deutet desgleichen eine Kongruenz des Enzyklopädie-Ideals mit dem Ideal des Goldenen Zeitalters an. Letztlich erstrebt Novalis mit der neuen „Bibel" eine Annäherung an die Endzeit. An Friedrich Schlegel hatte er geschrieben, daß das geplante wissenschaftliche Organon ihm „den Weg zur ächten Praxis – dem wahrhaften Reunionsprozess" bahnen solle (s. o.). Das Zusammendenken des Wissens steht also im Dienste des Zusammenfügens der Welt. Grundlegende Voraussetzung ist dabei die Analogie zwischen Geist und Natur, Denken und Sein, Denken und Machen (s. Abschnitt F. dieses Kapitels).

„Die Wissenschaft von den Weltelementen ist ein der Welt simultanes Produkt. [...] Wie die Welt, so die Weltwissenschaft und umgekehrt. Der Vervollkomner der Weltwissenschaft, oder der metaphysische, theoretische Künstler betreibt also indirect die Verbesserung der Welt – und umgekehrt der practische empirische Handwercker, der Welthandwerker, indirect die Vervollkomnung der Weltwissenschaft – der Weltformularistik." (N III, 176f.; Freiberger naturwissenschaftliche Studien)

Gäbe es noch einen Zweifel, daß das Enzyklopädie-Projekt im Grunde der romantischen Sehnsucht nach der ewigen Heimat entspringt, so könnte er behoben werden durch das bemerkenswerte Bekenntnis im *Allgemeinen Brouillon*: „Die Philosophie ist eigentlich Heimweh – *Trieb überall zu Hause zu seyn*." (Ebd., 434; Nr. 857) Diese Bemerkung erinnert an die berühmte Stelle im *Heinrich von Ofterdingen*: „,Wo gehn wir denn hin?' ‚Immer nach Hause.'" (N I, 325)

Nicht nur über die Grundidee und den Inhalt seines Projekts hat Novalis Materialien gesammelt und Notizen niedergelegt, er hat sich auch Gedanken über die einzelnen Schritte des Vorgehens und über die Form gemacht. Beispielsweise wenn er schreibt: „Das Register – und der Plan werden zuerst gearbeitet – dann der Text – dann die Einleitung und Vorrede – dann der Titel" (N III, 365; Nr. 571). Besonderes Gewicht war offenbar der Einleitung zugedacht, da sie die „Enzyklopaedistik des Buchs", also die Lehre oder Methodik der Enzyklopädie enthalten sollte (ebd., 372; Nr. 599). Sicher ist, daß die Enzyklopädie kein vielbändiges Werk werden sollte, da es auf stoffliche Fülle gar nicht ankam. Novalis spricht immer nur im Singular von dem oder einem oder meinem Buch. „Mein Buch soll eine scientifische Bibel werden – ein reales, und ideales Muster – und Keim aller Bücher." (Ebd., 363; Nr. 557) Erst die Entwicklung aus dem Keim ergäbe eine „vollständige – gutgeordnete Bibliothek" (ebd., 365; Nr. 571).

Formal scheint ihm eine Anordnung in *philosophischen* Kupfertafeln" in Anlehnung an Kants „Kategorieentafel" vorgeschwebt zu haben (ebd., 282; Nr. 240), was immer man sich darunter vorzustellen hat. Im übrigen ist ihm die Form noch eine offene Frage: „Soll es eine Recherche (oder Essai), eine Sammlung Fragmente, ein Lichtenbergischer Commentar, ein Bericht, ein Gutachten, eine Geschichte, eine Abhandlung, eine Recension, eine Rede, ein *Monolog* oder *Bruchstücke eines Dialogs* etc. werden?" (Ebd., 278; Nr. 218)

Novalis kam nicht dazu, seinen Plan zu realisieren. Vielleicht war das Projekt für eine Realisierung auch zu anspruchsvoll. Es galt, einen Systementwurf vorzulegen, der nicht nur die Trennung der Wissenschaften voneinander, sondern auch den Zwiespalt der Welt überwinden sollte. Im Bewußtsein, daß er eigentlich an einer Utopie arbeite, sagt Novalis im *Allgemeinen Brouillon*: „Der allgemeine innige, harmonische Zusammenhang ist nicht, aber er *soll* seyn [...] – es sind Schemate der *Zukunft*" (ebd., 438; Nr. 885).

Es mag zum Abschluß dieses Abschnittes noch einmal daran erinnert werden, daß das Enzyklopädie-Projekt Ausdruck des romantischen Universalismus ist, an dem, wie bekannt, auch Friedrich Schlegel teilhat. Und auch Schlegel war von der Idee einer Enzyklopädie in der Art, wie Novalis sie sich vorstellte, bewegt. In *Lessings Gedanken und Meinungen* von 1804 spricht er von der „Notwendigkeit [...] einer eignen Wissenschaft, welche die Einheit und Verschiedenheit aller höhern Wissenschaften und Künste und alle gegenseitigen Verhältnisse derselben von Grund aus zu bestimmen versucht." (FS III, 82) Es seien, um „eine solche Enzyklopädie" zu schaffen, „Prüfung und Vergleichung der bisherigen Konstruktion, sehr umfassende Gelehrsamkeit und Kritik notwendig, ja sie selbst eigentlich eine durchaus kritische Wissenschaft" (ebd., 83). Schlegel hat hier eine Vollendung dessen im Auge, was er unter „Kritik" verstand (s. dazu Kap. IV.), die enzyklopädisch ausgebildete Kritik aber sollte „Organon der Literatur" (ebd., 82) sein und der Hervorbringung einer neuen Epoche der Poesie dienen. So war auch dieses Projekt ein Plan der Zukunft. (S. ebenfalls die zahlreichen Stellen in den *Philosophischen Lehrjahren*, die sich auf das Projekt einer Enzyklopädie beziehen; Sachregister FS XIX, 646.)

H. Zu Form und Funktion des Fragments

Nachdem im Vorigen Denkansätze und Denkformen behandelt worden sind, die die romantischen Fragment- und Notizensammlungen hervorbringen und sich in ihnen niederschlagen, ist nun die Form des Fragments als solche zu beleuchten.

Das romantische Fragment kann als eine Variante des Aphorismus betrachtet werden (zum Aphorismus allgemein vgl. etwa F.H. Mautner 1965, G. Neumann 1976, P. Pütz 1988). Aphorismen nannte man in älterer Zeit Sammlungen unverbundener und unsystematisch gereihter Prosaaufzeichnungen, die Lehrsätze, Lebensregeln, Betrachtungen und dergleichen sowie bedeutende Zitate wiedergeben. Im engeren Sinn als literarische Kunstform entwickelte sich der Aphorismus erst im Frankreich des 17. Jahrhunderts durch La Rochefoucauld mit seinen *Réflexions ou sentences et maximes morales* (1665), in der zweiten Hälfte des 18. Jahrhunderts auch in Deutschland durch Georg Christoph Lichtenberg, dessen *Bemerkungen vermischten Inhalts* den Fragmenten der frühen Romantiker aber nicht als Vorbild oder Anregung dienen konnten, da sie als unvollständige Veröffentlichung aus seinen „Sudelbüchern", wie er selber seine aphoristischen Aufzeichnungen nannte, erst mit Beginn des 19. Jahrhunderts im Druck erschienen. Aktueller Anlaß, wenn auch nicht innere Ursache, sich der Tradition dieser Gattung anzuschließen, wurde für Friedrich Schlegel vielmehr die posthum gedruckte Sammlung der *Maximes et pensées, caractères et anecdotes* (1795) von Sébastien Roch Nicolas Chamfort, die Ostern 1797 auch in deutscher Übersetzung unter dem Titel *Maximen, Charakterzüge und Anekdoten* in Leipzig herausgekommen war. Bereits in der Jenaer Literaturzeitung vom 27. – 29. Oktober 1796 hatte August Wilhelm Schlegel Chamforts Werke angezeigt und auf die Bedeutung der im 4. Teil enthaltenen Aphorismen hingewiesen. Friedrich verweist selber auf die Anregung, die er durch Chamfort erhielt, indem er sich im 59. und 111. seiner Lyceums-Fragmente ausdrücklich auf diesen bezieht. Und dem Freunde Novalis schlägt er im Brief vom 26. 9. 1797 vor, ihm die Aufzeichnungen über Goethes *Wilhelm Meister* zu überlassen, damit er sie in der gleichen Weise redaktionell bearbeiten könne: „Ich würde dann in Deinem Geist die Chamfortsche Form wählen, auf die uns doch beyde der Instinkt geleitet hat." (FS XXIV, 21) Im selben Brief nennt er seine Lyceums-Fragmente eine „kritische Chamfortade" (ebd.).

Wenn beide Freunde auch gleichermaßen aus innerer Notwendigkeit oder „instinktiv", wie Friedrich meint, auf diese Kurzform gestoßen sind, die sie mit Bezug auf die eigenen Produkte freilich fast immer „Fragment", nicht „Aphorismus" nennen (Ausnahmen: FS XXIII, 374; XXIV, 132, 159; N III, 171), so gleichen sie einander doch nicht in der Realisierung der Gattung. Selbst innerhalb des einzelnen Œuvres fallen die Fragmentsammlungen nicht gleichartig aus, wie denn Friedrich Schlegel selber die Andersartigkeit der Athenäums-Fragmente gegenüber den Lyceums-Fragmenten und der *Ideen* gegenüber den beiden früheren Sammlungen angedeutet hat (FS XXIV, 51, 307). Es empfiehlt sich also, nicht von einer Einheitsform des romantischen Fragments auszugehen und insbesondere die Unterschiede zwischen Friedrich Schlegel und Novalis wahrzunehmen.

Was Schlegel angeht, so scheint er feste Vorstellungen von der Gattung, wohl sogar eine „Theorie der Fragmente" (Brief vom 6. 3. 1798; FS XXIV,

97) in petto gehabt zu haben; jedenfalls beschwört er seinen Bruder August Wilhelm, der an die Eigenständigkeit der Gattung offenbar nicht recht glauben wollte, der Sache so, wie sie es verlange, gerecht zu werden und etwa zu beachten, „daß auch in Fragmenten der Ausdruck mit dem Inhalt übereinstimmen muß", oder sich davor zu hüten, „Epigramme oder lyrische Fragmente in Prosa statt eigentlicher Fragmente zu schreiben" (ebd., 98). Was „eigentliche Fragmente" sind, wird von ihm aber nicht genauer ausgeführt und läßt sich nur anderweitig erschließen: durch die Reflexionen über das Fragment innerhalb der Fragmente; aus der Physiognomie, die die Fragmente dem Leser entgegenhalten; auch durch die Bemerkungen Schlegels über seine Vorbilder Chamfort und vor allem Lessing, den er ebenfalls als typischen Fragmentaristen ansah.

Bezeichnend ist schon, daß das Fragment über sich selbst reflektiert, und zwar nicht nur in dem Sinne, daß es Aussagen über sich als Fragment trifft, sondern insbesondere insofern, als überhaupt das Denken in ihm sich selbst zum Gegenstand macht. Denn Fragmente romantischer Provenienz bieten in der Regel – auch wenn der Anschein dies nicht immer bestätigt – nichts fertig und zu Ende Gedachtes, sondern das nur Vorläufige und erst Werdende im Prozeß des Denkens. Nicht Resultate, sondern perspektivische Möglichkeiten, zu Resultaten zu gelangen, kommen in ihnen zur Geltung; nicht der Besitz der Wahrheit präsentiert sich hier, sondern das Suchen nach Wahrheit und damit die Bewegung des Geistes, der Geist in Aktion. Dieser Geist experimentiert und kombiniert, wirft Hypothesen wie Netze aus, fahndet nach Analogien und gibt sich dem Einfall hin (der doch gleich wieder von einem neuen Ansatz oder einem anderen Einfall annulliert wird), mit all diesem nicht nur demonstrierend, *daß* er denkt, sondern auch, *wie* er denkt. Die Fragmente sind also nicht nur Mitteilung, sondern auch Darstellung und stehen somit im Dienste eines Wissenschaftsideals, das nicht Wissensstoff, sondern Wissenserkundung vermitteln will:

„In der höchsten aller Wissenschaften aber, die nicht irgend etwas einzelnes Bestimmtes lehren soll, sondern das Bestimmen selbst überhaupt zu bestimmen hat, ist es eben deswegen nicht hinreichend, das Gedachte schon fertig zu geben. Es will diese Wissenschaft nicht dieses oder jenes Gedachte, sondern das Denken selbst lehren; darum sind ihre Mitteilungen notwendigerweise auch Darstellungen, denn man kann das Denken nicht lehren, außer durch die Tat und das Beispiel, indem man vor jemanden denkt, nicht etwas Gedachtes mitteilt, sondern das Denken in seinem Werden und Entstehen ihm darstellt." (FS III, 48)

Dieser Eindruck stellt sich bei den Fragmenten freilich nur ein, wenn man sie im Rahmen der Fragment*sammlung* betrachtet, in dem sich die einzelnen Fragmente wechselseitig ergänzen und relativieren, bestätigen und in Frage stellen, Parallelen und Kehrseiten bieten, wenn nicht gar widersprechende Ansichten; in dem sie, kurz gesagt, sich nur als einzelne Denkschritte, auch manchmal Fehltritte, einer Denkbewegung im großen erweisen. Erst an dieser Gesamtheit wird das Denken als Darstellung erkennbar. Für sich betrachtet erweckt das einzelne Fragment dagegen vielfach den Anschein einer endgültigen oder apodiktischen Behauptung und damit den Eindruck des Doktrinären. Das griechische Verb „aphorizein", das dem Begriff Aphorismus zugrunde liegt, bedeutet „abgrenzen". Schlegel scheint dieser Bedeutung entsprechen zu wollen, wenn er im 206. Athenäums-Fragment schreibt.:

> „Ein Fragment muß gleich einem kleinen Kunstwerke von der umgebenden Welt ganz abgesondert und in sich selbst vollendet sein wie ein Igel." (FS II, 197)

Es wäre jedoch unrichtig, hiernach das Fragment als „geschlossene Form" zu verstehen, was auch im eklatanten Widerspruch zu dem vorhin Gesagten stünde. Entscheidend für das Verständnis des eben Zitierten ist der Vergleich mit dem Igel. Wie der Igel sich zusammenrollt und dem Angreifer seine Stacheln entgegenstreckt, so gibt sich das Fragment das Flair der Unnahbarkeit, um sich beispielsweise gegen diejenigen zu wehren, die es auf die Waage des common sense oder der formalen Logik legen wollen. Der Anschein von Geschlossenheit verweist hier also nur auf die Defensivhaltung gegen falsche Erwartungen und unerbetene Ansprüche. Überdies will Friedrich Schlegel mit seinen Fragmenten, zumindest mit mehreren von ihnen, im wahrsten Sinne „pikant", stechend und stichelnd, sein, also nicht nur defensiv, sondern auch aggressiv, dem Gebildeten und Bildungswilligen ein aufrüttelnder Reiz, dem Philister ein ätzendes Salz.

Spricht Schlegel davon, daß das Fragment „von der umgebenden Welt ganz abgesondert" sein muß, so will er ebenfalls sagen, daß es nicht an von außen herangetragenen Maßstäben, etwa den Normen eines übergeordneten Systems, gemessen werden darf. Wie das Kunstwerk gegenüber den Regeln einer normativen Poetik autonom ist, so das Fragment gegenüber den Regeln einer normativen Denkschule. „Ein Fragment ist ein selbstbestimmter und selbstbestimmender Gedanke." (Phil. Lj. IV, Nr. 1333; FS XVIII, 305) Darum kann Schlegel auch sagen: „Die Einheit des Fragments ist Individualität." (Phil. Lj. II, Nr. 488; ebd., 69)

„Abgesondert" heißt sodann nicht bloß: für sich stehend, weil für sich gedacht und geschrieben, sondern auch: für sich stehend mangels eines systematischen Zusammenhangs. Unter dem letzteren Gesichtspunkt kann das Fragment sich auch graphisch unauffällig im Kontext einer nach außen nichtfragmentarischen Prosadarstellung finden, erkennbar nur durch innere Brüche, die es im wahrsten Sinne als „Bruchstück" begrenzen. So hat Schlegel Fragmente auch aus Briefen herausgelöst, wie beispielsweise das 269. Athenäums-Fragment aus einem Brief seines Bruders (s. FS XXIV, 95), und so hat er in seiner Lessing-Edition *Lessings Gedanken und Meinungen aus dessen Schriften zusammengestellt und erläutert von Friedrich Schlegel* (1804) unter dem Titel *Fragmente dramaturgischen, literarischen und polemischen Inhalts* eine Auswahl aus der *Hamburgischen Dramaturgie* sowie Auszüge aus zahlreichen weiteren Schriften Lessings, durchweg ohne Titel und Quellenangabe, herausgegeben. Bereits in seinem Aufsatz *Über Lessing* aus dem Jahre 1797 hatte er Lessing als Fragmentaristen gekennzeichnet und dabei auch eine Charakteristik des Fragments gegeben, die in erster Linie sein eigenes Verständnis dieser Gattung spiegelt:

„Das Interessanteste und das Gründlichste in seinen Schriften sind Winke und Andeutungen, das Reifste und Vollendetste Bruchstücke von Bruchstücken. Das Beste was Lessing sagt, ist was er, wie erraten und erfunden, in ein paar gediegenen Worten voll Kraft, Geist und Salz hinwirft; Worte, in denen, was die dunkelsten Stellen sind im Gebiet des menschlichen Geistes, oft wie vom Blitz plötzlich erleuchtet, das Heiligste höchst keck und fast frevelhaft, das Allgemeinste höchst sonderbar und launig ausgedrückt wird. Einzeln und kompakt, ohne Zergliederung und Demonstration, stehen seine Hauptsätze da, wie mathematische Axiome; und seine bündigsten Räsonnements sind gewöhnlich nur eine Kette von witzigen Einfällen." (FS II, 112)

Witz und Einfallsreichtum hatte Schlegel ebenfalls bei Chamfort gefunden (s. L.-Fr. 111). Wie wenig er die „Demonstrationen" der Schulphilosophie schätzt, sagt er im 82. Athenäums-Fragment (s. dazu auch Abschnitt A. dieses Kapitels).

So sehr das einzelne Fragment auch auf der Selbstbestimmung des Gedankens beruht und individuell ist, so sehr soll es doch immer – und das gilt gleichermaßen für Novalis wie für Schlegel – Universalität spiegeln (s. etwa die oft zitierte Briefstelle vom 25. 3. 1798; FS XXIV, 111) und sich auf ein ersehntes und erstrebtes Ganzes beziehen: auf einen tieferen Systemzusammenhang allen Wissens (Enzyklopädie) und auf die tiefere Einheit der Welt. Dieser Bezug liegt im Charakter des Fragments als solchen, insofern als das Bruchstück per se ein ehemaliges Ganzes voraussetzt oder auf ein zukünftiges Ganzes vorausdeutet. „Viele Werke der Alten sind Fragmente geworden. Viele Werke der Neuern sind es gleich bei der Entstehung" (Ath.-Fr. 24; FS II, 169), – und zwar, wenn sie romantischer Provenienz sind, oftmals als Entwurf auf die Zukunft hin. Im retrospektiven Sinne ist das Fragment Relikt, im prospektiven Sinne ist es Projekt. Athenäums-Fragment 22 lautet:

„Ein Projekt ist der subjektive Keim eines werdenden Objekts. Ein vollkommnes Projekt müßte zugleich ganz subjektiv, und ganz objektiv, ein unteilbares und lebendiges Individuum sein. Seinem Ursprunge nach, ganz subjektiv, original, nur grade in diesem Geiste möglich; seinem Charakter nach ganz objektiv, physisch und moralisch notwendig. Der Sinn für Projekte, die man Fragmente aus der Zukunft nennen könnte, ist von dem Sinn für Fragmente aus der Vergangenheit nur durch die Richtung verschieden, die bei ihm progressiv, bei jenem aber regressiv ist. Das Wesentliche ist die Fähigkeit, Gegenstände unmittelbar zugleich zu idealisieren, und zu realisieren, zu ergänzen, und teilweise in sich auszuführen. Da nun transzendental eben das ist, was auf die Verbindung oder Trennung des Idealen und des Realen Bezug hat; so könnte man wohl sagen, der Sinn für Fragmente und Projekte sei der transzendentale Bestandteil des historischen Geistes." (FS II, 168f.)

Was Schlegel hier mehr dunkel als klar und deutlich zu verstehen gibt, ist der Anteil, den das Fragment an dem Verhältnis von Subjekt und Objekt, Idealität und Realität, Gegenwart und Zukunft, Gegenwart und Vergangenheit hat. Fragmente sind keine Abbilder, sondern Entwürfe von Realität. Ideell dem schöpferischen Geist entsprungen, sind sie allerdings nicht bloß subjektiv und willkürlich, sondern auf Entfaltung ins objektiv und notwendig Existierende hin angelegt. Da sie die Entfaltung selber nicht leisten und den Endzustand nicht erbringen, haben sie Bezug auf die Trennung des Idealen und Realen; da sie aber gleichwohl als „Bruchstück", als Teil eines gewesenen oder zukünftigen Ganzen, auf dieses Ganze selber verweisen, haben sie auch einen Bezug auf die Verbindung des Idealen und Realen.

Es dürfte schwierig sein, die Fragmente der Romantiker danach zu unterscheiden, ob sie retrospektiven oder prospektiven Sinnes sind. Vielfach zeigen sie beides. Das berühmte Athenäums-Fragment 116 scheint ganz den Blick in die Zukunft zu richten, indem es von der künftigen Entwicklung der „romantischen Poesie" spricht. Aber erstens hat es ja die romantische Poesie nach der Vorstellung Schlegels schon einmal gegeben, nämlich in der Zeit von Dante bis Shakespeare, wenn auch ohne die Stütze der „Kritik", die ihr in Zukunft zur Blüte verhelfen soll (vgl. FS III, 54f.; s. dazu Kap. IV.), und zweitens verweist gleich der zweite Satz des Fragments ausdrücklich darauf, daß mit der romantischen Poesie in Zukunft eine Ganzheit „wieder" hergestellt werden soll, die zwischenzeitlich verlorengegangen war, bereichert nunmehr durch vieles, was sie ehedem nicht besaß, und somit eine Wiedergeburt auf höherer Ebene. Umgekehrt scheint Hardenbergs erstes Blütenstaub-Fragment „Wir suchen überall das Unbedingte, und finden immer nur Dinge" (N II, 413) ganz retrospektiv, nämlich gerichtet auf das Verlorene, das wir vergeblich suchen, indem wir immer nur das finden, was uns das Unbedingte oder das „Ding an sich" wie eine Barriere verstellt: – wieder mit Kant zu sprechen – die „Erscheinungswelt", die Realität der uns zugänglichen Dinge. Es entspricht indessen Hardenbergs Grundanschauung, wenn man, zwischen den Zeilen lesend, annimmt, daß mit dem resignativen Eingeständnis auch das Postulat verbunden ist, die Suche nicht aufzugeben, sondern nach vorn zu schauen und immer wieder neu anzusetzen (vgl. P. Pütz 1988, 10).

Von den Fragmenten Hardenbergs läßt sich im übrigen sagen, daß sie wie diejenigen Schlegels nicht nur den Sinn für das verlorene und wiederzugewinnende Ganze bezeugen, sondern ebenfalls statt nur Gedachtes, als Stoff des Denkens, den Akt des Denkens selber, das Denken im Vollzug darstellen. Sie sind wie die Fragmente des Freundes „fermenta cognitionis", Denkanreize, die einen intellektuellen ebenso wie phantasiegespeisten Gärungsprozeß in Gang bringen, konventionelle Denkformen zersetzend und gleichzeitig mit neuen Formen experimentierend, wobei das Experiment selber eine innovative Denkform bedeutet. Andererseits aber unterscheiden sie sich von Schlegels Fragmenten nicht unerheblich, zumal sie nicht bewußt an die französische Tradition anküpfen. Wirken etwa die Athenäums-Fragmente Schlegels wie angestrengte Übungen des Scharfsinns, so die *Blüthenstaub*-Texte

Hardenbergs wie zwanglose Eingebungen des Tiefsinns. Formuliert Schlegel oft pikant und provokant, so Novalis vergleichsweise temperiert und verhalten. Hat Schlegel, obwohl er auf den Leser keinerlei Rücksicht nimmt, stets den Blick auf das Publikum gerichtet, den eigenen Standpunkt mit dem der anderen konfrontierend, so spricht Novalis eher mit sich selbst als mit einem äußeren Gegner (vgl. E.C. Mason 1970, 217). „Es sind Bruchstücke des fortlaufenden Selbstgesprächs in mir – Senker", schreibt der Autor des *Blüthenstaubs* an den Freund am 26.12. 1797 (N IV, 241f.). Und wie die Fragmente dieser und anderer Sammlungen wie aus meditativer Selbstversenkung geboren erscheinen und damit den geheimnisvollen Weg nach Innen eröffnen, werden sie von Novalis auch als „Mystische Fragmente" bezeichnet (an August Wilhelm Schlegel am 25.12. 1797; ebd., 240), ohne doch das konventionelle Verstehen so brüsk abzuwehren, wie Schlegel dies tut. Novalis hat sich an den etwas forcierten Unverständlichkeiten der Athenäums-Fragmente gestoßen (s. N II, 623f.). Er selbst bemüht sich um Klarheit, und wenn er dunkel bleibt, dann nicht aus Formulierungskoketterie, sondern weil es der Gegenstand ist, der sich der Erhellung verweigert. Seine Fragmente wollen im übrigen „litterarische Sämereyen" sein (Bst. Nr. 114; N II, 463), wollen sich in das Innere des Lesers senken und hier aufgehen und wachsen. „Der wahre Leser muß der erweiterte Autor seyn." (VB Nr. 125; ebd., 470)

Das Bild des Samens bedeutet auch, daß das Fragment auf die Vollendung im Buch hin angelegt ist. „Die Kunst Bücher zu schreiben ist noch nicht erfunden. Sie ist aber auf dem Punkt erfunden zu werden." (Bst. Nr. 114; ebd., 463) Das romantische Fragment ist nicht Selbstzweck, sondern deutet auf einen höheren Zweck. Es ist nur Vorform, nicht Endform. Seine Vollendung soll es im Zusammenhang einer Enzyklopädie, darüber hinaus aber in der Poesie erhalten. Am Anfang der Romantik war das Fragment, am Ende aber sollte das poetische Buch, der Roman stehen. Wenn das Fragment nicht nur mitteilt, sondern darstellt, und das Darstellen über dem bloßen Mitteilen rangiert, so drängt die Entwicklung zur Poesie hin. Gemeint ist, daß der Geist als suchender, forschender und in dieser Aktion sich selbst vorführender Geist den Vorrang haben soll vor der Präsentation dessen, was er schon gefunden hat oder, allzu genügsam, gefunden zu haben glaubt. Nochmals Friedrich Schlegel über die „höchste aller Wissenschaften" (s. o.):

„Der Unterschied der Prosa und der Poesie besteht darin, daß die Poesie darstellen, die Prosa nur mitteilen will. [...] Dargestellt wird das Unbestimmte, weshalb auch jede Darstellung ein Unendliches ist; mitteilen aber läßt sich nur das Bestimmte. [...] Eben darum aber kann der Geist dieser Wissenschaft nur in einem Werke der Kunst vollständig deutlich gemacht werden." (FS III, 48)

Im Kunstwerk (und gedacht ist hier vor allem an den Roman) erhält die sich darstellende Unbestimmtheit auch eine größere Verbindlichkeit, während das Fragment oftmals ebenso unverbindlich wie abgerissen erscheint. Freimütig bekannte Novalis von seinen Blütenstaub-Fragmenten: „Viele sind Spielmarken und haben nur einen transitorischen Werth. Manchen hingegen hab ich das Gepräge meiner innigsten Überzeugung aufzudrücken gesucht." (An Kreisamtmann Just 26. 12. 1798; N IV, 270f.) Aber ob die Fragmente „Spielmarken" oder Dokumente einer inneren Überzeugung sind, unschätzbar bleiben sie allemal als Form, in der sich das Denken in größtmöglicher Freiheit, sozusagen bis zum Grad einer intellektuellen Libertinage, entfalten konnte. Ohne die bruchstückhaften Notate der Romantiker, seien es nun im engeren Sinne Aphorismen oder bloß Notizen, wüßten wir nicht, was überhaupt alles denkmöglich ist und zu welchen ‚gymnastischen' Übungen der menschliche Geist sich aufzuschwingen vermag.

J. Einzelanalysen

1. *Athenäums-Fragment 216*

„Die Französische Revolution, Fichtes Wissenschaftslehre, und Goethes Meister sind die größten Tendenzen des Zeitalters. Wer an dieser Zusammenstellung Anstoß nimmt, wem keine Revolution wichtig scheinen kann, die nicht laut und materiell ist, der hat sich noch nicht auf den hohen weiten Standpunkt der Geschichte der Menschheit erhoben. Selbst in unsern dürftigen Kulturgeschichten, die meistens einer mit fortlaufendem Kommentar begleiteten Variantensammlung, wozu der klassische Text verloren ging, gleichen, spielt manches kleine Buch, von dem die lärmende Menge zu seiner Zeit nicht viel Notiz nahm, eine größere Rolle, als alles, was diese trieb." (FS II, 198f.)

Dieses Fragment ist neben Athenäums-Fragment 116 das bekannteste Friedrich Schlegels. Es hat wie kein anderes zumeist Kritik und Spott im Publikum hervorgerufen und wurde selbst von August Wilhelm für bedenklich erklärt, da es Goethe unangenehm sein könne (s. FS XXIV, 99). In seinem Aufsatz *Über die Unverständlichkeit* hat Friedrich Schlegel die Publikumsreaktion aufgegriffen, das „berüchtigte Fragment", da er es „wirklich für gut halte", noch einmal zitiert und es mit einem teils erhellenden, teils ironischen Kommentar versehen (FS II, 366f.). Darauf ist noch zurückzukommen.

Die Zusammenstellung des ersten Satzes mutet an wie ein Produkt des Witzes – in jenem Sinne, wie Schlegel dieses Vermögen des Geistes verstand: als kombinatorische Fähigkeit, die zwischen Verschiedenartigstem überraschend Ähnlichkeiten enthüllt (s. dazu Abschnitt B. dieses Kapitels). Möglicherweise läßt sich die Zusammenstellung aber auch als Ausdruck des analogischen Denkens deuten, das gleiches leistet (s. dazu Abschnitt F.). Jedenfalls ist sie höchst ungewöhnlich und außerhalb jeder Denk- und Erfahrungsnorm. Phänomene werden zusammengesehen und -gefügt, die aus konventioneller Sicht nichts miteinander zu tun haben, ein politisches Ereignis, ein philosophisches Werk und ein Roman. Politik, Wissenschaft und Poesie; die Welt des Handelns, die Welt des abstrakten Begriffs und die Welt des dichterischen Bildes scheinen ihre Fremdheit gegeneinander aufgehoben zu haben und sich in einer Gemeinsamkeit zu vereinen, darin, daß sie als die „größten Tendenzen des Zeitalters" erscheinen.

Sehr ungewöhnlich ist auch, daß die drei, obwohl nach außen jeweils etwas verhältnismäßig Abgeschlossenes darstellend, mit dem Begriff Tendenz bezeichnet werden. Zu bedeuten hat dies zweierlei. Zum einen werden sie vom Autor im Zustand des Strebens auf ein Ziel hin, als Ausdruck einer Entwicklung, die sich abzeichnet und im Gange ist, also prozeßhaft gesehen. Zum anderen gelten sie ihm deshalb auch als unabgeschlossen und der Vervollkommnung bedürftig, also als fragmentarisch. Die Urform des Textes in den *Philosophischen Lehrjahren* lautet: „Die drei größten Tendenzen unsres Zeitalters sind die Wissenschaftslehre Wilhelm Meister und die französische Revoluzion. Aber alle drei sind doch nur Tendenzen ohne gründliche Ausführung." (II, Nr. 662; FS XVIII, 85) Das zeigt deutlich, wie Schlegel „Tendenz" versteht: als Ausdruck nicht des Vollendeten, sondern des Ergänzungsbedürftigen, nicht als Errungenschaft der Gegenwart, sondern als Versprechen für die Zukunft, nicht als Haben und Sein, sondern als Werden. In dieser Beziehung sind die genannten Phänomene nicht wesentlich verschieden von allem anderen, was das Zeitalter hervorbringt, denn der Geist der Zeit insgesamt ist ein Geist des Aufbruchs in eine neue Ära, ein Geist der „Tendenz". In seinem Eigenkommentar im Aufsatz *Über die Unverständlichkeit* schreibt Schlegel, „das Wort [Tendenz] bedeute in dem Dialekt der FRAGMENTE, alles sei nur noch Tendenz, das Zeitalter sei das Zeitalter der Tendenzen." (FS II, 367) Man erinnert sich hier auch an das Athenäums-Fragment 24, das dem gegenwärtigen Zeitalter einen zeittypischen Fragmentarismus zuschreibt: „Viele Werke der Alten sind Fragmente geworden. Viele Werke der Neuern sind es gleich bei der Entstehung." (Ebd., 169) Rechnet Schlegel nun zu diesen bruchstückartigen Werken der Neuern auch Fichtes *Wissenschaftslehre* und Goethes *Wilhelm Meister*, so wird damit immer deutlicher, daß dieser Text nicht nur ungewöhnliche Aussagen über die drei genannten Phänomene macht, sondern verdeckt auch ein Fragment über das Fragment ist, indem er auf das Fragmentarische jener Phänomene und des ganzen Zeitalters anspielt und insgeheim auch das Fragmentenwerk der Romantik einbezieht.

Der Werkcharakter von Fichtes Schrift und von Goethes Roman schließt also den Fragmentcharakter nicht aus. Zudem nähern sich Werkcharakter und Ereignischarakter, wenn die Französische Revolution in Parallele hinzugenommen wird. Sie nähern sich und relativieren sich auch im Blick auf Größenverhältnis und Bedeutung. In der Gleichstufung mit den vergleichsweise unscheinbaren kulturellen Hervorbringungen wird einerseits das politische Großereignis verkleinert. In *Über die Unverständlichkeit* geht Schlegel mit seiner Ironie so weit zu sagen, die Französische Revolution sei „eine

vortreffliche Allegorie auf das System des transzendentalen Idealismus"
(ebd., 366). Andererseits werden durch diese Gleichstufung Goethes und
Fichtes Werk über die Maßen gehoben, in den Rang, den die Größe und
Bedeutung des Geschehens in Frankreich besitzt. Er halte „die Kunst für den
Kern der Menschheit", sagt Schlegel im späteren Aufsatz, und: „Die Poesie
und der Idealismus sind die Centra der deutschen Kunst und Bildung"
(ebd.).

Am wichtigsten an der Gleichstufung ist aber, daß vom Begriff der Französischen Revolution die Bedeutung des Revolutionären auf die dem Anschein nach nichtrevolutionären Werke Fichtes und Goethes überspringt.
Damit wird nicht nur der Nimbus des politischen Umsturzes relativiert,
sondern auch der Begriff einer Revolution des Geistes ins Spiel gebracht.
Nicht laut und materiell, vollzieht sich eine solche Revolution vielmehr im
stillen, unbeachtet von der Menge, sie ist aber gleichwohl von größerer
Wirkung als alles Treiben der Menge.

Mit dem Vergleich im ersten Teil des dritten Satzes wirft Schlegel der
bisherigen Kulturgeschichtsschreibung offenbar vor, nur eine Aneinander-
reihung von Einzelheiten, aber keinen Zusammenhang, keine Ganzheit zu
bieten, wie sie ein „klassischer Text" repräsentiert. Doch räumt er ein, daß
selbst in solchen Darstellungen die anhaltende Bedeutung des scheinbar
Unbedeutenden manches Mal zur Geltung kommt und über die vergängli-
che Aktualität der die Allgemeinheit erregenden Sensation gestellt wird.

Es fällt auf, daß dieser Vergleich ein Grundthema dieses Fragments und
aller Fragmente überhaupt berührt: das Verhältnis von Bruchstück und
Ganzem. Wenn die Variantensammlung einen fragmentarischen Restbe-
stand des vollständigen Textes darstellt, dessen Ganzheit durch keinen fortlaufenden Kommentar zu ersetzen ist, so wird hier die romantische Modell-
vorstellung vom derzeitigen, aus der jüngeren Vergangenheit überlieferten
Zustand der Welt gegenwärtig samt dem Bemühen, dem Ganzen wieder auf
die Spur zu kommen. Man erinnert sich hier unwillkürlich an das erste der
Blütenstaub-Fragmente: „Wir suchen überall das Unbedingte, und finden
immer nur Dinge." (N II, 413) Das Unbedingte: das Ganze, der vollständige
„Text"; die Dinge: die Bruchstücke, die „Varianten". Erinnert fühlt man
sich ebenfalls an den Anfang der *Lehrlinge zu Sais*. Die Rede ist dort von
seltsamen Zeichen im Bild der Welt, von denen Novalis sagt, daß sie die
kaum deutbaren, unverständlichen Winke einer untergegangenen „Wunder-
schrift" seien (N I, 79). Die Welt als Schrift, als Text, das ist ja auch sonst
eine geläufige romantische Vorstellung, und man sieht sich mit dem 216.
Athenäums-Fragment unversehens viel tiefer in Grundprobleme der Romantik verwickelt, als man auf den ersten Blick geglaubt hat.

Die geistige Revolution, die sich relativ unscheinbar in Fichtes Philosophie und Goethes Poesie, wie einst schon in manch kleinem Buch, zur Wirkung bringt, ist das „transzendentale" Mittel, wie Schlegel sagen könnte, die
Welt entscheidend zu verändern, von den Varianten wieder auf den Text,

von den Dingen auf das Unbedingte, von den einzelnen Hieroglyphen auf das ganze Sprachsystem zu kommen. Es ist dazu eine Bewegung des Denkens nötig: fort von der beschränkten Sicht auf das Einzelne hin zur offenen Schau auf das Allgemeine. Gewonnen werden muß ein Standpunkt, der die Geschichte nicht nur punktuell zu erfassen, sondern im ganzen zu überblikken erlaubt, und nicht nur die Geschichte auf einer bestimmten Ebene – der politischen, der kulturellen –, sondern als Geschichte „der Menschheit" schlechthin. In seinem Aufsatz über Georg Forster sagt Schlegel: „Die allzu große Nähe des besondern Gegenstandes, worauf die Seele jedes einzelnen, als auf ihren Zweck, sich konzentriert, verbirgt ihr auch des Ganzen Zusammenhang und Gestalt." (FS II, 90) Und er rühmt an Forster, daß er mit seiner Wahrnehmung zwar am konkreten Phänomen ansetzt, aber auch immer darüber hinausgeht: „Er geht vom Einzelnen aus, weiß es aber bald ins Allgemeine hinüberzuspielen, und bezieht es überall aufs Unendliche." (Ebd., 82)

Auch das vorliegende Fragment thematisiert, wie eben schon angedeutet, diese Denkbewegung, zeigt nicht nur, was, sondern auch, wie man denken soll. Man könnte sogar sagen, daß der erste Satz diese Bewegung in nuce vorführt: Genannt wird im Satzsubjekt zunächst das Einzelne, das im Prädikat dann auf den gemeinsamen und allgemeinen Nenner gebracht wird. In der Urform des Fragments (s. o.) war die Richtung noch umgekehrt gewesen. Freilich erreicht Schlegel mit der endgültigen Fassung auch eine höhere Erwartung und eine größere Verblüffung beim Publikum, und auf diesen Effekt hin ist der Text offensichtlich ebenfalls konzipiert. Er bedeutet außerdem eine Provokation, da er alle diejenigen einfach für beschränkt erklärt, die an der ja zweifellos anstößigen Zusammenstellung tatsächlich Anstoß nehmen. Es wird ihnen nicht nur Mangel an geistiger Weit- und Übersicht, sondern auch ein Verfallensein an das Grobsinnliche – das Laute und Materielle – unterstellt, und sie werden sogar in bedenkliche Nähe derer gerückt, die selber Lärm machen.

Nach den herkömmlichen Regeln der philosophischen Demonstration hätte das Publikum erwarten können, daß der Autor seine kühne These rational begründet; daß er beweist, was er behauptet. Statt dessen erspart er sich den Beweis und beläßt es bei der Behauptung. Dabei leitet ihn nicht nur die Abneigung gegen die schulmäßige, normative Methodik, sondern mehr noch das Bewußtsein, daß Einsichten wie die hier dargestellte gar nicht bewiesen werden können (s. dazu Abschnitt A. dieses Kapitels). Höhere, ungewöhnliche Wahrheiten sind nicht durch gemeine, gewöhnliche Verfahren einsichtig zu machen. Sie enthüllen sich allein von einem höheren Gesichtspunkt aus. Man darf hieraus jedoch nicht vorschnell den Schluß ziehen, daß Schlegel jeder Gegenrede einfach das Wort abschneidet. Der Text ist, wohlgemerkt, nur ein Fragment, von vornherein ergänzungsbedürftig und auf Ergänzung angelegt. Er soll auch als Denkanreiz fungieren und von Lesern, die sich auf seine Denkweise – eine grundsätzlich experimentelle, analogische, perspektivische, hypothetische, ironische etc. – einzulassen gewillt sind, weitergedacht werden, durchaus auch kritisch. Er ist insofern freilich kein Text für alle, sondern nur für einige – Schlegel hätte gesagt: für die, die an dem „Reich Gottes" mitbauen wollen.

2. Blütenstaub-Fragment 16

Das erste von Friedrich von Hardenberg veröffentlichte literarische Werk, die Mai 1798 im Ersten Stück des *Athenäums* gedruckte Fragmentsammlung *Blüthenstaub*, trägt auch zum ersten Mal als Verfassernamen das Pseudonym „Novalis". Bei der Sendung des Manuskripts an August Wilhelm Schlegel in Jena hatte der Autor am 24. 2. 1798 geschrieben: „Hätten Sie Lust öffentlichen Gebrauch davon zu machen, so würde ich um die Unterschrift *Novalis* bitten – welcher Name ein alter Geschlechtsname von mir ist, und nicht ganz unpassend." (N IV, 251) Tatsächlich hatten sich einige Vorfahren im Mittelalter nach ihrem Gut Großenrode „de Novali" genannt (von lat. novālis = Brachfeld, hier im Sinne von „neu gerodetes Feld"; das Wort ist von lat. novus abgeleitet; vgl. hierzu wie auch zur Betonung des Namens H. Ritter 1967, 75ff.: s. GB 6.). Der Nachkomme legt sich den Namen offenbar im Bewußtsein zu, ein Neuerer zu sein und das Feld konventioneller Anschauungen umbrochen zu haben. Und seine Fragmente wirken wie die aufgeworfenen Schollen.

Der von der Oberfläche in die Tiefe Vordringende hat seine Fragmente als „Mystische Fragmente", als „Senker" verstanden (s. o. Abschnitt H.). Sie demonstrieren den „ächten Hang zum Nachdenken", d. h. das ungenügsame Weiterdenken über jeden erreichten Punkt hinaus, und nicht bloß das „Denken dieses oder jenes Gedankens", d. h. die Wiedergabe dessen, was schon fertig gedacht ist (VB 47, N II, 430). Mit dem bloßen „schließen und folgern", wie es die „Gelehrten" handhaben, Kennzeichen des diskursiven Denkens, der formalen Logik, ist es nicht getan (ebd.). Unsere innere Fülle und Tiefe erschließt sich nur einem Verfahren, bei dem sich Rationalität mit Mystik verbindet:

„Ganz begreifen, werden wir uns nie, aber wir werden und können uns weit mehr, als Begreifen." (VB 6; ebd., 412)

Blütenstaub-Fragment 16 läßt dieses „mehr, als" konkreter werden. Es lautet in der – authentischeren – Fassung der *Vermischten Bemerkungen* (VB 17):

„Die Fantasie sezt die künftige Welt entweder in die Höhe, oder in die Tiefe, oder in der Metempsycose, zu uns. Wir träumen von Reisen durch das Weltall – Ist denn das Weltall nicht *in uns*? Die Tiefen unsers Geistes kennen wir nicht – Nach Innen geht der geheimnißvolle Weg. In uns, oder nirgends ist die Ewigkeit mit ihren Welten – die Vergangenheit und Zukunft. Die Außenwelt ist die Schattenwelt – Sie wirft ihren Schatten in das Lichtreich. Jezt scheints uns freylich innerlich so dunkel, einsam, gestaltlos – Aber wie ganz anders wird es uns dünken – wenn diese Verfinsterung vorbey, und der Schattenkörper hinweggerückt ist – Wir werden mehr genießen als je, denn unser Geist hat entbehrt." (Ebd., 416, 418)

Während das diskursive Denken in hypotaktisch gebauten Wenn-dann- oder Weil-Sätzen vorwärtsschreitet, jeweils ein Grund-Folge-Verhältnis zum Ausdruck bringend, wählt das sich ins Unbestimmte vortastende Denken Hardenbergs als angemessenen Ausdruck die von meditativen Gedankenstrichen durchsetzte parataktische Reihung. Es ist bestrebt, den unbekannten metaphysischen „Grund der Gedanken" (VB 45; ebd., 430) zu finden, nicht aus schon bekannten logischen Gründen Folgerungen zu ziehen, die ihrerseits wieder als Gründe für neue Folgerungen dienen und das Denken an der Oberfläche festnageln.

Ebenso soll sich das Denken vom Überkommenen lösen. Der erste Satz erinnert möglicherweise an die Jenseits-Erwartung der traditionellen Religionen, an Himmel und Hölle (Höhe und Tiefe) im Christentum, an die Seelenwanderung (Metempsychose) in anderen Religionen. Freilich sagt Novalis nicht „Der Glaube", sondern „Die Fantasie", verweist also auf die psychische Instanz. Er beleuchtet den Glauben in ähnlicher Weise psychologisch (aber auch philosophisch) in den Fichte-Studien, wenn es dort heißt: „Vernunft und Fantasie ist Religion" (Nr. 492; N II, 257). Mit dem Sprechen von „Welt" und „Welten", das für dieses Fragment so charakteristisch ist, hat Novalis andererseits die Fichtesche Philosophie mit ihrer dürren Ich/Nicht-Ich-Terminologie verlassen (vgl. Striedter 1985, 53) und transponiert abstrakte Begrifflichkeit in vorstellbare Räumlichkeit und Bildlichkeit.

Die traditionellerweise eröffneten Aussichten in die künftige Welt sind ihm gleichwohl zu eng, wie der Schluß des Fragments, der vom bisherigen „Entbehren" des Geistes spricht, andeutet. Und aus solchem Ungenügen an den überlieferten Vorstellungen erwächst denn auch Sehnsucht nach Ausdehnung, Erweiterung, nach dem Ganzen (Weltall) und auch nach raumgreifender Bewegung (Reisen).

Wenn Novalis „Wir" sagt, spricht er nicht nur für sich, sondern für die Gattung. Und sagt er „Wir träumen", so kennzeichnet er die Sehnsucht als Wunschtraum. Gegenüber dem ersten Satz, der eine sachliche Feststellung enthält, hat sich der Duktus des zweiten merklich verändert. Der Schreiber hält inne, er beginnt zu sinnen, wohl sogar akut zu vollziehen, was er sagt: zu träumen. Vor seinem inneren Auge wird der Wunsch bildhaft konkret. So schaut er, wachtraumartig erlebend, was er sich wünscht. Er verliert dabei überdies, indem er sich ins „Wir" hineinnimmt, das Gefühl seiner Einsamkeit, das er einige Sätze später dem entbehrungsreichen Zustand der „Verfinsterung" zuschreibt.

Der Wunsch(Wach)traum ist Mittelding zwischen Dasein und Fernsein. Er macht *als* Traum gegenwärtig, was Wunsch ist, und läßt das Gegenwärtige, weil *nur* Traum, gleichzeitig als fiktiv erscheinen. Indessen ist Fiktion ja für Novalis nicht das, was sie herkömmlicherweise ist, sondern eine der Verifizierung fähige Hypothese (s. Abschnitt D. dieses Kapitels). Wie sehr ein Wahrwerden möglich ist, sagt denn auch der nächste Satz, der wie eine dem Träumen selbst zu verdankende Entdeckung anmutet. Der Traum wendet uns nach innen, und indem wir uns „Welt" als raumgreifende Welterfahrung erträumen, konstituieren wir diesen Raum und diese Bewegung in uns selbst. Damit zeigt sich auch, daß der Traum eine kreative Funktion hat. In den Fichte-Studien hatte Novalis bereits gesagt: „Wir müssen suchen eine innre Welt zu schaffen" (Nr. 647; N II, 287), wohlgemerkt: zu *schaffen*. Die Wendung nach innen ist allerdings nicht eindeutig. Das Weltall ist in uns, wir – als in ihm Reisende – aber auch im Weltall. Wir sind außen, das Außen ist aber auch innen, und deshalb sind wir innen, indem wir zugleich außen sind. Außen und Innen sind hier zwei Seiten derselben Sache, und jede Beschwörung der einen Seite ruft bei Novalis immer auch nach der anderen. Deshalb lautet der eben zitierte Satz aus den Fichte-Studien vollständig: „Wir müssen suchen eine innre Welt zu schaffen, die eigentlicher Pendant der äußern Welt ist", und ebenso bestimmt das 24. Blütenstaub-Fragment, nachdem das 16. als ersten Schritt den Blick nach innen gewendet hat, als zweiten Schritt den „Blick nach außen – selbstthätige, gehaltne Beobachtung der Außenwelt" (VB 26; N II, 422).

Es gehört zu Hardenbergs Umgang mit der Sprache, daß er immer nach dem ursprünglichen Sinn eines Wortes oder Wortteils fragt und diesen aktiviert (vgl. Striedter 1985, 44ff.). So denkt er bei „Welt*all*" an das Allumfassende, Ganze. Dieses ist einerseits mehr als die „künftige Welt", denn es enthält auch die Vergangenheit (s. die Aussage über die Ewigkeit), andererseits ist es, etwa gegenüber der christlichen Transzendenzvorstellung, eher säkular gedacht: als Diesseits, freilich in einem erweiterten und dann doch wieder religiösen Sinne, denn das so gedachte Diesseits soll durch die verborgenen, noch zu entdeckenden Seiten komplettiert werden. Auch das Entdecken des Verborgenen ist eine Art Transzendieren, aber da es nicht aus der bestehenden Welt hinausführt, ist das, worauf sich die mystische Erwartung des Novalis richtet, allenfalls eine immanente Transzendenz oder transzendente Immanenz (s. dazu auch Kap. V.).

Die ‚Übertragung' des Weltalls ins Innere läßt den Blick nach innen zugleich in einen Abgrund fallen: das Innere erweist sich als tief und unermeßlich. Außer dem Mystiker macht sich dabei auch der Psychologe Novalis geltend. Wie in das metaphysisch Unergründliche, so fällt der Blick, psychologisch gesehen, in das Unbewußte (s. dazu auch Kap. V. und VI.). Jedoch folgt daraus keine Resignation. Die Tiefe ist nicht unwegsam, sondern läßt sich erschließen. Bei dem vielzitierten Satz „Nach Innen geht der geheimnißvolle Weg" wird der Anfang, der im übrigen im Sinne von „in die Tiefe des Geistes" gelesen werden muß, zumeist überbetont, der Schluß unterbetont. Der Schluß aber hält fest, daß es einen Weg der Erkundung überhaupt gibt (und hierin liegt die Motivation für Hardenbergs gesamte Erkenntnisanstrengung, in den naturwissenschaftlichen Studien ebenso wie in Philosophie und Poesie), daß er freilich andererseits genauso dunkel und verborgen ist wie die Tiefe selbst.

Mit der Formulierung „In uns, oder nirgends" wird der Autor seltsam apodiktisch. Dies wohl ein Zeichen dafür, daß er das Erkannte jetzt als Glaubensgewißheit festgemacht hat. Er nimmt nun eine defensive Haltung ein gegen die Macht, die seine Errungenschaft, die Erleuchtung über das innere Reich – und auch daher „Lichtreich" –, bedroht. Diese Macht ist nicht so sehr die Außenwelt selbst (eine solche Frontstellung ist auf Grund des oben Gesagten nicht gut möglich), sondern vielmehr das Vorurteil, das über sie besteht. Gängige Meinung ist, daß die äußere Wirklichkeit die einzig wahre Welt sei, alle Bilder des Inneren aber nur Einbildung, in Wahrheit substanz- und gestaltlos und ohne Bezug nach außen (daher „einsam"). Solches Urteil stützt sich auf den Augenschein, nimmt dieser doch allein als wirklich, was sinnlich ins Auge fällt. Der Augenschein ist demnach der Schatten, der auf die innere Welt fällt, er wird von Novalis, der hier vielleicht an Platons Höhlengleichnis denkt, allerdings zum Schein des Trugs umgedeutet.

Wird der Schattenkörper „hinweggerückt", so heißt dies nicht, daß die Außenwelt negiert wird. Die Metapher deutet auf Statik, Sperrigkeit, Gewicht, eine gleichsam materialistische Sicht der Außenwelt. Es gilt, diese Sicht zu beseitigen, von der äußeren Wirklichkeit das Wahre zu erkennen (s. hierzu Abschnitt D. dieses Kapitels) und sie in ein neues Verhältnis zur Innenwelt zu setzen. Von ihr fällt dann kein Schatten mehr in das Innere, umgekehrt fällt auf sie vielmehr Licht von innen. Das Hineingehen ergänzt sich durch ein Herausgehen: „Alle Bestimmungen gehn aus uns heraus – wir schaffen eine Welt aus uns heraus" (Fichte-Studien Nr. 647; N II, 288).

Der Satz schließlich „Wir werden mehr genießen als je" meint ein innerweltliches Glück, keines in einem jenseitigen Leben, wie es das Christentum sich vorstellt. Jedoch hat die Welt, die dieses Glück gewährt, wie das Jenseits des Christentums den Charakter der „Ewigkeit", da in ihr, die allumfassend ist, alles ‚aufgehoben' ist, auch die Zeit.

Schlußbemerkung

Mit den in diesem Kapitel skizzierten Formen ist keineswegs der ganze Komplex des in den Fragmenten und Notizen zum Ausdruck kommenden Denkens erschöpft. Formen wie die Dialektik oder der Perspektivismus wurden nur kurz erwähnt und subsumptiv mitbehandelt, könnten aber geradesogut Gegenstand ganzer monographischer Kapitel sein, wie sie es in der Forschung z. T. auch schon waren, so das dialektische Denken des Novalis bei Th. Haering 1954, 23ff. Daß man bei Novalis auch Grundformen ausmachen kann wie die „Hin-und-her-Direktion", das „Negieren" oder das „Postulieren" (das dem Hypothesieren nahekommt), hat beispielsweise J. Striedter 1985, 49ff., 67ff., 81ff., gezeigt. Verwiesen sei auch auf die Form der „Reflexion", über die schon im I. Kapitel dieses Buches gehandelt wurde (s. I. E.).

IV. Kapitel: Revolution der Poetik
(Zu Friedrich Schlegels poetologischen Schriften)

Einleitung

Das Denken der Romantiker berührt viele Gegenstände, konzentriert sich aber vor allem auf die Poesie. Daher könnte man von einem „Poetozentrismus" ihrer Gedankenwelt sprechen. Die Poesie ist ihnen Medium einer neuen Heilsgewißheit. Diese Gewißheit besagt: Wenn die Poesie wird, was sie sein soll, wird sie sogar mehr sein, als was sie, in ihren besten Zeiten, einmal war, und dann das neue Evangelium bedeuten und eine neue Goldene Zeit zum Vor-Schein bringen. Einer Not der ganzen gegenwärtigen Epoche wäre damit abgeholfen. Im *Gespräch über die Poesie* heißt es, „daß die Menschheit aus allen Kräften ringt, ihr Zentrum zu finden"(FS II, 314).

Wenn Friedrich Schlegel und Novalis dieses Zentrum spezifisch in der Sprachkunst, nicht allgemeiner in der Kunst überhaupt sehen, dann aus einem äußeren und mehreren inneren Gründen. Der äußere Grund: Sie waren Literaten, mit Büchern aufgewachsen, disponiert, alles über Sprache aufzunehmen und sich selber über Sprache zu vermitteln. Sie haften jedoch nicht am „Buchstaben". Bei der Poesie geht es ihnen, wie bei allem, um den inneren „Geist", und da die Poesie solchermaßen nicht allein in der Sprache zum Ausdruck kommt, kann sie das substantielle Element jeglicher Kunst sein. „Poesie ist der Geist aller schönen Kunst"(AWS III, 46).

Von den inneren Gründen zählt am stärksten die Eignung der neueren Poesie als „Kunst des Unendlichen", wie auch Schiller die sentimentalische Dichtung – und um eine Form eben dieser geht es beim Dichtungskonzept der Romantik – in seiner berühmten Abhandlung genannt hat (Schiller XX, 440). „Ein Werk für das Auge findet nur in der Begrenzung seine Vollkommenheit; ein Werk für die Einbildungskraft kann sie auch durch das Unbegrenzte erreichen." (Ebd.) Die Dimension der Poesie ist die Zeit, die der Bildenden Kunst der Raum. Und im Denken der Schlegel und Novalis hat sich die Welt nicht nur versprachlicht, sondern auch verzeitlicht: Sie ist Prozeß, nicht statisches Gefüge; ewiges Werden, nicht zu Ende gekommenes Sein. Damit bindet sich das neue Dichtungskonzept ans Geschichtliche.

Vor allem aber soll das dichterische Bilden sich mit dem intellektuellen Begreifen vereinigen. Die Phase der ‚naiven', von sich selbst nichts wissenden Dichtung ist vorüber. Jetzt ist der Anfang der ihrer selbst bewußten, über sich selbst reflektierenden und damit „kritischen" oder „transzendentalen" Poesie erreicht. „Alle Kunst soll Wissenschaft, und alle Wissenschaft soll Kunst werden; Poesie und Philosophie sollen vereinigt sein."(L.-Fr. 115;

FS II, 161) „Die transscendentale Poësie ist aus Philosophie und Poësie gemischt." (Logologische Fragmente Nr. 47; N II, 536)

Wenn auf diese Weise ehemals getrennte Sparten einen Bund eingehen,
bedeutet das nichts geringeres als eine „Revolution der ästhetischen Bildung" (FS I, 356). Hierbei ist in der Athenäums-Zeit die Poetik (Kritik)
ebenso gemeint wie die Poesie oder vielmehr die Einheit beider. Da aber bei
Friedrich Schlegel, anders als bei Novalis, die Erfüllung hinter dem Postulat
zurückgeblieben ist und seine theoretischen Leistungen einen Rang einnehmen, den seine poetischen nicht beanspruchen können, nimmt dieses Kapitel
einzig seine poetologischen Studien zur Grundlage. (Die Poetik des Novalis
soll in einem anderen Kapitel behandelt werden, im Zusammenhang mit
seiner Poesie, da beides sich bei ihm wechselseitig bedingt.)

1. Grundlageninformation

1.1. Texte und Materialien

Über das Studium der griechischen Poesie. Erstdruck: Die Griechen und Römer.
Historische und kritische Versuche über das klassische Altertum, von Friedrich
Schlegel. Erster Band. Neustrelitz 1797. Vorrede S. III–XXIII. S. 1–250. [Nebst
weiteren Schriften.] Kritische Ausgabe: FS I, 205–367.

Entstehung: Nach ersten Ansätzen, die in die erste Hälfte des Jahres 1794
zurückreichen, kam die Niederschrift der veröffentlichten Fassung im Herbst 1795
zustande. Das Manuskript lag dem Verleger Salomon Michaelis Anfang Dezember
1795 vollständig vor. Nachdem im Frühjahr 1796 die ersten zehn Bogen ausge-
druckt worden waren, verzögerte sich die Publikation auf Grund verlagsinterner
Schwierigkeiten bis Ende Januar 1797. Auszüge der Schrift erschienen 1796 im 2.
und 6. Stück der Zeitschrift *Deutschland*. Erst nachdem Schlegel seine Schrift
fertiggestellt hatte, lernte er Schillers Abhandlung *Über naive und sentimentalische
Dichtung* kennen, die Ende November und Ende Dezember 1795 sowie Ende
Januar 1796 in den *Horen* erschien. In der nachträglich geschriebenen Vorrede zu
Die Griechen und Römer nimmt er daraufhin auf Schillers Schrift Bezug. Die in
der Forschung früher geäußerte Vermutung, daß er die letzten Bogen des Studium-
Aufsatzes unter dem Eindruck der Schillerschen Abhandlung geändert habe, ist
unrichtig (vgl. H. Eichner 1955).

Über Goethes Meister. Erstdruck in: Athenaeum. Ersten Bandes Zweites Stück. Berlin 1798. (Ohne Verfasserangabe.) S. 147–178. Kritische Ausgabe: FS II,
126–146.

Entstehung: Die ersten drei Bände von Goethes *Wilhelm Meisters Lehrjahre*
erschienen im Laufe des Jahres 1795, der vierte und letzte Band im Oktober 1796.
Den wohl im Sommer 1797 gefaßten Plan, über den Roman eine Schrift zu verfassen, wollte Schlegel ursprünglich in der Form von Briefen verwirklichen, die sich
„durch viele Stücke" des *Athenäums* ziehen sollten (Brief an den Bruder vom
31. 10. 1797; FS XXIV, 32). Die Niederschrift der veröffentlichten Fassung erfolgte ab Dezember 1797. Der Aufsatz blieb Fragment. Er endet im *Athenäum* mit
dem Vermerk „Die Fortsetzung folgt".

Kritische Fragmente und andere Fragmentsammlungen. S. Kap. III. 1.1.

Gespräch über die Poesie. Erstdruck in: Athenaeum. Dritten Bandes Erstes Stück. Berlin 1800. (Verfasserangabe: Von Fr. Schlegel). Nr. IV, S. 58–128. Dritten Bandes Zweites Stück. Nr. II, S. 169–187. Kritische Ausgabe: FS II, 284–362. Entstehung: Die Schrift geht auf einen der ältesten Pläne Schlegels zurück. Bereits am 4. 10. 1791 schreibt er an seinen Bruder: „Das erste was ich ausführen werde ist eine Allegorie, und dann ein Gespräch über die Poesie." (FS XXIII, 24) Erst im Sommer 1799 jedoch greift er das alte Vorhaben wieder auf. Im Januar 1800 war die Schrift abgeschlossen.

Lessings Gedanken und Meinungen aus dessen Schriften zusammengestellt und erläutert von Friedrich Schlegel. Erstdruck: Leipzig 1804. Eine Auswahl aus Lessings Schriften, die Schlegel als Sammlung von Fragmenten darbietet und mit einem längeren Kommentar, eigentlich einem Aufsatz, versieht. Kritische Ausgabe (ohne die Lessing-Texte): FS III, 46–102. Der Aufsatz enthält einen für das Verständnis von Schlegels Poetik wichtigen Abschnitt *Vom Wesen der Kritik* (51ff.) und hierzu bedeutende Ergänzungen in dem Abschnitt *Vom kombinatorischen Geist* (79ff.).

1.2. Forschungsliteratur

Behler, Ernst: Friedrich Schlegels *Rede über die Mythologie* im Hinblick auf Nietzsche, in: Nietzsche-Studien 8 (1979), S. 182–209 [Die Einheit zwischen dem neuen Dichtungsbegriff Goethes, Schillers und der Romantiker einerseits und der idealistischen Philosophie andererseits sei das eigentliche Thema der Rede. Mit der „neuen Mythologie" versuche Schlegel einen Humanitätspantheismus zu konstituieren.]

Ders.: Einleitung in die Studienausgabe: Friedrich Schlegel, *Über das Studium der Griechischen Poesie* 1795–1797, Paderborn 1982, S. 13–132 [Ausführlicher und aufschlußreicher Kommentar zu Schlegels Text. Die Textgestalt nach der Kritischen F. Schlegel-Ausgabe.]

Ders.: Friedrich Schlegels Theorie der Universalpoesie, in: Jahrbuch der deutschen Schiller-Gesellschaft 1 (1957), S. 211–252. Auch in: H. Schanze (Hg.) 1985: s. GB 5. [Legt das Konzept der Universalpoesie als eigentlich areligiöses „Weltsystem der poetischen Vernunft" aus, das Schlegel auf dem Wege der Bewußtseinstheorie und Naturphilosophie anstrebe.]

Ders.: Friedrich Schlegels Theorie des Verstehens: Hermeneutik oder Dekonstruktion?, in: E. Behler/J. Hörisch (Hg.) 1987, S. 141–160: s. GB 9. [Verstehen als das Bestreben, einen Autor besser zu verstehen, als dieser sich selbst verstanden hat. Schlegel wird in die Nähe der „Postmodernität" gerückt.]

Belgardt, Raimund: Romantische Poesie. Begriff und Bedeutung bei Friedrich Schlegel, The Hague – Paris 1969 [Nachweis der kontinuierlichen Entwicklung des Begriffs der „romantischen Poesie" bei F. Schlegel und seiner Bedeutungserweiterung von der Frühzeit bis zu Schlegels letzten Lebensjahren.]

Benjamin, Walter: Der Begriff der Kunstkritik in der deutschen Romantik, Frankfurt 1973 (zuerst 1920) [Zu F. Schlegel und Novalis. Grundlegende Studie zur Bedeutung dessen, was beide, vor allem Schlegel, unter „Kritik" als neuer Art der Poetik verstanden.]

Bohrer, Karl Heinz: Friedrich Schlegels Rede über die Mythologie, in: Ders. (Hg.): Mythos und Moderne. Begriff und Bild einer Rekonstruktion, Frankfurt 1983, S. 52–82 [Versteht die Rede als „reine Poetologie", Schlegels Vorstellung von der Kunst als „ästhetischen Absolutismus".]

Briegleb, Klaus: Ästhetische Sittlichkeit: Versuch über Friedrich Schlegels Systementwurf zur Begründung der Dichtungskritik, Tübingen 1962 [In den Frühschriften
seien schon die Prinzipien begründet, die in Schlegels späterem Werk die Entfaltung der Kritik und des philosophischen Systems bestimmen.]

Brinkmann, Richard: Romantische Dichtungstheorie in Friedrich Schlegels Frühschriften und Schillers Begriffe des Naiven und Sentimentalischen, in: Deutsche
Vierteljahrsschrift für Literaturwissenschaft und Geistesgeschichte 32 (1958), S.
344–371. Auch in: H. Schanze (Hg.) 1985: s. GB 5. [Zeigt, daß die poetologischen Ansichten Schlegels im Athenäum besonders durch den Studium-Aufsatz
vorbereitet werden.]

Brück, Martin: Antikerezeption und frühromantischer Poesiebegriff. Studien zur
„Gräkomanie" Friedrich Schlegels und ihrer Vorgeschichte seit J.J. Winckelmann,
masch. Diss. Konstanz 1981 [Untersucht im ersten Teil Paradigmen der Antikerezeption im 18. Jahrhundert, im zweiten Teil Schlegels Klassizismus und den Übergang zur frühromantischen Poetologie.]

Dieckmann, Liselotte: Friedrich Schlegel and Romantic Concepts of the Symbol, in:
The Germanic Review 34 (1959), S. 276–283 [Verweist auf die Bedeutung Schellings und Friedrich Creuzers für die Herausarbeitung des romantischen Symbolbegriffs.]

Dierkes, Hans: Literaturgeschichte als Kritik. Untersuchungen zu Theorie und Praxis
von Friedrich Schlegels frühromantischer Literaturgeschichtsschreibung, Tübingen
1980 [Umfassende systematische Darstellung, in deren erstem Teil Schlegels Begriff der Geschichte, der Kritik und der Literaturgeschichte, in deren zweitem Teil
die literarhistorische Praxis Schlegels erörtert werden. Das Gespräch über die
Poesie wird als eine „aesthetica historica in nuce" gesehen.]

Egle, Maya: Das Gespräch als Kunstform in der Romantik, masch. Diss. Freiburg
i. Br. 1955 [Wertet das romantische Gespräch als Ausdruck des dialogischen
Grundzuges der gesamten Geistesepoche. Widmet ein Kapitel auch F. Schlegels
Gespräch über die Poesie.]

Eichner, Hans: Friedrich Schlegels Theorie der Literaturkritik, in: Zeitschrift für
deutsche Philologie 88 (1969), Sonderheft F. Schlegel, S. 2–19 [U. a. über die bedeutsame Rolle, die in Schlegels Theorie der „Eindruck" des künstlerischen Werkes spielt.]

Ders.: Friedrich Schlegel's Theory of Romantic Poetry, in: Publications of the Modern Language Association of America 71 (1956), S. 1018–1041. Auch in: H.
Schanze (Hg.) 1985: s. GB 5. [Belegt mit ausführlichen Stellen, auch aus Schlegels
nachgelassenen literarischen Notizbüchern, daß „romantische Poesie" und „Romanpoesie" für ihn synonym waren.]

Ders.: The Supposed Influence of Schiller's Über naive und sentimentalische Dich-
tung on F. Schlegel's Über das Studium der griechischen Poesie, in: The Germanic
Review 30 (1955), S. 260–264 [Unterstreicht die Selbständigkeit des Studium-
Aufsatzes gegenüber Schillers Abhandlung.]

Ders.: Einleitung in die Studienausgabe: Friedrich Schlegel, Über Goethes Meister/
Gespräch über die Poesie, Paderborn 1985, S. 9–94 [Ausführlicher und aufschlußreicher Kommentar zu beiden Texten. Die Textgestalt nach der Kritischen F. Schlegel-Ausgabe.]

Frank, Manfred: Einführung in die frühromantische Ästhetik. Vorlesungen, Frankfurt 1989 [Zeichnet den Weg von Kants „Analytik des Schönen" bis zu den ästhe-

tischen Entwürfen der frühen Romantik nach. Der Akzent liegt auf der spezifisch philosophischen Leistung der Schlegels, Hardenbergs und Solgers. Im letzten Teil auch über Tieck und über die Musikalität der Romantik.]

Fried, Jochen: Die Symbolik des Realen. Über alte und neue Mythologie in der Frühromantik, München 1985 [Außer F. Schlegels *Rede über die Mythologie* werden Programm und Praxis der neuen Mythologie auch bei Schelling und Novalis behandelt.]

Gebhardt, Peter: Friedrich Schlegel und Ansätze. Aspekte zur Literaturkritik und literarischen Wertung, in: Ders. (Hg.): Literaturkritik und literarische Wertung, Darmstadt 1980, S. 412–469 [Betont bei Schlegels Begriff der Kritik die Rolle der Reflexion.]

Grosse-Brockhoff, Annelen: Das Konzept des Klassischen bei Friedrich und August Wilhelm Schlegel, Köln Wien 1981 [Im „Klassischen" habe F. Schlegel versucht, das Zentrum aller menschlichen Bestrebungen zu orten. Der Begriff rücke bei ihm in die Nähe der „unendlichen Fülle in unendlicher Einheit", mit der Konsequenz, nie vollständig bestimmbar zu sein.]

Hatfield, Henry: Wilhelm Meisters Lehrjahre and „Progressive Universalpoesie", in: The Germanic Review 36 (1961), S. 221–229 [Sieht insbesondere Beziehungen zwischen dem sog. Lehrbrief im 7. Buch der *Lehrjahre* und F. Schlegels 116. Athenäums-Fragment.]

Henel, Heinrich: Friedrich Schlegel und die Grundlagen der modernen literarischen Kritik, in: The Germanic Review 20 (1945), S. 81–93. Auch in H. Schanze (Hg.) 1985: s. GB 5. [Von den drei Haltungen gegenüber dem Kunstwerk, die Schlegel unterscheide, der unterwerfenden, der kongenial aneignenden und der herrschaftlichen oder freien, sei die mittlere die eigentlich poetische und also höchste.]

Heselhaus, Clemens: Die Wilhelm-Meister-Kritik der Romantiker und die romantische Romantheorie, in: Hans Robert Jauß (Hg.): Nachahmung und Illusion, München 1964, S. 113–127 [Goethes Roman habe die Frühromantiker zugleich fasziniert und abgestoßen und sei ihnen Anlaß gewesen, ihr eigenes Roman-Konzept zu entwickeln.]

Hörisch, Jochen: Die fröhliche Wissenschaft der Poesie. Der Universalitätsanspruch von Dichtung in der frühromantischen Poetologie, Frankfurt 1976 [Über F. Schlegel und Novalis. Zielt auf die „Rekonstruktion des frühromantischen Paradigmas einer poetischen Logik".]

Huge, Eberhard: Poesie und Reflexion in der Ästhetik des frühen Friedrich Schlegel, Stuttgart 1971 [Ausführliche Deutung des Studium-Aufsatzes und Untersuchung der Konzeptionen von Ironie, Mythologie und Transzendentalpoesie.]

Hugo, Howard E.: An Examination of Friedrich Schlegel's *Gespräch über die Poesie*, in: Monatshefte für den deutschen Unterricht 40 (1948), S. 221–231 [Kommentar zu den wichtigsten Begriffen und Gedanken von Schlegels Text, ausgehend von der These, daß es sich hier um eines der ersten Beispiele „of the type of criticism now associated with all aesthetic avant-gardes" handle.]

Immerwahr, Raymond: Classicist Values in the Critical Thought of Friedrich Schlegel, in: Journal of English and Germanic Philology 79 (1980), S. 376–389 [Klärt den Begriff des Klassischen bei Schlegel und widerspricht der in der älteren Forschung vertretenen These, daß Schlegel zwischen 1794 und 1796 ein ‚Klassizist' gewesen und erst ab 1797 ein ‚Romantiker' geworden sei. Sein Ideal sei vielmehr die Synthese des Klassischen und Romantischen gewesen.]

Ders.: Friedrich Schlegel's Essay *On Goethe's Meister*, in: Monatshefte für den deutschen Unterricht 49 (1957), S. 1–21 [Arbeitet die fundamentalen Kriterien heraus, nach denen Schlegel den *Wilhelm Meister* beurteilt.]

Ders.: Die symbolische Form des *Briefes über den Roman*, in: Zeitschrift für deutsche Philologie 88 (1969), Sonderheft F. Schlegel, S. 41–60 [Der ganze Brief gleiche „jenen Wandgemälden der italienischen Renaissance, auf denen ein ernsthaftes Bild von einem doppelten oder mehrfachen Arabeskenrahmen umfaßt ist".]

Jauß, Hans Robert: Schlegels und Schillers Replik auf die „Querelle des Anciens et des Modernes", in: Ders.: Literaturgeschichte als Provokation, Frankfurt 1970, S. 67–106 [Zu Schlegels Studium-Aufsatz und Schillers Abhandlung *Über naive und sentimentalische Dichtung.*]

Klin, Eugeniusz: Die frühromantische Literaturtheorie Friedrich Schlegels, Wroclaw 1964 [Beansprucht, die erste vollständige Darstellung der Grundzüge der frühromantischen Literaturtheorie F. Schlegels zu sein. Sichtung der gesamten bisherigen Schlegel-Forschung.]

Kraus, Gerhard: Naturpoesie und Kunstpoesie im Frühwerk Friedrich Schlegels, Erlangen 1985 [Naturpoesie verstanden als Poesie oder Buch oder Sprache der Natur. Zwischen einem Poesie- bzw. Naturverständnis dieser Art, den poetologischen Bemühungen um eine Kunstpoesie und der geschichtsphilosophischen Konzeption F. Schlegels wird ein enger Zusammenhang gesehen.]

Lange, Victor: Friedrich Schlegel's Literary Criticism, in: Comparative Literature 7 (1955), S. 289–305 [Überblick über Schlegels poetologische Hauptprinzipien in der frühromantischen Zeit.]

Mennemeier, Franz Norbert: Friedrich Schlegels Poesiebegriff dargestellt anhand der literaturkritischen Schriften. Die romantische Konzeption einer objektiven Poesie, München 1971 [Herleitung des Begriffs der objektiven Poesie aus dem Studium-Aufsatz. An diesem Begriff halte Schlegel auch in der Folge fest.]

Michel, Willy: Ästhetische Hermeneutik und frühromantische Kritik. Friedrich Schlegels fragmentarische Entwürfe, Rezensionen, Charakteristiken und Kritiken (1795–1801), Göttingen 1982 [Untersucht an dem im Untertitel genannten Material den Übergang F. Schlegels von einer an der Antike orientierten Theoriebildung zu einer historisch-kritischen Verstehensweise. U. a. mit einem längeren Kapitel über Schlegels *Über Goethes Meister.*]

Nivelle, Armand: Frühromantische Dichtungstheorie, Berlin 1970 [Auf die Frühromantik als Ganzes gerichtet, um ihre „typische Geistesverfassung in Sachen Poetik" herauszuarbeiten. Gestützt hauptsächlich auf Schelling, Novalis und die Brüder Schlegel.]

Oesterle, Günter: Arabeske und Roman. Eine poetikgeschichtliche Rekonstruktion von Friedrich Schlegels *Brief über den Roman*, in: Dirk Grathoff (Hg.): Studien zur Ästhetik und Literaturgeschichte der Kunstperiode, Frankfurt 1985, S. 233–292 [Berücksichtigt, über K.K. Polheim (s. d.) hinausgehend, stärker die zeitgenössische Diskussion über die Arabeske und den poetologischen Bezugsrahmen dieses Begriffs.]

Peter, Klaus: Friedrich Schlegels ästhetischer Intellektualismus. Studien über die paradoxe Einheit von Philosophie und Kunst in den Jahren vor 1800, Frankfurt 1966 [Knappe Darstellung, die sich gegen ein harmonisierendes, vom Spätwerk her gezeichnetes Schlegel-Bild wendet. Versteht den jungen Schlegel als eigenständige, in sich widersprüchliche geistige Potenz, rebellisch gegen seine Zeit und „Exponent einer äußersten Aufklärung".]

Ders.: Objektivität und Interesse. Zu zwei Begriffen Friedrich Schlegels, in: Ders. et al.: Ideologiekritische Studien zur Literatur. Essays I, Frankfurt 1972, S. 9–34 [Zum Studium-Aufsatz F. Schlegels.]

Polheim, Karl Konrad: Die Arabeske. Ansichten und Ideen aus Friedrich Schlegels Poetik, Paderborn 1965 [Erschöpfende Darstellung eines für Schlegels Romantheorie zentralen Begriffs, von dem aus auch andere Begriffe und Zusammenhänge aufgeschlossen werden.]

Schanze, Helmut: Romantik und Rhetorik. Rhetorische Komponenten der Literaturprogrammatik um 1800, in: Ders. (Hg.): Rhetorik. Beiträge zu ihrer Geschichte in Deutschland vom 16.–20. Jahrhundert, Frankfurt 1974, S. 126–144 [Zu F. Schlegel, bes. seinem 116. Athenäums-Fragment, Novalis, Adam Müller.]

Ders.: Friedrich Schlegels Theorie des Romans, in: Deutsche Romantheorien, Bd. 1, hg. von Reinhold Grimm, Frankfurt ²1974, S. 105–124. Auch in: H. Schanze (Hg.) 1985: s. GB 5. [Insbesondere aus F. Schlegels nachgelassenen literarischen Notizbüchern belegte Darstellung und insofern wichtige Ergänzung zu den im *Gespräch über die Poesie* geäußerten Ansichten über den Roman.]

Starr, Doris: Über den Begriff des Symbols in der deutschen Klassik und Romantik unter besonderer Berücksichtigung von Friedrich Schlegel, Reutlingen 1964 [Zusammenstellung kunsttheoretischer Aussagen, die die Wandlung des Symbolbegriffs von der Vorklassik bis zur Frühromantik zeigt. Konstatiert bei F. Schlegel weitgehend synonyme Verwendung der Begriffe Symbol, Allegorie, Sinnbild, Hieroglyphe. Im Gegensatz zur „immanenten Symbolik" der Weimarer Klassik handle es sich bei Schlegel um „transzendente Symbolik".]

Szondi, Peter: Friedrich Schlegels Theorie der Dichtarten. Versuch einer Rekonstruktion auf Grund der Fragmente aus dem Nachlaß, in: Euphorion 64 (1970), S. 181–199 [Schlegel versuche, die poetischen Gattungen mit Hilfe der Begriffe des Subjektiven und Objektiven zu bestimmen, die er zu geschichtsphilosophischen Begriffen umdeute. Er überwinde die Gattungspoetik durch Entgrenzung der Dichtarten, die er als Töne verstehe.]

Weber, Heinz-Dieter: Friedrich Schlegels ,Transzendentalpoesie'. Untersuchungen zum Funktionswandel der Literaturkritik im 18. Jahrhundert, München 1973 [Schlegels Konzept der T. sei zu verstehen als Replik auf bestimmte offene Probleme im Selbstverständnis der Kritik im 18. Jahrhundert.]

Zovko, Jure: Verstehen und Nichtverstehen bei Friedrich Schlegel. Zur Entstehung und Bedeutung seiner hermeneutischen Kritik, Stuttgart 1990 [Versucht nachzuweisen, daß und inwiefern Schlegels Theorie des Verstehens die Grundgedanken der modernen philosophischen Hermeneutik vorwegnimmt.]

Zum Problem der „neuen Mythologie" s. auch die Literaturangaben in Kap. V.

A. Die neue Rolle der Kritik

1. Der Begriff der Kritik

Was es als Bund von Poesie und Philosophie zu begründen, als Wissenschaft von der Poesie und als Wissenschaft für die Poesie zu entwickeln galt, bringt das frühe romantische Denken vor allem durch den Begriff der Kritik zum Ausdruck (vgl. W. Benjamin 1973, bes. 45ff.). „Die Kritik ist die Mutter der Poetik." (L. u. P. V, Nr. 646; FS XVI, 139) Sie ist aber auch die Grundlage der Poesie:

> „In der Tat kann keine Literatur auf die Dauer ohne Kritik bestehen [...]. So wie in der Mythologie die gemeinsame Quelle und der Ursprung für alle Gattungen des menschlichen Dichtens und Bildens zu suchen, so wie Poesie der höchste Gipfel des Ganzen ist, in deren Blüte sich der Geist jeder Kunst und jeder Wissenschaft, wenn sie vollendet, endlich auflöst; so ist die Kritik der gemeinschaftliche Träger, auf dem das ganze Gebäude der Erkenntnis und der Sprache ruht." (FS III, 55)

Den hier zugrunde gelegten erweiterten und vertieften Sinn von „Kritik" hatte dem Begriff Kant gegeben. Wollte Kant mit seinem Kritizismus auf die Bedingungen des Denkens und Erkennens zurückgehen, so Friedrich Schlegel mit dem nämlichen Ansatz auf die des Dichtens. Kant suchte den vor aller Erfahrung liegenden, transzendentalen Grund aller Erkenntnis. Schlegel sucht im künstlerischen Werk (nicht außerhalb) dessen transzendentalen Ursprung, den genetischen Code. Kritisch wäre keine Poetik, wenn sie „nicht auch das Produzierende mit dem Produkt darstellte" (Ath.-Fr. 238; FS II, 204). Deutlich wird hier, daß nicht die Person des Genies im Sinne des Sturm und Drang, sondern die gleichsam überpersönliche Genialität im Sinne der Kantischen, nicht empirisch zu verstehenden Subjektivität gemeint ist. Poesie blüht „von selbst aus der unsichtbaren Urkraft der Menschheit hervor, wenn der erwärmende Strahl der göttlichen Sonne sie trifft und befruchtet"(FS II, 285). Wie anderwärts tritt auch in diesem Kontext bei Schlegel für den transzendentalen Ursprung oftmals der Begriff „Geist" ein.

Gegenüber Kant, der nur die Begründung der Erkenntnis zu geben versuchte, zielt Schlegel aber auf etwas anderes, auf etwas, das scheinbar ähnlich, jedoch in Wahrheit sehr verschieden ist: auf die Entstehung und Entwicklung der Kunst im Sinne eines zeitlichen Prozesses. Kant sah zwischen Erkenntnis und Erkenntnisgrund nur ein formales Bedingungsverhältnis. Schlegel dagegen sieht zwischen Kunstblüte und Kunstkeim ein Werden und Wachsen, eine organische Genese.

Von vornherein hat daher für ihn die Poesie eine Geschichte, die Kritik entsprechend eine Ausrichtung auf das Geschichtliche. Zu denken ist dabei nicht nur an die Kollektiv-, sondern auch an die Individualgeschichte, wie etwa an die Entstehung und Entwicklung des Werkes von Georg Forster oder von Lessing. Es geht aber nicht darum, die Geschichte der Poesie, auf welcher Ebene auch immer, einfach äußerlich zu beschreiben. Sondern es kommt darauf an, sie innerlich „nach(zu)konstruieren"(FS III, 60), ihren inneren Zusammenhang darzustellen. Das, ebenso wie die Offenlegung des transzendentalen Ursprungs, ist eine philosophische Aufgabe, so daß sich in der Kritik Geschichte und Philosophie verbinden. „Man denke sich die Kritik als ein Mittelglied der Historie und der Philosophie, das beide verbinden, in dem beide zu einem neuen Dritten vereinigt sein sollen." (Ebd.)

Es erübrigt sich fast zu sagen, daß ein solcher Begriff von Kritik jede Art von normativer Poetik weit hinter sich gelassen hat. Weder orientiert er sich an allgemeinen Regeln, nach denen Poesie zu beurteilen wäre, noch an einem allgemeinen Ideal, sondern allein an der Individualität des Werkes. „Die *Kritik* soll die Werke nicht nach einem allgemeinen Ideal beurtheilen, sondern das *individuelle* Ideal jedes Werkes aufsuchen." (L. u. P. IX, Nr. 197; FS XVI, 270) „Die Kritik vergleicht das Werk mit seinem eignen Ideal." (L. u. P. V, Nr. 1149; ebd., 179) Überhaupt ist die Kritik weniger dazu da, Urteile zu fällen, es sei denn vernichtende über das Falsche und Unechte, wobei sie als „Polemik" agiert (FS III, 58). Sie wird in bezug auf die echte Kunst vielmehr von Schlegel, der damit in die Fußstapfen Herders tritt, auf das hermeneutische „Verstehen" verpflichtet. Auf dem Verstehen beruht dann, was bei Schlegel „Charakteristik" heißt und etwas Anspruchsvolleres ist als bloße Interpretation, weil es den ganzen Komplex der Kritik erfaßt, in dem Poesie, Historie und Philosophie vereinigt sind (s. L. u. P. V, Nr. 676; FS XVI, 142), ja auch noch die Aussicht auf ein höheres Ziel eröffnet: „Die moderne Kritik muß eben so aufs Absolute tendenziren als die Poesie." (L. u. P. V, Nr. 244; ebd., 104)

Verstehen, „gründlich" verstehen, kann nur, wer die poetischen Schriften wieder und wieder liest, den Kunstsinn ständig übt und bildet und vor allem zu einer „Anschauung des Ganzen" gelangt (FS III, 56). „Dieses gründliche Verstehen nun, welches, wenn es in bestimmten Worten ausgedrückt wird, Charakterisieren heißt, ist das eigentliche Geschäft und innere Wesen der Kritik." (Ebd., 60) Freilich ein Geschäft, das nie endet, so wenig wie der Progreß der romantischen Poesie. „Alle classischen Schriften werden nie ganz verstanden, müssen daher ewig wieder kritisirt und interpretirt werden." (L. u. P. V, Nr. 671; FS XVI, 141)

Ewig und unvollendet bleibt das Geschäft der Kritik insbesondere deshalb, weil sie gegenwärtig und zukünftig den ewigen Progreß der romantischen Poesie nicht bloß kommentierend begleiten, sondern selber mit hervorbringen soll. Das Revolutionäre der Poetik Schlegels liegt darin, daß er die Kritik außer als Deutung der bisherigen auch als Geburtshelfer der kommenden Poesie betrachtet:

„Es ward nur von der Kritik gesprochen, die bis jetzt gewesen ist, und wie sie es gewesen ist. Aber kann es nicht noch eine ganz andre geben? Kann die als Tatsache aus der Geschichte bekannte Kunst und Wissenschaft dieses Namens nicht eine ganz neue Wendung oder vielmehr totale Umkehrung erleben? Dies ist nicht nur möglich, sondern auch wahrscheinlich, aus folgendem Grunde. Bei den Griechen war die Literatur lange vorhanden, ja fast vollendet, als die Kritik ihren Anfang nahm. Nicht so bei den Modernen, am wenigsten bei uns Deutschen. Kritik und Literatur ist hier zugleich entstanden; ja die erste fast früher; allverbreitete und genau prüfende Gelehrsamkeit und Kenntnis auch der unbedeutendsten ausländischen Literatur hatten wir früher als eine einheimische. Und noch jetzt weiß ich nicht, ob wir uns nicht mit mehrerm Rechte einer Kritik rühmen dürften, als eine Literatur zu haben. Mit der Veränderung dieses Verhältnisses aber ist auch schon die Möglichkeit und die Idee einer Kritik von ganz andrer Art gegeben. Einer Kritik, die nicht so wohl der Kommentar einer schon vorhandenen, vollendeten, verblühten, sondern vielmehr das Organon einer noch zu vollendenden, zu bildenden, ja anzufangenden Literatur wäre. Ein Organon der Literatur, also eine Kritik, die nicht bloß erklärend und erhaltend, sondern die selbst produzierend wäre, wenigstens indirekt durch Lenkung, Anordnung, Erregung." (FS III, 81f.)

Eine Poesie, die aus der Kritik mit hervorgegangen ist, wäre „kritische Poesie", das heißt im Sinne Schlegels auch: eine Poesie, die sich kritisch zu sich selbst verhält, nämlich sich selbst begreift und reflektiert. Sie entspräche also nicht Herders vom Moment der Unmittelbarkeit geprägtem Dichtungsideal, denn sie ginge nicht aus dem Herzen direkt in den Mund, sondern ebensowohl über den Kopf. Sie wäre nicht „naiv", sondern „sentimentalisch" und in hohem Maße intellektuell. In ihr wäre das poetische Bild auf den philosophischen Begriff gebracht, der philosophische Begriff im poetischen Bild ausgedrückt. So fließt hier der Begriff des Künstlers mit dem des Erkennenden zusammen, eine Synthese, die Thomas Mann später erst durch Nietzsche geschaffen glaubt (s. den Essay *Bilse und ich*). Recht verstanden wird damit eine „Logik der Dichtung" (K. Hamburger) etabliert: „Die Kritik ist gleichsam die *Logik der Poesie*." (L. u. P. V, Nr. 1024; FS XVI, 170)

2. Das Geschichtliche der Kritik: Der Aufsatz „Über das Studium der griechischen Poesie"

Wenn Friedrich Schlegels kunsthistorisches Interesse sich von Beginn an der Dichtung der Alten zuwendet und er sich anschickt, ein „Winckelmann der griechischen Poesie" zu werden, so zum einen, weil er die Poesie in Griechenland beheimatet sieht und also in ihrer ursprünglichsten und reinsten Form fassen zu können glaubt. „Es war zuerst die Neigung, welche mich antrieb, die Kunst da zu erforschen, wo sie einheimisch ist." (An August Wilhelm Schlegel am 10.2. 1794; FS XXIII, 180) Zum anderen erkennt er im Altertum für sich selber eine neue Heimat (s. Brief an AWS vom 10.1. 1795; ebd., 226). Der Tradition seiner Herkunft, den Konventionen seiner Umwelt entfremdet, sucht er Bindung und Geborgenheit in einer geistigen Welt, deren von Winckelmann idealisiertes Bild auf seine wunde, von Trübsinn und grüblerischer Reflexion zerrissene Seele überdies wie ein Heilmittel wirken mußte. Wenn seine ersten dichtungstheoretischen Versuche vorwie-

gend im Zeichen einer enthusiastischen Griechenverehrung stehen und er
den Griechen Eigenschaften wie Natürlichkeit, Übereinstimmung mit sich
selbst, Selbstgenügsamkeit beilegt, dann gerade weil er diese selber nicht
besaß, aber sich nach ihnen sehnte.

Seine Sehnsucht geht allerdings weiter und erhält bereits damals eine
romantische Note. Der Aufsatz *Über das Studium der griechischen Poesie*
handelt nicht allein von dem im Titel genannten Gegenstand, sondern auch
von der neueren, hier immer „modern" genannten Poesie (wobei die frühmoderne, d. h. spätmittelalterliche und frühneuzeitliche Poesie zudem als
„romantisch" bezeichnet wird). Gemäß dem Muster der traditionellen
„querelle des anciens et des modernes", dem sich auch Schillers Abhandlung
Über naive und sentimentalische Dichtung angeschlossen hatte, stellt er die
beiden Dichtarten im Vergleich einander gegenüber, prüft ihren Wert und
ihren Rang (vgl. dazu H.R. Jauß 1970, E. Behler 1982, 51 ff.). Wie sehr er
aber auch die griechische Poesie als „Urbild der Kunst und des Geschmacks"
(FS I, 288) in den Himmel hebt, die moderne Poesie als charakterlos, verworren, anarchisch in deren Schatten stellt, geht es ihm letztlich doch nicht
darum, die eine gegen die andere auszuspielen. Wie er bereits in einem Brief
an den Bruder vom 27. 2. 1794 äußert, schwebt ihm vielmehr als höchstes
Ziel die Vereinigung der beiden vor: „Das Problem unsrer Poesie scheint mir
die Vereinigung des Wesentlich-Modernen mit dem Wesentlich-Antiken;
wenn ich hinzusetze, daß Göthe, der erste einer ganz neuen Kunst-Periode,
einen Anfang gemacht hat, sich diesem Ziele zu nähern, so wirst Du mich
wohl verstehen." (FS XXIII, 185) Nimmt man hinzu, daß Schlegel die griechische Poesie im Studium-Aufsatz als Ausdruck des Objektiven in der Darstellung des „Schönen", die moderne Poesie als Ausdruck des Subjektiven in
der Darstellung des „Interessanten" kennzeichnet, so wird deutlich, daß er
mit dem genannten Ziel auch die Versöhnung von Objektivität und Subjektivität und damit eben ein Ideal anstrebt, das zum Kern des romantischen
Programms gehört. Da er zudem eingesteht, daß absolute Vollkommenheit
in der Kunst gar nicht möglich sei und selbst die griechische Poesie nur ein
„relatives Maximum" erreicht habe (FS I, 288), gibt es für ihn keinen
Grund, nicht sogar jenen Zug der modernen Poesie zu bejahen, den er, wenn
er ihn an der vollkommenen Befriedigung mißt, welche die griechische Poesie gewährt, als besonders problematisch hinstellt: das Ungenügsame, ewig
Unbefriedigende, das nur auf dem Wege der unendlichen Perfektibilität
kompensiert werden könnte und also eigentlich niemals in Sättigung um-
schlagen kann. Sättigung würde Stillstand und Langeweile bedeuten, für den
Romantiker ein wahrer Greuel. Nicht die tatsächliche Erfüllung der Sehnsucht, wie sie die griechische Poesie gewährt, sondern die utopische Aussicht
auf Erfüllung, die sich mit der „neuen Kunst-Periode" eröffnet, erhält daher
unter der Hand im Studium-Aufsatz den Vorrang, und wenn gerade die
moderne Poesie das rastlose Streben garantiert, mag sie auch nur Über-
gangserscheinung sein, so ist bei aller Abwertung, die sie im Vergleich mit

den Griechen erfährt, andererseits die „sehr glänzende Rechtfertigung" erklärt, die Schlegel ihr schließlich zuteil werden läßt und die er in der nachträglich geschriebenen Vorrede ausdrücklich hervorhebt (ebd., 208). Er
hätte es im übrigen schon deshalb nicht gut bei der Abwertung belassen
können, weil er die moderne Poesie in Shakespeare kulminieren sieht und
angesichts eines solch gewaltigen Œuvres bereits das ästhetische Gefühl
jedes theoretisch deduzierte Urteil negativer Art widerlegt.

Dabei muß man nicht meinen, daß ihm die Rechtfertigung der modernen
Poesie von Anfang an klar war. Die Bestimmtheit, mit der er die Sätze des
Studium-Aufsatzes formuliert, kann nicht verbergen, daß der Aufsatz eine
gedankliche Erkundungsreise ist und nicht diskursiv entwickelt, was im
Hirn des Autors bereits vorbedacht bereitliegt, sondern experimentell um-
kreist, was der Autor zunächst bloß vage erahnt und erst im Verlauf
der Niederschrift genauer erkennt. Auf diesem Verfahren beruht auch das
Unsystematische und vielfach Widersprüchliche der Schrift, die, weil
sie sich versuchsweise vorarbeitet, auch besser „Essay" als Aufsatz genannt
würde.

Schlegel scheint also zunächst nicht so richtungsgewiß wie Schiller, der in
seiner vorhin erwähnten Abhandlung von vornherein auf ein Plädoyer zugunsten der modernen Poesie zusteuert. Bei der Herausarbeitung der Antithese naiv – sentimentalisch gelangt Schiller überdies zu deutlicheren und
differenzierteren Ergebnissen als Schlegel bei der Darstellung der in mancher
Hinsicht ähnlichen Begriffsopposition schön – interessant (über den gleichwohl bestehenden Unterschied zu Schiller vgl. Brinkmann 1958, 359ff.).
Anfangs ist bei Schlegel ja nicht einmal klar, daß das Interessante sich als der
entscheidende Gegenbegriff des Schönen profilieren werde, da der Autor bei
seinem Bemühen, die moderne Poesie zu erfassen, mehrere verschiedene
Kategorien ausprobiert, so neben „interessant" auch „charakteristisch",
„individuell", „originell" und, in gewissen Zusammenhängen, sogar „philosophisch". Entschiedener als Schiller bindet Schlegel hingegen die poetologische Erörterung gleich zu Beginn ans Geschichtliche. Während die Abhandlung über das Naive und Sentimentalische in einem Zwitterstadium zwischen zeitloser Typologie und historischer Betrachtung verharrt, sucht der
Studium-Aufsatz den Geist der Poesie, zumal der gegenwärtigen und zukünftigen, aus dem Geist der Geschichte zu erklären. Schon am Anfang des
Aufsatzes heißt es: „Der Ursprung, Zusammenhang und Grund so vieler
seltsamen Eigenheiten der modernen Poesie muß doch auf irgendeine Weise
erklärbar sein. Vielleicht gelingt es uns, aus dem Geist ihrer bisherigen Geschichte zugleich auch den *Sinn* ihres jetzigen Strebens, die *Richtung* ihrer
fernern Laufbahn, und ihr künftiges Ziel aufzufinden." (FS I, 224)

Beim Blick auf Poesie und Geschichte praktiziert Schlegel die Doppelheit
von synchronischer und diachronischer Sicht. Von Winckelmann sagt er
später in den Athenäums-Fragmenten, dieser habe „alle Alten gleichsam wie
Einen Autor" gelesen (Ath.-Fr. 149; FS II, 188). Dies tut auch er selber,

wenn er die gesamte griechische Poesie „in Masse" faßt, unter der Voraussetzung nämlich, daß sie ein „innig verknüpftes Ganzes" ist (FS I, 347). Und
sie ist dieses Ganze wiederum, weil sie, wie er annimmt, aus ein und demselben Keim hervorgegangen ist (ebd., 303, 305). In gleicher Weise versucht er
die Masse der modernen Poesie, obwohl sie, anders als die griechische,
äußerst heterogen anmutet und sich vom Ausgang der Antike bis in die
Gegenwart erstreckt, als Einheit zu sehen, und erneut lenkt ihn die Annahme, daß diese Einheit „aus einem gemeinschaftlichen *innern Prinzip*
befriedigend deduziert werden kann" (ebd., 227). Nicht als Empiriker also
liest Schlegel die Geschichte und nicht so sehr am Detail ist er interessiert,
sondern als Philosoph, mit dem Interesse an den „transzendentalen" Ur-
sprüngen und Lenkungskräften.

Ebenfalls im großen Bogen und weniger in den kleinen Schritten verfolgt
er die Geschichte im diachronischen Sinne. Er sieht die griechische Poesie im
organischen Prozeß wachsen, blühen, reifen und wieder hinfällig werden, in
ihren Spätlingen aber auch schon die Vorläufer der modernen Poesie entstehen. Diese entwickelt sich zwar nicht zu einer organischen Ganzheit, aber
ihre verschiedenen Eigentümlichkeiten haben doch „so viel *Gemeinsames*,
daß sie als Zweige eines Stamms erscheinen" (ebd., 226). Gegenwärtig ist
die moderne Poesie ihrerseits ins Stadium der Entartung und Krise eingetreten, aber wiederum erwächst aus dem Verfall eine Neugeburt. Dem dialektischen Denken Schlegels offenbart sich im Niedergang ein neuer Anfang, ja
nichts geringeres als eine Wiederanknüpfung an den Schönheits- und Objek-
tivitätssinn der Griechen. Das verläßlichste Symptom dieser neuen Wende
sieht er in Goethe. „*Goethens* Poesie ist die Morgenröte echter Kunst und
reiner Schönheit." (Ebd., 260) „Dieser große Künstler eröffnet die Aussicht
auf eine ganz *neue Stufe der ästhetischen Bildung*. Seine Werke sind eine
unwiderlegliche Beglaubigung, daß das Objektive möglich, und die Hoffnung des Schönen kein leerer Wahn der Vernunft sei." (Ebd., 262)

Mit diesen Ausführungen Schlegels weiß sich die neue Poetik nicht nur an
die Historie, sondern gleich auch an ein bestimmtes historisches Modell
gebunden, das triadische Geschichtsmodell, das in der Folge in der Romantik immer wiederkehren wird (s. dazu auch Kap. V. und VI.). Allerdings
bewahrt der Studium-Aufsatz einen letzten Rest ahistorischen Denkens,
wenn Schlegel glaubt, daß es allgemeine „reine Gesetze der Schönheit und
der Kunst" gebe, die ausnahmslos gelten (FS I, 208).

Desgleichen initiiert der Studium-Aufsatz das neue Konzept der „Kritik"
insofern, als er die „Theorie" zum „gesetzgebenden Prinzip der modernen
Poesie" erklärt (ebd., 236f.). Zeichen für die „natürliche Bildung" bei den
Griechen war es, daß die (poetische) Praxis das Primäre war und die (poetologische) Theorie ihr nachfolgte, Zeichen der „künstlichen Bildung" bei den
Modernen dagegen, daß „dirigierende Begriffe" die Praxis von vornherein
bestimmten (ebd., 232). Wenn Schlegel die Vereinigung von Kunst und Wissenschaft anstrebt, die Theorie auch nicht bloß als begleitendes, sondern als

konstitutives Element der Poesie versteht, so sieht er diese Konstellation also bereits in der bisherigen Geschichte der modernen Poesie angelegt.

Was er im Studium-Aufsatz als moderne Poesie der jüngeren Vergangenheit und Gegenwart charakterisiert, ist allerdings nicht identisch mit dem, was er in der Athenäums-Zeit als „romantische Poesie" der Zukunft kennzeichnet. Man erkennt an den späteren Bestimmungen, daß der Begriff der romantischen Poesie zwar Eigenschaften der modernen Poesie aufnimmt, so vor allem das unendliche Streben, auf Grund der postulierten und konstatierten Wiederanknüpfung an das Objektive aber wesentlich umfassender ist.

Auf die gleiche Art ist die Frage zu beantworten, in welchem Verhältnis das „Interessante" und das „Romantische" (im Kontext einer künftigen „romantischen Poesie") zueinander stehen. Der Begriff des Interessanten, zu dem Schlegel durch Kants Bestimmung des „uninteressierten Wohlgefallens" gegenüber dem Schönen (§ 2 der *Kritik der Urteilskraft*) inspiriert wurde, ist ein Vorläufer dessen, was er sich später als „romantisch" denkt, aber damit nicht identisch. Denn bringt sich mit dem Interessanten einseitig Subjektivität zur Geltung, so mit dem Romantischen die ersehnte Synthese des Subjektiven und Objektiven. Im Interessanten sucht der Kunstrezipient einen auf sich selbst bezogenen psychischen Reiz (Schlegel charakterisiert bezeichnenderweise das Interessante gleich am Anfang des Studium-Aufsatzes als Antidot gegen die Langeweile), im Romantischen hingegen soll er eine auf sein Verhältnis zur Welt bezogene metaphysische Hoffnung empfinden.

3. Das Poetische der Kritik: Der Aufsatz „Über Goethes Meister"

Nachdem Schlegel im Studium-Aufsatz Goethe als Vorboten einer neuen poetischen Ära gefeiert hatte, war es nur konsequent, daß er sich den gerade veröffentlichten *Wilhelm Meister* als Gegenstand einer kritischen Betrachtung vornahm, um den Beweis seiner Ansicht anzutreten. Es interessiert hier nun nicht, ob er Goethes Roman sachlich zutreffend charakterisiert, sondern mit welchen methodischen Ansätzen er operiert, da es gilt, die Eigenart seines kritischen Verfahrens kenntlich zu machen.

Was er von vornherein nicht beabsichtigt, ist eine „schulgerechte Kunstbeurteilung des göttlichen Gewächses" (FS II, 133), also eine Rezension im üblichen Sinne nach vorgegebenen Maßstäben, etwa nach einem konventionellen Gattungsbegriff. Wie es schon Herder beispielhaft in seinem Aufsatz *Shakespeare* von 1773 vorexerziert hatte, verlagert er vielmehr die Kritik vom Urteilen auf das „Verstehen", handhabt diese hermeneutische Perspektive aber noch rigoroser als sein Vorgänger. Herder hatte dafür plädiert, Shakespeare aus den Zeitumständen zu verstehen, in denen sein Werk entstand. Schlegel hält dafür, daß man ein so „neues und einziges Buch" wie Goethes Roman „nur aus sich selbst verstehen lernen kann" (ebd., 133). Er will damit das Werk nicht vom geschichtlichen Kontext lösen, sondern nur das Inkommensurable seiner künstlerischen Vollendung unterstreichen.

„Aus sich selbst" heißt für Schlegel – wie schon im Studium-Aufsatz –: aus dem innersten Keim, seinem transzendentalen Ursprung. Schon der erste Satz bringt diese Sichtweise ins Spiel: „Ohne Anmaßung und ohne Geräusch, wie die Bildung eines strebenden Geistes sich still entfaltet, und wie die werdende Welt aus seinem Innern leise emporsteigt, beginnt die klare Geschichte." (Ebd., 126) Der Roman wird als Organismus verstanden, der sich aus einem tief verborgenen Zentrum entwickelt. Und was für das große Ganze gilt, das sieht Schlegel auch in den Teilbereichen: Das Fortschreiten der Geschichte besteht in der Entwicklung vorher angelegter Keime: „auch hier enthält jedes Buch die Keime des künftigen und verarbeitet den reinen Ertrag des vorigen mit lebendiger Kraft in sein eigentümliches Wesen" (ebd., 135).

Die Betrachtung des Werkes beginnt aber nicht gleich mit dem Eindringen in den inneren „Geist", sondern sie setzt zunächst damit an, daß die ästhetische Wahrnehmung sich hingebungsvoll der – auch sinnlichen – Ausstrahlung seiner Schönheit überläßt. „Es ist schön und notwendig, sich dem Eindruck eines Gedichtes ganz hinzugeben" (ebd., 130). Schon im Studium-Aufsatz fällt eine Vielzahl von Stellen auf, die nichts weiter als eben diesen Eindruck festhalten, mit dem der Kritiker seine Fähigkeit beweist, dem eigentlichen poetischen Fluidum des Werkes gerecht zu werden, es in seiner Wahrnehmung zu spiegeln, etwa wenn es von Homer heißt: „Seine heitre und reine Darstellung vereinigt hinreißende Gewalt mit inniger Ruhe, die schärfste Bestimmtheit mit den weichsten Zartheit der Umrisse." (FS I, 279) Ebenso nun im Aufsatz über *Wilhelm Meister*, z. B. gleich am Anfang: „Indessen steht alles gegenwärtig vor unsern Augen da, lockt und spricht uns an. Die Umrisse sind allgemein und leicht, aber sie sind genau, scharf und sicher. [...] Der Geist fühlt sich durch die heitre Erzählung überall gelinde berührt, leise und vielfach angeregt." (FS II, 126) Da die Wahrnehmung ein getreuer Spiegel der ästhetischen Qualität des Werkes sein soll, darf der Eindruck nicht beliebig sein. Durch häufig wiederholtes Lesen muß der Kritiker seinen Eindruck möglichst verbindlich zu machen, zu objektivieren suchen (vgl. dazu Eichner 1969, 10ff.).

Die Hingabe an den Eindruck und dessen Läuterung ist aber nur der erste Schritt. Bei diesem nicht stehenzubleiben ist um so notwendiger, als die Wahrnehmung zunächst bloß am Einzelnen haftet. Der zweite Schritt muß daher darin bestehen, sich von den punktuellen Impressionen zu lösen und zur Betrachtung des Ganzen fortzuschreiten:

„Aber nicht minder notwendig ist es, von allem Einzelnen abstrahieren zu können, das Allgemeine schwebend zu fassen, eine Masse zu überschauen, und das Ganze festzuhalten, selbst dem Verborgensten nachzuforschen und das Entlegenste zu verbinden. Wir müssen uns über unsre eigne Liebe erheben, und was wir anbeten, in Gedanken vernichten können: sonst fehlt uns, was wir auch für andre Fähigkeiten haben, der Sinn für das Weltall. Warum sollte man nicht den Duft einer Blume einatmen, und dann doch das unendliche Geäder eines einzelnen Blatts betrachten und sich ganz in diese Betrachtung verlieren können? Nicht bloß die glänzende äußre Hülle, das bunte Kleid der schönen Erde, ist dem Menschen, der ganz Mensch ist, und so fühlt und denkt, interessant: er mag auch gern untersuchen, wie die Schichten im Innern aufeinander liegen, und aus welchen Erdarten sie zusammengesetzt sind; er möchte immer tiefer dringen, bis in den Mittelpunkt wo möglich, und möchte wissen, wie das Ganze konstruiert ist." (FS II, 131)

Von der äußeren Hülle gilt es also ins Innere vorzudringen, über die bloße Summierung einzelner Eindrücke hinaus zur Strukturerkenntnis, Erkenntnis eines durchgehenden Beziehungsganzen zu gelangen. Dies bedingt, daß das ästhetische Gefühl sich in rationales Bewußtsein, der Liebhaber in einen Forscher verwandelt und daß er sich in jene ernüchternde, „vernichtende" Distanz zum Werk setzt, aus der allererst das Ganze in den Blick kommt.

Da Schlegel das Ganze des Romans, wie schon bemerkt, als Organismus versteht, spricht er den Teilen allerdings eine relative Selbständigkeit zu. Denn ein organisches Ganzes ist gemäß Kants Definition in der *Kritik der Urteilskraft* „das, in welchem alles Zweck und wechselseitig auch Mittel ist" (Kant VIII, 488), und wenn also auch in Goethes Werk „alles zugleich Mittel und Zweck ist, wird es nicht unrichtig sein, den ersten Teil unbeschadet seiner Beziehung aufs Ganze als ein Werk für sich zu betrachten" (FS II, 131) und mit anderen Teilen ebenso zu verfahren. Mit Befriedigung kann der romantische Sinn also auch hier feststellen, was er allenthalben, ob in der Kunst oder im Leben, zu finden wünscht: daß Einheit nicht auf Kosten von Verschiedenheit geht, wie umgekehrt das Mannigfaltige sich zur Einheit zusammenschließen soll. Es mag freilich sein, daß hier der Wunsch der Vater des Befundes ist und in Goethes Werk hineinprojiziert ist, was aus ihm herausgelesen wird.

Man tritt indes dem Autor des Aufsatzes nicht zu nahe, wenn man behauptet, daß er den Goetheschen Roman gewissermaßen über sich hinauszuheben versucht. Vielmehr trifft dies gerade den Kern der Sache. Nicht im bloßen Wahrnehmen, Verstehen, Ergründen nämlich liegt der eigentliche Sinn der Kritik, sondern darin, daß das Werk im anschauenden Geist des Kritikers wie in einem Spiegel seine Schönheit und Vollkommenheit entdeckt, ja auf diese Weise überhaupt erst seine Vollkommenheit erlangt. Die Kritik ist somit „viel weniger die Beurteilung eines Werkes als die Methode seiner Vollendung" (W. Benjamin 1973, 63). Und weil sie auf diese Weise nicht nur erkennend, sondern bildend verfährt, die Poesie nicht nur betrachtet, sondern mit hervorbringt, ist sie selber poetisch. Ein Beispiel für diese „poetische Kritik" (FS II, 140) fand Schlegel sogar innerhalb des *Wilhelm Meister*. Wenn Goethe hier seine Ansicht über Shakespeares *Hamlet* entwickelt, selbst also ein Werk der Dichtkunst anschaut, dann entsteht daraus ebenso Poesie wie Kritik. Und zwar nicht deshalb allein, weil die Betrachtung „über die Grenzen des sichtbaren Werkes mit Vermutungen und Behauptungen hinausgeht. Das muß alle Kritik, weil jedes vortreffliche Werk, von welcher Art es auch sei, mehr weiß als es sagt, und mehr will als es weiß." (Ebd.) Entscheidend ist vielmehr, daß über das Bewußtmachen des Nichtgewußten hinaus eine Konkretisierung des Werkes in seiner ganzen (vor allem inneren) Gestalt erfolgt, daß sich das Werk im kritischen Bewußtsein und in der kritischen Darstellung frisch konstituiert. Solch poetische Kritik „wird die Darstellung von neuem darstellen, das schon Gebildete noch einmal bilden wollen", sie wird „das Werk ergänzen, verjüngen, neu gestalten" (ebd.).

Man wird hierin viel mehr sehen müssen als die angestrebte Synthese von Praxis und Theorie, Kunst und Wissenschaft. Das Poetische der Kritik begründet auch eine Produktionsgenossenschaft zwischen Autor und (kritischem) Leser. Wenn Novalis sagt: „Der wahre Leser muß der erweiterte Autor seyn" (VB 125; N II, 470), so findet das hier seine Erfüllung.

4. Das Kritische der Poesie: Der Begriff der Transzendentalpoesie

Die Kritik als Spiegelung des Werkes auf einer höheren Ebene, auf der es dann seiner selbst bewußt und zu seiner vollen künstlerischen Größe entwickelt erscheint, wird durch den kritischen Leser an das Werk herangetragen. Sie kann dem Werk aber auch immanent sein, dergestalt, daß das Werk nicht nur etwas darstellt, sondern zugleich seine Darstellung reflektiert, als Spiegel also seiner selbst fungiert und sich aus eigener Potenz so gründlich durchschaut, wie dies Fichtes selbstbewußtes Ich tut.

Für Schlegel ist dieser Fall im *Wilhelm Meister* gegeben. Der Roman ist „eins von den Büchern, welche sich selbst beurteilen, und den Kunstrichter sonach aller Mühe überheben. Ja es beurteilt sich nicht nur selbst, es stellt sich auch selbst dar." (FS II, 133f.) Auch andere Formulierungen deuten auf diesen Sachverhalt. Schlegel spricht von der „sich wie ins Unendliche immer wieder selbst anschauenden" Natur des Werkes. Licht, Farbe und Schatten verleiht der Künstler seinen Gegenständen in der Weise, „wie sie sich in diesem alles in seinem eignen Widerscheine schauenden Geiste abspiegeln und darstellen mußten" (ebd., 143).

Schlegel nennt eine solche Poesie, die auf einer Metaebene reflektierend sich auch selbst zum Gegenstand macht, „Poesie der Poesie" (s. Ath.-Fr. 238; FS II, 204) oder „kritische Poesie" (s. L. u. P. V, Nr. 583; FS XVI, 134), wobei diese nichts wesentlich anderes ist als die „poetische Kritik" im vorhin gekennzeichneten Sinne. Denn auch eine Kritik wie Schlegels *Wilhelm Meister*-Aufsatz beansprucht, „Poesie der Poesie" zu sein, weil sie dem Kunstcharakter des Werkes in einer Weise Worte verleiht, daß sie ihn auf der Metaebene der Betrachtung ebenso verleiblicht, wie er bereits auf der Ebene der Darstellung durch die dem Werk eigene Sprache verleiblicht ist.

Für die „kritische Poesie", also jene Poesie, der die Kritik von vornherein immanent ist, hält Schlegel nun auch den Begriff „Transzendentalpoesie" (s. vor allem Ath.-Fr. 238) bereit. Er kann sie in Analogie zur Transzendentalphilosophie mit Fug so nennen; denn wie Kants und Fichtes Philosophie sich insofern als transzendental begreift, als sie, das Denken zum Gegenstand des Denkens machend – und daher auch „Philosophie der Philosophie" –, alle Erkenntnis aus subjektiven apriorischen Bedingungen ableitet (s. dazu Kap. I. D.), muß auch einer Poesie, die, ebenfalls im Akt der Selbstreflexion, sich aus einem inneren Keim apriorisch begründet weiß, dieses Beiwort gut anstehen.

Jedoch hat der Begriff Transzendentalpoesie bei Schlegel noch einen weiteren Sinn und wird noch in anderer Weise ins Spiel gebracht. Athenäums-Fragment 238 beginnt mit den Worten: „Es gibt eine Poesie, deren eins und alles das Verhältnis des Idealen und des Realen ist, und die also nach der Analogie der philosophischen Kunstsprache Transzendentalpoesie heißen müßte." (FS II, 204) An anderer Stelle (Ath.-Fr. 22) sagt Schlegel, daß „transzendental eben das ist, was auf die Verbindung oder Trennung des Idealen und des Realen Bezug hat" (ebd., 169), das heißt, wiederum im Sinne der Philosophie Kants und Fichtes, was Bezug hat auf die Bestimmung der Erkenntnis der Realität durch die a priori, also idealiter, gegebenen Formen der Erkenntnis als im Subjekt liegenden Bestimmungsgrund. Aber im Zusammenhang mit der Poesie ist das Wort vom Verhältnis des Idealen und Realen in erster Linie eine Anspielung auf Schillers Begriff des „Sentimentalischen", zumal in der Fortsetzung des 238. Athenäums-Fragments die Satire, die Elegie und die Idylle genannt werden, also die Gattungen, die von Schiller in der Abhandlung *Über naive und sentimentalische Dichtung* diskutiert werden. Schon in der Vorrede zum Studium-Aufsatz hatte Schlegel gesagt, daß die „Beziehung auf das Verhältnis des Realen und des Idealen" das „charakteristische Merkmal der sentimentalen [für: „sentimentalischen"] Poesie" sei (FS I, 210). Spricht er dieses Merkmal später ebenfalls der Transzendentalpoesie zu, so versteht er diese demnach, bei allen Unterschieden, die gegenüber Schiller bestehen, als sentimentalische Dichtart.

Wesentlicher aber ist noch etwas anderes. Schon Schiller setzt in seiner Abhandlung für das Reale und Ideale verschiedentlich die Begriffe des Endlichen und des Unendlichen ein. Und ebenso denkt auch Schlegel, wenn er die Transzendentalpoesie auf die Reflexion des Verhältnisses zwischen Realem und Idealem verpflichtet, in diesen Begriffen. Was ihn dabei jedoch von Schiller, der sich mit seinen Bestimmungen im Bereich des Ästhetischen, Moralischen und Anthropologischen hält, unterscheidet, ist zum einen, daß er dem Bezug auf das Unendliche, den die Transzendentalpoesie haben soll, einen dezidiert metaphysischen Sinn unterlegt; zum anderen, daß er das In-Beziehung-Setzen von Endlichem und Unendlichem zu einer Angelegenheit der Ironie macht. Darin liegt in der Lyceums- und Athenäums-Zeit auch ein Unterschied gegenüber dem Studium-Aufsatz. „Mein Versuch über das Studium der griechischen Poesie ist ein manierierter Hymnus in Prosa auf das Objektive in der Poesie. Das Schlechteste daran scheint mir der gänzliche Mangel der unentbehrlichen Ironie" (L.-Fr. 7; FS II, 147f.).

Es ist Eigenschaft der Ironie, daß sie den unauflöslichen Widerstreit zwischen dem Bedingten (Endlichen) und Unbedingten (Unendlichen) exponiert, aber auch sich über alles Bedingte unendlich erhebt, in einem steten Wechsel von Selbstschöpfung und Selbstaufhebung (s. Kap. III. E.). Sie hat also einen Bezug zum Unendlichen erstens darin, daß sie das Endliche zugunsten des größeren Ganzen immer wieder entgrenzt, zweitens, daß dies ein nicht endender dialektischer Prozeß ist. Auf die Poesie angewendet heißt dies, daß das Werk nicht in den Grenzen der Darstellung einer endlichen Welt verharrt, zudem aber auch, daß es diese Grenzen in einem ewigen Prozeß relativiert und dem Unendlichen sich bloß nähert, es aber nicht erreicht. Praktisch geschieht das Überschreiten zum einen in jener schon besprochenen Form der Selbstbespiegelung, in der Erhebung auf eine Metaebene, auf der das Werk frei und souverän auf sich selbst zu schauen vermag; zum anderen in der Form der Symbolik oder, wie Schlegel es im *Gespräch über die Poesie* fordert, in der Form mythologischer Bilder.

B. Der höhere (symbolische) Sinn der Poesie: Die *Rede über die Mythologie* im *Gespräch über die Poesie*

Wesentliche Ansichten seiner Poetik hat Schlegel im *Gespräch über die Poesie*, dem bedeutendsten seiner poetologischen Texte, niedergelegt. Dabei dient die Gesprächsform nicht bloß äußerlich als Medium der Vermittlung, sondern sie ist Ausdruck des innersten Gehalts, der Anschauung nämlich vom einheitlich-unterschiedlichen Wesen der Poesie. Wenn der Gedanke von der Einheit in der Mannigfaltigkeit und der Mannigfaltigkeit in der Einheit die Romantik wie ein Leitmotiv durchzieht, so darf man sich nicht wundern, daß er auch die entscheidende Antwort auf die Frage ist, wie man die Poesie, da sie „aus der unsichtbaren Urkraft der Menschheit" erwachsen ist (FS II, 285), zu verstehen habe, ob als einheitliche Substanz oder aber, da die Menschen und die historischen Epochen verschieden sind, als etwas jeweils Selbständiges. Schlegel sagt nun gleich zu Beginn des *Gesprächs*, daß es sich um ein Sowohl-als-auch handelt. Einerseits ist die Poesie ein Element der Bindung; sie verknüpft alle, die sie lieben, mögen sie auch sonst im Leben das Verschiedenste suchen, „mit unauflöslichen Banden". Andererseits ist sie ein Element der Unterscheidung; denn wie „jeder Mensch seine eigne Natur hat und seine eigne Liebe, so trägt auch jeder seine eigne Poesie in sich" (ebd., 284). Diese individuelle Poesie soll ihm keine Kritik rauben, jedoch soll „die hohe Wissenschaft echter Kritik" ihn wiederum auch lehren, sich das Fremde zu eigen zu machen, damit dieses „Nahrung und Same werde für seine eigne Fantasie" (ebd.).

Was von der Poesie gilt, das gilt nicht minder von der Kritik. Wie es eine Vielzahl von Gestaltungen der Poesie gibt, so gibt es eine Vielzahl von Ansichten über die Poesie, die man, sofern sie selbst poetisch sind (s. dazu A. 3. dieses Kapitels), in ihrer Verschiedenheit akzeptieren muß. Wie aber die verschiedenen poetischen Gestaltungen sich wechselseitig ergänzen müssen, um das allen Gemeinsame erkennen zu lassen, so müssen die verschiedenen kritischen Ansichten im Gespräch zusammentreten, um die Beschränktheit jeder einzelnen Perspektive durch Multiperspektivik zu entgrenzen und zu ergänzen.

„Die Ansicht eines jeden von ihr [der Poesie] ist wahr und gut, insofern sie selbst Poesie ist. Da nun aber seine Poesie, eben weil es die seine ist, beschränkt sein muß, so kann auch seine Ansicht der Poesie nicht anders als beschränkt sein. [...] Darum geht der Mensch [...] immer von neuem aus sich heraus, um die Ergänzung seines innersten Wesens in der Tiefe eines fremden zu suchen und zu finden. Das Spiel der Mitteilung und der Annäherung ist das Geschäft und die Kraft des Lebens, absolute Vollendung ist nur im Tode." (Ebd., 285 f.)

Damit ist die Form des Gesprächs gefragt, in dessen Verlauf hier freilich wie bei einer zyklischen Rahmenerzählung vier längere essayistische Einzelbeiträge als Binnenstücke eingeschoben werden. Zunächst liest Andrea den historischen Abriß *Epochen der Dichtkunst* vor, der an das geschichtliche Verfahren des Studium-Aufsatzes (s. A. 2. dieses Kapitels) anknüpft und untermauert, was dort bereits zu verstehen gegeben worden war: „die Wissenschaft der Kunst ist ihre Geschichte" (ebd., 290). Der zweite Beitrag, Ludovikos *Rede über die Mythologie*, greift aus dem Studium-Aufsatz die Charakteristik der problematischen Natur der modernen Poesie auf und stellt nun als deren entscheidendes Manko heraus, daß es ihr „an einem festen Halt [...], an einem mütterlichen Boden, einem Himmel, einer lebendigen Luft" fehle:

„Ich gehe gleich zum Ziel. Es fehlt, behaupte ich, unsrer Poesie an einem Mittelpunkt, wie es die Mythologie für die der Alten war, und alles Wesentliche, worin die moderne Dichtkunst der antiken nachsteht, läßt sich in die Worte zusammenfassen: Wir haben keine Mythologie. Aber setze ich hinzu, wir sind nahe daran eine zu erhalten, oder vielmehr es wird Zeit, daß wir ernsthaft dazu mitwirken sollen, eine hervorzubringen." (Ebd., 312)

Auch das vermutlich von Schelling stammende Älteste Systemprogramm des deutschen Idealismus (1798 oder 1799) hatte eine „neue Mythologie" gefordert (Aus der Frühzeit des deutschen Idealismus, hg. von Martin Oesch, Würzburg 1987, S. 85), wobei jedoch offenbleiben muß, ob Schelling und Schlegel dasselbe meinen.

Der Sinn der Rede Schlegels geht u. a. aus den Textvarianten hervor, die sich durch Schlegels Überarbeitung des *Gesprächs über die Poesie* in den *Sämmtlichen Werken*, Wien 1823, ergeben. Sie zeigen, daß mit der neuen Mythologie zunächst eine neue Symbolik gemeint ist. So verdeutlicht Schlegel den Satz „Wir haben keine Mythologie" in der zweiten Fassung durch die Formulierung: „Wir haben keine Mythologie, keine geltende symbolische Naturansicht, als Quelle der Fantasie, und lebendigen Bilder-Umkreis jeder Kunst und Darstellung" (FS II, 312; Varianten) oder er ersetzt „Mythologie" einfach durch „Symbolik" (ebd.).

Warum soll die Poesie symbolisch sein? Es gilt, das die gesamte Romantik bewegende Problem zu lösen, wie sich das Ganze durch den Teil, das Unendliche durch die endliche Form wiedergeben lasse. Wenn das Symbol nach Goethes Definition in den *Maximen und Reflexionen* (1822ff.) Repräsentation des Allgemeinen im Besonderen ist (Goethe XII, 471), dann löst es dieses Problem. Daß Goethe überdies einen Unterschied zwischen Symbol und Allegorie sieht, braucht hier nicht zu interessieren. Zur Zeit der frühen Romantik sind beide Begriffe noch austauschbar – Goethes Differenzierung stammt aus späterer Zeit – und Schlegels Textvarianten, wären sie zwanzig Jahre früher entstanden, hätten darum für „mythologisch" geradesogut „allegorisch" setzen können. Im 1801 veröffentlichten Abschluß seines Lessing-Aufsatzes schreibt er:

„Das Wesen der höhern Kunst und Form besteht in der *Beziehung aufs Ganze*. Darum sind sie unbedingt zweckmäßig und unbedingt zwecklos, darum hält man sie heilig wie das Heiligste, und liebt sie ohne Ende, wenn man sie einmal erkannt hat. Darum sind alle Werke Ein Werk, alle Künste Eine Kunst, alle Gedichte Ein Gedicht. Denn alle wollen ja dasselbe, das überall Eine und zwar in seiner ungeteilten Einheit. Aber eben darum will auch jedes Glied in diesem höchsten Gebilde des menschlichen Geistes zugleich das Ganze sein, und wäre dieser Wunsch wirklich unerreichbar [...], so möchten wir nur lieber gleich das nichtige und verkehrte Beginnen ganz aufgeben. Aber er ist erreichbar, denn er ist schon oft erreicht worden, durch dasselbe, wodurch überall der Schein des Endlichen mit der Wahrheit des Ewigen in Beziehung gesetzt und eben dadurch in sie aufgelöst wird: durch Allegorie, durch Symbole, durch die an die Stelle der Täuschung die *Bedeutung* tritt, das einzige Wirkliche im Dasein, weil nur der Sinn, der Geist des Daseins entspringt und zurückgeht aus dem, was über alle Täuschung und über alles Dasein erhaben ist." (FS II, 414)

Hier wird ein weiterer Sinn der neuen Mythologie (Symbolik) deutlich. Gleichen sich alle poetischen Werke darin, daß sie einen symbolischen Bezug zum Unendlichen haben, so sind sie trotz aller individuellen Verschiedenheit auch untereinander gleich, machen sie gleichsam *ein* Werk aus. Dieses Zusammenstimmen zu einem großen Ganzen ist Vorzug der antiken, weil mythologisch fundierten Poesie, die als „ein einziges, unteilbares, vollendetes Gedicht" anmutet (ebd., 313), und es soll wiederkehren im künftigen poetischen Schaffen mit der Erneuerung der Mythologie.

Ludovikos Rede empfiehlt zu diesem Zweck, sich der Anregungen durch die Schätze des Altertums und des Orients zu bedienen (die Poesie Indiens wird erwähnt! ebd., 319), hält aber bewußt, daß die neue Mythologie nicht aus der gleichen Quelle fließen kann wie die alte, die „überall die erste Blüte der jugendlichen Fantasie" war und sich unmittelbar „an das Nächste, Lebendigste der sinnlichen Welt" anschloß. „Die neue Mythologie muß im Gegenteil aus der tiefsten Tiefe des Geistes herausgebildet werden" (ebd., 312), das heißt transzendentalen Ursprungs sein und damit ein Produkt des Idealismus. Zu dessen Dialektik gehört es, daß der Geist in ständigem Wechsel aus sich herausgeht und in sich zurückkehrt, sich als Ich konstituiert, antithetisch dazu aber auch die objektive Welt des Nicht-Ich sich entgegensetzt und so einen neuen „Realismus" begründet (ebd., 315). Wenn Schlegel mit diesen Gedanken an Fichte anknüpft, geht er aber auch gleichzeitig über Fichte hinaus. Denn die konkrete äußere Wirklichkeit, in der Fichte nur eine Beschränkung des Ich gesehen hatte, welche in ethischem Handeln überwunden werden müsse, erhält in den Augen Schlegels Eigenwert. Ihre Begründung aus der Tiefe des Geistes zeigt freilich, daß er sie nur als Fleisch gewordene Spiritualität gelten lassen will. Denn nur so kann diese Realität als Reservoir von Bildern dienen, die einen höheren Sinn haben, sich symbolisch auf den ewigen, alles umfassenden Seinsgrund beziehen.

Es gibt für Schlegel zwei Garanten, die diesen Begriff von Realität, von „Realismus", wie er sagt, stützen: die Philosophie Spinozas, der mit seinem Pantheismus die Wirklichkeit und das Göttliche gleichgesetzt hatte („deus sive natura"), und die neuere „Physik" (ebd., 314), nämlich die idealistische Naturwissenschaft, deren Bestreben es ebenfalls ist, allenthalben in der Natur das Walten und Wachsen des göttlichen Geistes zu erweisen (s. Kap. VII.). Im Lichte beider Garanten ist die Welt nicht mehr dualistisch gespalten, sondern erscheint als „Harmonie des Ideellen und Reellen", auf der auch die Poesie beruhen soll (ebd., 315).

Wenn der Geist im konkreten Symbol Fleisch angenommen hat, wird er auch den Sinnen zugänglich. „Einen großen Vorzug hat die Mythologie. Was sonst das Bewußtsein ewig flieht, ist hier dennoch sinnlich geistig zu schauen" (ebd., 318). Damit ist aber nicht nur der Wert der Mythologie, sondern auch der Wert der Poesie gerechtfertigt. Denn da die Poesie in konkreten, sinnlich wirkenden Bildern, die Philosophie in abstrakten Begriffen spricht, kann das „Organ" des neuen „Realismus" nur in der Poesie gefunden werden (ebd., 315).

C. Der Begriff des Romans:
Der *Brief über den Roman* im *Gespräch über die Poesie*

Seinen allgemeinen Bestimmungen über die Poesie fügt Friedrich Schlegel eine spezifischere hinzu, indem er mehr oder weniger direkt behauptet, daß alles, was poetisch von Wert ist und eine Zukunft hat, an den Roman gebunden ist. Mehrere Umstände kamen zusammen, um ihn so denken zu lassen.

Einmal die enge Beziehung zwischen den Begriffen „Roman" und „romantisch" (s. Kap. II. D.), die ihm wie anderen Zeitgenossen durchaus bewußt war und im Falle einer gesteigerten Aufmerksamkeit für das Romantische auch ein ebensolches Interesse für den Roman nahelegen mußte. Der Begriff des Romantischen tritt in der Tat während der Athenäumszeit bei Schlegel in den Vordergrund. Einerseits gebraucht er ihn nun ganz ähnlich als Epitheton für die neuere Poesie, wie er früher für diese den Begriff

„modern" verwendet hatte (s. A. 2. dieses Kapitels). Andererseits beginnt er nun aber auch „romantisch" und „modern" voneinander abzugrenzen (dazu weiter unten und Abschnitt D.). Zum zweiten ist es seine enzyklopädisch-universalistische Neigung (s. Kap. III. G.), die das Bedürfnis nach einer allumfassenden poetischen Darstellungsweise rege machte und ihm so den Roman vor Augen rückte.

Und gering geschätzt werden darf drittens auch nicht die stimulierende Wirkung, die Goethes *Wilhelm Meister* auf ihn ausübte. Dieses Werk demonstrierte die Leistungsfähigkeit des Romans. Es befreite diese Gattung zudem von dem Ruf des Minderwertigen, der ihr seit den Tagen der populären Liebes- und Abenteuerromane im Kreise der Gebildeten anhaftete. Noch Schiller betitelte den Romancier als „Halbbruder" des Dichters (Schiller XX, 462), auch deshalb, weil der Roman, anders als das Epos, die klassische Tragödie oder die Lyrik, nicht in poetischer (d. h. traditionell: gebundener) Rede, sondern nur in Prosa verfaßt ist. Demgegenüber sagt Schlegel in seinem Aufsatz *Über Goethes Meister*: „Was fehlt Werners und Wilhelms Lobe des Handels und der Dichtkunst, als das Metrum, um von jedermann für erhabne Poesie anerkannt zu werden? Überall werden uns goldne Früchte in silbernen Schalen gereicht. Diese wunderbare Prosa ist Prosa und doch Poesie." (FS II, 132f.) Schlegel löst damit den Begriff der Poesie vom Kriterium der gebundenen Rede.

Er löst allerdings auch den Begriff des Romans von der traditionellen und konventionellen Form des Romans, indem er ihn im *Gespräch über die Poesie* über alles Gattungsspezifische hinaus erweitert. Dabei knüpft er an seine Vorstellungen von der „romantischen Poesie"an, so daß sich eine doppelte Wirkung ergibt: Sein Nachdenken über die romantische Poesie führt ihn zur Bedeutung des Romans, und was er über die romantische Poesie denkt, bestimmt auch seinen Begriff des Romans. Übrigens ist der in das Rahmengespräch eingelegte *Brief über den Roman,* wie bereits die Bezeichnung „Brief" andeutet, nur ein Impromptu. Er will nicht als „Theorie des Romans" gelten, die, wie Schlegel bemerkt, „selbst ein Roman" sein müßte (FS II, 337).

Anknüpfend an die *Rede über die Mythologie* gelangt Schlegel auch in dieser Skizze zur Funktion des Symbolischen in der Poesie, seltsamerweise jedoch über den Begriff des „Sentimentalen". Dieser Umweg ergibt sich dadurch, daß der *Brief* mit Betrachtungen über die neuere „schlechte" Romanliteratur „von Fielding bis zu Lafontaine" (ebd., 330) und die bessere eines Sterne, Diderot (genannt ist *Jacques le fataliste),* Jean Paul beginnt und Jean Pauls Romane gegen den Vorwurf der Sentimentalität in Schutz nimmt. Unter dem Einfluß Schillers hatte Schlegel „sentimental" zunächst im Sinne von „sentimentalisch" verstanden (s. etwa die Vorrede zum Studium-Aufsatz; FS I, 209–215). Nunmehr aber greift er den Begriff in seiner „übel berüchtigten" Bedeutung des Rührenden und Tränenreichen auf, beläßt es hierbei aber nicht, sondern verleiht ihm einen neuen, in der Nähe des Romantischen angesiedelten Sinn, indem er die berühmte, vielzitierte Erklärung abgibt: „Denn nach meiner Ansicht und nach meinem Sprachgebrauch ist eben das romantisch, was uns einen sentimentalen Stoff in einer fantastischen Form darstellt." (FS II, 333) Er erläutert hierauf das Sentimentale als das, „was uns anspricht, wo das Gefühl herrscht, und zwar nicht ein sinnliches, sondern das geistige. Die Quelle und Seele aller dieser Regungen ist die Liebe, und der Geist der Liebe muß in der romantischen Poesie überall unsichtbar sichtbar schweben" (ebd., 333f.). Dieser Geist haftet denn auch nicht an einzelnen Figuren, Begebenheiten, Situationen und Neigungen. Er ist ein „unendliches Wesen", und alles Einzelne ist nur Symbol: „Hindeutung auf das Höhere", „Hieroglyphe der Einen ewigen Liebe und der heiligen Lebensfülle der bildenden Natur" (ebd., 334).

Es ist unschwer zu erkennen, warum Schlegel dem Bezug zum Unendlichen ausgerechnet diese Färbung gibt. Er gewinnt seinen Begriff des Romantischen, wie der *Brief* verdeutlicht, aus der Anschauung Petrarcas und Tassos, im weiteren Umfang aus der Romanzen- und Ritterdichtung des späten Mittelalters und der Renaissance, aus Dantes *Divina Comedia*, dem *Don Quijote* des Cervantes und aus den Dramen Shakespeares. Aus vielen Dichtungen dieses Bereichs lächelte ihm der „Geist der Liebe" als überhöhte, ins Überirdische verklärte Himmelsmacht entgegen. Er seinerseits las diese Dichtungen mit den Augen des Liebenden und mit einem Bewußtsein, in dem sich für ihn gerade in dieser Zeit, wie der kurz zuvor erschienene Roman *Lucinde* bezeugt, das Religiöse mit dem Erotischen verknüpfte (s. Kap. V.).

Das Element des Fantastischen konnte er ebenfalls jenen Dichtungen entnehmen. Spezifisch als Formbestimmung wuchs es ihm zudem aus der Gestalt des humoristischen Romans der zu Beginn des *Briefes* gepriesenen Sterne, Diderot und Jean Paul zu. Er findet, daß die in Episoden und Digressionen aufgelöste Form dieses Romantypus den „witzigen Spielgemälden" in der bildenden Kunst gleicht, „die man Arabesken nennt" (FS II, 330f.) und begreift die Arabeske als Ausdruck der Fantasie. Schon in der *Rede über die Mythologie* heißt es, daß die Arabeske „die älteste und ursprüngliche Form der menschlichen Fantasie" sei (ebd., 319). Hier auch wird die arabeskenhafte Gestalt der romantischen Poesie eine „künstlich geordnete Verwirrung", eine „reizende Symmetrie von Widersprüchen", ein „wunderbarer ewiger Wechsel von Enthusiasmus und Ironie, der selbst in den kleinsten Gliedern des Ganzen lebt", genannt (ebd., 318f.). Darin bekundet sich ebenso Schlegels Abneigung gegen die regelhafte systematische Ordnung wie sein Bedürfnis nach integrierender Ganzheit.

Sein Begriff des Romans – oder der „romantischen Poesie" – ist damit noch nicht vollständig. Hinzu kommen noch die Bestimmungen, daß eine Dichtung dieser Art „auf historischem Grunde" ruhe und Bekenntnischarakter habe (ebd., 334, 337), also etwas Wahres sei und die Individualität sowohl des Zeitalters wie des Autors zum Ausdruck bringe. Vor allem aber verwirft Schlegel eine Auffassung, die den Roman als „besondre Gattung" versteht. Eben mit dieser Ablehnung stellt sich eine Identifikation von „Roman" und „romantischer Poesie" heraus. Das „Romantische", sagt er – und hier ist auch zu lesen: das Romanartige –, ist „nicht sowohl eine Gattung [...] als ein Element der Poesie", und wenn er den so tautologisch klingenden Satz „Ein Roman ist ein romantisches Buch" hinzufügt, so ist damit gemeint: Ein Roman ist jedes Buch, in dem dieses Element, als „Geist" der Poesie, einheimisch ist, ungeachtet dessen, ob es der Gattung – dem „Buchstaben" – nach ein episches Werk, ein Drama oder ein lyrisches Gebilde ist (ebd., 335f.). Ausdrücklich erklärt Schlegel, es finde „so wenig ein Gegensatz zwischen dem Drama und dem Roman statt, daß vielmehr das Drama so gründlich und historisch wie es Shakespeare z. B. nimmt und behandelt, die wahre Grundlage des Romans ist" (ebd., 336). Das Ideal erblickt er, gemäß seinem universalistischen Streben nach Totalität, allerdings in einer Mischform, in der alle Gattungen vereinigt sind. „Ja ich kann mir einen Roman kaum anders denken, als gemischt aus Erzählung, Gesang und andern Formen." (Ebd.) Eine solche Form wird für ihn durch den *Don Quijote* des Cervantes und neuerdings durch *Franz Sternbalds Wanderungen* von Tieck repräsentiert. Vom letzteren schreibt er im April 1799 an seinen Bruder: „Es ist der erste Roman seit Cervantes der romantisch ist, und darüber weit über Meister." (FS XXIV, 260) Insbesondere sieht er in der allumfassenden Gestalt des Romans die entscheidende Form der Zukunft, wobei nicht vergessen werden darf, daß diese Form nur dann die Idealvorstellung Schlegels einlöst, wenn sie auch das Element der „Kritik" einbezieht (s. Abschnitt A. dieses Kapitels), der Roman also auch die Theorie des Romans enthält, die ihrerseits wieder Roman wäre (s. o.).

Gedacht ist von Schlegel damals sogar daran, daß die künftige Entwicklung auf eine Totalität zusteuert, in der alle Bücher zu einem einzigen verschmelzen, so wie alle klassischen Gedichte der Alten zusammenhängen und „ein organisches Ganzes" bilden. „Auf eine ähnliche Weise sollen in der vollkommnen Literatur alle Bücher nur Ein Buch sein, und in einem solchen ewig werdenden Buche wird das Evangelium der Menschheit und der Bildung offenbart werden." (Ideen 95; FS II, 265)

D. Athenäums-Fragment 116

Friedrich Schlegels Poetik ist in nuce im 116. seiner Athenäums-Fragmente enthalten (FS II, 182f.).

Der Begriff der „romantischen Poesie", der gleich im Anfangssatz („Die romantische Poesie ist eine progressive Universalpoesie") erscheint, ist so zu verstehen, wie er sich im *Gespräch über die Poesie* darstellt: als synonym mit „Romanpoesie", wie umgekehrt „Romanpoesie" nicht gattungsspezifisch verstanden werden darf, sondern im weiteren Sinne des Begriffs „romantische Poesie" (s. Abschnitt C. dieses Kapitels).

Das Attribut „romantisch" ist hierbei nicht mit dem Attribut „modern" identisch, wie die damals gängige Gegenüberstellung des Alten und Modernen oder des Klassischen und Modernen und noch Schlegels Studium-Aufsatz nahelegen könnten, sondern deckt sich mit ihm nur teilweise. Das Romantische erwächst für Schlegel aus der frühmodernen Literatur von Dante bis Shakespeare, seine Wiederkehr in der neuesten und künftigen Poesie weist andererseits über die Gegenwart hinaus. Damit bahnt sich bereits hier die Opposition zwischen dem Romantischen und Modernen an, die Schlegel in der 1812 gehaltenen Vorlesung *Geschichte der alten und neuen Literatur* proklamiert (s. weiter unten).

Das Fragment stellt deutlich einen Zusammenhang zwischen Vergangenheit und Zukunft her, wenn es die romantische Poesie u. a. dazu bestimmt, „alle getrennte Gattungen der Poesie wieder zu vereinigen". In der Vergangenheit bestand die Einheit einmal, danach und bis ins gegenwärtige Zeitalter folgte die Trennung, in der Zukunft soll die Einheit wieder erreicht werden. Jedoch nur in einem unendlichen Prozeß der Annäherung. „Andre Dichtarten sind fertig, und können nun vollständig zergliedert werden. Die romantische Dichtart ist noch im Werden; ja das ist ihr eigentliches Wesen, daß sie ewig nur werden, nie vollendet sein kann."

Wie der Bezug zwischen Vergangenheit und Zukunft andeutet, ist dieser Prozeß zyklisch, eine allmähliche Rückkehr zum Gewesenen, gleichzeitig aber auch Fortgang zu neuen Ufern und Aufstieg zu einer höheren Ebene, da eine Universalität angestrebt wird, wie sie vormals noch nirgends bestand. Der Progreß selbst ist nicht als evolutionäres Kontinuum zu denken. Bewegt vom „ewigen Wechsel von Enthusiasmus und Ironie", wie es in der *Rede über die Mythologie* heißt (s. o.), entfaltet sich die romantische Poesie in dialektischen Sprüngen. Deutlich ist hierauf angespielt in dem Satz: „Und doch kann auch sie am meisten zwischen dem Dargestellten und dem Darstellenden, frei von allem realen und idealen Interesse auf den Flügeln der poetischen Reflexion in der Mitte schweben, diese Reflexion immer wieder potenzieren und wie in einer endlosen Reihe von Spiegeln vervielfachen." Das mißverständliche Bild des In-der-Mitte-Schwebens will nicht ein statisches Verharren ausdrücken, sondern weist auf eine für die romantische

Poesie charakteristische Schwellensituation zwischen dem Endlichen (Realen) und Unendlichen (Idealen) hin (s. Kap. III. E. sowie Kap. VI.). Mit dem Begriff der sich immer wieder potenzierenden Reflexion wird kenntlich, daß die romantische Poesie ständig ihre Grenzen sprengt, Distanz von sich nimmt und sich selbst zum Objekt der Betrachtung macht. Sie erschöpft sich also nicht im Dargestellten, sondern reflektiert auch den Prozeß des Darstellens, etwa wie im humoristischen Roman eines Sterne oder Jean Paul nicht nur ein Inhalt, sondern auch das Erzählen selber erzählt wird. Es fällt zudem auf, daß die romantische Poesie hier in der Rolle eines handelnden, wollenden Subjekts gesehen wird. Nicht wird von ihr bloß wie von einem Produkt, sondern wie von einer sich selbst produzierenden Kraft gesprochen: „Sie will, und soll auch Poesie und Prosa, Genialität und Kritik, Kunstpoesie und Naturpoesie bald mischen, bald verschmelzen, die Poesie lebendig und gesellig, und das Leben und die Gesellschaft poetisch machen, den Witz poetisieren, und die Formen der Kunst mit gediegnem Bildungsstoff jeder Art anfüllen und sättigen, und durch die Schwingungen des Humors beseelen." Die Logik stolpert bei diesem Satz über die Doppelrolle der Poesie als Subjekt und Objekt (die Poesie will und soll die Poesie ... machen etc.). Diese Doppelrolle, die Schlegel sonst auch in die Formel „Poesie der Poesie" kleidet, entspricht aber seinem Konzept der Transzendentalpoesie, nach dem die Poesie sich ihres Ursprungs im eigenen Wesen, in einer elementaren poetischen Kraft des menschlichen Geistes bewußt wird, so wie in der kritischen und idealistischen Philosophie das erkennende Subjekt den Grund der Erkenntnis in sich selbst findet. Auch die Poesie ist damit „kritisch". Sie repräsentiert auf diese Weise die Einheit von Poesie und Philosophie, Kunst und Wissenschaft, um die es Schlegel zu tun ist.

Darüber hinaus nimmt der Ausdruck „Kritik" in dem oben zitierten Satz Bezug auf die traditionelle Rhetorik. Mit der Verbindung von „Genialität und Kritik" soll der alte Streit von „Ingenium" und „Judicium" geschlichtet werden (vgl. H. Schanze 1974, 131). Überhaupt sollen dem Streben nach größtmöglicher, allumfassender Universalität entsprechend nicht nur die Schranken innerhalb der Poesie (zwischen den poetischen Gattungen, zwischen hoher Kunstpoesie und niederer Volks- und Kinderpoesie), sondern auch gegenüber der vermeintlichen Non-Poesie fallen. Das ist, wenn man Poesie im Sinne der klassischen Rhetorik als gebundene Rede versteht, der ganze Bereich der Prosa. Und das ist auch das „Leben" und die „Gesellschaft". Diese Bereiche entbehren eben nicht eines Anteils an der Dichtung. Im Grunde ist die Poesie für Schlegel wie für die Romantik insgesamt ein die ganze Welt durchflutendes Element. Was sind die regelrechten Gedichte, heißt es im *Gespräch über die Poesie,* „gegen die formlose und bewußtlose Poesie, die sich in der Pflanze regt, im Lichte strahlt, im Kinde lächelt, in der Blüte der Jugend schimmert, in der liebenden Brust der Frauen glüht? – Diese aber ist die erste, ursprüngliche, ohne die es gewiß keine Poesie der Worte geben würde. Ja wir alle, die wir Menschen sind, haben immer und ewig keinen andern Gegenstand und keinen andern Stoff aller Tätigkeit und aller Freude, als das eine Gedicht der Gottheit, dessen Teil und Blüte auch wir sind – die Erde." (FS II, 285) Bei aller Universalität soll die romantische Poesie aber nicht in eine vage Allgemeinheit verschwimmen. Sie soll, so das 116. Athenäums-Fragment, auch konkret und individuell sein, den „Geist des Autors‘ möglichst vollständig ausdrücken sowie ein „Bild des Zeitalters" sein.

Universalität soll auch nicht auf Kosten der Form gehen. Bei dem Begriff Poesie denkt Schlegel an den ursprünglichen Sinn von „poiein" = bilden, und eine Durchbildung zur ganzheitlichen Gestalt ist neben Universalität, Transzendentalität und unendlicher Perfektibilität das Wichtigste, was er für die romantische Poesie postuliert: „Sie ist der höchsten und der allseitigsten Bildung fähig; nicht bloß von innen heraus, sondern auch von außen hinein; indem sie jedem, was ein Ganzes in ihren Produkten sein soll, alle Teile ähnlich organisiert, wodurch ihr die Aussicht auf eine grenzenlos wachsende Klassizität eröffnet wird." Offenbar hat Schlegel hier eine organische Ganzheit im Sinn. Da er diese Ganzheit insbesondere bei der Poesie der Alten findet (s. den Studium-Aufsatz), nimmt es aus seiner Sicht nicht wunder, daß die romantische Poesie mit zunehmender Integration aller Teile sich dem Klassischen nähert. Die künftige Entwicklung bedeutet somit auch Wiederanknüpfung an ältere Zeiten, ans Vormoderne. Es stellt sich allerdings die Frage, wie die Poesie gleichzeitig ganzheitlich geschlossen und offen für das unendliche Werden sein kann. Für Schlegel kann sie es oder vielmehr: dieses Paradox ist für ihn gerade ein Ausweis ihres Gebildet-Seins. Im 297. Athenäums-Fragment heißt es: „Gebildet ist ein Werk, wenn es überall scharf begrenzt, innerhalb der Grenzen aber grenzenlos und unerschöpflich ist, wenn es sich selbst ganz treu, überall gleich, und doch über sich selbst erhaben ist." (FS II, 215) Ganz unverständlich ist dies nicht. Die heutige Rezeptionsästhetik lehrt, daß ein dichterisches Werk das in ihm angelegte Sinnpotential erst im Laufe seiner ganzen Wirkungsgeschichte entfaltet. Einheit und unendliche Fülle schließen sich nicht aus, sie sollen sich nach romantischer Vorstellung vielmehr verbinden. Es ist außerdem wahrscheinlich, daß Schlegel, wenn er im 116. Athenäums-Fragment von romantischer Poesie spricht, nicht das einzelne Werk, sondern, wie bei der griechischen Poesie im Studium-Aufsatz, ein lebendiges, in sich dynamisches „System" von Werken meint (s. auch Ideen 95; FS II, 265). Ein solch dynamischer Systemzusammenhang läßt das Zugleich von Offenheit und Geschlossenheit, Fülle und Einheit plausibler erscheinen als das einzelne Werk. Jedenfalls ist die romantische Poesie in dieser Gestalt das Paradigma einer synthetischen Macht: Sie „ist unter den Künsten was der Witz der Philosophie, und die Gesellschaft, Umgang, Freundschaft und Liebe im Leben ist." Der Witz stiftet Verwandtschaft, indem er Unterschiedliches verknüpft (s. Kap. III. B.); so auch ist die Gesellschaft eine Vereinigung verschiedener Stände, führen Umgang und Freundschaft verschiedene Individuen zusammen, überbrückt die Liebe den Gegensatz der Geschlechter.

Das Fragment schließt mit einer Feststellung und Forderung, die man nicht unbedingt erwarten konnte: daß die romantische Poesie „gleichsam die Dichtkunst selbst ist" und daß „in einem gewissen Sinn [...] alle Poesie romantisch sein" solle. Es hatte vorher geschienen, als verstehe Schlegel diese Poesie als spezifische Dichtart neben anderen, etwa wenn er sagt: „Andre Dichtarten sind fertig, und können nun vollständig zergliedert werden. Die romantische Dichtart ist noch im Werden." „Romantisch", so schien es ebenfalls, war ihm ein historischer Begriff, bezogen auf ein gewisses Stadium der Vergangenheit und auf die kommende Ära. Wenn aber „alle" Poesie romantisch sein soll, dann ist das Romantische zwar nicht etwas Zeitloses – denn es entfaltet sich prozeßhaft in der Zeit –, aber es ist an keine historische Epoche mehr gebunden. Man erhält überdies den Eindruck, daß Schlegel die „romantische Dichtart" nunmehr eher als Idee denn als Werk oder Werkkomplex versteht, freilich nicht im Sinne Platons, für den die Ideen etwas unwandelbar Seiendes waren, statt, wie hier vorausgesetzt ist, etwas ständig Werdendes. Der letzte Satz des Fragments wäre dann so zu lesen: Da das Romantische das Wesen aller Dichtkunst ausmacht, ungeachtet der Verschiedenheit der Poesie in ihrer Erscheinung, soll es als Idee in jeder poetischen Gestaltung gegenwärtig sein. Später, in den Vorlesungen über *Geschichte der alten und neuen Literatur* des Jahres 1812, ist Schlegel dann auch so weit gegangen zu behaupten, daß das Romantische überall, selbst im Altertum gefunden werden könne: „In der Tat streitet auch das Romantische an sich mit dem Alten und wahrhaft Antiken nicht. Die Sage von Troja und die Homerischen Gesänge sind durchaus romantisch; so auch alles, was in indischen, persischen und andern orientalischen oder [...] europäischen Gedichten wahrhaft poetisch ist." (FS VI, 285f.) Entgegengesetzt sei das Romantische freilich „dem Modernen, d. h. demjenigen, was die Wirkung auf das Leben fälschlich dadurch zu erreichen sucht, daß es sich ganz an die Gegenwart anschließt, und in die Wirklichkeit einengt, wodurch es denn [...] der Herrschaft der beschränkten Zeit und Mode unvermeidlich anheim fällt" (ebd., 286).

Dritter Teil: Dichtungen

V. Kapitel: Erneuerung des Mythos (Religiöse Erotik und Entwürfe neuer Lebensformen bei F. Schlegel und Novalis)

Einleitung

Literatur

Baeumer, Max L.: Die zeitgeschichtliche Funktion des dionysischen Topos in der romantischen Dichtung, in: Helmut Kreuzer(Hg.): Gestaltungsgeschichte der Gesellschaftsgeschichte, Stuttgart 1969, S. 265–283

Bataille, Georges: Der heilige Eros (L'Érotisme), Frankfurt, Berlin 1986

Behler, Ernst: Die Auffassung des Dionysischen durch die Brüder Schlegel und Friedrich Nietzsche, in: Nietzsche-Studien 12 (1983), S. 335–354

Brandstetter, Gabriele: Erotik und Religiosität. Zur Lyrik Clemens Brentanos, München 1986

Buchholz, Helmut: Perspektiven der Neuen Mythologie. Mythos, Religion und Poesie im Schnittpunkt von Idealismus und Romantik um 1800, Bern 1990

Cassirer, Ernst: Philosophie der symbolischen Formen. Zweiter Teil: Das mythische Denken, Darmstadt [6]1973

Eliade, Mircea: Das Heilige und das Profane. Vom Wesen des Religiösen, Frankfurt 1984(a)

Ders.: Kosmos und Geschichte. Der Mythos der ewigen Wiederkehr, Frankfurt 1984(b)

Frank, Manfred: Der kommende Gott. Vorlesungen über die Neue Mythologie. I. Teil, Frankfurt 1982

Gockel, Heinz: Mythos und Poesie. Zum Mythosbegriff in Aufklärung und Frühromantik, Frankfurt 1981

Kluckhohn, Paul: Die Auffassung der Liebe in der Literatur des 18. Jahrhunderts und in der deutschen Romantik, Halle 1922

Rosteutscher, Joachim: Das ästhetische Idol im Werke von Winckelmann, Novalis, Hoffmann, Goethe, George und Rilke, Bern 1956

Schubert, Walter: Religion und Eros, hg. von Friedrich Seifert, München 1966 (zuerst 1941)

Als Medium einer neuen Heilsgewißheit ist die romantische Poesie Ausdruck einer metaphysischen Sinnorientierung oder neuen Religiosität. Neu deshalb, weil die Romantik zunächst nicht den Anschluß an die traditionellen Konfessionen sucht – dies tun einige Romantiker erst später durch Konversion oder Revision –, sondern, alles Institutionelle und Dogmatische verschmähend, das eigene Denken und, wie Mystik und Pietismus, die Versenkung ins eigene Innere zur Grundlage des Glaubens macht. In seinem Brief an den Kreisamtmann Just vom 26. 12. 1798 bekennt Novalis, den überkommenen biblischen Glauben nicht teilen zu können, der in der Schrift „eine feste Grundlage, einen unumstößlichen Beweißgrund" suche, sondern daß er sich „einen eignen Weg in die Urwelt" bahne, und zwar dadurch, daß er „weniger auf urkundliche Gewißheit, weniger auf den Buchstaben, weniger auf die Wahrheit und Umständlichkeit der Geschichte fuße" und geneigter sei, „in mir selbst höhern Einflüssen nachzuspüren" (N IV, 272). Wie Friedrich Schlegel (s. dessen Brief an Novalis vom 2. 12. 1798; FS XXIV, 204ff.) denkt er an den Entwurf einer neuen Bibel, ja möchte, im Zusammenhang mit seinem Enzyklopädie-Projekt, eine „Universalmethode des Biblisirens" versuchen (an F. Schlegel, 7. 11. 1798; N IV, 263). Wenn er von einer *„Experimentalreligionslehre"* spricht (N III, 565), so zeigt sich, daß auch hier das grundsätzlich experimentelle Verhalten der Romantiker zur Geltung kommt.

Fragt man nach den versuchsweise anvisierten Inhalten und Zielen des romantischen Glaubens, wird man vornehmlich auf die mit der Idee des Goldenen Zeitalters identische Zielvorstellung einer allesumfassenden, das Einzelne in einen innigen Zusammenhang integrierenden Ganzheit verwiesen. Das Heilige ist für die Romantik das Heile, Ungeteilte. Soweit sie einem ‚Jenseits' nachsinnt, handelt es sich um eine weltimmanente Transzendenz, also um das *in* der Welt, nicht außerhalb Verborgene, dem im übrigen eine geheime Tiefe im menschlichen Inneren korrespondiert. Ob Novalis und Friedrich Schlegel an einen persönlichen Gott geglaubt haben, ist nicht klar auszumachen. Mit Sicherheit glaubten sie an einen die Welt und den Menschen regierenden „Geist". Es gibt pantheistische Elemente in ihrer Vorstellung, aber Spinozas Formel „deus sive natura" trifft nicht, was sie meinten. Die Welt erscheint ihnen nicht überall ‚göttlich', zumal nicht in der oberflächlichen Alltagswirklichkeit, die vielmehr als Phänomen der Entfremdung empfunden wird. Wie durch mystische Versenkung soll die Entfremdung durch magische Verwandlung aufgehoben werden. „Die neue Religion soll ganz *Magie* sein." (F. Schlegel an Novalis, 2. 12. 1798; FS XXIV, 208) Generell hält die Romantik Wunder, als Durchbrechung der Kausalgesetzlichkeit, für möglich. Das Wunderbare, symbolisiert im Wunderlichen (Seltsamen, Sonderbaren etc., vgl. L. Pikulik 1979, 410ff.: s. GB 9.), ist Attribut jener verborgenen Wirklichkeit, des ganz „Anderen", in dem andere Gesetze herrschen – wenn überhaupt ‚Gesetze' – als in der Alltagswelt.

Das größte Wunder und Geheimnis ist für Novalis und Friedrich Schlegel die Liebe. Sie ist der Schlüssel zum ewigen Heil und mit Religion schlechthin identisch. „Liebe ist durchaus Religion", heißt es bei Schlegel (FS XVIII, 270), und bei Novalis im *Ofterdingen*: „Was ist die Religion, als ein unendliches Einverständniß, eine ewige Vereinigung liebender Herzen?" (N I, 288)

Beiden Romantikern geht diese Einsicht in der Begegnung mit der Geliebten ihres Lebens auf, es scheint andererseits jedoch, daß sie in der Geliebten das Sehnsuchtsbild anbeten, das sie selber bereits in sich tragen, mit C.G. Jung zu sprechen die „Anima" (vgl. auch Schubert 1966, 127). Hierbei spielt es eine untergeordnete Rolle, wieweit Phänomenon und Noumenon sich gleichen. Wenn Novalis seine Sophie schon in der ersten Zeit der Bekanntschaft als „Stimme des Genius" und als „Anschaun dessen, was uns unsterblich macht" apostrophierte (N I, 387), so entsprach die zeitliche Erscheinung der Angeredeten nach Hardenbergs eigenem nüchternen Zeugnis (s. die Skizze *Klarisse*; N IV, 24f.) dieser Apostrophe nur wenig, sie brachte aber jenes unsterbliche Element zur Anschauung. Ein Reflex dieses Sachverhalts findet sich im *Ofterdingen*, wo Heinrich in einem liturgisch anmutenden Wechselgesang mit Mathilde, in dem sich beide das Sakrament der Liebe spenden, zur Geliebten sagt:

> „Könntest du nur sehn, wie du mir erscheinst, welches wunderbare Bild deine Gestalt durchdringt und mir überall entgegen leuchtet, du würdest kein Alter fürchten. Deine irdische Gestalt ist nur ein Schatten dieses Bildes. [...] das Bild ist ein ewiges Urbild, ein Theil der unbekannten heiligen Welt." (N I, 288f.)

Friedrich Schlegel scheint sein Verhältnis zu Dorothea Veit, von der er sagte: „Ihr ganzes Wesen ist Religion obgleich sie nichts davon weiß" (an Novalis, 17. 12. 1798; FS XXIV, 215), ähnlich angesehen zu haben. Das „heilige Feuer", das Julius in Lucinde als „Sinnbild der Gottheit" anbetet (FS V, 24, 23), entspricht dem ewigen Urbild, das Heinrich in Mathilde erschaut und das bei Novalis überhaupt zum religiös-erotischen Leitmotiv aller seiner wichtigen Dichtungen und Fragmentsammlungen wird.

Mit der Verbindung von Eros und Religion nimmt die Romantik eine alte Tradition auf, die von archaischen Kulten bis zur christlichen Mystik reicht (vgl. W. Schubert 1966). Kennzeichen dieser Tradition ist es, das Geschlechtliche durchaus mitzuumfassen, als erotische Phantasie oder Praxis. Anders als die empfindsame Liebe, die prinzipiell nur seelisch und geschlechtslos ist (dem Eros aber gleichwohl nicht immer auszuweichen vermag), huldigt die romantische dem Körperlich-Sinnlichen:

> „Es giebt nur Einen Tempel in der Welt und das ist der menschliche Körper. Nichts ist heiliger, als diese hohe Gestalt. Das Bücken vor Menschen ist eine Huldigung dieser Offenbarung im Fleisch. (Göttliche Verehrung des Lingam, des Busens – der Statuen.)" (N III, 565)

Auch die Dämonie des Eros, später ein Standardmotiv bei E.T.A. Hoffmann und Eichendorff, klingt bei Novalis bereits an:

> „Es ist sonderbar, daß nicht längst die Association von Wollust, Religion, und Grausamkeit die Leute aufmercksam auf ihre innige Verwandtschaft und ihre gemeinschaftliche Tendenz gemacht hat." (Ebd., 568)

Dem Drang, mit dem Partner körperlich eins zu werden, gesellen sich sogar Vorstellungen vom Verzehr der Geliebten: „es liegt tief in der Natur des Menschen, daß er alles essen will, was er liebt" (FS V, 14; s. auch N II, 620f.). In der Phantasie Hardenbergs verschmilzt dabei der erotische Liebesakt mit dem Verzehr des Leibes und Blutes Christi beim Abendmahl, wie insbesondere das VII. seiner *Geistlichen Lieder,* die sogenannte Abendmahls-Hymne, bezeugt (N I, 166ff.). Nach dem Tode Sophies fließt für ihn die nunmehr zur Erlösergestalt verklärte Geliebte mit der Gestalt Christi zusammen, er identifiziert Sophie mit Sophia, der himmlischen Weisheit aus der christlichen Mystik, und es beginnen sich bei ihm wie bei Friedrich Schlegel Züge einer erotisch angehauchten Marienverehrung bemerkbar zu machen, die der ursprünglich auf protestantischem Boden entsprossenen Romantik katholisierende Züge verleiht.

Die Liebesreligion der Romantik erweist sich damit allenfalls in einem sehr eingeschränkten und relativen Sinne als christlich. Wenn selbst August Wilhelm Schlegel und Caroline, denen man kaum eine religiöse Gesinnung zuschreiben kann, in dem im III. Band des *Athenäums* veröffentlichten Beitrag *Die Gemälde* in die Huldigung an die Gottesmutter und Madonna einzustimmen scheinen, dann betrachten sie die Symbole des Katholizismus nur als eine Art Mythologie. Und einen Mythos, geradezu im archaischen Sinne des Begriffs, hat man auch in der romantischen Heiligung der Liebe zu sehen.

Wenn Friedrich Schlegel im *Gespräch über die Poesie* nach einer neuen Mythologie ruft, dann meint er zunächst eine neue Symbolik, um das Problem zu lösen, wie sich das Undarstellbare darstellen, das Unendliche in einer endlichen Form wiedergeben lasse (s. Kap. IV. B.). Er verknüpft aber diese Forderung im *Brief über den Roman* mit dem Gedanken von der universalen Bedeutung der Liebe, indem er sagt, daß „der Geist der Liebe [...] in der romantischen Poesie überall unsichtbar sichtbar schweben" müsse (s. Kap. IV. C.).

Es gibt mehr als einen Grund, die religiöse Erotik in der Romantik wirklich als Mythos zu verstehen. Im archaischen Sinn ist der Mythos Nachvollzug (und Erzählung) eines urzeitlichen Aktes: der Umwandlung von Chaos in Kosmos durch schöpferische göttliche Kraft (vgl. M. Eliade 1984a, 30ff.). Da Eros die Urkraft der Zeugung repräsentiert, spielt er in Kosmogonien schon früh eine entscheidende Rolle (vgl. W. Schubert 1966, 24ff.). Als gestalt- und harmoniebildend hat ihn offenbar auch die frühe Romantik verstanden. So heißt es in Schlegels *Rede über die Mythologie:*

„Aber die höchste Schönheit, ja die höchste Ordnung ist denn doch nur die des Chaos, nämlich eines solchen, welches nur auf die Berührung der Liebe wartet, um sich zu einer harmonischen Welt zu entfalten, eines solchen wie es auch die alte Mythologie und Poesie war." (FS II, 313)

In der Vereinigung von Mann und Frau vollzieht sich, mythologisch gesehen, immer wieder aufs neue die „Hierogamie", die Hochzeit zwischen Himmel und Erde, ein in den alten Mythen weit verbreitetes kosmogonisches Muster (vgl. M. Eliade 1984a, 127), das noch in Eichendorffs Gedicht *Mondnacht* zu erkennen ist. Und sind die gegensätzlichen Pole des Männlichen und Weiblichen, die mit dem Verlust der androgynen Kindheit auseinanderklaffen, wieder vereint, symbolisiert das Paar die Wiederherstellung der Ganzheit, die ein Attribut des Goldenen Zeitalters ist. Die ebenfalls im alten mythischen Denken wurzelnde Analogie von Mikrokosmos und Makrokosmos läßt die Liebenden sodann einander wechselseitig zum Erlebnis der ganzen Welt werden. „Sie waren einer dem andern das Universum", diesen Satz, den Julius in einem französischen Buch findet, münzt er buchstäblich auf sein Verhältnis zu Lucinde (FS V, 67). „Meine Geliebte ist die Abbreviatur des Universums, das Universum die Elongatur meiner Geliebten." N II, 485) Für Novalis erfüllt die Geliebte damit auch die Funktion des Mittlertums, das er im 74. Blütenstaub-Fragment zum Kriterium der „wahren Religiosität" erhebt (N II, 441).

Der Liebesrausch, auf den Novalis in den *Hymnen an die Nacht* anspielt, erscheint als Mittel, vom Leiden an der Individuation erlöst zu werden. Die Romantik öffnet sich damit dem Lebensgefühl des „Dionysischen", das nicht erst Nietzsche bei den Griechen entdeckt (vgl. M.L. Baeumer 1969, E. Behler 1983). Zum Einzelwesen verkümmert zu sein, mit reflektierendem Bewußtsein geschlagen und der Ergänzung durch Natur bedürftig, ist aus der Sicht der Romantik aber eher Schicksal des Mannes als der Frau. Die Frauen haben den Vorzug, dem Leben und dem Ursprünglichen näherzustehen, seien sie kindhaft oder mütterlich. In der Frau winkt dem Mann, der in der romantischen Dichtung immer auf der Suche nach dem Weiblichen ist, die Erlöserin.

Wenn die religiöse Erotik zum neuen Mythos wird, so regeneriert sich damit gleichzeitig auch der Mythos selbst, indem er in seiner archaischen Wesenheit wiederersteht. Bis weit ins 18. Jahrhundert wurde die antike Mythologie bloß als Sammlung allegorischer Bilder rezipiert. Erst etwa mit Herder im *Journal meiner Reise im Jahr 1769* beginnt sich ein angemesseneres Verständnis zu entwickeln, das den Mythos als existentielle Erfahrungs- und Deutungsweise erkennt, welche dem Menschen ein grundsätzlich anderes Realitätsbild vermittelt und andere Verhaltensweisen zudiktiert als jene, die aus dem Bewußtsein späterer Kulturen erwachsen. Dem mythischen Bewußtsein erscheint in der Welt überall eine sakrale Realität, gleichzeitig aber auch ein Gegensatz zwischen dem „Heiligen" und dem „Profanen" (vgl. M. Eliade 1984a). Indem die Romantik die Wirklichkeit als symbolisch verschlüsselte Erscheinung eines verborgenen höheren Seins begreift und gleichfalls einen Gegensatz dieses sakralen Seins zur profanen Alltagswelt konstatiert, partizipiert sie in gewisser Weise an diesem Realitätsbild und reproduziert sie bis zu einem gewissen Grade den Mythos.

Als Anlehnung an mythisches Denken mutet es auch an, wenn die Romantik das Heilige in die Vor- oder Urzeit zurückleitet, es als das untergründig ewig Bleibende ansieht und auf seine Wiederkehr (Offenbarung) in der Zukunft hofft. Denn dem Mythos eignet ein zyklisches Zeitbewußtsein sowie das Bedürfnis, daß immer alles so geschehe und gemacht werde wie ursprünglich durch heilige Schöpfung und Satzung gestiftet, in ewiger Wiederholung (vgl. M. Eliade 1984b, E. Cassirer 1973, 129ff.). Hierbei kommt kein mechanischer Gleichlauf zustande. Jede Wiederkehr hat in sich eine eigene Qualität und erfährt Abwandlungen durch Metamorphose. Das Prinzip der Wiederkehr wirkt sich im romantischen wie im mythischen Denken vor allem darin aus, daß es die Vergänglichkeit relativiert, die Endgültigkeit des Todes aufhebt. Durch die bedeutsamste aller Metamorphosen, die Wiedergeburt, ersteht das Erstorbene zu neuem Leben.

Es versteht sich, daß das neue Zeitbewußtsein auch die von der Aufklärung übernommene Progressivitätsidee (s. Kap. I. B.) relativiert. Beim Fortschreiten in die Zukunft blickt der Romantiker in die Vergangenheit zurück, um das neu zu Begründende an das alte Ursprüngliche anzuknüpfen. Die *Idylle über den Müßiggang* in Schlegels Roman *Lucinde* läßt geradezu eine gewisse Fortschrittsmüdigkeit erkennen. „Was soll [...] das unbedingte Streben und Fortschreiten ohne Stillstand und Mittelpunkt?" (FS V, 26) Solches Verhalten wird als „nordische Unart" gegeißelt und dafür der „passive" Orient gerühmt (ebd., 27).

Die Hinwendung zum Mythos bedingt in der Romantik eine Verlagerung des Schwerpunkts von der Theorie zur Poesie, vom Begriff zum Bild, vom analytischen Reflektieren zum synthetisch-analogischen Symbolisieren. Auch das politische und geschichtsphilosophische Denken Hardenbergs äußert sich in symbolischen Bildern und will als Poesie verstanden werden.

Anmerkung zur Reihenfolge: Ihrer engen Nähe zum Sophien-Erlebnis entsprechend werden die *Hymnen an die Nacht* vor *Glaube und Liebe* und der Europa-Rede behandelt. Außerdem soll damit ihr Zusammenhang mit Schlegels *Lucinde* betont werden.

A. Friedrich Schlegel: *Lucinde*

1. *Grundlageninformation*

1.1. *Text und Materialien*

Erstdruck: *Lucinde. Ein Roman von Friedrich Schlegel. Erster Teil*, Berlin. Bei Heinrich Frölich, 1799. Kritische Ausgabe: FS V, 1–82.

Entstehung: Den ersten Keim zu dem Roman bildet ein nicht weiter ausgeführter Plan, der aus dem Jahre 1794 stammt und in dem sich Friedrichs Beziehung zu Caroline spiegelt, die er im Sommer 1793 kennengelernt hatte (s. Kap. I. G.). Der

Plan ist abgedruckt: FS XVI, 252. Erst im Spätherbst 1797 spricht Schlegel wieder von Romanplänen, und am 20.10. 1798 erwähnt er Novalis gegenüber zum erstenmal den Plan der *Lucinde*. Die Niederschrift erfolgte von Mitte Dezember 1798 bis Mai 1799. Zur Entstehungsgeschichte siehe die Einleitung von Hans Eichner in: FS V, S. XVIIff., sowie diejenige von Raymond Immerwahr in: FS XXIV, S. XLVIIff.

Die geplante Fortsetzung: Dem Ersten Teil wollte Schlegel alsbald einen zweiten und sogar einen dritten folgen lassen, es entstanden jedoch nur einige kürzere Prosabruchstücke (FS V, 83–92) und eine größere Anzahl von Gedichten (s. die Übersicht bei Eichner: FS V, S. LXIIIff. und den Abdruck der Gedichte im selben Band), mit denen Schlegel die von ihm selbst aufgestellte Definition einlösen wollte, daß zum Wesen eines Romans die Mischung von Prosa und Versen gehöre.

Autobiographische Züge: Die Liebe zu Dorothea Veit, der ältesten Tochter Moses Mendelssohns, die Schlegel im Sommer 1798 im Salon der Henriette Herz kennengelernt hatte (s. Kap. II. A.), gab den entscheidenden Anstoß zu dem Roman. Dorothea war unglücklich verheiratet mit dem Bankier Simon Veit und wurde bald Schlegels Geliebte. Er war damals fünfundzwanzig Jahre alt, sie sieben Jahre älter. Insbesondere in die Biographie des Julius, im Mittelteil „Lehrjahre der Männlichkeit", sind Gestalten und Beziehungen aus Schlegels eigenem Leben, besonders aus seinen Leipziger Studienjahren, eingegangen. Siehe dazu die Einleitung von Eichner, S. XLII. Zum Verhältnis zu Dorothea und zu den Leipziger Jahren siehe die einschlägigen Briefe in FS XXIII und XXIV.

Weitere Materialien: Auf die *Lucinde* beziehen sich zahlreiche Notizen und Fragmente Schlegels, besonders aus dem Nachlaß. Sie sind in FS XVI mit Hilfe der Register zu ermitteln, unter den Stichworten „Lucinde", „Roman", „Liebe", „Ehe" u. a.

1.2. *Forschungsliteratur*

Anstett, Jean-Jacques: *Lucinde: Eine Reflexion*, Essai d'Interprétation, in: Etudes Germaniques 3 (1948), S. 241–250 [Das „Eine Reflexion" genannte Stück des Romans greife Gedanken Fichtes auf, breche aber mit dem Fichteanismus und zeige eine starke Verwandtschaft mit Schellings Naturphilosophie.]

Becker-Cantarino, Bärbel: Schlegels *Lucinde*. Zum Frauenbild der Frühromantik, in: Colloquia Germanica 10 (1976/77), S. 128–139 [Interpretation aus feministischer Sicht. Meint, daß in der *Lucinde* die Liebe, aber nicht die Frau emanzipiert werde, die vielmehr in den traditionellen Rollen von Geliebter, Ehefrau und Mutter dargestellt sei.]

Behler, Ernst: Friedrich Schlegel: *Lucinde* (1799), in: P.M. Lützeler (Hg.) 1981, S. 98–124: s. GB 9. [Mit einem längeren Abschnitt über die Rezeptionsgeschichte. Formal wird die *Lucinde* als allegorischer Roman gedeutet, der gleichzeitig die Theorie des allegorischen Romans enthalte.]

Bräutigam, Bernd: Leben wie im Roman. Untersuchungen zum ästhetischen Imperativ im Frühwerk Friedrich Schlegels (1794–1800), Paderborn 1986 [Schlegel hebe die Grenze zwischen Kunst und Leben auf. Sein Postulat, daß das Schöne sein soll, erstrecke sich, das Ästhetische überfordernd, auch auf die Alltagswirklichkeit und ziele auf das „schöne Leben" oder den „gelebten Roman". Die *Lucinde* als „Ostentation schönen Lebens" gedeutet, S. 77–155.]

Dierkes, Hans: Friedrich Schlegels *Lucinde*, Schleiermacher und Kierkegaard, in: Deutsche Vierteljahrsschrift für Literaturwissenschaft und Geistesgeschichte 57 (1983), S.431–449 [Bezogen auf Schleiermachers *Vertraute Briefe über Friedrich Schlegels Lucinde* (1800) und Kierkegaards Bemerkungen über Schlegel in seiner Magisterdissertation *Über den Begriff der Ironie*. Beide hätten erkannt, daß in Schlegels Roman ein revolutionärer Anspruch debütiert: Leben und Welt nach den Kategorien einer angewandten Poesie einzurichten.]

Dischner, Gisela: Friedrich Schlegel Lucinde und Materialien zu einer Theorie des Müßiggangs, Hildesheim 1980 [Enthält außer dem Text der *Lucinde* und den Materialien Dokumente zur Rezeptionsgeschichte und eine Einleitung der Herausgeberin. Feministisch orientierte, sehr positive Deutung.]

Domoradzki, Eva: Und er erschuf die Frau nach seiner Sehnsucht. Zum Weiblichkeitsentwurf in Friedrich Schlegels Frühwerk unter besonderer Berücksichtigung des Romans *Lucinde*, in: Sylvia Wallinger und Monika Jonas (Hg.): Der Widerspenstigen Zähmung. Studien zur bezwungenen Weiblichkeit in der Literatur vom Mittelalter bis zur Gegenwart, Innsbruck 1986, S. 169–184 [Weist u. a. darauf hin, daß wesentliche Gedanken der *Lucinde* in Platons *Symposion* ihr Vorbild haben. Meldet wie andere feministische Beiträge (s. B. Becker-Cantarino 1976/77, S. Weigel 1983) Zweifel an dem emanzipatorischen Charakter des Frauenbildes bei Schlegel an.]

Hibberd, John: The Idylls in Friedrich Schlegel's *Lucinde*, in: Deutsche Vierteljahrsschrift für Literaturwissenschaft und Geistesgeschichte 51 (1977), S.222–246 [Untersucht Stücke wie „Idylle über den Müßiggang", „Treue und Scherz", „Sehnsucht und Ruhe" in ihrer Beziehung zu Schlegels Ideen über die Gattung Idylle. Schlegel versuche in romantischer Poesie Instinkt und bewußte Absicht zu vereinigen.]

Hotz-Steinmeyer, Cornelia: Friedrich Schlegels *Lucinde* als „Neue Mythologie". Geschichtsphilosophischer Versuch einer Rückgewinnung gesellschaftlicher Totalität durch das Individuum, Frankfurt 1985 [Versteht den Roman als einen Befreiungsversuch der durch „Zivilisation verdrängten Instinkte und Leidenschaften" (Horkheimer/Adorno) und interpretiert ihn aus dem Gesamtzusammenhang des Schlegelschen Denkens heraus.]

Hudgins, Esther: Nicht-epische Strukturen des romantischen Romans, The Hague 1975 [Erschließt an drei Beispielen aus der Romantik, Schlegels *Lucinde*, Hoffmanns *Kater Murr* und Eichendorffs *Dichter und ihre Gesellen*, eine neuartige nicht-epische Romanform, die einen neuen Sinn von Einheit und Kontinuität anstrebe.]

Klin, Eugeniusz: Das Problem der Emanzipation in Friedrich Schlegels *Lucinde*, in: Weimarer Beiträge 9 (1963), S.76–99 [Würdigung der „emanzipatorisch-moralischen Bestrebungen" des Romans auch von der damaligen gesellschaftlichen und historischen Situation aus.]

Körner, Josef: Neues vom Dichter der *Lucinde*. Mitteilungen aus Friedrich Schlegels jüngst entdecktem handschriftlichen Nachlaß, in: Preußische Jahrbücher 183 (1921), S.309–330, und 184 (1921), S.37–56 [Leitet mit der sehr positiven Würdigung eine neue Phase der Deutungsgeschichte ein. Erkennt, daß der Roman und gleichzeitige philosophische Fragmente aufeinander bezogen sind. Vertritt die These, Schlegel habe ursprünglich einen naturphilosophischen Roman geplant und sich erst im Laufe der Arbeit zu einem Erlebnisroman mit der Liebe als zentralem Motiv entschlossen.]

Lange, Sigrid: Zum Beispiel: *Lucinde*. Das „Ewigweibliche" im Horizont der bürgerlichen Emanzipation, in: Weimarer Beiträge 33 (1987), S. 616–631 [Zur feministischen Diskussion über die *Lucinde*. Knüpft an B. Becker-Cantarino (s. d.) an. Deutet die *Lucinde* von einem marxistischen Geschichtsbild aus.]

Littlejohns, Richard: The „Bekenntnisse eines Ungeschickten": A Re-Examination of Emancipatory Ideas in Friedrich Schlegel's *Lucinde*, in: Modern Language Review 77 (1977), S. 605–614 [Bestreitet, was einige neuere Darstellungen sehen wollen, daß die Emanzipation der Frau in *Lucinde* mehr als eine emotionale und intellektuelle Note hat. Schlegel zeichne vom Verhältnis der Geschlechter ein Bild, das traditionellen Klischeevorstellungen entspreche.]

Ders.: „Unselige Geschäftigkeit". Zu einem romantischen Thema bei Friedrich Schlegel, Novalis und Philipp Otto Runge, in: Zeitschrift für deutsche Philologie 107 (1988), Sonderheft, S. 2–15 [Bezieht sich bei der *Lucinde* auf die „Idylle über den Müßiggang" und stellt eine Verbindung zu Novalis' *Hymnen an die Nacht* sowie zu Runges *Tageszeiten* her.]

Lüthi, Kurt: Feminismus und Romantik. Sprache, Gesellschaft, Symbole, Religion, Wien/Köln/Graz 1985 [Behandelt die herausragenden Frauen und das Frauenbild der Romantik und stellt die *Lucinde*, zusammen mit Schleiermachers *Vertrauten Briefen*, in diesen allgemeineren Kontext (S. 81–104). Knüpft außerdem Bezüge zur heutigen feministischen Bewegung.]

Mattenklott, Gert: Der Sehnsucht eine Form. Zum Ursprung des modernen Romans bei Friedrich Schlegel, erläutert an der *Lucinde*, in: D. Bänsch (Hg.) 1977, S. 143–166: s. GB 9. [Die zerstückte Form der *Lucinde* spiegele, wie der moderne Roman, das Axiom, daß die Wirklichkeit in ihrer modernen Verfassung kohärente Sinnerfahrung nicht mehr zulasse, fingiere andererseits aber im pflanzenhaften Wildwuchs des Textarrangements eine neue naturhafte Kohärenz.]

Nygaard, Loisa C.: Time in Friedrich Schlegel's *Lucinde*, in: Colloquia Germanica 13 (1980), S. 334–349 [Der Roman sei ein einzigartiger Versuch, augenblickshafte Gegenwärtigkeit darzustellen. Vergangenheit und Zukunft existierten nicht als eigene Zeitstufen, sondern nur als Ausdehnungen des gegenwärtigen Augenblicks.]

Paulsen, Wolfgang: Friedrich Schlegels *Lucinde* als Roman, in: The Germanic Review 21 (1946), S. 173–190 [Deutet den Roman von der Form her als planvolles, mit ausgesprochenem Sinn für Proportionen gestaltetes Gewebe.]

Polheim, Karl Konrad: Friedrich Schlegels *Lucinde*, in: Zeitschrift für deutsche Philologie 88 (1969), Sonderheft, S. 61–90 [Bezieht den Roman auf Schlegels Romantheorie, als deren konsequente Verwirklichung er gesehen wird. Die *Lucinde* verkörpere aber nicht nur den „einfachen romantischen Roman, sondern den potenzierten idealen Roman und damit die wahren Arabesken".]

Sanna, Simonetta: Schlegels *Lucinde* oder der ästhetische Roman, in: Deutsche Vierteljahrsschrift für Literaturwissenschaft und Geistesgeschichte 61 (1987), S. 457–479 [Auf einer Definition des „ästhetischen Romans" durch Umberto Eco aufbauend, findet die Verf., indem sie *Lucinde* als einen Roman dieser Art versteht, daß die zentralen Figuren Lucinde und Julius sich nicht nur als Liebespaar, sondern als Rezipient und Sender im kommunikativen Sinne innerhalb eines offenen dynamischen Systems vermitteln.]

Schmidt, Thomas E.: Die Geschichtlichkeit des frühromantischen Romans. Literarische Reaktion auf Erfahrungen eines kulturellen Wandels, Tübingen 1989 [Behandelt neben der *Lucinde*, S. 99–175, auch Tiecks *Sternbald* und Brentanos *Godwi*. Ordnet Schlegels Roman philosophiegeschichtlich in einen größeren, über den Kreis der Jenaer Romantiker hinausreichenden Denkzusammenhang ein, in dem es um die Themen Egoismus und Liebe geht, wobei besonders F.H. Jacobis *Woldemar* herangezogen wird.]

Schultz, Hartwig: Geist und Sinnlichkeit. Friedrich Schlegels *Lucinde* und die Folgen, in: Wolfgang Böhme (Hg.): „Die Liebe soll auferstehen". Die Frau im Spiegel romantischen Denkens, Stuttgart 1985, S. 56–68 [Der Roman im Kontext einer universellen Natur- und Kunstphilosophie gesehen. „Liebe" sei für die Romantik ein alles beherrschendes Naturgesetz. Vom Frauenbild der *Lucinde* wird ein Bezug zu Brentano und seinem Verhältnis zu Sophie Mereau hergestellt.]

Slessarev, Helga: Die Ironie in Friedrich Schlegels „Idylle über den Müßiggang", in: German Quarterly 38 (1965), S. 286–297 [Betrachtet die „Idylle" als ein Parallelstück zu Schlegels Aufsatz *Über die Unverständlichkeit* im III. Band des *Athenäums*.]

Weigel, Sigrid: Wider die Romantische Mode. Zur ästhetischen Funktion des Weiblichen in Friedrich Schlegels *Lucinde*, in: Inge Stephan und Sigrid Weigel: Die verborgene Frau. Sechs Beiträge zu einer feministischen Literaturwissenschaft, Berlin 1983, S. 67–82 [Meint wie R. Littlejohns 1977 (s. d.) und B. Becker-Cantarino 1976/77 (s. d.) und gegen G. Dischner 1980 (s. d.), daß Schlegel mit dem Frauenbild in der *Lucinde* keine wirklich emanzipatorische Tendenz einschlage. Die Frauenfiguren des Romans seien nur „Objekte für die Projektionen des männlichen Helden". Ästhetisch sei mit der *Lucinde* Schlegels Entwurf der „progressiven Universalpoesie" gescheitert.]

2. Analyse

Schlegels *Lucinde*, im Untertitel „Bekenntnisse eines Ungeschickten", ist kein Roman im herkömmlichen Sinne. Er hat kaum ‚Handlung' und läßt das Element des Epischen in zwei Dritteln des Gesamttextes vermissen. Ein erzählender Mittelteil, „Lehrjahre der Männlichkeit", wird von zwei Seitenteilen flankiert, deren jeder aus mehreren untereinander nicht zusammenhängenden Einzelstücken betrachtenden und reflektierenden, brieflichen und dialogischen Charakters besteht. Das sprechende Ich dieser nichtepischen Teile ist Julius, der Liebhaber Lucindes, während die „Lehrjahre" in der Er-Form erzählt sind, aber auch aus der Perspektive des Julius. Nach Schlegels Plan sollte die Fortsetzung des Romans aus der Perspektive der Frau geschrieben werden.

Da diese Komposition jeder systematischen Ordnung widerspricht, liegt es nahe, in ihr Schlegels eigenhändige Realisierung seiner neuartigen Definition des Romans zu sehen (hierbei folgt die Praxis der Theorie allerdings nicht nach, sondern beide erwachsen etwa gleichzeitig aus derselben geistigen Wurzel). Im *Gespräch über die Poesie* erweitert er den Roman über die Grenzen des Epischen hinaus ins poetisch Allumfassende und kennzeichnet ihn als eine in Arabesken aufgelöste Form (s. Kap. IV. C.). Die Arabeske nennt er „die älteste und ursprüngliche Form der menschlichen Fantasie" und sieht in ihr eine „künstlich geordnete Verwirrung", eine „reizende Symmetrie von Widersprüchen" (FS II, 319, 318f.). Als etwas dergleichen soll sich nun offensichtlich die *Lucinde* darstellen. Der Leser wird darauf schon auf der dritten Druckseite hingewiesen, wenn Julius bemerkt: „Für mich und für diese Schrift, für meine Liebe zu ihr und für ihre Bildung in sich, ist aber kein Zweck zweckmäßiger, als der, daß ich gleich anfangs das was wir Ordnung nennen vernichte, weit von ihr entferne und mir das Recht einer reizenden Verwirrung deutlich zueigne und durch die Tat behaupte." (FS V, 9)

Auch darin geht Schlegel mit seiner eigenen Romantheorie konform, daß er die im *Gespräch über die Poesie* aufgestellte Forderung, die Romanpoesie oder romantische Poesie müsse das Unendliche durch Allegorien, durch Symbole ausdrücken (s. Kap. IV. B.), in der *Lucinde* einzulösen sucht. Vieles, was Julius der Geliebten mitteilt, sind Andeutungen „in göttlichen Sinnbildern" von etwas, „was ich nicht zu erzählen vermag" (FS V, 58). Im vierten Stück des ersten Seitenteils, in der „Allegorie über die Frechheit", stellt sich der Romantyp, den *Lucinde* repräsentiert, überdies selber als allegorische Figur vor, nämlich als fantastischen Knaben mit einer Maske, wobei diese eine Allegorie des Allegorischen sein soll (ebd., 17, 59). Damit wird zugleich der „transzendentale" Charakter des Romans deutlich (s. Kap. IV. A.4.). Der Roman spiegelt sich selbst: als Allegorie der Allegorie der Allegorie...

Unsystematisch und bruchstückhaft wie er ist, deutet er im übrigen, ganz wie die Fragmente, Essays, Briefe und Gespräche, auf das für die Romantik besonders dieser Phase charakteristische suchende, perspektivische, experimentelle Herangehen an eine Sache. Einzig die ‚ordentlich‘ erzählten, zusammenhängenden „Lehrjahre der Männlichkeit" wollen bezeugen, daß Julius' „zerstücktes Ich" durch die Begegnung mit Lucinde seinerseits Zusammenhang gewinnt (s. dazu weiter unten). Ansonsten verrät eine „Reflexion" des Julius, daß er den Sinn seines Denkens und Lebens nicht darin sieht, zu endgültigen Resultaten zu gelangen:

„Das Denken hat die Eigenheit, daß es nächst sich selbst am liebsten über das denkt, worüber es ohne Ende denken kann. Darum ist das Leben des gebildeten und sinnigen Menschen ein stetes Bilden und Sinnen über das schöne Rätsel seiner Bestimmung. Er bestimmt sie immer neu, denn eben das ist seine ganze Bestimmung, bestimmt zu werden und zu bestimmen. Nur in seinem Suchen selbst findet der Geist des Menschen das Geheimnis welches er sucht." (FS V, 72)

Unter diesem Gesichtspunkt ist die „Ungeschicklichkeit" des Julius nicht nur etwas Negatives. Sie ist im positiven Sinne Ausdruck des Unfertigen und darum immer noch Bestimmbaren, Belehrbaren, Entfaltungsfähigen.

Ihrem Inhalt nach sind die „Bekenntnisse" genauso ungewöhnlich wie die Form. Nicht ohne Grund trägt Schlegels Roman als Titel den Namen einer Frau. Was der Autor als Botschaft zu verkünden hat, ein neues Ideal der

Geschlechterbeziehung, entwickelt der Romanheld Julius, offensichtlich ein Selbstporträt Schlegels, aus der Erfahrung mit Frauen, vor allem aus der Begegnung mit jener Lucinde genannten, die ihn durch die Harmonie ihres Wesens bezaubert. Wenn er ihr sagt: „dein Wesen ist Eins und unteilbar" (FS V, 11), so meint er auch, daß „alles in ihr vereinigt" sei, „was er sonst einzeln geliebt hatte" (ebd., 56), insbesondere daß sich in ihr unterschiedliche Aspekte der weiblichen Partnerschaft zusammenschließen: „Ja! ich würde es für ein Märchen gehalten haben, daß es solche Freude gebe und solche Liebe, wie ich nun fühle, und eine solche Frau, die mir zugleich die zärtlichste Geliebte und die beste Gesellschaft wäre und auch eine vollkommene Freundin." (Ebd., 10)

Lucinde verkörpert das romantische Ideal der Ganzheit gewissermaßen auf zweierlei Weise: als das noch Ungeteilte und als das wieder Vereinigte, also als Ganzheit vor der Trennung und als Ganzheit nach der Trennung. Als Ganzheit im letzteren Sinne ist sie ein Mensch, der den Prozeß der Zivilisation durchlaufen hat; sie ist gesellschaftlich ebenso wie künstlerisch gebildet, und ihr Umgang läßt Julius sowohl „geselliger" (ebd., 57) werden wie eine Vollendung in der Kunst erlangen, die er „zuvor durch kein Streben und Arbeiten erringen konnte" (ebd.). Als Ganzheit im ersteren Sinne verkörpert sie andererseits das vorzivilisatorische Stadium der „Natur", freilich schon weil sie Frau, und nicht nur weil sie eine besondere unter den Frauen ist. Julius lernt durch sie begreifen, „daß die Frauen allein, die mitten im Schoß der menschlichen Gesellschaft Naturmenschen geblieben sind, den kindlichen Sinn haben, mit dem man die Gunst und Gabe der Götter annehmen muß" (ebd., 55). Schlegel wiederholt damit eine Ansicht, die schon im Sturm und Drang aufkommt. Schon damals war man bei der Suche nach einer außerzivilisatorischen, ‚natürlichen' Menschlichkeit auf die Assoziation Naturmensch, Kind, Frau gestoßen. Nicht ganz neu ist auch die mystische Verehrung der Frau als Mutter, als welche sie die Kraft und Tiefe des Schöpferischen, Geborgenheit und Heimat verkörpert. „Die hinreißende Kraft und Wärme ihrer Umschließung war mehr als mädchenhaft; sie hatte einen Anhauch von Begeisterung und Tiefe, den nur eine Mutter haben kann." (Ebd., 55) Auch in Novalis' *Hymnen an die Nacht* treten die mädchenhafte Gestalt der Geliebten und die umfassendere und tiefere der Mutter zusammen.

Spezifisch romantisch und neu ist hingegen die Ansicht von der heilenden Wirkung, die von der Frau auf den Mann ausgeht. Lucinde wird für Julius, nicht anders als Sophie für den Dichter der *Hymnen*, eine Erlösergestalt im religiösen Sinne. „Es ward Licht in seinem Innern, er sah und übersah alle Massen seines Lebens und den Gliederbau des Ganzen klar und richtig, weil er in der Mitte stand. Er fühlte, daß er diese Einheit nie verlieren könne, das Rätsel seines Daseins war gelöst" (ebd., 57). Wiederum ähnlich wie Sophie wird Lucinde ihm „Mittlerin", nämlich „zwischen meinem zerstückten Ich und der unteilbaren ewigen Menschheit" (ebd., 71), ja sie nimmt in seiner Phantasie Züge der christlichen Madonna an (ebd., 64, 71).

Als „zerstücktes Ich" repräsentiert Julius den Gegensatz von Lucindes
Harmonie, gegenüber ihrer weiblichen Naturhaftigkeit die erlösungsbedürf-
tige männliche Un-Natur. Und wie sein Ich so war auch „Sein ganzes Dasein
[...] in seiner Fantasie eine Masse von Bruchstücken ohne Zusammenhang"
(ebd., 37). Hervorstechend in seinem Charakter ist sodann eine ihn umtrei-
bende unselige Sehnsucht, die durch keinen der zahlreichen Reize, auf die er
Jagd macht, befriedigt werden kann. „Alles konnte ihn reizen, nichts
mochte ihm genügen." (Ebd., 36) So dreht er sich in einem Zirkel von
Zerstreuung und Langeweile.

Etwas Faustisches ist ihm eigen, denn er könnte mit Goethes Held sagen:
„So tauml' ich von Begierde zu Genuß, / Und im Genuß verschmacht' ich
nach Begierde" (Goethe III, 104) – Verse, die Schlegel im Studium-Aufsatz
zitiert hatte (FS I, 223). Und eben im Studium-Aufsatz hatte Schlegel das
ständig Reizende und ewig Unbefriedigende auch der „modernen" Literatur
als wesentliche Eigenschaft zugeschrieben, so daß der unglücklich und vergeblich Strebende wie die menschliche Analogie zu der so verstandenen
neueren Literatur anmutet, wird von Schlegel doch sogar angedeutet, daß
Julius sich dem „Interessanten" verschrieben hat (ebd., 36, 39, 41, 45). Das
der „Natur" entfremdete Wesen und Leben des Mannes ist somit nichts
anderes als das dem „Klassischen" entfremdete Wesen und Wirken der neueren Literatur: heterogen, bruchstückhaft, vom Stachel des „Reizenden" in
Unrast gehalten und ohne jede Aussicht darauf, zu Ruhe und Erfüllung zu
gelangen; während mit Lucinde die leibhaftige Klassizität in Julius' Leben
getreten zu sein scheint, wenn sie auch „einen entschiednen Hang zum
Romantischen" hat (ebd., 53).

Gleichwohl bedarf auch sie der Ergänzung durch den männlichen Gegenpol. Erst die Liebe, die Verbindung zwischen Frau und Mann, macht „uns
erst zu wahren vollständigen Menschen" (ebd., 64). Dabei ist Julius nicht
allein der Nehmende, sondern auch Gebender. Eine Denkfigur, die in der
Romantik ständig wiederkehrt, ist die sich wechselseitig belebende Polarität
von „Natur" und „Geist". Als solche mutet das Verhältnis zwischen Lucinde und Julius an. Der Umgang mit der Geliebten belebt seinen Geist, und
sein Geist erweckt in Lucinde alle in ihr schlummernden Gaben: „Da ward
sein Geist in vielfachen Richtungen und Verhältnissen ergänzt und bereichert. Aber die volle Harmonie fand er auch von dieser Seite allein in Lucin-
dens Seele, wo die Keime alles Herrlichen und alles Heiligen nur auf den
Strahl seines Geistes warteten, um sich zur schönsten Religion zu entfalten."
(Ebd., 58) Die Liebe wird so zur Einheit von Geist und Natur, durchaus
auch der sinnlichen Natur, oder ein Durchgang durch alle Stufen beider
Bereiche: „Durch alle Stufen der Menschheit gehst du mit mir von der
ausgelassensten Sinnlichkeit bis zur geistigsten Geistigkeit" (ebd., 11). Eine
zweite romantische Denkfigur liegt in der Ansicht, daß der Einzelne in der
Einheit vom Fluch der Individuation erlöst, aber seiner Individualität gerade
inne wird. „Sie waren ganz hingegeben und eins und doch war jeder ganz er

selbst, mehr als sie es noch je gewesen waren" (ebd., 54). In der überpersönlichen Vereinigung erfährt das Individuum auch seine persönliche Einheit, die gleichermaßen unerschöpflich ist wie das größere Ganze: „Nur in der Antwort seines Du kann jedes Ich seine unendliche Einheit ganz fühlen." (Ebd., 61)

Als drittes wesentliches Spezifikum der romantischen Liebe gelangt die Idee der unendlichen Sehnsucht ins Spiel, in ein sich als unersättlich und unerschöpflich verstehendes Liebesspiel. Julius wird aus dem vormaligen unruhigen Umgetriebenwerden zu „ruhigem heitern Dasein" (ebd., 56) erlöst, aber die neuen Formen des Lebens und Erlebens im Umgang mit Lucinde: Ruhe, Genuß, Müßiggang, wollen nicht Sättigung und Stagnation bedeuten. Diese Alternative wäre dem Romantiker ein Greuel. Bereits im Studium-Aufsatz hatte Schlegel das unselige Ungenügen ins Positive umgedeutet. In diesem positiven Sinne erscheint es im 116. Athenäums-Fragment: als ewiges Werden der romantischen Poesie. In seinem Roman überschreibt Schlegel den vorletzten Abschnitt mit „Sehnsucht und Ruhe", und in dieser Synthese wird die Sehnsucht, um mit Goethe zu sprechen, zur seligen Sehnsucht, über der es nichts Höheres gibt: „Ja die Ruhe ist nur das, wenn unser Geist durch nichts gestört wird, sich zu sehnen und zu suchen, wo er nichts Höheres finden kann als die eigne Sehnsucht." (Ebd., 78) Allerdings wollen die Liebenden nicht dem Irdischen entschweben. Als Lucinde von Julius ein Kind erwartet, denkt er mit ihr auf dem Lande, auf der „Erde", eine „echte Ehe" zu führen, ja sich im Häuslichen einzurichten (ebd., 62).

Das wird man nach allem, was der Roman von dem Verhältnis der beiden berichtet, nicht mißverstehen. Von einer bürgerlichen Lebensform, überhaupt von der damals traditionellen und konventionellen Auffassung von Liebe und Ehe ist Schlegels Darstellung weit entfernt. Herkömmlich war die Ehe ein Zweckbündnis, das um der Nachkommenschaft willen und unter vornehmlich ständischen und ökonomischen Rücksichten geschlossen wurde. Liebe war ebensowenig eine notwendige Voraussetzung der Heirat wie Erotik ein Element der Ehe. Im Bürgertum galt die Eheschließung als Mittel, den Geschlechtstrieb in geordnete Bahnen zu lenken, im Adel suchte man die Vergnügungen des Eros nur außerhalb der Ehe. Eine Vorstellung von Liebe, wie Schlegels *Lucinde* sie proklamiert, als Einheit von Geist und Sinnlichkeit, existierte nicht. Wurde die Anziehung zwischen Mann und Frau im älteren Schrifttum immer als Sinnentaumel gedeutet, so geht die Empfindsamkeit des 18. Jahrhunderts ins andere Extrem, indem sie die Liebe zur geschlechtslosen Seelenlust sublimiert (vgl. L. Pikulik: Leistungsethik contra Gefühlskult, Göttingen 1984, S. 194ff., 222ff.).

Die Verbindung zwischen Julius und Lucinde überwindet den hier zugrunde liegenden Dualismus und emanzipiert sich von allem, was die Ehe als bürgerliche Lebensform prägt: Nützlichkeit und Arbeit, Einkommen und Fortkommen. Die „Idylle über den Müßiggang" nimmt sich das dolce far niente der „Götter" zum Muster, schmäht den vom Olymp ausgeschlossenen Titan Prometheus, den Prototyp des ruhelosen Antreibers, der „die Menschen zur Arbeit verführt hat", und erinnert daran, daß Fleiß und Nutzen „die Todesengel mit dem feurigen Schwert [sind], welche dem Menschen die Rückkehr ins Paradies verwehren" (FS V, 26, 29, 27). Nur die schöpferische Muße und eine sorglose Hingabe an den organischen Lebensprozeß nach dem Vorbild des pflanzlichen Wachstums, nicht dagegen „Zwecke und Vorsätze" sollen die Existenz bestimmen (ebd., 27).

Schlegels Roman erhebt auch die Frau zu bisher ungekannter Würde, indem er in ihr ein vollkommeneres Menschentum entdeckt als im Mann, so daß die herkömmliche Rangordnung, die den Mann über die Frau zu stellen pflegte und von dieser entsprechend die Unterwerfung verlangte, auf den Kopf gestellt wird. Wenn der Autor der Frau eher sinnliche „Natur", dem Manne „Geist" zuschreibt, ist er allerdings nicht ganz frei von den Geschlechtsstereotypen des 18. Jahrhunderts, die das Wesen des Mannes auf das Rationale, das der Frau auf das Nichtrationale festlegten (vgl. R. Littlejohns 1977, B. Becker-Cantarino 1976/77, S. Weigel 1983). Es ist zudem nicht zu verkennen, daß die Höherstellung der Frau von Schlegel nicht rechtlich und politisch gemeint ist. Die „Ehe" zwischen Julius und Lucinde ist nicht gesetzlich, sondern allein durch die Liebe sanktioniert. Und das Liebesverhältnis zwischen beiden ist von vornherein in einem Raum außerhalb von Institution und Konvention angesiedelt. Sie bleiben zwar nicht nur unter sich, sondern ziehen „manche vorzügliche Menschen" in ihren Kreis, aber begründet wird eine „freie Gesellschaft, oder vielmehr eine große Familie, die sich durch ihre Bildung immer neu blieb" und deren verbindenden Mittelpunkt Lucinde darstellt (FS V, 57). Schlegel mag als Muster hier einer der von Frauen regierten Berliner Salons vorgeschwebt haben.

Vom Institutionellen und Konventionellen entfernt sich die Liebe von Julius und Lucinde um so weiter, als sie metaphysisch überhöht und als Religion, besser gesagt: als Mythos, ausgelegt wird. Der Anfang des Romans, bestehend in einem Brief des Liebhabers an die Geliebte, ist dafür bezeichnend. In einer Art Vision sieht Julius die Welt in eine profane und eine sakrale Realität geteilt. Im profanen Bereich erscheinen die Menschen "wie aschgraue Figuren ohne Bewegung", ohne Leben. Aber im anderen, sakralen Bereich, in der „heiligen Einsamkeit", blüht das Leben und die Liebe und erblickt er die „Eine ewig und einzig Geliebte in vielen Gestalten, bald als kindliches Mädchen, bald als Frau in der vollen Blüte und Energie der Liebe und der Weiblichkeit, und dann als würdige Mutter mit dem ernsten Knaben im Arm." (Ebd., 7) So erscheint ihm in Metamorphosen das ewig Weibliche als das ewig Wachsende und Sicherneuernde und damit als das unvergänglich Lebendige: „ich fühlte, daß alles ewig lebe und daß der Tod auch freundlich sei und nur eine Täuschung" (ebd.). Lebensvoll und sakral ist dann auch der Liebesakt: „wir umarmten uns mit eben so viel Ausgelassenheit als Religion" (ebd., 8).

Es verschlägt nichts, daß auf diese Vision eine Desillusionierung folgt und Julius das mythische Erlebnis für psychologisch erklärbar hält – so als wolle er Thomas Manns Formel „Mythus plus Psychologie" vorwegnehmen. Auch in der Folge hebt der Roman immer wieder die Liebe in die Sphäre des Mythischen, etwa in dem Abschnitt, der bezeichnenderweise „Metamorphosen" überschrieben ist. In Anspielung auf Platons *Symposion* heißt es hier:

> „Die begeisterte Diotima hat ihrem Sokrates nur die Hälfte der Liebe offenbart. Die Liebe ist nicht bloß das stille Verlangen nach dem Unendlichen; sie ist auch der heilige Genuß einer schönen Gegenwart. Sie ist nicht bloß eine Mischung, ein Übergang vom Sterblichen zum Unsterblichen, sondern sie ist eine völlige Einheit beider. Es gibt eine reine Liebe, ein unteilbares und einfaches Gefühl ohne die leiseste Störung von unruhigem Streben. Jeder gibt dasselbe was er nimmt, einer wie der andere, alles ist gleich und ganz und in sich vollendet wie der ewige Kuß der göttlichen Kinder." (Ebd., 60)

Auf die mythisch-schöpferische Kraft der Liebe, die Chaos (in Schlegels Vorstellung die „Wollust" im Liebeskampf; s. FS XVI, 224; VII, Nr. 282) in Kosmos verwandelt, spielt die folgende Stelle an:

> „Durch die Magie der Freude zerfließt das große Chaos streitender Gestalten in ein harmonisches Meer der Vergessenheit. [...] Die lieblichen Träume werden wahr, und schön wie Anadyomene heben sich aus den Wogen des Lethe die reinen Massen einer neuen Welt und entfalten ihren Gliederbau in die Stelle der verschwundnen Finsternis. In goldner Jugend und Unschuld wandelt die Zeit und der Mensch im göttlichen Frieden der Natur, und ewig kehrt Aurora schöner wieder." (Ebd.)

Wie das Heilige der Liebe durch „Offenbarung" kund wird, so bedarf Julius, wenn er sich ihm weihen will, der Einweihung, der Initiation:

> „Die Zeit ist da, das innre Wesen der Gottheit kann offenbart und dargestellt werden, alle Mysterien dürfen sich enthüllen und die Furcht soll aufhören. Weihe dich selbst ein und verkündige es, daß die Natur allein ehrwürdig und die Gesundheit allein liebenswürdig ist." (Ebd., 20)

Lucinde bedarf dieser Weihe nicht. Unter den Frauen „gibt es keine Ungeweihten; denn jede hat die Liebe schon ganz in sich" (ebd., 22). Sie ist in den Augen des Geliebten nichts geringeres als die „Priesterin der Freude", deren Amt es ist, „das Geheimnis der Liebe leise zu offenbaren und in der Mitte würdiger Söhne und Töchter das schöne Leben zu einem heiligen Fest zu weihen" (ebd., 66).

Wird Lucinde von Julius aber sogar „Priesterin der Nacht" genannt (ebd., 79), so ergeben sich überraschende Bezüge zu Hardenbergs *Hymnen an die Nacht*. Der Dialog der Liebenden in dem Abschnitt „Sehnsucht und Ruhe", ein ebensolch liturgischer Wechselgesang wie das Gespräch Heinrichs und Mathildes im 8. Kapitel des *Ofterdingen*, ist in der Tat ein ähnliches Zeugnis der Nachtbegeisterung und der Sehnsucht nach dem Liebestod wie die Dichtung des Novalis, und sie setzt in gleicher Weise den Wonnen der Nacht das

„harte Licht" des Tages und den „lauten Morgen" antithetisch entgegen (ebd.). Die Liebestod-Mystik weist hier wie bei Novalis auf Richard Wagner voraus. Als der junge Thomas Mann die *Lucinde* las, schrieb er den Vermerk „Tristan" neben folgende Worte des Julius (Th. Mann: Ges. Werke in zwölf Bänden, Berlin u. Weimar ³1965, X, 383):

„O ew'ge Sehnsucht! – Doch endlich wird des Tages fruchtlos Sehnen, eitles Blenden sinken und erlöschen, und eine große Liebesnacht sich ewig ruhig fühlen." (FS V, 80)

Die wechselvolle Rezeptionsgeschichte der *Lucinde*, in der Thomas Manns verständige Reaktion ein später Markstein ist, beginnt mit unverständigen Attacken unmittelbar nach Erscheinen des Werkes gegen dessen angeblich unsittlichen Charakter (vgl. dazu die Einleitung von H. Eichner, FS V, S. XLVIff.). Unverständig, waren sie gleichwohl nicht unverständlich. Weniger mit „Delikatesse" als mit „Frechheit" hatte Schlegel an die streng tabuisierte sexuelle Weltordnung der bürgerlichen Gesellschaft gerührt und, da sein Roman als Erotikon viel zu papieren und intellektuell ist, nicht einmal dem lüsternen Geschmack einen Gefallen getan. Selbst die engeren Freunde reagierten mit gemischten Gefühlen (vgl. auch E. Behler 1981, 98ff.). Eine Ausnahme machten Fichte und besonders Friedrich Schleiermacher mit seinen 1800 in Jena anonym veröffentlichten *Vertrauten Briefen über Friedrich Schlegels Lucinde*, die den Roman mit Verve verteidigten. Im 19. Jahrhundert begrüßen Vertreter des Jungen Deutschland, anknüpfend an Schleiermachers Briefe, die *Lucinde* als progressive Botschaft, obwohl eingewendet wird, daß Schlegel die Frauenemanzipation noch nicht als soziale Frage behandle, während die Linkshegelianer, im Gefolge einer scharfen Kritik Hegels, und die bürgerliche Literaturgeschichtsschreibung sich wieder sittlich entrüsten. Die eigentliche Ehrenrettung setzt im 20. Jahrhundert ein, wobei eine Rolle spielte, daß die neuere Germanistik sich verstärkt der formalen Seite zuwandte und feststellte, daß der scheinbar chaotische Roman kompositorisch durchdacht sei (vgl. W. Paulsen 1946; H. Eichners Einleitung, FS V, S. XXXVff.; K.K. Polheim 1969). In der jüngsten Zeit hat der Roman erklärlicherweise vielfache Beachtung durch die feministische Bewegung gefunden (vgl. B. Becker-Cantarino 1976/77, G. Dischner 1980, S. Weigel 1983, K. Lüthi 1985, E. Domoradzki 1986, S. Lange 1987).

B. Novalis: *Hymnen an die Nacht*

1. Grundlageninformation

1.1. Text und Materialien

Erstdruck: Athenaeum. Dritten Bandes Zweites Stück (ausgeliefert August 1800). III. *Hymnen an die Nacht*, S. 188–204. Verfasserangabe im Inhaltsverzeichnis: „v. Novalis." Kritische Ausgabe: N I, 130–157 (Paralleldruck der Handschrift und des Athenäum-Textes).

Entstehung: Der Plan der Hymnen geht ins Jahr 1797 zurück. Die 3. Hymne bezieht sich auf die Vision, die Novalis am Grabe Sophiens hatte (am 13. 5. 1799; s. *Journal* N IV, 35f.) und kann als „Urhymne" gelten (nach H. Ritter 1974, 208ff.). Vor der vorwiegend in Prosa gehaltenen Athenäums-Fassung (A) entstand eine Fassung in Versform (Ausnahmen: die 3. Hymne und ein Teil der 4., hier schon in Prosa gefaßt), von der eine Handschrift (h) erhalten ist. Diese Handschrift (s. das Faksimile bei Ritter, Anhang) datiert von der Wende 1799/1800. Die Fassung A, von der keine handschriftliche Vorlage existiert, ist wenig später, Ende Januar, Anfang Februar 1800, entstanden. Der Titel mit der Bezeichnung „Hymnen" war von Novalis ursprünglich wohl vorgesehen, doch schreibt er am 23. 2. 1800 an Tieck, dieser möge Friedrich Schlegel sagen, „daß es gut sey, wenn er das Wort Hymnen wegließe" (N IV, 323). Warum der Titel dennoch beibehalten wurde, ist nicht bekannt.

Anregend für Novalis waren u. a. Edward Young: *The Complaint, or Night Thoughts on Life, Death and Immortality* (1747), in der deutschen Übersetzung von Johann Arnold Ebert: *Klagen oder Nachtgedanken* (1751, 3. Aufl. 1756), und Johann Gottfried Herder: *Paramythien. Dichtungen aus der griechischen Fabel* (besonders Stücke wie *Der Schlaf, Nacht und Tag*), vollständig erschienen in der ersten Sammlung der *Zerstreuten Blätter* (1785), von der Herder 1791 eine 2. Auflage veranstaltete. Über den Bezug zu Herder vgl. R. Unger 1922.

1.2. Forschungsliteratur

Biser, Eugen: Dichterisches Auferstehungszeugnis. Zur Frage der theologischen Relevanz von Novalis' Hymnen an die Nacht, in: Wolfgang Böhme (Hg.): „Gott nicht gelobt". Über Dichtung und Glauben, Karlsruhe 1981, S. 25–42 [Die Hymnen kein genuin christliches Glaubenszeugnis. Mit der Formel „Christus und Sophie" werde kaum mehr als eine Strukturverwandtschaft zwischen dem weisheitlichen Einungserlebnis des Dichters und dem christlichen Auferstehungsglauben zum Ausdruck gebracht.]

Frye, Lawrence O.: Prometheus under a romantic veil: Goethe and Novalis' *Hymnen an die Nacht*, in: Euphorion 61 (1967), S. 318–336 [Sieht Bezüge zwischen Goethes Hymne *Prometheus* und dem Vers-Teil der 4. Hymne nach der Fassung der Handschrift.]

Ders.: Spatial Imagery in Novalis' *Hymnen an die Nacht*, in: Deutsche Vierteljahrsschrift für Literaturwissenschaft und Geistesgeschichte 41 (1967), S. 568–591 [Die einzige eingehende Untersuchung zur Bildlichkeit der Hymnen.]

Gumpel, Peter E.: The Structural Integrity of the Sixth of Novalis' *Hymnen an die Nacht,* in: The Germanic Review 55 (1980), S. 41–54 [Gegen die in der Forschung mehrfach vertretene These gerichtet, daß die 6. Hymne in das Ganze der Dichtung nicht recht integriert sei.]

Kamla, Henry: Novalis' Hymnen an die Nacht. Zur Deutung und Datierung, Kopenhagen 1945 [Umfassende Studie in Konkurrenz zu H. Ritter (s. d.). Gibt zum erstenmal ein Faksimile der Handschrift. Grundthese: Die Hymnen seien ein in sich selbst wurzelndes Ganzes, das den persönlichen Werdegang des Novalis darstelle.]

Knopper, Françoise: La négation de la dualité ou la vision triangulaire chez Novalis, in: Recherches germaniques 17 (1987), S. 29–43 [Strukturanalyse der Hymnen. Findet, daß jede von ihnen eine Art Dreiecksstruktur hat und alle zusammen die Form eines Hexagons als Zeichen des Makrokosmos.]

Kommerell, Max: Novalis: *Hymnen an die Nacht,* in: G. Schulz (Hg.) 1986, S. 174–202: s. GB 6. (zuerst 1942) [Wegweisende Studie, die die Dichtung auch als „unwahrscheinliches und bedenkliches Wagnis" wertet.]

Kudszus, Winfried: Geschichtsverlust und Sprachproblematik in den *Hymnen an die Nacht,* in: Euphorion 65 (1971), S. 298–311 [Bezeichnend für die Hymnen seien Bruchstellen und Antinomien, die dem Verlangen nach Synthese entgegenwirken und die romantische Intention weitgehend relativieren und schließlich auflösen.]

Link, Hannelore 1971, S. 97–114: s. Kap. III. 1.2. [Sieht in der Redeweise der Hymnen eine bewußte Ausrichtung auf den Rezipienten. Das Gedicht sei „nicht so sehr eine Verkündigung, als ein Gedicht über das Verkündigen".]

Littlejohns, Richard 1988: s. A. 1.2. dieses Kapitels.

Pfaff, Peter: Geschichte und Dichtung in den *Hymnen an die Nacht* des Novalis, in: Text und Kontext 8 (1980), S. 88–106 [Geht auf die Umdeutung des Geschichtsschemas in Schillers Gedicht „Die Götter Griechenlands" durch die 5. Hymne ein. Mit einem kurzen Hinweis auch auf Hölderlins Elegie „Brot und Wein", in der Verf. Bezüge zu Schiller und Novalis erkennt.]

Ritter, Heinz: Novalis' Hymnen an die Nacht. Ihre Deutung nach Inhalt und Aufbau auf textkritischer Grundlage. Ihre Entstehung. 2., wesentlich erweiterte Aufl. mit dem Faksimile der Hymnen-Handschrift, Heidelberg 1974 (zuerst 1930) [Umfassende und gründliche Monographie. Bringt auch einen Paralleldruck der beiden Fassungen und versucht eine Rekonstruktion der „frühen Lichthymnen".]

Schulz, Gerhard: „Mit den Menschen ändert die Welt sich". Zu Friedrich von Hardenbergs *5. Hymne an die Nacht,* in: Wulf Segebrecht (Hg.): Gedichte und Interpretationen. Bd. 3: Klassik und Romantik, Stuttgart 1984, S. 202–215 [Aus dem Ganzen der 5. Hymne lasse sich kein Geschichtsbild ablesen, da es dem Autor um einen inneren Entwicklungsprozeß zu tun sei.]

Sellner, Timothy F.: „Sophia sey mein Schutz Geist": A New Source for Novalis' *Hymnen an die Nacht?,* in: Journal of English and Germanic Philology 86 (1987), S. 33–57 [Bestreitet die These R. Ungers 1929 (s. d.) und vermutet als Quelle für Novalis' Glaube an Sophies spirituelle Gegenwart Gustav Ernst Wilhelm Dedekind: *Ueber Geisternähe und Geisterwirkung,* 1793.]

Timm, Hermann: Die heilige Revolution. Das religiöse Totalitätskonzept der Frühromantik. Schleiermacher – Novalis – Friedrich Schlegel, Frankfurt 1978 [Zu den

Hymnen S. 101–113. Nach einem einleitenden Teil zum Ganzen der Dichtung speziell über die 5. Hymne, als deren Kernstück die Verse des „Sängers" angesehen werden, „eine schillerkritische Projektion der Poesie selbst".]
Unger, Rudolf: Herder, Novalis und Kleist. Studien über die Entwicklung des Todesproblems in Denken und Dichten vom Sturm und Drang zur Romantik, Frankfurt 1922. Nachdr. Darmstadt 1968 [Deutung und Datierung der Hymnen, S. 24–87, in größerem geistes- und seelengeschichtlichen Zusammenhang, mit Bezügen auch zu Goethe. In den Mittelpunkt wird die von Herder ausgehende Entwicklung des Palingenesiegedankens gestellt.]
Ders.: Das Visionserlebnis der dritten Hymne an die Nacht und Jean Paul, in: Euphorion 30 (1929), S. 246–249 [Die Beziehung zum Todesmotiv im 31. Sektor der *Unsichtbaren Loge* von Jean Paul auf Grund eines Briefes von Karl von Hardenberg an Friedrich vom 11. 5. 1797, in dem ähnliche Gedanken wie in Novalis' *Journal*-Eintrag über seine Vision am Grabe Sophies zum Ausdruck kommen. S. N IV, 483f. und 35f.]

2. Analyse

Zugrunde gelegt wird im folgenden die Athenäums-Fassung als die von Novalis für den Druck gewollte. Warum er die ungereimten Verse der handschriftlichen Fassung in Prosa umformte, läßt sich nur mutmaßen. Jede Versifizierung bewirkt eine Versinnlichung. Wenn schon die Sprache an sich eine Verleiblichung der Gedanken bedeutet, so die Versgestalt nochmals eine Verleiblichung der Sprache, also eine Verleiblichung in zweiter Potenz. Der damit verbundene sinnliche Appell drückt sich aus in einer verstärkten Wirkung des Wortklangs, des Rhythmus, der Bilder. Möglicherweise hat Novalis diese Wirkung durch die Umsetzung in Prosa etwas zurücknehmen wollen. Es könnte sein, daß er damit den gedanklichen Gehalt stärker hervortreten lassen wollte, besser gesagt: ein Gleichgewicht zwischen sinnlicher Sprachgestalt und gedanklicher Aussage zu schaffen versuchte. Der genaue Vergleich, den Heinz Ritter zwischen den beiden Fassungen angestellt hat, bestätigt diese Vermutung. Die Fassung h sei „naturhafter", mehr aus dem Gefühl geschrieben, die Fassung A „differenzierter", „in jeder Beziehung entwickelter, nach beiden Seiten, des Gedankens und Willens" (H. Ritter 1974, 128). Der Satzbau in A sei zudem spannungsvoller und dichter gefugt (ebd., 136ff.). – Der Dichter verschafft sich durch die Prosa sodann die Möglichkeit, die gereimten Verse am Ende der 4. Hymne, innerhalb und am Ende der 5. Hymne sowie der ganzen 6. Hymne deutlicher abzuheben. Diese gereimten und größtenteils auch strophischen Verspassagen sind Aufwallungen des Gefühls: der Sehnsucht (4. und 6. Hymne), des bedrückenden und gelösten Schauders (5. Hymne) sowie der jubelnden Erlösung (Ende der 5. Hymne), und unterscheiden sich vom vergleichsweise mehr gedanklichen Duktus der Prosateile.

Mit der „Nachtbegeisterung" (3. H.; N I, 135) seiner Dichtung, die zugleich den Wert des Tageslichts herabstimmt, setzt sich Novalis in Gegensatz zu traditionellen Bedeutungen und Wertungen von Nacht und Licht. Im alten Volksglauben ist die Nacht „des Menschen Feind", eine Zeit der bösen Geister und Gespenster, Sinnbild auch des Todes (s. Handwörterbuch des deutschen Aberglaubens, hg. von H. Bächtold-Stäubli, Neudr. Berlin 1987, Bd. VI, 768ff.). In der theologisch-religiösen Tradition des Christentums gilt sie zwar, wie der Tag, als von Gott Geschaffenes (s. Genesis 1,5), aber da sie die Zeit der Finsternis ist, auch als Sinnbild des Ungestalten, des Chaos. Das Bild der Finsternis steht sodann für Sünde, Unerlöstheit, Elend. Einzig eine bestimmte Nacht hebt sich als heilsgeschichtlich bedeutsam hervor: die heilige Nacht, in der Christus geboren wurde. Der Tag wird dagegen als segensreich empfunden, wird „heilig", „lieb" oder „gut" genannt (Handwörterbuch des Aberglaubens, Bd. VIII, 636f.). Sein Licht, das von der Sonne stammt, ist in der christlichen Überlieferung ein Symbol Gottes. Die Erschaffung der Welt beginnt mit Gottes Worten „Es werde Licht" (Genesis 1,3). Im 18. Jahrhundert wird das Licht Sinnbild der Vernunft. „Aufklärung" ist eine Metapher und bedeutet, daß dort, wo vorher Verworrenheit und Dunkel herrschten, Klarheit und Helligkeit einkehren. Jedoch bahnt sich in dieser Zeit bereits eine Neubewertung der Nacht an. Im Bereich des Schauerromans, der Ossian-Dichtung, der empfindsamen Schwermutslyrik wird der Nacht ein ästhetischer Reiz abgewonnen und dem Leser als Möglichkeit zu lustvollem (gemischtem) Empfinden dargeboten (s. Kap. I. C.). Hier knüpft Novalis – und die Romantik allgemein – an, jedoch mit einer wesentlichen Erweiterung und Vertiefung. Die Nacht ist bei ihm nicht bloß ästhetisch-seelischer Reiz, sondern Medium religiöser Erfahrung und metaphysischer Trost. Auch bei Eichendorff wird es in dem Gedicht *Der Einsiedler* heißen: „Komm, Trost der Welt, du stille Nacht!" (E I, 299), und zwar als charakteristische Umdichtung von Grimmelshausens „Komm Trost der Nacht, o Nachtigall", wobei der Barockdichter den Gesang der Nachtigall als Trost *gegen* die Nacht beschwört.

Die Nacht ist bei Novalis keine bloße Metapher, sondern eine sakrale Realität, ein Mythos. Wenn er sie Mutter nennt, die ihren Mantel breitet, „sanft und andachtsvoll sich zu mir neigt" (1. H.; N I, 133) und sich als „der Offenbarungen mächtiger Schoos" erweist (5. H.; N I, 145), so entspricht dies der Darstellung der griechischen Mythologie, wie sie von Herder in den *Paramythien*, von Karl Philipp Moritz in seiner *Götterlehre oder mythologische Dichtungen der Alten* (Berlin 1791), von dem Künstler Asmus Jacob Carstens in seinen Zeichnungen (vgl. Gerhard Kaiser: Mutter Nacht – Mutter Natur, in: Ders.: Bilder lesen, München 1982, S. 11–51) rezipiert wurde. Die Nacht wird dabei als schirmende und zeugende, aber auch als bewußtseinslöschende Macht erkannt. Als Gebärerin aller Dinge ein Prinzip des Lebens, ist sie andererseits auch ein Prinzip des Todes: ihre Söhne sind Hypnos, der Schlaf, und Thanatos, der Tod. Die Doppelfunktion von Todes- und Lebensprinzip kommt in den *Hymnen* besonders zum Ausdruck in der Auffassung der Nacht als Übergang oder Metamorphose. Versinken in der Nacht bzw. Sterben bedeutet Übertritt zur Wiedergeburt, zur Auferstehung für ein „ewiges Leben" (5. H.; N I, 153). Da somit die Abwärtsbewegung in eine Aufwärtsbewegung übergeht, ist auch die Gattungsbezeichnung Hymne gerechtfertigt. Denn im hymnischen Sprechen äußert sich traditionellerweise nicht nur Begeisterung, sondern vollzieht sich immer auch ein Aufschwung. Da ferner der mythisch-metamorphische Wiedergeburtsgedanke der christlichen Auferstehungslehre verwandt ist, ist es verständlich, daß Novalis in seine Dichtung die Gestalt Christi einführt, die er sowohl als Todesgestalt wie als Erlöser vom Tod begreift. Die ganze 5. Hymne liest sich wie eine Apotheose des christlichen Auferstehungs- und Erlösungsglaubens. In krassem Widerspruch zur traditionellen christlichen Lehre steht freilich, daß der Dichter von Christus behauptet, er sei durch Metamorphose aus der griechischen Todesgottheit, dem Genius mit der umgekehrten Fackel, hervorgegangen (s. die Verse des „Sängers" N I, 147); sodann, daß er Christus mit der Gestalt seiner Geliebten, Sophie von Kühn, zusammenfließen läßt. Der erste Impuls zur Dichtung der *Hymnen* geht ja von der mystischen Verklärung aus, den das zunächst schreckliche Erlebnis des Todes Sophies am 19. März 1797 im Bewußtsein Hardenbergs erfuhr. Sein anfänglicher Wille, ihr nachzusterben, findet seinen Niederschlag in der Todessehnsucht besonders der 6. Hymne. Sophie aber nimmt für ihn Züge einer Lichtgestalt an, die den Tod überwunden hat und als Erlöserin auch ihm ewiges Leben verheißt. Nacht – Tod – Christus – Sophie treten also in engste Beziehung miteinander. Sie bilden eine analogische Reihe, wobei jedes Glied alle anderen repräsentiert oder symbolisiert, und zwar so, daß ein Glied das jeweils andere nicht nur bedeutet, sondern *ist*, wenn auch nicht im Sinne einer bloßen Gleichheit (s. dazu Kap. III. F.). Die Nacht *ist* der Tod, Christus *ist* der Tod, Sophie *ist* Christus usw. Der im irdischen Leben zurückgelassene Bräutigam darf auf die Wiedervereinigung mit der Geliebten hoffen, in einer ewigen „Brautnacht" (1. H.; N I, 133), und auch dabei ist das Bild nicht nur Metapher, übertragene Bedeutung, sondern der erotische Vollzug wird realiter gemeint.

Wenn nun die Nacht eigentlich zum Licht führt, „der Tod (...) das romantisirende Princip unsers Lebens" ist (N III, 559), so fragt man sich, ob die vorliegenden Nacht- und Todeshymnen nicht auch Licht- und Lebenshymnen hätten werden können. Tatsächlich scheint Hardenbergs Konzeption zunächst in diese Richtung gewiesen zu haben (vgl. H. Ritter 1974, 211ff.), wie er auch am 26. 12. 1797 an Friedrich Schlegel schreibt, einen „Tractat *vom Lichte*" verfassen zu wollen (N IV, 242). Auffällig genug wird dem Licht an mehreren Stellen der Hymnen (so in 1, 4 und 5) Lob zuteil, ja gleich wie der Nacht wird ihm im ersten Abschnitt der 1. Hymne sogar der Rang einer sakralen Realität zugesprochen, die alles Seiende beseelt und belebt. Aber das Licht hat auch eine profane Seite. Es bringt die Tageswelt zur Herrschaft und verscheucht die Nacht; es stört den Träumer und den in Erinnerung Versunkenen und ruft zum Tagewerk; es verführt zur „unseligen Geschäftigkeit" (2. H.; N I, 133), und das heißt: zu einem sinn-, weil heillosen Leben. Die Nacht dagegen hat den Reiz des Zauberhaften und Geheimnisvollen für sich. Sie ist das Unbekannte, das es zu entdecken gilt, die Schwelle, an und über die zu schreiten unerläßlich ist, um zum höheren Sein zu gelangen. Wie auch der *Ofterdingen* sind die *Hymnen* Übergangs-dichtung und Erkundungsgang, Schau des inneren Auges in die Tiefe des Gemüts und die Tiefe der Welt.

Fast zwangsläufig vollzieht die 1. Hymne daher nach dem anfänglichen Preis des Lichtes die Hinwendung zur Nacht, freilich zunächst mit Assozia-tionen an Leere, Einsamkeit, gescheiterte Hoffnungen (hier ist die erste Verzweiflung nach dem Tode Sophies gegenwärtig). Die Erwartung jedoch, die mit dem Attribut „heilig", das auch ‚heilend' meint, angesprochen wor-den ist, wird nicht enttäuscht. Mit einem Gefühl, als gehe es mit der Neuge-burt seiner selbst schwanger („Was quillt auf einmal so ahndungsvoll un-term Herzen"), erfährt sich das redende Ich als Kind der Mutter Nacht. Einsamkeit und Leere weichen damit einer neuen Geborgenheit, die lasten-den Schwermutsflügel, die „schweren Flügel des Gemüths" (man denkt hier an Dürers Bild der Melancholie), werden leicht und emporgehoben (N I, 131). Die gescheiterte Hoffnung wandelt sich in eine neue und höhere Aus-sicht: die Geliebte kehrt wieder, gesendet von der Nacht, als „liebliche Sonne der Nacht" (N I, 132), als Verheißung neuen Lebens.

Wie bei Heinrich von Ofterdingen am Anfang des Romans (s. Kap. VI. C.) hat sich eine Initiation, eine Einweihung vollzogen. Dabei fungiert die Nacht nicht nur als Gegenstand eines esoterischen Begreifens, sondern auch als Form und Organ dieses Begreifens (vgl. M. Kommerell 1986, 176). Sie ist das „unergründliche" (N I, 135) Unendliche, das sich jenseits der endlichen Tageswelt auftut, sie schenkt dem redenden Ich aber auch die „unendlichen Augen" zur Erkenntnis des Unendlichen (N I, 133).

Das Begreifen schreitet in der 2. Hymne damit fort, daß dem nachterfüll-ten und inzwischen tagesfeindlichen Sinn die Zeitlichkeit und Begrenztheit der irdischen Lichtherrschaft, dagegen die Zeitlosigkeit und Unbegrenztheit der „himmlischen" Nachtgewalt aufgeht (ebd.). Erkannt wird damit auch die heimliche Allgegenwärtigkeit der Nacht zu jeder Zeit und an allen Or-ten, auch zur Tageszeit und beim „irdischen Tagewerk", sowie die Möglich-keit für den „Geweihten", die Teilhabe an der Nacht im „heiligen Schlaf" (N I, 134) über den Tag hin fortdauern zu lassen, als eine Art höhere Wach-heit, die aus der bewußtseinslöschenden Zeugungskraft der Nacht entstan-den ist. Dieser Zustand ist auch im Rausch des Weines, durch die betäu-bende Wirkung des Bittermandelöls, im Opiumrausch und in der Wollust des Eros erfahrbar; selbst aus der Poesie, aus „alten Geschichten" (N I, 135), vermag er den Empfänglichen anzusprechen.

Die 3. Hymne ist dankbarer Rückblick und deutliches Bewußtmachen von Zeitpunkt und Art der erlebten Wende. Erinnert werden die Zeit der Verzweiflung und der alles entscheidende „Traum" (ebd.) am Grabe der

Geliebten, der den Akt der Neugeburt einleitet. Novalis bezieht sich hier auf sein eigenes Visionserlebnis am Grabe Sophies vom 13. Mai 1797, das er im Tagebuch wie folgt festgehalten hat und an das sich die 3. Hymne zum Teil wörtlich anlehnt:

„Abends gieng ich zu Sophieen. Dort war ich unbeschreiblich freudig – aufblitzende Enthusiasmus Momente – Das Grab blies ich wie Staub, vor mir hin – Jahrhunderte waren wie Momente – ihre Nähe war fühlbar – ich glaubte sie solle immer vortreten" (N IV, 35f.).

Das redende Ich der *Hymnen* erlebt so das Ungültigwerden des Zeitlich-Vergänglichen und das Hervortreten der Geliebten als Licht des ewigen Lebens aus der Nacht des Todes. Die Nacht wird ihm damit Gegenstand der Zuwendung, wie in der 1. Hymne bereits dargestellt. Novalis nennt diese Zuwendung hier „Glauben", eine in seinem Verständnis komplexe Erwartungs-, Sehnsuchts- und Überzeugungshaltung, die nicht mit der traditionellen Glaubensform des Christentums ohne weiteres in eins gesetzt werden darf (s. dazu Kap. VI. G.). Und diese Haltung verbindet sich mit der Liebe – als Eros, nicht bloß als Agape verstanden – zu der für Novalis charakteristischen Einheit von Glauben und Liebe (s. auch Abschnitt C. dieses Kapitels).

Darüber hinaus erwächst aus dem Glauben eine Gewißheit, welche bemerkenswerterweise die Qualität des Wissens hat, so daß Glauben und Wissen wie im echten Mythos zusammenwachsen. In der 4. Hymne, die, wie die 3. zurückblickt, nach vorn in die Zukunft schaut, „weiß" das redende Ich, daß es einen „letzten Morgen" geben wird, wo das Licht nicht mehr die profane Welt zur Geltung bringt, sondern der „Schlummer", d. h. die Teilhabe am höheren Sein, „ewig" sein wird (N I, 135). Und nochmals im Rückblick versteht der Redende seinen Weg als „Wallfahrt zum heiligen Grabe" unter dem drückenden „Kreuz" (N I, 137), identifiziert nun also das Grab Sophies mit dem Grab Christi und versteht sein Leiden als Leiden in der Nachfolge Christi. Erneut wird dabei der Schwellen- und Wiedergeburtscharakter des Todes beschworen. Sowenig wie die Nacht bloße Leere und Einsamkeit, ist das Grab bloße Stätte des Todes, sondern auch zeugender „Schooß", in dem die „krystallene Woge", das lautere Wasser höheren Lebens, quillt. Die Situation des Übergangs wird durch das Bild vom „Grenzgebürge der Welt" als dem Ort des Wartens auf die endgültige Stunde der Erlösung unterstrichen (ebd.). Das Bild von den „Hütten" erlaubt Assoziationen an das Geschehen auf dem Berge Tabor im Matthäus-Evangelium (Mt 17,4).

Glauben und Wissen verleihen nun auch Kraft, den noch aktiven Verlockungen des Lichts, das den Menschen an die Tageswelt binden möchte, zu widerstehen. Damit ist keine eskapistische Lebenshaltung gemeint. Der Redende gesteht zu, den Pflichten des Tages (weiterhin) genügen, dem Licht seine Pracht, zumal im Leuchten der Sterne, die dem Menschen die Zeit („Uhr") weisen, und sein konstruktives Wirken zuerkennen zu wollen (dies knüpft an den ersten Abschnitt der 1. Hymne an), zeigt sich aber willens, mit seinem Herzen der Nacht und ihrer Tochter, der „schaffenden Liebe", insgeheim treu zu bleiben (N I, 137). Das Licht, so erklärt er diesem in einer direkten Anrede und in einer Reihe von rhetorischen Fragen, könne ihm nichts bieten, was „des Todes Entzückungen" (ebd.) und die Geborgenheit in der mütterlichen Nacht aufwöge, ja er gelangt zu der Auffassung, daß es selber doch nur existiere und seine belebende Funktion ausüben könne, weil es gleichfalls von der Nacht gehalten werde. Die Nacht erscheint hier als das Erste, Ursprüngliche, Umfassende, das Licht als das Zweite, Abgeleitete, auf eine engere Sphäre Begrenzte (vgl. M. Kommerell 1986, 186). „Wahrlich ich war, eh du warst" (N I, 139) – diesen Satz spricht der Redende gewissermaßen im Namen der Nacht, aber auch im Namen seiner selbst, da er sich als Kind der Nacht fühlen darf. Ein Christuswort aus dem Johannes-Evangelium klingt hier an: „Ehe Abraham ward, bin ich." (Joh 8,58) Auch der Redende empfindet sich als Gesalbten und Gesandten. Seine Mission ist die des Dichters. „Wir sind auf einer Mißion: zur Bildung der Erde sind wir berufen", heißt es im Blütenstaub-Fragment 32 (N II, 427). Es gilt, in der entzauberten, dem Zeitlichen und der Geschäftigkeit verfallenen Welt das verborgene Geheimnisvolle und Ewige zur Anschauung zu bringen und die Erde nicht nur mit Liebe und Göttlichkeit, sondern auch mit Schönheit zu heiligen, „zu bepflanzen sie mit unverwelklichen Blumen" (N I, 139). Diese Bildung der Erde versteht Novalis auch als „Romantisierung" oder „Poetisierung" (s. Kap. VI. B.). Das Schlußgedicht der 4. Hymne ist Ausdruck brünstiger Sehnsucht, so schmerzbewußt wie erlösungsgewiß und so erotisch wie religiös. Der Wunsch, der Liebe „trunken [...] im Schooß" zu liegen (N I, 139), ist zugleich Todeswunsch.

Die 5. Hymne steht im Zeichen der Verallgemeinerung und Historisierung. Es soll jetzt deutlich werden, daß es nicht nur um eine individuelle, persönliche, sondern um eine menschheitliche Frage geht. Im Sinne einer Analogie zwischen Ontogenese und Phylogenese vollzieht sich im Schicksal des einzelnen nur, was sich in der Geschichte der ganzen oder jedenfalls eines großen Teils der Menschheit abspielt. Indem die 5. Hymne diese Geschichte skizziert, fällt sie in einen epischen Duktus. Der Blick wandert zurück in das archaische, noch von den Göttern bewohnte Griechenland und beschwört das Bild eines im Festrausch des Lebens schwelgenden, von der Sonne beschienenen und die Sonne verehrenden Goldenen Zeitalters herauf. Novalis relativiert den Eindruck dieses Bildes aber sogleich durch eine Einschränkung. Beeinträchtigt ist das Glück jener Zeit durch die Ungelöstheit des Todesproblems. Diese Einschränkung erscheint auf Grund der vorhergehenden Hymnen plausibel. Der Mensch kann nicht im Heil leben, wenn er dem Licht verfallen und seiner eigentlichen Herkunft und Heimat, der Nacht, unkundig ist. Denn er weiß dann dem Untergang des Tages und dem Untergang des Lebens im Tode keinen Sinn abzugewinnen, sondern lebt in Angst und Schrecken angesichts einer scheinbar sinnlosen Vergänglichkeit. Daß die Griechen den grausen Eindruck durch einen Euphemismus, die Darstellung des Todes als sanften Jüngling, der das Licht löscht (als Genius mit der umgedrehten Fackel), zu mildern suchten, war keine Lösung: „unenträthselt blieb die ewge Nacht" (N I, 143).

Die weltgeschichtliche Phase des Christentums, die dieser archaischen Zeit folgt, beschreibt Novalis zunächst in der Art, wie Schiller in seinem Gedicht *Die Götter Griechenlands* (1788) diesen Wandel dargestellt hatte: als Schwund des polytheistischen Mythos durch die in der Antike bereits reifende wissenschaftliche Erkenntnis der Naturgesetze, als Verödung und mechanistische Erstarrung der Natur. Schiller aber hatte anders als Novalis die Goldene Zeit frei von Todesangst gesehen. Er hatte jenen Prozeß der Entgötterung nur als etwas Destruktives betrachtet und die Ablösung des bunten lustvollen und menschennahen Göttergewimmels durch den einen einsamen und menschenfernen Gott des christlichen Monotheismus als Verarmung beklagt. Abweichend hiervon und gleichsam als Widerruf der Schillerschen Version begreift Novalis dagegen die Entmythisierung als Übergang zu etwas Neuem und Besserem und sieht im Aufgang der christlichen Göttergestalten Jesus und Maria die Entstehung eines neuen Mythos aus dem Schoße der Nacht und durch Metamorphose der alten untergegangenen, aber somit wiedergeborenen Götter: „Die Nacht ward der Offenbarungen mächtiger Schoos – in ihn kehrten die Götter zurück – schlummerten ein, um in neuen herrlichen Gestalten auszugehn über die veränderte Welt." (N I, 145) Vor allem feiert Novalis diesen neuen Mythos als Lösung des Todesproblems. Schon weil nachtgeboren, besonders aber durch das Wunder der Auferstehung verleiht das Christentum dem Tod den Sinn des erlösenden Durchgangs zum ewigen Leben und läßt „tausende", zu denen der Dichter sich und seinesgleichen rechnet, das Leiden in der Nachfolge Christi „voll Glauben und Sehnsucht und Treue" ertragen (N I, 149). Das Schlußgedicht der 5. Hymne ist Triumphgesang auf diesen todesbereiten, nachtbegeisterten Erlösungsglauben.

Zu fragen ist noch nach der Bedeutung des in der 5. Hymne erwähnten „Sängers", von dem es heißt, er sei von Griechenland nach Palästina gekommen und habe sein Herz ganz dem Christuskinde ergeben. Dieser Sänger ist ein Seher. Er erkennt hellsichtig in Christus noch vor dessen Passion die Todesgestalt, die aus dem Genius mit der umgekehrten Fackel hervorgegangen ist, aber durch den Tod „das ewge Leben kund" tut und die Menschheit „gesund" macht (N I, 147). Dann zieht er „nach Indostan" und verbreitet dort „in feurigen Gesängen [...] die fröhliche Botschaft" (ebd.). Er nimmt also die Funktion des Evangelisten wahr. Da er aber Sänger genannt wird und die Frohbotschaft in Gesängen verbreitet, hat man in ihm einen Dichter und in seiner Verkündigung eine Dichtung zu sehen. Die Forschung hat über die Identität dieser Gestalt viel gerätselt, es erscheint indes für das Verständnis seiner Bedeutung im Rahmen der *Hymnen* wichtig und ausreichend festzuhalten, daß es hier die Poesie ist, die den neuen Mythos erschließt und vermittelt. Wenn der Sänger keinen bestimmten Namen trägt, so heißt dies, daß er nicht irgendeinen individuellen Dichter, sondern den Dichter als Instanz oder Gattung repräsentiert. Die Tatsache, daß Novalis die mythisch verstandene christliche Botschaft von Tod und Erlösung dem Poeten und der Poesie überantwortet, bedeutet sodann, daß er diese Botschaft aus der kirchlichen Lehre und Überlieferung herauslöst und in einen neuen Kommunikationszusammenhang überträgt, nämlich den zwischen Dichter und Publikum. Die Poesie übernimmt dabei die Funktion des biblischen Evangeliums, ja man kommt nicht an der Feststellung vorbei, daß Hardenbergs *Hymnen* sich selbst an die Stelle des Evangeliums setzen. Sie selber sind eine Neukonstruktion der christlichen Botschaft als Mythos der Nacht. Der Dichter hat somit auch etwas von einem Religions- oder Kultstifter an sich. Er spielt gleichsam die Rolle des Orpheus aus der griechischen Mythologie, der als Stifter einer Geheimlehre galt und für Novalis eine Leitfigur darstellte.

Mit der in der 5. Hymne vollzogenen Ausweitung ins Allgemeine und der Kultstiftung schart das redende Ich ein Kollektiv von Gläubigen und Wissenden (Eingeweihten) um sich. Der Schlußgesang dieser Hymne ist demnach Gemeindegesang, Gesang aus dem Munde eines kollektiven „Wir" (vgl. M. Kommerell 1986, 198f.). Die 6. Hymne, als einzige mit einer Überschrift versehen, übernimmt die „Wir"-Rede und das Choralartige des Ausdrucks, gibt sich aber eine ganz andere Tonart und eine andere Bewegungsrichtung. Dem hymnischen Aufschwung jenes Auferstehungsgesanges folgt nunmehr ein Abschwung „Hinunter in der Erde Schooß" (N I, 153), in Nacht, Grab, Tod. Hiermit ist auch ein Unterschied des Zeitbewußtseins verbunden. Die 5. Hymne hat die Dimension der geschichtlichen Zeit erschlossen und folgt dem historischen Verlauf von der Vergangenheit bis in die Gegenwart („Lange Zeiten entflossen seitdem"; N I, 149), um im Schlußgesang mit dem hoffnungsvollen Ausblick in die Zukunft, die Zeit des „letzten Abendmahls" (ebd.), zu enden. Die 6. Hymne dagegen fordert zur Rückkehr aus der Gegenwart in die Vergangenheit, die „Vorzeit", d. h. in die Ursprungszeit des Christentums auf. Wie in der *Christenheit oder Europa* und in *Heinrich von Ofterdingen* sind aber beide Zeitbewegungen nur zwei Seiten desselben Heilsgeschehens: der Überwindung der Zeit durch die Ewigkeit. Das Ewige ist, perspektivisch betrachtet, sowohl das, was *vor*, wie das, was *nach* der Zeit liegt. Die Rückwärtsbewegung ist in bezug auf das Ziel somit keine andere als die Vorwärtsbewegung.

Wie diese beiden Bewegungsarten gehören auch die Untergangssehnsucht der 6. Hymne und die Auferstehungshoffnung des Schlußgesangs der 5. zusammen. Recht verstanden ist die „Sehnsucht nach dem Tode" auch eine Sehnsucht nach dem ewigen Leben, das Verlangen nach der Nacht auch eine Sehnsucht nach dem Licht. Auf Grund der vorhergehenden Hymnen kann es hierüber kein Mißverständnis geben. Irritierend wirkt allenfalls die Doppelfunktion, die Novalis der Nacht zuspricht: sie ist zum einen Übergang zur Lichtwelt des höheren Seins, zum andern aber auch der Ursprung

(„Schooß"), der alles umfaßt und gebiert, auch das Licht. Als irritierend mag man es gleichfalls ansehen, daß aus dem mütterlichen Schoß der ersten Hymnen ein väterlicher in der 6. Hymne wird. Allgemein aber wollen die Hymnen gegensätzliche Pole nicht gegeneinander ausspielen, sondern untergründig in Beziehung setzen, so wie auch Sophie und Christus, Brautnacht und Abendmahl von Novalis in Verbindung gebracht werden.

Wenn die 6. Hymne sich als Ausdruck des Verlangens „nach Haus", nach der „Heymath" (N I, 153, 155) versteht, knüpft sie an den ersten Abschnitt der 1. Hymne an, in dem der Mensch als „Fremdling" bezeichnet worden war (N I, 131). Diese Vorstellung, die für das Lebensgefühl Hardenbergs und des Romantikers allgemein charakteristisch ist, bezieht sich auf die Entfremdung vom metaphysischen Ursprung, aber auch von der eigenen Gemütstiefe. Und die Abwärtsbewegung „Hinunter" führt somit, wie im *Ofterdingen* (s. Kap. VI. D.) nicht nur in die Tiefe der Erde und die Tiefe der Zeit, sondern auch in die Tiefe der Seele. Die Seelentiefe ist hier als Traumtiefe gekennzeichnet:

> „Ein Traum bricht unsre Banden los
> Und senkt uns in des Vaters Schooß." (N I, 157)

Im ganzen betrachtet stellen die *Hymnen an die Nacht* die Nacht als Offenbarung (als „der Offenbarungen mächtigen Schoos") dar, sind aber auch ihrerseits Offenbarung dieses Geheimnisses und somit Offenbarung der Offenbarung. Dieses Offenbarmachen als Akt der *Hymnen* ist nicht Mitteilung von etwas vorab Gewußtem, sondern das esoterische Wissen wird erst im Prozeß der *Hymnen* erlangt. Der Leser erfährt die Offenbarung, indem sie sich vollzieht, als aktuelles Ereignis und von seiten des Dichters als aktuelles Erlebnis. Dabei fallen Erleben und Aussage des Erlebens zusammen. Der Dichter erlebt, indem und dadurch daß er spricht, und er spricht, indem und dadurch daß er erlebt. Wenn aber Bewußtseinsvertiefung und Sprache so eng verknüpft sind, dann ist die Sprache nicht nur Vermittlung tieferer Einsichten und ihres Gegenstandes, sondern auch deren Erzeugung (s. dazu auch Kap. VI. G.). Die Sprache hat demnach beschwörenden, magischen Charakter. Sie entspricht damit auch insofern dem Mythos, als dieser „Wort", „Erzählung" ist und durch verbalen Vollzug Ursprungsgeheimnisse immer wieder erneuert, vergegenwärtigt. Der beschwörende Gestus kommt in den *Hymnen* durch Rhythmus, Bildhaftigkeit, Klang und auch durch das Dunkle, Rätselhafte der Rede zum Ausdruck. Keine Interpretation kann diese Rätselhaftigkeit letztlich auflösen. Die *Hymnen* üben hiergegen einen Widerstand aus, mit dem sie sich, wenn man so will, gegen ihre Profanierung schützen.

C. Novalis:
Glauben und Liebe oder Der König und die Königin

1. Grundlageninformation

1.1. Text und Materialien

Erstdruck: In: Jahrbücher der Preußischen Monarchie unter der Regierung von Friedrich Wilhelm III., hg. von F.E. Rambach, Bd. II, 1798 (im Juni-Heft die einleitenden Gedichte *Blumen*, S. 184f.; im Juli-Heft die Fragmente von *Glauben und Liebe*, S. 269–286. Verfasserangabe in beiden Heften: Novalis). Kritische Ausgabe: N II, 485–498. Im Erstdruck waren nur die sechs Fragmente der Vorrede von *Glauben und Liebe* numeriert.

Entstehung: Frühjahr 1798, anläßlich der neuen Regentschaft in Preußen durch König Friedrich Wilhelm III. und seine Frau, Prinzessin Luise von Mecklenburg-Strelitz, die als „Königin Luise" ein preußisches Bürgeridol wurde. Am 16. November 1797 war der Vorgänger und Vater des neuen Königs, Friedrich Wilhelm II., unter dessen Herrschaft Korruption in der Verwaltung und Sittenlosigkeit am Hofe eingerissen waren, gestorben. An das neue, von den *Jahrbüchern* hymnisch gefeierte Herrscherpaar knüpfte sich allgemein die Hoffnung auf Besserung und Befriedung, auch angesichts der trotz des am 17. Oktober 1797 geschlossenen Friedens von Campoformio weiterhin drohenden Kriegsgefahr im Gefolge der Französischen Revolution. Ein Ausdruck der Friedenshoffnung war schon Kants Schrift *Zum ewigen Frieden* von 1795 gewesen. Das Textkonvolut, das Novalis am 11. Mai 1798 Friedrich Schlegel nach Berlin schickte, mit der Bitte, den Druck zu vermitteln, und zwar möglichst in den *Jahrbüchern* („Am besten *schickt* es sich in die Jahrbücher der preußischen Monarchie, ihrem Plane nach." N IV, 253), enthielt außer den Fragmenten von *Glauben und Liebe* und den *Blumen*, die im Manuskript offenbar über die Fragmente verstreut waren und erst im Druck zusammengefaßt wurden, auch eine Sammlung von *Politischen Aphorismen*, die jedoch von der Zensur unterdrückt wurden. Sie erschienen erst 1846 in: Novalis, Schriften, hg. von Ludwig Tieck und Eduard von Bülow, III. Teil, Berlin 1846. Kritische Ausgabe: N II, 499–503.

Weitere wichtige Fragmente und Notizen zu Hardenbergs politischem Denken finden sich u. a. in den *Vermischten Bemerkungen*, hier vor allem die Nr. 122 (N II, 466/ 468), wohl eine der Keimzellen von *Glauben und Liebe,* und im *Allgemeinen Brouillon*.

Quellen: Hermann Kurzke (1983) meint, daß Hardenbergs politische Kenntnisse „weder breit noch gründlich" gewesen seien. „Die Quellenbasis der politischen Aufzeichnungen besteht meist aus philosophischen oder naturwissenschaftlichen Arbeiten, während die meisten staatswissenschaftlichen Autoren der Zeit fehlen (Paine, Forster, Schlözer, Rehberg, Brandes, Gentz, Eberhard, Schirach, Hoffmann, Mirabeau, Mounier, Sieyes etc.)." (S. 258) Als Quelle für den Titel *Glauben und Liebe* können, aber müssen nicht die Bibel und theologische Schriften angenommen werden.

1.2. Forschungsliteratur

Berglar, Peter: Geschichte und Staat bei Novalis, in: Jahrbuch des Freien Deutschen Hochstifts 1974, S. 143–208 [Weitausgreifende Studie, die Novalis als radikalen Antiaufklärer wertet. Zu *Glauben und Liebe* S. 180–196. Bezieht Hardenbergs Staats- und Geschichtsideal auf sein „Emanationssystem".]

Eckhardt, Hans-Wilhelm: „Wünsche und Begehrungen sind Flügel". Die Genese der Utopie bei Novalis, Frankfurt 1987 [Findet, daß Novalis' poetische Reflexionen von Beginn an politisch gewesen seien. In der Nachfolge R. Fabers (s. GB 6.9.), der in Novalis einen ‚Frühanarchisten' gesehen und seine Nähe zur 68er Studentenrevolte postuliert hatte. Über *Glauben und Liebe* S. 178–188.]

Kluckhohn, Paul: Persönlichkeit und Gemeinschaft. Studien zur Staatsauffassung der deutschen Romantik, Halle 1925 [Betont als Grundzug der Romantik, der auch die Staatsauffassung präge, das Streben nach Synthese von Individuum und Gemeinschaft. Sieht Beziehungen zwischen dem romantischen Staatsdenken und Auffassungen des 18. Jahrhunderts. Geht auch auf F. Schlegel, Schleiermacher, Schelling, Adam Müller u. a. ein.]

Kuhn, Hans Wolfgang: Der Apokalyptiker und die Politik. Studien zur Staatsphilosophie des Novalis, Freiburg i. Br. 1961 [Eine an den Arbeiten von Th. Haering: Novalis als Philosoph, 1954, und H.U.v. Balthasar: Prometheus. Studien zur Gesch. des dt. Idealismus, 1937, orientierte Deutung, die Hardenbergs Staatsphilosophie als bedeutendes und im Rahmen des dt. Idealismus und der Romantik originelles Zeugnis für das politische Denken in Deutschland um 1800 wertet. Über *Glauben und Liebe* S. 113–153.]

Kurzke, Hermann: Romantik und Konservatismus. Das „politische" Werk Friedrich von Hardenbergs (Novalis) im Horizont seiner Wirkungsgeschichte, München 1983 [Über *Glauben und Liebe* S. 133–202. Umfassendste, gründliche und detaillierte Analyse der Schrift. Zeigt, daß der romantische Konservatismus nicht mit Novalis beginnt, sondern ein Produkt der Wirkungsgeschichte ist.]

Nişcov, Viorica: Das Fragment als Absicht und Durchführung, als Plurivalenz und Eindeutigkeit. *Glauben und Liebe* von Novalis, in: R. Brinkmann (Hg.) 1978, S. 563–571: s. GB 9. [Zeichentheoretisch und diskursanalytisch orientierte Analyse.]

Peter, Klaus: Stadien der Aufklärung. Moral und Politik bei Lessing, Novalis und Friedrich Schlegel, Wiesbaden 1980 [Über *Glauben und Liebe* S. 85–122. Die Konzeption des „poetischen Staates" gehe aus der Auseinandersetzung mit Fichte hervor. Novalis' Begriff der Liebe sei ein „philosophischer Begriff". Indem dieser Liebesbegriff die Moral der Aufklärung repräsentiere, sei er sinnenfeindlich.]

Samuel, Richard: Die poetische Staats- und Geschichtsauffassung Friedrich von Hardenbergs (Novalis). Studien zur romantischen Geschichtsphilosophie, Frankfurt 1925. Repr. Nachdr. Hildesheim 1975 [Novalis habe zum erstenmal eine „Idee" vom Staat, die Aufklärung vorher nur einen „Begriff". Seine Staatsauffassung sei im Grunde konservativ. Die „patriarchalische Monarchie" sei für ihn die ideale Staatsform.]

Stockinger, Ludwig: „Tropen und Räthselsprache". Esoterik und Öffentlichkeit bei Friedrich von Hardenberg (Novalis), in: Geschichtlichkeit und Aktualität. Festschrift für Hans-Joachim Mähl zum 65. Geburtstag, hg. von Klaus-Detlef Müller

u. a., Tübingen 1988, S. 182–206 [Nimmt *Glauben und Liebe* als Beispiel dafür, daß esoterische Abschließung in einer verrätselten Sprache und öffentlicher Wirkungswille von der frühen Romantik nicht als Gegensätze gedacht waren.]

2. Analyse

Hardenbergs politisches Denken erwächst nicht aus einem spezifisch politischen Bewußtsein – er war kein homo politicus –, sondern aus seinen utopischen Hoffnungen. Deshalb steht die ‚Staatsschrift' *Glauben und Liebe* den *Hymnen an die Nacht* nahe, denen man sie, wenn man deren früheste Konzeption auf die Zeit kurz nach Sophies Tod ansetzt (s. B. 1.1.), zeitlich sogar nachordnen kann. Sie signalisiert bereits im Titel, daß es hier wie dort und wie in der *Lucinde* um Religion und Eros geht, wie umgekehrt auch in der *Lucinde* etwas von dem Staatsideal anklingt, an das in *Glauben und Liebe* gedacht ist: „Es sollte eigentlich nur zwei Stände unter den Menschen geben, den bildenden und den gebildeten, den männlichen und den weiblichen, und statt aller künstlichen Gesellschaft eine große Ehe dieser beiden Stände, und allgemeine Brüderschaft aller einzelnen." (FS V, 63)

Den männlichen und weiblichen Stand repräsentieren für Novalis der „König" und die „Königin". Indem er sie als Hoffnungsträger in den Blick faßt, und zwar anders als die Allgemeinheit, macht er einen Versuch, außerhalb seiner – poetischen – Macht liegende Kräfte zugunsten des neuen Mythos zu beeinflussen. In Schriften wie den *Hymnen* oder auch dem *Ofterdingen* setzt er auf den Dichter und die Poesie, also auf sich selbst. Mit den preußischen Herrscherfiguren sucht er nun ‚Fermente', ‚Katalysatoren' in der realen politischen Welt zu gewinnen, ohne freilich den König und die Königin zu fragen, ob sie diese Rolle spielen wollen. Insofern bedeutet seine Schrift ein gewagtes „Hypothesieren" (s. Kap. III. D.) und Experimentieren. Er erkennt aber im hochgelobten, als ungewöhnlich edel geltenden und offensichtlich von wechselseitiger Zuneigung erfüllten Paar Züge, die es möglich erscheinen lassen, daß es bei diesem Versuch mitspielt. Das ‚Ferment', das er seinerseits bereithält, sind die Fragmente der Schrift, „litterarische Sämereyen" (N II, 463), die er durch die Veröffentlichung in den *Jahrbüchern der Preußischen Monarchie,* wo die beiden sie zweifellos lesen würden, in sie zu senken gedenkt, damit sie hier in seinem Sinne aufgehen. Kühnerweise sagt er ihnen gleich auch auf den Kopf zu, was geschieht, wenn das Experiment scheitert, das heißt auch, wenn das Volk „zu stumpf für die wohlthätigen Einflüsse" des Paares sein sollte:

„Wirken diese Genien nichts, so ist die vollkommene Auflösung der modernen Welt gewiß, und die himmlische Erscheinung ist nichts, als das Aufblitzen der verfliegenden Lebenskraft, die Sphärenmusik eines Sterbenden, die sichtbare Ahndung einer bessern Welt, die edlern Generationen bevorsteht." (Nr. 28)

Hier zeigt sich schon, was auch bei der Besprechung des *Ofterdingen* zu betonen sein wird, daß Novalis realistisch genug ist, das Eintreten der erhofften Wirkungen von der vielseitigen Mitwirkung abhängig zu machen: bei der Wirkung der Poesie von der des Lesers, bei der Wirkung des politischen Handelns und Verhaltens von der des Bürgers.

Von dem, was Novalis da meinte und verlangte, als „transscendentaler Arzt" seines Zeitalters nichts geringeres als die *Erhebung des Menschen über sich selbst"* (Poësie Nr. 42; N II, 535), haben die Angesprochenen, der König und die Königin, sowenig wie andere Leser etwas begriffen. Der König, als „mystischer Souverän" (Nr. 15), als das „gediegene Lebensprinzip des Staats" (Nr. 17), als „ein zum irdischen Fatum erhobener Mensch" (Nr. 18) apostrophiert, wußte mit solchen Anmutungen nichts anzufangen und fühlte sich von ihnen, allerdings mit Recht, überfordert (s. den Kommentar N II, 479). Aber selbst der romantische Mitstreiter August Wilhelm Schlegel verstand wenig von dem Text, wenn er einer oberflächlichen Lesart verfiel und in einem Brief an Gottlieb Hufeland vom 22. 7. 1798 meinte, daß darin „ein Ideal der monarchischen Verfassung als in der Person des jetzigen Königs realisirt" dargestellt sei (zit. nach N II, 478). Denn weder wollte Novalis eindeutig für die Monarchie Stellung nehmen, noch sah er im neuen preußischen König die Realisierung seines Staatsideals. Friedrich Wilhelm III. war ihm nur eine Möglichkeit, ein Versprechen für die Zukunft, ein Symbol oder Repräsentant einer Idee, die es aus dem Verborgenen erst noch zu erwecken galt.

Einer anderen Lesart zufolge, die eher der „Tropen und Räthselsprache" des Textes, seinem „mystischen Ausdruck" entspricht (Nr. 1,3), will *Glauben und Liebe* ganz anders gedeutet werden.

Wenn die 43 Fragmente der Schrift ohne erkennbare Systematik aneinandergefügt sind, abgesehen von einer Einteilung in „Vorrede" und Hauptteil, so ist das bereits ein erster Hinweis darauf, daß Novalis kein geschlossenes Staatskonzept zu geben gedenkt. Die Fragmentsammlung im ganzen versteht sich, wie jedes Fragment im einzelnen, nur als Same, Keim, ein „Geheimniß", das die, welche es verstehen, zu Eingeweihten macht (Nr. 2).

Die Systemlosigkeit der Schrift deutet ferner an, daß sich Novalis den idealen Staat nicht als systematisiertes, vor allem nicht mechanisch eingerichtetes Gebilde vorstellt. Die in Fragment 36 geäußerte Kritik an der bisherigen Verwaltung Preußens als „Fabrik" verwirft jegliche „maschinistische Administration" und spielt dagegen im Gleichnis des Blutkreislaufs die Idee des Organismus aus (Nr. 10). Im Zusammenhang damit greift er auch die im Naturrechtsdenken verankerte Auffassung an, man könne das staatliche Zusammenleben auf dem egoistischen Interesse des Einzelnen begründen und erwarten, daß alle Einzelinteressen von selbst sich zum Gemeininteresse verknüpfen – eine „politische Quadratur des Zirkels", wie er bemerkt (Nr. 36).

Wesentliche Stellen der Schrift sind der Art der Beziehungen gewidmet, die zwischen den Gliedern des Staates bestehen sollen. Es sind nach Hardenbergs Vorstellung persönliche, menschliche, nicht institutionalisierte Beziehungen (so wie er den König und die Königin jenseits von politischer Institution und Rolle als „Menschen" betrachtet; Nr. 28, 38). Allenthalben bringt er Modelle dafür ins Spiel: die private Haushaltung, die Familie und vor allem die Liebe und Liebesehe (Nr. 16, 27, 29, 36, 37, 40, 41). Daß man Liebe bei Novalis in der Totalität des Geistig-Leiblichen verstehen muß – und in Verbindung mit der Ehe auch nicht anders verstehen kann –, ist schon gezeigt worden (s. die Einleitung dieses Kapitels). Deshalb liegt in der Tatsache, daß Novalis ein königliches Liebes- und Ehepaar zum Mittelpunkt seiner Überlegungen macht, der Gedanke, daß die Gründung des idealen Staates eine mystische und mythische Stiftung des Eros ist. Zum König und der Königin und zum Staatsleben sollen die Bürger ein mythisches Verhältnis entwickeln, das für Novalis „ächter Patriotism" wäre: „und so sollte man mit dem König und der Königin das gewöhnliche Leben veredeln, wie sonst die Alten es mit ihren Göttern thaten. Dort entstand ächte Religiosität durch diese unaufhörliche Mischung der Götterwelt in das Leben." (Nr. 30)

Die persönlichen Beziehungen sind im Sinne des Autors auch als Analogiebeziehungen zu verstehen (zur Analogie bei Novalis s. Kap. III. F.):

„Was man liebt, findet man überall, und sieht überall Ähnlichkeiten. Je größer die Liebe, desto weiter und mannichfaltiger diese ähnliche Welt. Meine Geliebte ist die Abbreviatur des Universums, das Universum die Elongatur meiner Geliebten." (Nr. 4)

Wie die Geliebte Mikrokosmos im Verhältnis zum Universum, ist sie es auch im Verhältnis zum Staat (sonst hätte Novalis diese Bemerkung in seine Staatsschrift nicht aufgenommen). Die Geliebte ist dem Liebenden also ebenso Mittlerin zum kleineren politischen Ganzen wie zum größeren metaphysischen. Der Staat umgekehrt ist „Macroandropos" (Allgem. Brouillon Nr. 261; N III, 286), gerade darum auch ein Organismus und den Bürgern etwas Menschliches.

Wenn der Staat eine Liebesgemeinschaft sein soll, kann man sich fragen, ob er überhaupt Staat sein soll. Aber Novalis hat den Staatsgedanken bejaht, das rousseauistische ‚Natur'-Ideal abgelehnt:

„Das Bedürfniß eines Staats ist das dringendste Bedürfniß eines Menschen. Um Mensch zu werden und zu bleiben, bedarf er *eines Staats*. Der Staat hat natürlich Rechte und Pflichten, wie der einzelne Mensch. Ein Mensch, ohne Staat ist ein Wilder. Alle Kultur entspringt aus den Verhältnissen eines Menschen mit dem Staate." (Allg. Br. Nr. 394; N III, 313)

Darum ist der Staat auch nicht nur, wie es einem Organismus geziemt, „Ausdruck der höchsten Belebung", sondern ebenso „beherrscht durch die achtungsvollste Besonnenheit, ein unter Regeln zu bringendes Betragen" (Nr. 17). Mit der formalen Bildung bejaht Novalis sogar die „Etiquette" am Hofe, die jedoch eine „natürliche" und „schöne", keine „erkünstelte, modische" sein soll (ebd.).

Wie man diese Bestimmungen als widersprüchlich ansehen muß, so auch die Ausführungen über die Staatsform. Novalis sagt manches zugunsten der Monarchie. Der Monarch soll ein „geborner König", kein „gemachter" (Nr. 15) sein (gemacht durch Wahl). Die Institutionen der Demokratie wie Konstitution, Versammlung, Abstimmung usw. lehnt Novalis ab, s. Nr. 15, 16, 23). Andererseits soll die Monarchie eine Synthese mit der republikanischen Staatsform eingehen (Nr. 22), was freilich nach dem damaligen politischen Denken noch kein Widerspruch wäre. Der Widerspruch ergibt sich erst mit dem fernen Ziel einer potentiellen Inthronisierung nicht nur des einen, sondern aller zum König:

„Alle Menschen sollen thronfähig werden. Das Erziehungsmittel zu diesem fernen Ziel ist ein König. Er assimilirt sich allmählich die Masse seiner Unterthanen. Jeder ist entsprossen aus einem uralten Königsstamm." (Nr. 18)

Damit befürwortet Novalis nicht das Egalité-Ideal der Französischen Revolution, deren Nivellierungstendenz er vielmehr kritisiert (Nr. 11, 12). Alle Menschen sollen nicht gleich, sondern nur gleich wert und würdig werden. Auch hier ist das fundamentale Diktum der Romantik gegenwärtig, daß Einheit, Ganzheit – und ein Ganzes soll der Staat durchaus sein (s. bes. Nr. 37) – nicht auf Kosten von Mannigfaltigkeit, d. h. Eigentümlichkeit des Einzelnen gehen darf.

Den anzustrebenden Endzustand hat Novalis schon im Fragment 122 der *Vermischten Bemerkungen* als vom „Geist", statt vom „Buchstaben" etwa einer Konstitution, und damit als „poetisch" bestimmt gekennzeichnet:

„Der Geist ist jederzeit poëtisch. Der poëtische Staat – ist der wahrhafte, vollkommne Staat.

Ein sehr geistvoller Staat wird von selbst poëtisch seyn – Je mehr Geist, und geistiges Verkehr im Staat ist, desto mehr wird er sich dem poëtischen nähern" (N II, 468).

In *Glauben und Liebe* verdichtet sich diese Idee des poetischen Staates zu der Vorstellung, daß jeder Mensch Künstler sein solle, an der Spitze der Fürst als „Künstler der Künstler", und daß „Alles (...) zur schönen Kunst" werden könne (Nr. 39), offenbar besonders zur Schau- und Verwandlungskunst, d. h. zum Theater: „Der Regent führt ein unendlich mannichfaches Schauspiel auf, wo Bühne und Parterre, Schauspieler und Zuschauer Eins sind, und er selbst Poet, Director und Held des Stücks zugleich ist." (Ebd.) Das Element der „Schau" war für Novalis im Zusammenhang mit der Idee der Repräsentation, das des Spiels als Inbegriff einer unendlichen schöpferischen und nicht zweckhaft bestimmten Beziehungsvielfalt wichtig (s. Kap. III. F und Kap. IX). Weil zum Staat das Repräsentieren gehört, befürwortet Novalis auch das Tragen von „Abzeichen und Uniformen" (Nr. 19).

Das Unsystematische, Unentwickelte und Widersprüchliche der Schrift hat sie nicht nur dem Unverständnis und der Fehldeutung, sondern auch Deutungen divergierendster Art ausgesetzt. Besonders durch Adam Müller ist *Glauben und Liebe* Grundlage des romantischen Konservatismus geworden (vgl. dazu H. Kurzke 1983), während eine neuere Auslegung in ihr Züge des Progressiven, ja Anarchischen entdeckt (vgl. H.-W. Eckhardt 1987). Ein weiterer Interpret findet bei aller sonst positiven Würdigung eine Ähnlichkeit der Novalisschen „Wesensphilosophie" mit dem „Grundschema der Ideologien des modernen Totalitarismus" (H.W. Kuhn 1961, 150).

Sofern die Deutungen auf historischen Modellen oder Erfahrungen beruhen, hat sich Novalis selber gegen sie salviert:

> „Wer hier mit seinen historischen Erfahrungen angezogen kömmt, weiß gar nicht, wovon ich rede, und auf welchem Standpunct ich rede; dem sprech ich arabisch, und er thut am besten, seines Wegs zu gehn und sich nicht unter Zuhörer zu mischen, deren Idiom und Landesart ihm durchaus fremd ist." (Nr. 15)

Wie er sich die Rezeption des Werkes dachte, hat er am 11.5. 1798 an Friedrich Schlegel geschrieben: „Ohne Glauben und Liebe ist es nicht zu lesen." (N IV, 253)

D. Novalis: *Europa [Die Christenheit oder Europa]*

1. Grundlageninformation

1.1. Text und Materialien

Erstdruck und Titel: In der 1. Auflage der von Friedrich Schlegel und Ludwig Tieck herausgegebenen *Schriften* Hardenbergs von 1802 erschienen nur Auszüge. Erster vollständiger Abdruck erst 1826 in der 4. Auflage, Bd. I. S. 187–208. Kritische Ausgabe: N III, 507–524. Der vollständige Druck war weder von Schlegel noch von Tieck veranlaßt, die sich beide vielmehr von ihm distanzierten. In der 5. Auflage von 1837 reduzierte Tieck den Aufsatz wieder auf die Auszüge der 1. Auflage. Von Novalis ist eine Erwähnung der Schrift nur unter dem Titel „Europa" überliefert. Der Druck von 1826 hat zum Titel „Die Christenheit oder Europa" den Zusatz „Ein Fragment", obwohl in der Korrespondenz des Novalis und der Herausgeber nach seinem Tode immer von einem vollständigen „Aufsatz" oder einer „Rede" gesprochen wurde (s. R. Samuel 1962, 286).

Entstehung: Der erste Keim der Schrift fällt in den Herbst 1798, ihre Abfassung in die Zeit zwischen Anfang Oktober und Anfang November 1799. Sie setzt Hardenbergs Studien über mittelalterliche Geschichte ab dem späten Frühjahr 1799, als historisches Ereignis den Tod des Papstes Pius VI. am 29. 8. 1799 („das alte Pabstthum liegt im Grabe"; N III, 524) und die Kenntnis von Schleiermachers *Reden über die Religion* voraus, die Novalis bald nach Mitte September 1799 las. Zu den Quellen seines Mittelalterbildes s. R. Samuel 1925, S. 230ff. Am 13. oder 14. November desselben Jahres las er die Rede in Jena im Kreis der „Jenaer Romantiker" vor. Schelling reagierte mit einem Spottgedicht, *Epikurisch Glaubensbekenntnis Heinz Widerporstens*, das F. Schlegel zusammen mit der Rede im *Athenäum* abdrucken wollte, was aber auf Anraten Goethes unterblieb.

1.2. Forschungsliteratur

Berglar, Peter 1974, S. 196–208: s. C. 1.2. dieses Kapitels
Heller, Erich: Novalis: Die Christenheit oder Europa, in: Merkur 35 (1981),
S. 1034–1044 [Lose essayistische Behandlung der Rede. Setzt Hardenbergs Ge-
schichtsphilosophie u. a. zu Hegel in Beziehung.]
Kurzke, Hermann 1983, S. 224–255: s. C. 1.2. dieses Kapitels
Mähl, Hans-Joachim 1965, S. 372–385: s. Kap. VI. 1.2. [Zeigt u. a. die Gemeinsam-
keiten und Unterschiede zwischen Hardenbergs Prophetie und den chiliastischen
Erwartungen im 18. Jahrhundert in pietistischen Kreisen.]
Malsch, Wilfried: Europa. Poetische Rede des Novalis. Deutung der Französischen
Revolution und Reflexion auf die Poesie in der Geschichte, Stuttgart 1965 [Eine
der ersten Arbeiten, die dem Bild des ‚konservativen‘ Novalis widersprechen.
Nimmt die Rede im engeren Sinn als rhetorischen Text (wie R. Samuel 1962, s. d.)
und als Zeugnis eines geschichtstypologischen Denkens. Versteht sie als „eine
hermeneutische Reflexion auf die ‚Poesie der Geschichte‘, in der die unerkannte
Poesie zu ihrer Selbsterkenntnis übergeht".]
Samuel, Richard: Die Form von Friedrich von Hardenbergs Abhandlung *Die Christenheit oder Europa*, in: Stoffe, Formen, Strukturen. Festschrift für H.H. Borcherdt, hg. von A. Fuchs und H. Motekat, München 1962, S. 284–302 [Unter-
scheidet 7 Teile und Themen, die in 30 Abschnitten (Paragraphen) vorgetragen
würden. Sieht ferner einen Wechsel des Stils, je nach der Bewertung des Themas.
Beleuchtet auch Hardenbergs historische Methode, die durch Schillers Antrittsvor-
lesung beeinflußt sei.]
Samuel, Richard 1925, S. 230–262: s. C. 1.2. dieses Kapitels
Saul, Nicholas: Novalis's ‚geistige Gegenwart‘ and His Essay *Die Christenheit oder
Europa*, in: Modern Language Review 77 (1982), S. 361–377 [Vermutet, daß
Novalis den Begriff „geistige Gegenwart" in Nr. 123 der *Vermischten Bemerkun-
gen* aus Henry Home of Kames: *Elements of Criticism* (1762) geschöpft hat, und
versucht zu zeigen, welche Rolle der Begriff in der Europa-Rede spielt.]
Steinhäuser-Carvill, Barbara: *Die Christenheit oder Europa* – Eine Predigt, in: Semi-
nar 12 (1976), S. 73–88 [Meint, daß der Dichter als Priester zu einer fiktiven
Gemeinde predige, um zu bekehren und Jünger eines neuen Glaubens zu finden.
Gegen R. Samuel 1962 (s. d.) gerichtet, der die Rhetorik der Rede eher als dogmatisch versteht.]
Timm, Hermann 1978, S. 114–127: s. B. 1.2. dieses Kapitels [Hält die Europa-Rede
für die „komprimierteste Selbstdarstellung des frühromantischen Gedankengutes".]

2. Analyse

Wenn Novalis seine utopischen Hoffnungen in der Hymnen-Dichtung an die
geheimnisvolle Offenbarung der Nacht und in *Glauben und Liebe* an das
vielversprechende Liebesverhältnis eines realen, in der Gegenwart lebenden
Königspaares knüpft, so in der Europa-Rede an das zukunftsträchtige Ideal-
bild einer vergangenen Epoche, des Mittelalters.

Er verleiht dieser Epoche Züge der Goldenen Zeit – was einigermaßen überrascht, wenn man sieht, daß er in der 5. und 6. Hymne diese Eigenschaft der griechischen Antike und der Lebenszeit Christi zuspricht oder in den *Lehrlingen zu Sais* gar dem sagenhaften Atlantis. Aber das von ihm prinzipiell als „Vorzeit" verstandene Goldene Zeitalter ist in seiner Vorstellung nichts Fixiertes und Fixierbares. „Vorzeit" heißt bei Novalis gewiß auch ‚Frühzeit‘, aber mehr noch ‚Vor der Zeit‘, ‚Außer der Zeit‘, und gemeint ist somit ein an sich ‚Ewiges‘, das, innerweltlich existierend, durchaus innerhalb des Zeitlichen zur Erscheinung gelangen kann, aber keineswegs nur an einer einzigen Stelle, sondern in verschiedenen Stadien der Geschichte, also auch, wie Novalis hofft, in der näheren Zukunft. Ob es erscheint, in welchem Maße es erscheint, das hängt nicht allein von der Geschichte, sondern auch von den Menschen ab, vor allem von jenem ihnen innewohnenden „heiligen Sinn", den Novalis bei Hemsterhuis als „moralisches Organ" kennengelernt hatte (s. Kap. I. D.) und der in der Europa-Rede mehrfach genannt wird (N III, 508, 509, 512, 515; auch in der Form „heiliges Organ": 520, 523). Dieser Sinn vermittelt das Erlebnis und die Erkenntnis der höheren Welt. Ist er wach und aktiv, so ist das Ewige (paradoxerweise die Goldene *Zeit*) lebendig und gegenwärtig. Ist er stumpf und schwach, so schwindet es und verliert sich. Beide aber, der subjektive Sinn und sein objektives Korrelat, können nicht wirklich vergehen. „Vernichtet kann jener unsterbliche Sinn nicht werden, aber getrübt, gelähmt, von andern Sinnen verdrängt." (Ebd., 509) Desgleichen die höhere Welt: Sie kann dem Bewußtsein fremd und unbekannt werden, bleibt in Wahrheit aber, auch wenn nicht wahr-genommen, unvergänglich. Die Romantik versteht diesen Zustand des unerkannten und darum unlebendigen Existierens gern als Schlaf, seine Änderung durch Erkenntnis und Wiederbelebung entsprechend als Erwachen und Erwecken. Diese Metaphorik zieht sich auch durch die Europa-Rede.

Wenn nun Novalis dem Mittelalter Züge der Goldenen Zeit verleiht, so weil er in ihm den heiligen Sinn aktiv wirken sieht, ohne doch zu behaupten, daß diese Epoche schon die Realisierung des Ideals sei. Im *Ofterdingen* wird das Mittelalter als Schwellenzeit charakterisiert (s. Kap. VI. C.), und das ist es hier auch: Die „Landung an der Küste der eigentlichen [!] vaterländischen Welt" wird auch im Mittelalterbild der Rede in die Zukunft verlegt (N III, 507). Im *Ofterdingen* wird das Mittelalter ferner eine „romantische Zeit" genannt, „die unter schlichtem Kleide eine höhere Gestalt verbirgt" (N I, 204), zwischen Außen und Innen, Wirklichkeit und Ideal also eine Spannung aufweist. In der Europa-Rede bemerkt Novalis, nachdem er die „wesentlichen Züge der ächtkatholischen oder ächt christlichen Zeiten" skizziert hat (und „Wesen" ist hier als Gegensatz zu ‚Erscheinung‘ zu lesen): „Noch war die Menschheit für dieses herrliche Reich nicht reif, nicht gebildet genug" (N III, 509).

Unter den von ihm ausgemachten wesentlichen Zügen ist der wesentlichste – neben dem heiligen Sinn – die um einen Mittelpunkt, das geistliche

Oberhaupt in Rom, konzentrierte Einheit des damaligen christlichen Europa. Animiert wurde er zu diesem Eindruck zweifellos durch den mittelalterlichen Universalismus, insbesondere durch den Reichsgedanken und den Begriff der „una sancta catholica ecclesia", von dem er sich, selber Vertreter eines universalistischen Denkens, gleich fasziniert fühlen mußte. Dabei gibt er von dem Zusammenwirken der damaligen Kräfte und Mächte, denen er „*Ein* großes gemeinschaftliches Interesse" unterstellt (ebd., 507), durchaus eine verklärte Ansicht, die kaum einer seiner Zeitgenossen geteilt haben dürfte. Vielmehr befand sich Novalis mit seinem positiven Mittelalterbild im Gegensatz zur aufklärerischen Auffassung, die jene Zeit als barbarisch und der Beachtung unwert einstufte. Selbst Friedrich Schlegel nannte das Mittelalter noch im Studium-Aufsatz das „große barbarische Intermezzo, welches den Zwischenraum zwischen der antiken und der modernen Bildung anfüllt" (FS I, 235).

Das „Christliche" des Mittelalters besteht für Novalis in der „Liebe zu der heiligen, wunderschönen Frau der Christenheit" (N III, 507), in der Heiligenverehrung, in den „schönen Versammlungen in den geheimnißvollen Kirchen" (ebd., 508), im Reliquienkult, in Wallfahrten und darin, daß der Papst „unzeitigen gefährlichen Entdeckungen, im Gebiete des Wissens", so etwa, daß die Erde, statt im Mittelpunkt der Welt, nur ein „unbedeutender Wandelstern sey", einen Riegel vorschob (ebd.). Sowenig wie den idealen Staat in *Glauben und Liebe* begreift Novalis aber die mittelalterliche Kirche als institutionelles Gebilde. Die „Stützen dieses und jedes Reichs" sind ihm „Achtung und Zutrauen" (ebd., 510), die Geistlichen übten kein Regiment, sondern mildes Wohltun. „Friede ging von ihnen aus." (Ebd., 507)

Bemerkenswert ist, daß er das Walten der Allmacht (an einer Stelle, die von der Verdrängung des Göttlichen in der Periode des Verfalls handelt) nicht in den Begriff des singulären Gottes, sondern den der pluralischen „Götter" faßt (ebd., 510). Damit ist zu vermuten, daß das Christentum und Formen wie der Polytheismus der Antike für ihn in der Substanz nicht weit auseinanderliegen, sieht er doch in der 5. Hymne an die Nacht die christliche ‚Götterwelt' geradezu durch Metamorphose aus der Götterwelt der Griechen hervorgehen. Wenn er an einer späteren Stelle der Europa-Rede eine der Formen des Christentums als „Glaube an die Allfähigkeit alles Irdischen" charakterisiert (ebd., 523), rückt er es freilich in die Nähe des Pantheismus, mit der im 74. Blütenstaub-Fragment ausgesprochenen Einschränkung, daß alles Irdische nur „Mittler seyn könne" (N II, 443).

Mit der Realität des Christentums hat all dies so wenig zu tun wie mit der Realität des Mittelalters. Ein faktisches Bild wollte Novalis von diesem allerdings gar nicht geben. Fakten vermitteln, wie er den Einsiedler im *Ofterdingen* sagen läßt, ein weniger wahres Bild von der Geschichte als die Dichtung (N I, 259), und Dichtung ist die Europa-Rede in der Tat. In philosophischen Begriffen gesprochen, gibt er vom Mittelalter eine „Idee" oder, wie er selber sagt, das „Wesen", oder auch, wie er hätte sagen können, einen transzendentalen Entwurf.

Im weiteren Verlauf seiner poetischen Darstellung und Deutung rückt er den Zerfall der mittelalterlichen Einheit durch die „Vertrocknung des heiligen Sinns" (N III, 512) im Zuge der Reformation, für Novalis zugleich der Beginn der Aufklärung, in den Blick. Die Gelehrten trennen sich von den Geistlichen, das Wissen spaltet sich vom Glauben ab, Luthers Autorisierung der Bibel zur alleinigen Grundlage des Glaubens macht aus der Religion Philologie und läßt den unendlichen und lebendigen „Geist" im endlichen und toten „Buchstaben" erstarren. „Daher zeigt uns auch die Geschichte des Protestantismus keine herrlichen großen Erscheinungen des Ueberirdischen mehr" (ebd.), daher erfährt die Welt eine Entzauberung. Die neue „moderne Denkungsart", der Rationalismus, „verketzerte Fantasie und Gefühl, Sittlichkeit und Kunstliebe, Zukunft und Vorzeit" und „machte die unendliche schöpferische Musik des Weltalls zum einförmigen Klappern einer ungeheuren Mühle", d. h. degradierte das Universum zu einem bloßen Mechanismus (ebd., 515). Der entscheidende Schachzug dieser Kritik liegt in dem Begriff „verketzern", der impliziert, daß die neue Denkschule auch nichts anderes als eine ‚Kirche' ist, welche alle, die ihr nicht folgen wollen, als ‚Ungläubige' verurteilt. Es steht also eigentlich nicht Wissen gegen Glauben, sondern „neuer Glaube" („aus lauter Wissen zusammengeklebt"; ebd., 515f.) gegen alten Glauben, was wiederum nichts anderes heißt als falscher Glaube gegen den wahren. Auch in den Hymnen relativiert Novalis ja den Unterschied zwischen Glauben und Wissen, nur umgekehrt, indem er das, was eigentlich auf Glauben beruht, das Mysterium der Nacht, zum Gegenstand des Wissens (der Eingeweihten) macht (s. Abschnitt B. dieses Kapitels).

Wie Frankreich der Ort war, wo der Rationalismus zuerst Fuß faßte, so wird es auch Ausgangspunkt einer welthistorischen Krise, aus der, wie der Autor zuversichtlich verkündet, die Gesundung des heiligen Sinns und mit ihr eine neue Goldene Zeit hervorgehen wird. Die Französische Revolution, von ihm als „zweite Reformation" gedeutet, forciert zwar die Auflösung der Verhältnisse, aber ihre destruktiven Züge erscheinen ihm gerade als Zeichen der Regeneration. „Wahrhafte Anarchie ist das Zeugungselement der Religion. Aus der Vernichtung alles Positiven hebt sie ihr glorreiches Haupt als neue Weltstifterin empor." (Ebd., 517)

Was Novalis dann als „Auferstehung" (ebd.) eines neuen Gottesreiches prophezeit, ausgehend von „Andeutungen" oder, wie bei seinen Fragmenten, von Samen, Keimen, Pollenkörnern, mutet an wie das Austragen einer Schwangerschaft, die mit der Empfängnis durch Eros beginnt und mit der Geburt sich vollendet:

„Noch sind alles nur Andeutungen, unzusammenhängend und roh, aber sie verraten dem historischen Auge eine universelle Individualität, eine neue Geschichte, eine neue Menschheit, die süßeste Umarmung einer jungen überraschten Kirche und eines liebenden Gottes, und das innige Empfängniß eines neuen Messias in ihren tausend

Gliedern zugleich. Wer fühlt sich nicht mit süßer Schaam guter Hoffnung? Das Neugeborne wird das Abbild seines Vaters, eine neue goldne Zeit mit dunkeln unendlichen Augen, eine profetische, wunderthätige und wundenheilende, tröstende und ewiges Leben entzündende Zeit sein – eine große Versöhnungszeit, ein Heiland, der wie ein ächter Genius unter den Menschen einheimisch, nur geglaubt nicht gesehen werden [kann], und unter zahllosen Gestalten den Gläubigen sichtbar, als Brod und Wein, verzehrt, als Geliebte umarmt, als Luft geathmet, als Wort und Gesang vernommen, und mit himmlischer Wollust, als Tod, unter den höchsten Schmerzen der Liebe, in das Innre des verbrausenden Leibes aufgenommen wird." (Ebd., 519f.)

Kein Zweifel: Die Entwicklung des neuen Gottesreiches ist ein innerweltlicher und innermenschlicher Vorgang. Sie spielt sich im Gemüt ab, verwandelt aber auch die Außenwelt. Mit der „jungen überraschten Kirche" meint Novalis sich und seinesgleichen, die junge Generation der Romantiker, die sich befruchtet weiß – nicht durch einen liebenden Gott im Sinne der christlichen Glaubenstradition, an den sie vermutlich gar nicht glaubt, sondern durch den vom Buchstaben wieder emanzipierten „Geist" gemäß ihrem idealistischen Verständnis. Was aus dieser Befruchtung als „neuer Messias" hervorgeht, ist, entgegen dem personalen Bezug, keine erlösende Person (wie Christus), sondern ein erlösender Weltzustand. Wenngleich Novalis diesen noch einmal personalisiert, in „Heiland", ist doch deutlich, daß er die „goldne Zeit", das in Wahrheit Ewige, als unpersönliche und allgegenwärtige sakrale Realität begreift, für die alles „Mittler" sein kann (s. dazu Blütenstaub-Fragment 74), nicht zuletzt die Geliebte und der Liebesakt, zuletzt aber der Liebestod. Noch einmal nimmt Novalis Bezug auf die eigene romantische Generation, wenn er „mit süßem Stolz auf seine Zeitgenossenschaft" an die „neue Schaar der Jünger" appelliert, sich angesichts der „ersten Wehen [...] in Bereitschaft zur Geburt" zu setzen (ebd., 521). Und jetzt ruft er auch wieder, wie bei seiner Darstellung des Mittelalters das Bild Mariens, das Bild einer heiligen Jungfrau mit ihrem „himmlischen Gliederbau" herauf (ebd.), das ihm möglicherweise mit dem Bild der Geliebten zusammenfließt, so wie in den Hymnen Sophie und Christus ineinander übergehen.

Auch wo Novalis die äußere Verfassung des neuen Reiches umreißt, greift er auf das Mittelalter zurück, nämlich auf den mittelalterlichen Universalismus, wenn er sagt: „Die Christenheit muß wieder lebendig und wirksam werden, und sich wieder eine sichtbare Kirche ohne Rücksicht auf Landesgränzen bilden" (ebd., 524), und wenn er eine „nähere und mannigfaltigere Connexion und Berührung der europäischen Staaten" in einem vereinigten Europa beschwört (ebd., 522), in Analogie zur interdisziplinären Verbindung der Wissenschaften in einer neuen Enzyklopädie (s. Kap. III. G.). Aber sowenig wie in *Glauben und Liebe* meint er hier ein institutionelles Gebilde. Wenn alle sich zu einer „neuen Urversammlung" und „Gemeinde" und in „himmlischem Zutrauen" zueinander zusammenschließen sollen (N III, 521, 523), dann versteht er die künftige Einheit wiederum als Liebes- (und

Friedens-) Gemeinschaft. Die Vereinigung Europas wäre im übrigen nur der erste Schritt zu einer Weltgemeinschaft, so wie die Religion, die alle verbindet, nicht im engeren Sinne die christliche, sondern eine universale wäre. Das geisterfüllte „Weltall" (ebd., 515; s. auch Blütenstaub-Fragment 16) ist für diesen Romantiker der eigentliche Gegenstand des religiösen, „heiligen Sinns", eines Sinns, den er bezeichnenderweise auch als „Allfähigkeit der innern Menschheit" umschreibt (ebd., 519).

Was die Geschichtsauffassung angeht, die der Europa-Rede zugrunde liegt, so ist schon angedeutet worden, daß Novalis das Faktische, das „Buchstäbliche" der historischen Entwicklung weniger wichtig nimmt als deren inneren Geist, in dem sich ihm die Wahrheit der Geschichte spiegelt. Deren Inneres erschließt sich im Hinblick auf die Zukunft durch „Ahndung", im Hinblick auf die Vergangenheit durch „Erinnerung", von der der Einsiedler im *Ofterdingen* sagt:

„Der eigentliche Sinn für die Geschichten der Menschen entwickelt sich erst spät, und mehr unter den stillen Einflüssen der Erinnerung, als unter den gewaltsameren Eindrücken der Gegenwart. Die nächsten Ereignisse scheinen nur locker verknüpft, aber sie sympathisiren desto wunderbarer mit entfernteren; und nur dann, wenn man im Stande ist, eine lange Reihe zu übersehn und weder alles buchstäblich zu nehmen, noch auch mit muthwilligen Träumen die eigentliche Ordnung zu verwirren, bemerkt man die geheime Verkettung des Ehemaligen und Künftigen, und lernt die Geschichte aus Hoffnung und Erinnerung zusammensetzen. Indeß nur dem, welchem die ganze Vorzeit gegenwärtig ist, mag es gelingen, die einfache Regel der Geschichte zu entdekken." (N I, 257f.)

Was die Erinnerung hiernach vor allem erschließt, ist die geheime Beziehung auch zeitlich entfernter Ereignisse, eine Beziehung, die als analogische zu deuten ist, da es heißt, daß die auseinanderliegenden Ereignisse miteinander „sympathisiren". „Sympathie" ist eines der Codewörter Hardenbergs für die Analogie (s. Kap. III. F.), und in der Europa-Rede sagt er wörtlich: „An die Geschichte verweise ich euch, forscht in ihrem belehrenden Zusammenhang, nach ähnlichen Zeitpunkten, und lernt den Zauberstab der Analogie gebrauchen." (N III, 518) Geschichtsforschung versteht Novalis als Lebens- und Sinnorientierung, und dies um so entschiedener, als er die Geschichte zu einem selbständig und eigenmächtig handelnden Wesen hypostasiert, das sich nicht „modeln" lasse, sondern dessen wegweisenden geheimen Zeichen man nur folgen könne und solle:

„O! daß der Geist der Geister euch erfüllte, und ihr abließet von diesem thörichten Bestreben die Geschichte und die Menschheit zu modeln, und eure Richtung ihr zu geben. Ist sie nicht selbständig, nicht eigenmächtig, so gut wie unendlich liebenswerth und weissagend? Sie zu studiren, ihr nachzugehn, von ihr zu lernen, mit ihr gleichen Schritt zu halten, gläubig ihren Verheißungen und Winken zu folgen – daran denkt keiner." (Ebd.)

Was aber ist die „einfache Regel der Geschichte", von der der Einsiedler meint, daß man sie entdecken könne, wenn man sich in die „ganze Vorzeit" vertieft? Hierauf kann es nur die Antwort geben, welche die Europa-Rede durch die Art, wie sie den Geschichtsverlauf charakterisiert, liefert, nämlich daß im Künftigen das Vergangene wiederkehrt, richtiger gesagt: daß im Künftigen die „Vorzeit" wiederkehrt, als das, was ewig und unvergänglich ist und was in aller Zeitlichkeit schlummert, um dann, wenn der „heilige Sinn" wach und aktiv ist, seinerseits zu erwachen.

Geht man davon aus, daß in Hardenbergs Darstellung das Mittelalter im Begriff ist, die Schwelle zur Vorzeit zu überschreiten, hierauf dagegen eine Phase der Entfremdung folgt, bis schließlich in der Zukunft die Vorzeit oder Goldene Zeit wieder zum Vorschein kommt, so kann man den Geschichtsverlauf als triadisch bezeichnen. Man könnte ihn geradesogut aber als Wechsel von Vergehen und Auferstehen, als ein – sogar mehrfaches – „stirb und werde" charakterisieren. Entscheidend ist, daß nach Novalis' Vorstellung in der Geschichte das Prinzip der Wiedergeburt und der Metamorphose wirksam ist. Die Götter Griechenlands verschwinden und werden wiedergeboren in den ‚Göttern‘ des Christentums, also verwandelt (s. die 5. Hymne an die Nacht); diese ihrerseits vergehen und werden wiedergeboren in dem „neuen Messias" (s. o.) und in der in einen „neuen Schleier" gehüllten Jungfrau (N III, 521), also wiederum verwandelt, weil es sich offenbar nicht mehr um Christus und Maria handelt (eher denkt man bei der verschleierten Jungfrau an das Bildnis zu Sais).

Deutlich wird somit, daß der Zeitbegriff dieser Geschichtsauffassung naturhaft und zugleich mythisch ist (s. dazu die Einleitung dieses Kapitels). Wenn aber der romantische Sinn beim Studium der Geschichte auf das Ewige und immer Wiederkehrende zielt, so mag man auch finden, daß er sich in einen Widerspruch von Historismus und Ahistorismus oder Geschichte und Mythos verwickelt. Dieser Widerspruch ist auch für die spätere Romantik charakteristisch (vgl. L. Pikulik: Die sogenannte Heidelberger Romantik, in: Friedrich Strack (Hg.): Heidelberg im säkularen Umbruch, Stuttgart 1987, bes. S. 201ff.), und er erklärt sich aus einem metaphysischen Bedürfnis in einer säkularisierten Welt: nach etwas Bleibendem *innerhalb* des Zeitlichen, wenn es denn dem modernen Gemüt nicht mehr möglich ist, an ein Bleibendes *jenseits* des Zeitlichen zu glauben. Joseph Görres beginnt seine Schrift *Wachstum der Historie* mit den bezeichnenden Worten: „Rinnen die Zeiten dahin; steht der Geist über der Fluth der eilenden Momente, und mögte etwas Bleibendes gründen im allgemeinen Wechsel und Wandel!" (Gesammelte Schriften, hg. von Wilhelm Schellberg, Bd. III, Köln 1926, S. 365).

Wie *Glauben und Liebe* hat die Europa-Rede in der späteren Romantik eine ihrem Gehalt nicht gemäße Rezeption erfahren. Während aus ihr eher „Zukunftspathos" als rückwärtsgewandte Nostalgie spricht (vgl. H. Kurzke 1983, 230), wurde sie später als Zeugnis einer konservativen Haltung rezipiert. Sie konnte diese von Novalis nicht beabsichtigte Wirkung aber erst nach 1826, nachdem sie zum ersten Mal in voller Länge publiziert worden war, entfalten.

Bleibt zu bemerken, daß man die Rede nicht recht versteht, wenn man nicht ihren tentativen, experimentellen Charakter erkennt. Ein Probierstück ist sie wohl auch im Hinblick auf die Reaktion der Zuhörer in Jena bei der Erstaufführung. Der Autor spielt eine Rolle, und in der Rolle des Redners verstellt er sich. Er redet im Ton der naiven Begeisterung und Überzeugung, und man muß annehmen, daß sein Intellekt, der alles andere als naiv war, diese Haltung nicht gänzlich teilt.

Anfang 1800 schreibt er ein Fragment über das Wesen der Rhetorik nieder, in dem es heißt:

> „In einer *wahren* Rede spielt man alle Rollen – geht durch alle Charactere durch – durch alle Zustände – nur um zu überraschen – um den Gegenstand von einer neuen Seite zu betrachten, um den Zuhörer plötzlich zu illudiren, oder auch zu überzeugen; Eine Rede ist ein äußerst lebhaftes, und geistreiches, abwechselndes Tableau der innern Betrachtung eines Gegenstandes. [...] Die ächte Rede ist im Styl des hohen Lustspiels, nur einzeln mit großer Poësie verwebt – Sonst recht klare, einfache Prosa des gemeinen Lebens – Dialogen styl. Der Redner muß jeden Ton annehmen können." (N III, 648f.; Nr. 547)

Richard Samuel, der dieses Fragment zitiert, knüpft hieran die nicht unberechtigte Frage, wie ernst Novalis wohl seine Europa-Rede genommen hat. Und er fährt fort: „Daß Hardenberg sein Anliegen ernst ist, soll nicht bezweifelt werden, aber bringt er es nicht in einem gewissen Sinne in demagogischer Weise vor? Ist die Art des Heranbringens seines Anliegens an das Publikum nicht gerade die, die er in der Aufzeichnung über die wahre Rede darlegt?" (R. Samuel 1962, 288).

VI. Kapitel: Wiederverzauberung der Welt
(Novalis' Poetik und sein Roman *Heinrich von Ofterdingen*)

Einleitung

Wenn die Entzauberung der Welt das Werk von Reformation und Aufklärung war, wie Novalis in der *Christenheit oder Europa* kritisch und klagend feststellt (s. Kap. V. D.), so wird es nunmehr das Werk der romantischen Poesie, diesen Zustand aufzuheben und der Welt ihren ursprünglichen Zauber zurückzugeben. Entzauberung – der Ausdruck wurde von Max Weber geprägt (s. Kap. I. B.) – besteht in der Eliminierung alles Wunderbaren und Geheimnisvollen, wenn eine einseitig rationalistische und empiristische Gesinnung befindet, daß nur das rational Erklärbare und empirisch Erfahrbare gelten soll. Die Wiederverzauberung läuft demgemäß darauf hinaus, Wunder und Geheimnis wieder zur Geltung zu bringen.

Dabei geht es für Novalis nicht nur um eine punktuelle Restitution, um eine Relativierung des „Natürlichen" durch das „Übernatürliche" da und dort. Was er „Poëtisirung der Welt" nennt (N I, 347) und gleichbedeutend ist mit der Beschwörung des Goldenen Zeitalters, soll den Zauber nicht als Einmaligkeit und Ausnahme, sondern als allgemeinen Weltzustand konstituieren (vgl. R. Heine 1985, 145f.). Die ganze Welt „In Geheimniß Stand [zu] erheben" (N II, 590) wird die Aufgabe der Poesie.

Ganz neu ist sie nicht. Der vorromantische Schauerroman (gothic novel), aus dem Tieck, E.T.A. Hoffmann und Eichendorff einen Großteil ihrer Motive beziehen, läßt sich die Mystifikation der Wirklichkeit ebenfalls angelegen sein, jedoch ausschließlich um dem Publikum einen seelischen Kitzel zu bieten, während die Romantik mit dem „Reitz des Erkenntnißvermögens" durch das „Unbekannte" (N II, 590) einen metaphysischen Sinn verknüpft. Und wenn in jenem noch der Aufklärung verpflichteten Typus am Schluß der Handlung alles übernatürlich Scheinende stets natürlich erklärt, also wiederum entzaubert wird, behält das Geheimnisvolle im romantischen Roman, wird es auch ‚offenbart‘, doch letztlich seinen Nimbus.

1. Grundlageninformation

1.1. Text und Materialien

Erstdruck: *Heinrich von Ofterdingen. Ein nachgelassener Roman von Novalis. Zwei Theile.* Berlin 1802. In der Buchhandlung der Realschule. 338 S. (Erschienen Juni 1802. Enthielt nur den Ersten Teil.) Ende 1802 erschien: *Novalis Schriften*, hg.

von Friedrich Schlegel und Ludwig Tieck. 2 Bde. Berlin 1802. Der erste Band enthielt den Ersten Teil des Romans und war identisch mit der im Juni erschienenen Sonderausgabe, während der zweite Band erstmalig den fragmentarischen Zweiten Teil brachte. Kritische Ausgabe: N I, 195–334.

Materialien: Skizzen und Entwürfe zum Zweiten Teil N I, 335–355. Bemerkungen in Briefen ebd., 356–358. Tiecks Bericht über die Fortsetzung ebd., 359–369. (Paralipomena)

Wesentliche Stellen zu Novalis' Auseinandersetzung mit Goethe und seinem Roman *Wilhelm Meisters Lehrjahre* (erschienen in 4 Bänden 1795/96, der letzte Band erst im Herbst 1796): N I, 435 (Nr. 23, 24); N II, 423 (Nr. 25), 425 (Nr. 27), 459 (Nr. 106), 498 (Nr. 43), 559 (Nr. 156), 561 (Nr. 175), 564 (Nr. 199), 567 (Nr. 206), 568, 581, 596 (Nr. 332), 640ff. (Essay über Goethe), 647 (Nr. 472), 664; N III 256 (Nr. 87), 312 (Nr. 390), 326 (Nr. 445), 350 (Nr. 499), 568f. (Nr. 93), 638f. (Nr. 505), 639 (Nr. 506), 646f. (Nr. 536), 649 (Nr. 548); N IV, 29–40 (Journal), 193, 200, 237, 239, 243, 255, 323 (Briefstellen).

Zu den Quellen des Romans: Nach der Biographie seines Bruders Karl von Hardenberg (N IV, 531–535) erhielt Novalis die erste Anregung im Frühjahr 1799 bei Karl Wilhelm Ferdinand von Funck in Artern am Kyffhäuser durch Funcks Biographie über Friedrich II. von 1792 und in dessen „Bibliothek besonders alter Chroniken". Die in Frage kommenden Chroniken, die Novalis mit der Sage von Heinrich von Ofterdingen bekanntmachten, dürften die *Düringische Chronik* und die *Legende der heiligen Elisabeth*, beide aus der Feder des Eisenacher Stadtschreibers Johannes Rothe (gest. 1434), vielleicht auch die *Mansfeldische Chronik* des Cyriacus Spangenberg gewesen sein. In allen drei Quellen ist die Schreibung „Afterdingen", die Novalis selber durchgehend gebraucht. Vgl. Richard Samuel: Die poetische Staats- und Geschichtsauffassung Friedrich von Hardenbergs (Novalis). Studien zur romantischen Geschichtsphilosophie, Frankfurt 1925, S. 262–285. Ferner hat Novalis aus volkskundlichen und literarischen Überlieferungen, Mythologien, Märchen, philosophischen Schriften sowie der Naturwissenschaft seiner und früherer Zeiten geschöpft. Zur Anlehnung an Goethe s. Abschnitt A. In einem Brief an Ludwig Tieck vom 23. 2. 1800 konzediert er einen Einfluß von dessen Roman *Franz Sternbalds Wanderungen* (1798). Außerdem unterstreicht er die Wirkung Jakob Böhmes: „Man sieht durchaus in ihm den gewaltigen Frühling mit seinen quellenden, treibenden, bildenden und mischenden Kräften, die von innen heraus die Welt gebären – Ein ächtes Chaos voll dunkler Begier und wunderbaren Leben – einen wahren, auseinandergehenden Microcosmus." (N IV, 322f.) Vgl. hierzu C. Paschek 1967: s. GB 6.

Entstehung: Beginn der Niederschrift Ende November oder Anfang Dezember 1799. In Briefen an Ludwig Tieck und Friedrich Schlegel vom 5. 4. 1800 meldet Novalis die Vollendung des Ersten Teils. Die Arbeit am Zweiten Teil und die Aufzeichnungen zur Fortsetzung reichen in den Spätsommer 1800. Die tödliche Krankheit Hardenbergs bedingte den Abbruch der Arbeit.

Nach dem Willen des Dichters sollte der Roman in der gleichen Form wie der *Wilhelm Meister* beim gleichen Verleger (Unger) erscheinen, was nicht geschah.

1.2 Forschungsliteratur

Beck, Hans-Joachim: Friedrich von Hardenbergs „Oeconomie des Styls". Die *Wilhelm Meister*-Rezeption im *Heinrich von Ofterdingen*, Bonn 1976 [Zielt wesentlich auf den Nachweis, daß Novalis' Kritik am *Wilhelm Meister* nicht rein immanent verfährt, sondern von der Erkenntnis eines Zusammenhangs zwischen ästhetischen und politisch-ökonomischen Phänomenen ausgeht.]

Bollnow, Otto-Friedrich: Der „Weg nach Innen" bei Novalis, in: Ders.: Unruhe und Geborgenheit im Weltbild neuerer Dichter, Stuttgart 1953, S. 178–206 [Der „Weg nach Innen" als Abwandlung des transzendentalphilosophischen Weges insofern, als von Novalis das Innere der Welt als gegenständlich faßbar genommen, das Innere der Seele entsprechend „realpsychologisch" verstanden werde.]

Bus, Antonius J.M.: Der Mythus der Musik in Novalis' *Heinrich von Ofterdingen*, Alkmaar 1947 [Sieht im *Ofterdingen* die Technik der musikalischen Wiederholung und Variation und das harmonische Zusammenspiel realisiert. Behandelt darüber hinaus allgemein Hardenbergs Verhältnis zur Musik.]

Dick, Manfred: Die Entwicklung des Gedankens der Poesie in den Fragmenten des Novalis, Bonn 1967 [Umfangreiche und ausführliche sowie differenzierte Untersuchung. Verfolgt Hardenbergs Weg vom Studium Fichtes bis hin zur Poesie als „Ideenassoziation" und „Zufallproduktion". Wendet sich gegen eine Richtung in der Novalis-Forschung, die das Denken Hardenbergs allzusehr als abhängig von der Transzendentalphilosophie verstehe.]

Diez, Max: Novalis und das allegorische Märchen, in: G. Schulz (Hg.) 1986, S. 131–159: s. GB 6. (zuerst 1933, unter dem Titel: Metapher und Märchengestalt) [Betrachtet die Gestalten des Klingsohr-Märchens wie des romantischen Kunstmärchens überhaupt als Ausdruck metaphorischen Bildens, sofern man die Metapher als Form der schöpferischen Verschmelzung und damit als Grundlage aller Poesie verstehe.]

Ehrensperger, Oskar Serge: Die epische Struktur in Novalis' *Heinrich von Ofterdingen*. Eine Interpretation des Romans, Winterthur [2]1971 (zuerst 1965) [Werkimmanente Untersuchung, die von den poetischen Theorien Hardenbergs bewußt absieht. Sieht im *Ofterdingen* eine Folge von epischen Einheiten, die immer dieselbe Struktur haben, bestehend in einer Überlagerung von drei Ausdrucksebenen: einer der „Realistik", einer des Gesprächs und einer der „absoluten Welten von Traum und Poesie".]

Esselborn, Hans: Poetisierte Physik. Romantische Mythologie in Klingsohrs Märchen, in: Aurora 47 (1987), S. 137–158 [Zeigt, welche naturwiss. Kenntnisse Novalis verarbeitet hat. Deutet die entsprechende Bildlichkeit als „allegorisierende Privatmythologie" und als übereinstimmend mit F. Schlegels Forderung einer neuen Mythologie.]

Frühwald, Wolfgang: Nachwort zur Ausgabe des *Ofterdingen* bei Reclam (UB 8939), Stuttgart 1987 [Interpretation, die besonders das Stilprinzip der Spiegelung und als Endziel des Romans das Aufgehen der Spiegelung in „totaler Identifikation" hervorhebt.]

Hauer, Bernard E.: Die Todesthematik in *Wilhelm Meisters Lehrjahre* und *Heinrich von Ofterdingen*, in: Euphorion 79 (1985), S. 182–206 [Arbeitet die Gegensätzlichkeit der Todesauffassung in beiden Werken heraus, sieht eine Gemeinsamkeit aber darin, daß beide den Tod als ideelles Problem und als literarisches Motiv wiederentdeckt hätten.]

Haufe, Eberhard: Die Aufhebung der Zeit im *Heinrich von Ofterdingen*, in: Joachim Müller (Hg.): Gestaltung Umgestaltung. Festschrift zum 75. Geburtstag von Hermann August Korff, Leipzig 1957, S. 178–188 [Ausgehend von stilistischen Beobachtungen an der Darstellung des Traums vom Ende des 6. Kap. zeigt Vf. auch am inneren Aufbau und den Personen, daß die Handlung allenthalben ins Zuständlich-Durative gerinne.]

Haywood, Bruce: Novalis: The Veil of Imagery. A Study of the Poetic Works of Friedrich von Hardenberg, 'S-Gravenhage 1959 [Verzichtet bewußt auf Bezüge zu Hardenbergs theoretischem Werk (Fragmente etc.) und konzentriert sich auf die Untersuchung der poetischen Bildlichkeit. Über *Heinrich von Ofterdingen* S. 91–144.]

Hegener, Johannes: Die Poetisierung der Wissenschaften bei Novalis dargestellt am Prozeß der Entwicklung von Welt und Menschheit. Studien zum Problem enzyklopädischen Welterfahrens, Bonn 1975 [Enthält als Kernstück der Untersuchung S. 138–175 einen Beitrag zum Klingsohr-Märchen, das als „enzyklopädisch sich entwickelnde Bibel" gedeutet wird.]

Heine, Roland: Transzendentalpoesie. Studien zu Friedrich Schlegel, Novalis und E.T.A. Hoffmann, Bonn ²1985 (zuerst 1974) [Enthält ein Kap. über Novalis' Poesieauffassung und eine ausführliche, textnahe Interpretation des *Ofterdingen*. Behandelt außerdem F. Schlegels *Wilhelm Meister*-Kritik und vergleicht sie mit Novalis' Haltung zu Goethes Roman.]

Hiebel, Friedrich: Novalis: Deutscher Dichter – Europäischer Denker – Christlicher Seher, Bern ²1972 (zuerst 1951, unter dem Titel: Novalis, der Dichter der blauen Blume) [Methodisch auf der Anthroposophie Rudolf Steiners aufbauende Monographie, die Novalis als christlichen Dichter versteht. Über *Heinrich von Ofterdingen* S. 302–352.]

Kaiser, Hartmut: Mozarts *Zauberflöte* und „Klingsohrs Märchen", in: Jahrbuch des Freien Deutschen Hochstifts 1980, S. 238–258 [Novalis' Kenntnis der Mozartschen Oper sei nicht zu beweisen, aber wahrscheinlich. Beide Dichtungen seien Erlösungsmythen mit zahlreichen Übereinstimmungen oder Ähnlichkeiten in Motivik und Struktur.]

Kittler, Friedrich: *Heinrich von Ofterdingen* als Nachrichtenfluß, in: G. Schulz (Hg.) 1986, S. 480–508: s. GB 6. [Diskursanalytische Darstellung. Der Roman durchlaufe „den Diskursraum seiner Epoche von Anfang bis Ende, vom unspeicherbaren Rauschen vor jedem Wort bis hin zum Universalspeicher Philosophie nach jedem Wort oder Autor".]

Küpper, Peter: Die Zeit als Erlebnis des Novalis, Köln, Graz 1959 [Über *Heinrich von Ofterdingen* S. 62–120. Form- und Motivuntersuchung, auch mit einem Versuch, die Fortsetzung des Romans zu rekonstruieren.]

Leroy, Robert/Pastor, Eckart: Die Initiation des romantischen Dichters. Der Anfang von Novalis' *Heinrich von Ofterdingen*, in: E. Ribbat (Hg.) 1979, S. 38–57: s. GB 9. [Analyse besonders des Traums, der als „literarischer Bericht über die Genese der poetischen Schöpfung schlechthin" verstanden wird.]

Link, Hannelore 1971, S. 137–177: s. Kap. III, 1.2 [Der Roman kreise, wie alle Werke des Novalis, um das Spannungsverhältnis von gegebener „gemeiner" und konstruierter ‚poetischer' Wirklichkeit und sei der konsequenteste Versuch, es poetisch zu bewältigen.]

Löffler, Dietrich: „Heinrich von Ofterdingen" als romantischer Roman, Leipzig 1963 [Umfangreichste Monographie über den *Ofterdingen*. Untersucht Hardenbergs „Weg zum romantischen Roman", den Gehalt, die Struktur, das Wunderbare und weist Ähnlichkeiten mit dem modernen Roman (H. Broch) auf.]

May, Kurt: Weltbild und innere Form der Klassik und Romantik im *Wilhelm Meister* und *Heinrich von Ofterdingen*, in: Ders.: Form und Bedeutung. Interpretationen deutscher Dichtung des 18. und 19. Jahrhunderts, Stuttgart ²1963 (zuerst 1957), S. 161–177 [Findet gegenüber der oft behaupteten Gegensätzlichkeit der beiden Werke eher verbindende Züge – nicht was das Weltbild, aber die innere Form angeht –, mit denen sich auch die vermeintliche Antithese von Klassik und Romantik relativiere.]

Mähl, Hans-Joachim: Goethes Kritik über Novalis. Ein Beitrag zur Geschichte der Kritik an der deutschen Romantik, in: Jahrbuch des Freien Deutschen Hochstifts 1967, S. 170–270 [Mit Untersuchungen zur verfälschenden Edition der Bemerkungen Hardenbergs über Goethe durch F. Schlegel und L. Tieck in den *Schriften* und zur Wirkungsgeschichte der *Wilhelm Meister*-Kritik des Novalis.]

Ders.: Die Idee des goldenen Zeitalters im Werk des Novalis. Studien zur Wesensbestimmung der frühromantischen Utopie und zu ihren ideengeschichtlichen Voraussetzungen, Heidelberg 1965 [Standardwerk über Novalis. Verfolgt im I. Teil die geistesgeschichtliche Herkunft, im II. Teil den Niederschlag der Idee im Gesamtwerk. Unterscheidet eine politische, philosophische, religiöse und poetische Vorstellungsform. Über *Heinrich von Ofterdingen* S. 397–424.]

Ders.: Novalis' Wilhelm-Meister-Studien des Jahres 1797, in: Neophilologus 47 (1963), S. 286–305 [Deutet Novalis' Beschäftigung mit Goethes Roman nach Sophies Tod als heilsames Korrektiv seiner durch das Todeserlebnis bedingten „mystischen Verinnerlichungstendenz".]

Mahoney, Dennis F.: The Myth of Death and Resurrection in *Heinrich von Ofterdingen*, in: South Atlantic Review 48 (1983), S. 52–66 [Untersucht zunächst die Erlösungsfunktion von Geschichte und Poesie bei Novalis, hierauf die Rolle der „Mittlerfiguren" Zulima, Mathilde und Zyane.]

Mahr, Johannes: Übergang zum Endlichen. Der Weg des Dichters in Novalis' *Heinrich von Ofterdingen*, München 1970 [Rigorose Beschränkung der Interpretation auf den 1. Teil des Romans. Ebenso rigoros werden als Interpretationshilfe die Fragmente und die Biographie Hardenbergs (Sophien-Erlebnis) ausgeschlossen.]

Moisan, Jean: La transcendance du héros et la problématique du métier dans *Heinrich von Ofterdingen*, in: Seminar 24 (1988), S. 132–150 [Geht aus von der Bezeichnung der Figuren durch Namen und/oder Berufsbezeichnungen. Die Folge von der 1. Pers. Sg. („Ich") über den Vornamen und den Familiennamen zur Berufsbezeichnung wird als „Leiter der Entsubjektivierung" gedeutet und der Roman auf dieses Modell bezogen.]

Molnár, Géza von: Novalis' „blaue Blume" im Blickfeld von Goethes Optik, in: G. Schulz (Hg.) 1986, S. 424–449: s. GB 6. (zuerst 1973) [Beruft sich auf Novalis' Kenntnis der *Beiträge zur Optik* (1791/92) von Goethe. Wie dieser habe Novalis Blau und Gelb als aus der Polarität von Hell und Dunkel hervorgehende Grundfarben verstanden. Mit Angaben der Forschungsliteratur zur Blauen Blume.]

Nischik, Traude-Marie: „Himmlisches Leben im blauen Gewande…" Zum poetischen Rahmen der Farben- und Blumensprache in Novalis' Roman *Heinrich von Ofterdingen*, in: Aurora 44 (1984), S. 159–177 [Der Dichter begreife die Farben und Blumensprache als voneinander unabhängige Idiome. Ihre Verbindung im *Ofterdingen* weise folglich auf die Synthese zweier Bildsphären.]

Phelan, Anthony: ‚Das Centrum das Symbol des Goldes': Analogy and Money in *Heinrich von Ofterdingen,* in: German Life and Letters 37 (1983/84), S. 307–321 [Die Funktion des Goldes im Hinblick auf Geldzirkulation und Warentausch in Verbindung gebracht mit dem Motiv der Metamorphose und Analogie, wie es etwa in der Figurenkonstellation des Romans zum Ausdruck kommt.]

Poncin, Daniel: Un exemple d'explication textuelle libre: NOVALIS, Der Traum von der blauen Blume, in: Nouveaux cahiers d'allemand 3 (1985), S. 173–192 [Mustergültig genaue und detaillierte Textanalyse bezüglich Syntax, Wortwahl, Rhythmus, Bildlichkeit, Wirkung auf den Leser, wobei nur das kurze Stück des Initialtraums von der Offenbarung der blauen Blume bis zum Erwachen und dem ersten Wortwechsel mit den Eltern Gegenstand der Untersuchung ist.]

Ritchie, James M.: Novalis' *Heinrich von Ofterdingen* and the Romantic novel, in: Ders. (Hg.): Periods in German Literature, vol. II, London 1969, S. 117–144 [Charakterisiert den *Ofterdingen* als typisch romantischen Roman. Betont u. a. seine Nähe zur Fichteschen Philosophie.]

Samuel, Richard: Novalis: Heinrich von Ofterdingen, in: Benno von Wiese (Hg.): Der deutsche Roman, Bd. 1, Düsseldorf 1963, S. 252–300 [Deskriptive Darstellung mit ausführlichen Abschnitten zur Entstehung, Handlung, zu den Figuren, zu Stil und Sprache und – zum Teil im Anschluß an Küpper (s. d.) – zu den Fortsetzungsplänen des Novalis.]

Schanze, Helmut: Zur Interpretation von Novalis' *Heinrich von Ofterdingen.* Theorie und Praxis eines vollständigen Wortindex, in: Wirkendes Wort 20 (1970), S. 19–33 [Beruht auf dem *Index zu Novalis' Heinrich von Ofterdingen,* bearbeitet von H. Schanze, Frankfurt 1968. Zeigt die Möglichkeiten, die solch ein Hilfsmittel bietet.]

Schulz, Gerhard: Die Berufstätigkeit Friedrich von Hardenbergs (Novalis) und ihre Bedeutung für seine Dichtung und seine Gedankenwelt, Leipzig 1958 [U. a. zur Darstellung des Bergbaus im *Ofterdingen.*]

Ders.: Die Poetik des Romans bei Novalis, in: Jahrbuch des Freien Deutschen Hochstifts 1964, S. 120–157 [Verfolgt die Beschäftigung Hardenbergs mit der Form des Romans hauptsächlich auf der theoretischen Ebene.]

Stadler, Ulrich: Novalis: Heinrich von Ofterdingen (1802), in: Paul Michael Lützeler (Hg.): Romane und Erzählungen der deutschen Romantik. Neue Interpretationen, Stuttgart 1981, S. 141–162 [Erörtert u. a. das Verhältnis zum *Wilhelm Meister,* die Rezeption des Romans, die literarischen Bezüge zu Wielands *Dschinnistan* und Goethes *Märchen.*]

Ders.: „Die theuren Dinge". Studien zu Bunyan, Jung-Stilling und Novalis, Bern 1980 [Über *Heinrich von Ofterdingen* S. 116–224. Keine extensive, sondern intensive, auf Detailinterpretation konzentrierte innovative Studie, die den Roman unter Zugrundelegung der Begriffe Entzweiung, Entfremdung und Verdinglichung auf den gesellschaftlich-historischen Kontext bezieht und ihn als Versöhnung eines problematisch gewordenen Subjekt-Objekt-Verhältnisses ebenso wie als vom Autor intendierte neue Bibel deutet.]

Stopp, Elisabeth: „Übergang vom Roman zur Mythologie". Formal Aspects of the Opening Chapter of Hardenberg's *Heinrich von Ofterdingen,* Part II, in: Deutsche Vierteljahrsschrift für Literaturwissenschaft und Geistesgeschichte 48 (1974),

S. 318–341 [Untersucht genauer die Eingangspassagen des II. Teils, da sie ein Modell von Hardenbergs Technik der Verschmelzung des Realen mit dem Mythischen böten.]

Striedter, Jurij 1985: s. Kap. III. 1.2. [Zum Poesie-Programm s. bes. das 6. Kap. S. 105–155, zum *Ofterdingen* das 8. Kap. S. 197–241.]

Vordtriede, Werner: Novalis und die französischen Symbolisten. Zur Entstehungsgeschichte des dichterischen Symbols, Stuttgart 1963 [Zum Symbol des unterirdischen Zaubergartens im Kap. „Das Unterreich" S. 43–97.]

Walzel, Oskar: Die Formkunst von Hardenbergs *Heinrich von Ofterdingen*, in: G. Schulz (Hg.) 1986, S. 36–95: s. GB 6. (zuerst 1915) [Will zeigen, „wieweit im ‚Ofterdingen' zur Anwendung kommt, was Novalis bei der Betrachtung der ‚Lehrjahre' an technischen Geheimnissen des Romans entdeckt hat".]

Wetzels, Walter D.: Klingsohrs Märchen als Science Fiction, in: Monatshefte für den deutschen Unterricht 65 (1973), S. 167–175 [Deutet die physikalischen und chemischen Vorgänge, auf die Novalis im Märchen anspielt.]

A. Auseinandersetzung mit Goethes *Wilhelm Meister*

Den für die frühe Romantik so wichtigen Roman Goethes (s. auch Kap. III. J. 1. und Kap. IV. A. 3.) las Novalis wohl bereits Ende 1796, drang aber erst in den Wochen nach Sophies Tod tiefer in das Werk ein, möglicherweise um sich in seiner Absicht, der Welt selber abzusterben, durch die lebens- und wirklichkeitszugewandte Botschaft Goethes in Frage stellen zu lassen (vgl. H.-J. Mähl 1963). Er hat sich bis zu seinem Tode mit ihm beschäftigt und hat es nach dem Zeugnis des Kreisamtmanns Just „fast auswendig" gekannt; „ich glaube", fügt Just hinzu, „man wird es in seinem Ofterdingen vielleicht bemerken, daß Wilhelm Meister sein Liebling war" (N IV, 540).

Zunächst hatte er vor, wie Friedrich Schlegel und auch auf dessen Drängen, eine Rezension über Goethes Roman zu schreiben. Er beließ es aber bei einzelnen in Fragmenten, Notizen, Briefen und einem Goethe-Essay verstreuten Bemerkungen, die alle nicht zu seinen Lebzeiten, sondern in Teilen erst von Friedrich Schlegel und Ludwig Tieck in den *Schriften* veröffentlicht wurden, allerdings auf eine durch Umstellungen, Auslassungen und stilistische Bearbeitungen verfälschende Weise (vgl. H.-J. Mähl 1967, 175ff.). Letztlich trat der *Ofterdingen* an die Stelle der Rezension. Der Roman Hardenbergs ist selbst das entscheidende Zeugnis für die Auseinandersetzung mit Goethe.

Die verstreuten Bemerkungen, die dem Roman vorausliegen, lassen Schwankungen im Urteil, aber eine mit der Zeit insgesamt wachsende Distanz zum anfangs bewunderten Vorbild erkennen, die zuletzt zu einer schroffen Verurteilung führt. Wenn zunächst die Blütenstaub-Fragmente Goethe als den „wahren Statthalter des poetischen Geistes auf Erden" (N II, 459) feiern, so weil Novalis in Goethes „großem Styl der Darstellung" (ebd., 423) jene „Kunst, das gewöhnliche Leben zu poetisiren" (ebd., 568) erspürt, die es ihn drängt in einem eigenen Werk auszuprobieren. Wie Goethe ganz ihm fremde und uninteressante Gegenstände für die Poesie fruchtbar zu machen wisse, so verstehe er es auch, selbst das Unbedeutende durch den „Kunstgriff" der Verknüpfung auf die Ebene des Bedeutsamen zu heben (ebd., 423, 424).

Weist schon ein Ausdruck wie Kunstgriff darauf hin, daß Novalis in *Wilhelm Meister* ein Produkt der bewußten und überlegten Gestaltung sieht, so nennt sein Essay über Goethe vom September 1798 den Roman geradewegs ein Werk des Verstandes:

> „Göthens Meister. / Der Sitz der eigentlichen Kunst ist lediglich im Verstande. Dieser konstruirt nach einem eigenthümlichen Begriff. Fantasie, Witz und Urtheilskraft werden nur von ihm requirirt. So ist Wilhelm Meister ganz ein Kunstproduct – ein Werck des Verstandes." (N II, 641)

In diesem noch lobend gemeinten Urteil ist aber bereits die spätere Verurteilung angelegt. Zwar wird Novalis seinerseits im *Ofterdingen* einer vom konstruierenden Kunstverstand diktierten und an Goethe studierten „Ruhe und Oeconomie des Styls" (N I, 340) nachstreben, er wird aber die Fantasie, die er bei Goethe in untergeordneter Funktion glaubt, zum gleichrangigen Organ der Gestaltung aufwerten. Noch heißt es am Ende des Goethe-Essays, der *Wilhelm Meister* sei „Roman schlechtweg, ohne Beywort", schon aber auch: „Göthe wird und muß übertroffen werden" (N II, 642).

Das entscheidende Manko wird Novalis auf der Ebene der von Goethe gestalteten, auf das Diesseitige und Pragmatische beschränkten Welt deutlich, und zwar in dem Maße, in dem das „Poetisieren" für ihn selber den Sinn eines metaphysischen „Romantisierens" erlangt (s. unten Abschnitt B.). Er findet dann:

> „Wilhelm Meisters Lehrjahre sind gewissermaßen durchaus *prosaïsch* – und modern. Das Romantische geht darinn zu Grunde – auch die Naturpoesie, das Wunderbare – Er handelt blos von gewöhnlichen *menschlichen* Dingen – die Natur und der Mystizism sind ganz vergessen. Es ist eine poëtisirte bürgerliche und häusliche Geschichte. Das Wunderbare darinn wird ausdrücklich, als Poesie und Schwärmerey, behandelt. Künstlerischer Atheïsmus ist der Geist des Buchs. Sehr viel Oeconomie – mit prosaïschen, wohlfeilen Stoff ein poëtischer Effect erreicht." (N III, 638f.)

Gleichwohl hat Hardenbergs nunmehr zur „Haßliebe" (H.-J. Mähl 1963, 302) gediehene Einstellung gegenüber Goethes Roman im *Ofterdingen* unverkennbar Spuren hinterlassen. So etwa hat Novalis bei der Konzeption der Figuren und wohl auch bei der Gestaltung der Anfangssituation gewisse Anleihen bei Goethe gemacht (vgl. U. Stadler 1981, 150).

Auch Züge eines Bildungsromans sind dem *Ofterdingen* nicht abzusprechen. Der Begriff Bildung ist keine unbedeutende Kategorie der frühen Romantik (s. Kap. I. A.), und wie Heinrich von Ofterdingen zu denen gehört, „deren Leben ein leises Bilden ihrer innern Kräfte ist" (N I, 266), so begegnet er auch Erziehergestalten, die dieses Bilden bei ihm fördern, etwa dem

Bergmann, dem Einsiedler oder dem Dichter Klingsohr. Auch soll Heinrich wie Wilhelm Weltkenntnis erlangen. Aber während Goethes Held diese Kenntnis durch Erfahrung und mit dem Ziel der praktischen Bewährung in der empirischen Realität vermittelt wird, lernt der zum Dichter berufene Heinrich, dem von der äußeren Wirklichkeit auffällig wenig konkret wird, das verborgene Innere der Welt kennen, und nicht durch Empirie, sondern in einem hermeneutischen Prozeß des Verstehens (vgl. R. Heine 1985, 128ff.). Eigentlich sind es dann auch nicht „Lehrjahre", die er hinter sich bringt, sondern „Übergangs Jahre", ein von Novalis selbst gewählter Ausdruck (Brief an Caroline Schlegel vom 27. 2. 1799; N IV 281), der dem Schwellencharakter der Ofterdingschen Mission und des ganzen Romans angemessen ist (s. Abschnitt C. dieses Kapitels).

B. Zu Novalis' Poetik

Wenn Novalis mit der Poetisierung der Welt im Unterschied zu Goethe ein metaphysisches Romantisieren verfolgt, so soll sein *Ofterdingen* diese Absicht einlösen, jedoch gibt er sich schon 1798 in einem Fragment der *Poeticismen* Klarheit über das Vorhaben, das er übrigens angesichts der am eigenen Gemüt erfahrenen Not des Zeitalters als „Muß" empfindet:

„Die Welt muß romantisirt werden. So findet man den ursprünglichen Sinn wieder. Romantisiren ist nichts, als eine qualitative Potenzirung. Das niedre Selbst wird mit einem bessern Selbst in dieser Operation identificirt. So wie wir selbst eine solche qualitative Potenzenreihe sind. Diese Operation ist noch ganz unbekannt. Indem ich dem Gemeinen einen hohen Sinn, dem Gewöhnlichen ein geheimnißvolles Ansehn, dem Bekannten die Würde des Unbekannten, dem Endlichen einen unendlichen Schein gebe so romantisire ich es – Umgekehrt ist die Operation für das Höhere, Unbekannte, Mystische, Unendliche – dies wird durch diese Verknüpfung logarithmisirt – Es bekommt einen geläufigen Ausdruck. Romantische Philosophie. *Lingua romana*. Wechselerhöhung und Erniedrigung." (N II, 545; Nr. 105)

Wie Friedrich Schlegels Poetik in nuce im 116. Athenäums-Fragment enthalten ist, so die des Novalis in dem hier zitierten. Jedoch glaubt man zunächst einen Mathematiker zu hören. Dabei ist die mathematische Ausdrucksweise nicht etwa nur ‚metaphorische' Einkleidung. Das operative Spiel mit Zahlen, das beim Potenzieren Basiswerte quantitativ erhöht, das ‚Niedere' zum ‚Höheren' in Bezug setzt, ist für Novalis vielmehr das Vorbild, mehr noch: das analogische Muster für das operative Spiel mit Worten, das die gewöhnliche Basisrealität einschließlich des Menschlich-Allzumenschlichen unseres Selbst qualitativ verwandeln soll. „Qualitative Potenzirung" meint Steigerung im Sinne von „In Geheimniß Stand erheben" (N II, 590), dadurch Transzendierung des Endlichen und Wiederfinden des ursprünglichen hohen Sinns, mit dem sich die verschütteten Welträtsel wieder offenbaren.

In dem bedeutsamen Prosastück *Monolog* (N II, 672f.) heißt es, „daß es

mit der Sprache wie mit den mathematischen Formeln sei – Sie machen eine
Sphäre für sich aus – Sie spielen nur mit sich selbst, drücken nichts als ihre
wunderbare Natur aus, und eben darum sind sie so ausdrucksvoll – eben
darum spiegelt sich in ihnen das seltsame Verhältnißspiel der Dinge", äußere
sich in ihnen die „Weltseele" und mache sie „zu einem zarten Maaßstab und
Grundriß der Dinge". Die ‚reine' Welt der Mathematik, eine Welt abstrakter
Beziehungen, ist gerade darum, weil sie, abgehoben von der Realität, eine
Sphäre für sich ausmacht, Spiegel des unsichtbaren Beziehungsgrundes der
Welt. Soll die Sprache hierin der Mathematik nahekommen, muß sie freilich
den gleichen Charakter eines freien Spiels mit sich selbst aufweisen. Sie muß
deshalb instrumentelle Funktionen ablegen wie die der Verständigung in der
Alltagskommunikation oder die des Abbildens in einer Literatur, die sich als
„Nachahmung" der Wirklichkeit versteht, oder linguistisch gesprochen:
sich ihres Referenzcharakters begeben. Und soll sie also nicht „von etwas
Bestimmten sprechen" (N II, 672), so ist Unbestimmtheit die erste Forderung, die Novalis an die Sprache stellt und die einzulösen er, wie der Fortgang des *Monologs* zeigt, allein die poetische Sprache, zumal die Sprache
des Romans („Lingua romana"), für fähig hält. Sie erreicht diese Unbestimmtheit, wenn sie wieder wird, was sie ursprünglich gewesen war: Musik, „wunderbarer Gesang" (N I, 106):

„Über die allgemeine *n* Sprache der Musik. Der Geist wird frei, *unbestimmt* angeregt
– das thut ihm so wohl – das dünkt ihm so bekannt, so vaterländisch – er ist auf diese
kurzen Augenblicke in seiner indischen Heymath. [...] Unsre Sprache – sie war zu
Anfang viel musicalischer und hat sich nur noch gerade so prosaisirt – so *enttönt*."
(N III, 283f.)

Dennoch und andererseits kann die Sprache der Poesie einer gewissen Bestimmtheit nicht entbehren. Da es ihr aufgegeben ist, nicht eine Scheinwelt
außerhalb der Realität zu schaffen, sondern das in der Realität verborgene
Weltgeheimnis an der Oberfläche der Realität aufscheinen zu lassen, muß es
ihr angelegen sein, die Realität zum Basisgegenstand der Darstellung zu
machen und das Höhere auf das Niedere zurückzubeziehen. Deshalb gehört
zum Gesamtprozeß der Poetisierung auch die Umkehrung des Romantisierens (mathematisch gesprochen: das Logarithmisieren), die, wenn die Potenzierung eine Erhöhung ist, in einer „Erniedrigung", einem Bekannt- oder
Endlichmachen, besteht. „Die Kunst [...], einen Gegenstand fremd zu machen und doch bekannt und anziehend, das ist die romantische Poëtik."
(N III, 685) Drastischer nennt Novalis die beiden sich ergänzenden, im
dialektischen Wechsel aufeinander bezogenen Vorgänge an anderer Stelle
„Trivialisirung des Göttlichen und Apotheosiren des Gemeinen" (N II, 649).
Man wird hier auch an einen Ausspruch Ludwig Tiecks im *Phantasus* erin-
nert: „Es giebt eine Art, das gewöhnlichste Leben wie ein Mährchen anzu-
sehn, eben so kann man sich mit dem Wundervollsten, als wäre es das
Alltäglichste, vertraut machen." (T IV, 129) Das Wunderbare erhält dann,

wie es in dem Fragment des Novalis heißt, einen „geläufigen Ausdruck". Damit ist jedoch keine platte Verständlichkeit gemeint. „Es käme auf einen Versuch an", heißt es schon in *Glauben und Liebe,* „ob man nicht in der gewöhnlichen Landessprache so sprechen könnte, daß es nur *der* verstehn könnte, der es verstehn sollte. Jedes wahre Geheimniß muß die Profanen von selbst ausschließen." (N II, 485)

Das Problem, wie Unbestimmtheit und Bestimmtheit zu vereinbaren seien, wie die Wirklichkeit in Geheimnis verwandelt und das Geheimnis in der Wirklichkeit dargestellt werden könne, löst Novalis wie überhaupt die ganze Romantik durch das Symbol. Dabei ist Symbolik zum einen ein poetisches Verfahren: die Gestaltung der Welt durch Symbole, dem aber zum anderen ein ontologischer Befund zugrunde liegt: die Wahrnehmung von Symbolen in der Welt, ja die Auffassung der Welt als durchaus symbolisch. Auf dieses Ergebnis stößt Novalis auch, wenn er das ganze Universum als einen Komplex von Analogien begreift; denn im analogischen Bezug symbolisiert („repräsentiert") ein Ding das andere und symbolisieren sich alle Dinge wechselseitig. Desgleichen vermag ein Teil das Ganze zu symbolisieren: so der Mensch als Mikrokosmos den Makrokosmos (s. Kap. III. F.).

Ein gleichermaßen analogisches und symbolisches Verhältnis besteht zwischen Poesie und Welt, aber nicht nur weil die Poesie die Symbole der Welt repräsentiert, sondern auch weil beide als tertium comparationis das Medium der Sprachlichkeit gemeinsam haben. Denn ebenso wie auf einen Pansymbolismus und Panmystizismus läuft das Weltverständnis des Novalis auf einen Panlinguismus hinaus. „Alles, was wir erfahren ist eine *Mittheilung.* So ist die Welt in der That eine *Mittheilung*" (N II, 594). „Der Mensch spricht nicht allein – auch das Universum *spricht* – alles spricht – unendliche Sprachen." (N III, 267f.)

Wird hier die Tradition aufgenommen, in der man die Welt als Buch verstand, so allerdings in dem neuen Sinn, daß die Schrift dieses Buches sich nunmehr der Deutung entzieht, wie es der Anfang der *Lehrlinge zu Sais* zum Ausdruck bringt. Und „Unverständlichkeit", so heißt es dort, ist Folge des „Unverstandes" (N I, 79), einer Stumpfheit, die Novalis der neueren Zeit zuschreibt. Die Stumpfheit geht so weit, die Existenz der bedeutungstragenden Zeichen nicht einmal wahrzunehmen. „Jezt sehn wir nichts, als todte Wiederholung, die wir nicht verstehn. Die Bedeutung der Hieroglyphe fehlt." (N II, 545) „Hieroglyphe" aber ist der bezeichnendste Ausdruck dafür, daß bei Novalis die Vorstellungen von der Welt als Geheimnis, als Symbolik und als Schrift völlig ineinander übergehen.

Nochmals zum anfangs zitierten Fragment: Wie Friedrich Schlegel denkt Novalis bei „romantisch" an Roman. „Die Welt muß romantisirt werden" heißt dann auch, sie muß im Roman dargestellt (und dadurch verändert) werden. Darstellung der Welt im Roman ist indes nur die eine Seite. Wenn der Vorgang im dritten Satz auch auf das „Selbst" bezogen wird, so ist mit der Operation zugleich der Operateur ins Licht gerückt. Das „niedre" und

„bessre Selbst" sind Schichten der Innenwelt des Dichters, seines „Gemüts",
wie Novalis in seinen letzten Lebensjahren zu sagen pflegt. Auf die Darstellung des Gemüts und die Herstellung der *„Einheit des Gemüths"* (N III,
683) aber kommt es nicht weniger an als auf die Darstellung der Welt und
die Herstellung der Einheit der Welt, vielmehr: es soll sich das eine durch
das andere und umgekehrt ergeben. „Poësie ist *Darstellung* des *Gemüths* –
der *innern Welt in ihrer Gesamtheit.*" (N III, 650) Das muß man jedoch
gemäß dem vorhin Gesagten doppeldeutig verstehen: mit innerer Welt ist
nicht nur die Innenwelt des Dichters, sondern auch die Innenwelt der Außenwelt gemeint. Auch die letztere pflegt Novalis zur Zeit des *Ofterdingen*
als „Gemüt" zu bezeichnen, etwa wenn er die an Sophie (und wohl auch an
Julie von Charpentier und an die Muse „Poesie") gerichtete *Zueignung* mit
den Worten beginnt:

> „Du hast in mir den edeln Trieb erregt
> Tief ins Gemüt der weiten Welt zu schauen" (I, 193).

Ohne daß der Dichter sich in sich selbst versenkt, ist aber das Geheimnis der
Welt nicht zu erschauen. Das ist der Grund, warum der *Ofterdingen* sowohl
ein Roman der Seele wie ein Roman der Welt ist und warum er der Welt mit
ihrer wachsenden Verzauberung einen Dichter mit seinem zunehmenden
Tiefsinn gegenüberstellt. Heinrich befördert, indem er zum Dichter reift, die
Verzauberung der Welt, andererseits aber auch befördert der Weltzauber –
besonders mit der Botschaft der Blauen Blume – die Reifung Heinrichs zum
Dichter. Die Romantisierung der Seele und die Romantisierung der Welt
sind korrespondierende Prozesse, die beide zusammen und im Verein mit der
umgekehrten Operation des Endlich- und Bekanntmachens den Gesamtprozeß der Poetisierung bestimmen.

Wenn Novalis die tiefere Erfassung und Verwandlung der Welt durch die
Poesie auf ihre „transzendentalen" Voraussetzungen im Poeten zurückführt,
zeigt sich überdies, daß er immer noch in den Spuren Kants und Fichtes geht
(s. Kap. I. D.), wie denn auch der Ausdruck „Romantische Philosophie" in
dem anfangs zitierten Fragment besagt, daß der Roman den philosophischen
Ansatz bewahrt. „Die transscendentale Poësie ist aus Philosophie und Poësie
gemischt." (N II, 536)

C. Schwellensituation: Verheißung und Aufbruch

Da Heinrich, indem er zum Dichter reift, ins Weltgeheimnis eindringen soll,
beginnt der Roman mit einem Akt der Berufung und der Einweihung, einer
Initiation (vgl. hierzu R. Leroy/E. Pastor 1979). Der Ruf an ihn ergeht in der
Vorgeschichte durch den Fremden, der ihm die Botschaft von der Blauen
Blume übermittelt, die Initiation erfolgt im Traum, den er daraufhin träumt.
Die Initiation ist generell ein Übergangsritual, das den Eintritt in einen

neuen Lebensstand bedeutet. Im allgemeinen besteht ihr Sinn darin, daß sie in eine höhere Wirklichkeit hineinführt oder für diese bereit macht. Der Neophyt muß deshalb dem früheren Leben absterben, damit er zu einem höheren Leben wiedergeboren werden kann (vgl. Mircea Eliade: Das Heilige und das Profane, Frankfurt 1984, 160ff.). Bei Heinrich von Ofterdingen sind die Vorgänge des Sterbens und Auferstehens symbolisiert im Einschlafen und Erwachen, innerhalb der ersten Traumphase durch das Erlebnis von Tod und Wiederkehr: „Er durchlebte ein unendlich buntes Leben; starb und kam wieder" (N I, 196), in einer weiteren Traumphase durch ein taufähnliches Ritual, als er sich durch das Wasser des unterirdischen Beckens stärkt und erfrischt, „als durchdränge ihn ein geistiger Hauch" (ebd.). Das Bad im Becken im Schoß (!) der Erde wird ihm zudem zum erotischen Erlebnis, womit sich andeutet, daß Heinrich den Schlüssel zum Weltgeheimnis in der Liebe, im vollen Umfang einer geistig-leiblichen Einheit, finden wird.

Als Übergang ist die Initiation an dem Ort angesiedelt, der für alle romantische Dichtung am bedeutsamsten ist: an der Schwelle zwischen dem „Endlichen" und dem „Unendlichen" in seiner jeweils umfassendsten, nämlich räumlichen wie zeitlichen wie seelischen, Bedeutung. Da es die doppelte Funktion der Schwelle ist, sowohl zu trennen wie zu vermitteln, erlebt das romantische Gemüt an diesem Ort sowohl Trennungsschmerz wie Hoffnung. Beides wiederum verbindet sich im Gefühl der Sehnsucht, dem „unaussprechlichen Verlangen" (N I, 195), das Heinrich nach der Begegnung mit dem Fremden empfindet.

Der Fremde ist als Überbringer der entscheidenden Botschaft seinerseits ein Symbol des Übergangs, so wie es auch die Nacht ist, in der Heinrich seinen Traum hat. Dem Beginn des Zweiten Kapitels zufolge („Johannis war vorbey") handelt es sich um die Johannisnacht, Zeit der Sommersonnenwende, die gemäß dem Volksglauben voller Wunder ist und einen Blick in die Zukunft gewährt (vgl. Handwörterbuch des deutschen Aberglaubens, hg. von H. Bächthold-Stäubli, Neudr. Berlin 1987, Bd. IV, 709, 719ff.) Eine Schwellensituation bedeutet sodann die historische Zeit, in der Novalis seinen Roman spielen läßt, das Mittelalter. Und im historischen Rahmen der Romanwelt kündigt sich nichts anderes an, als was sich im privaten Rahmen beim Romanhelden andeutet: die Geburt einer höheren Wirklichkeit, deren erste Wehen Heinrich in sich selbst spürt:

„In allen Übergängen scheint, wie in einem Zwischenreiche, eine höhere, geistliche Macht durchbrechen zu wollen; und [...] so hat sich auch zwischen den rohen Zeiten der Barbarey, und dem kunstreichen, vielwissenden und begüterten Weltalter eine tiefsinnige und romantische Zeit niedergelassen, die unter schlichtem Kleide eine höhere Gestalt verbirgt. Wer wandelt nicht gern im Zwielichte, wenn die Nacht am Lichte und das Licht an der Nacht in höhere Schatten und Farben zerbricht" (N II, 204).

Schwellencharakter hat für Novalis analog die Situation, in der er selber lebt, sieht er doch mit Friedrich Schlegel und anderen Zeitgenossen am Horizont die Morgenröte einer neuen Ära, und wie Heinrich ein Symbol seiner selbst, die Geliebte Mathilde ein Symbol Sophies, so ist das dargestellte Mittelalter Symbol seiner eigenen Zeit. Damit erklärt sich auch der Anachronismus, der darin besteht, daß Heinrichs Vater mit seiner These „Träume sind Schäume", die dem Sohn den Wert seiner Erleuchtung streitig machen und ihn für die Welt des Praktischen und Nützlichen gewinnen soll, die Position der Aufklärung vertritt (ebd., 198), wogegen Heinrich in einer Weise den Traum verteidigt, daß man in ihm nicht nur das Kind einer naiveren und gläubigeren Vergangenheit, sondern auch das Mundstück eines neueren Autors sehen kann, der Naivität und Glauben wiederbeleben möchte.

Auch der Traum ist Schwelle und Übergang, wie im übrigen der ganze Roman, dem Novalis in einem Brief an Caroline Schlegel, um ihn von den „Lehrjahren" Wilhelm Meisters zu unterscheiden, den Titel „Übergangs Jahre" gab (27. 2. 1799; N IV, 281). „Ist nicht jeder, auch der verworrenste Traum [...] ein bedeutsamer Riß in den geheimnißvollen Vorhang [...], der mit tausend Falten in unser Inneres hereinfällt?" (N I, 198f.) Und wie in allen Übergängen scheint im Traum eine höhere Macht durchbrechen zu wollen. So ist er im besonderen, was der Roman im ganzen bedeutet: qualitative Potenzierung der gewöhnlichen, alltäglichen Wirklichkeit, die noch im einförmigen Takt der Wanduhr (ebenfalls ein Anachronismus!) gegenwärtig ist, wenn Heinrich kurz vor dem Einschlafen an den Fremden und seine Erzählungen denkt. Wie der Traum, keiner Regel folgend, „alle Bilder des Lebens durcheinanderwirft", ist er eine „freye Erholung der gebundenen Fantasie" (N I, 199), ja kann er, da auch er eine Welt für sich ausmacht, als Analogon der Mathematik und der von ihrer Referenzfunktion emanzipierten Sprache (s. Abschnitt B. dieses Kapitels) betrachtet werden. Wie die reine Mathematik das freie Spiel mit Formeln und Zahlen bedeutet, die nicht instrumentelle Sprache das freie Spiel mit Worten, so ist der Traum das freie Spiel mit Bildern. Scheinbar nur ein „fröhliches Kinderspiel" (ebd.), hat er gleichwohl einen ebenso tiefen Sinn wie jene, verweist er auf den geheimen Beziehungsgrund der Dinge.

Für diesen steht das beziehungsvolle Symbol der Blauen Blume. Von den vielen Beziehungen, die sich in ihr summieren, wird besonders die zur Geliebten konkret. Das zarte Gesicht, das Heinrich in der Blüte schweben sieht, gehört Mathilde, die er in der Tageswirklichkeit erst viel später als Tochter Klingsohrs kennenlernt. Die Erscheinung ist somit Antizipation und Verheißung, eine der vielen, die in dem Roman vorkommen. Es zeigt sich zugleich, daß Heinrich die Geliebte wie überhaupt das ganze Weltgeheimnis von vornherein in sich trägt. Daher besteht eine typische Wahrnehmung des romantischen Helden im „déjà vu", in dem Gefühl, als habe er das, was er neu erlebt, schon früher gesehen. Bekannt erscheint ihm das Unbekannte

deshalb, weil dabei immer nur in die Tageswirklichkeit tritt, was von Anfang an Teil seines Unbewußten gewesen war.

Wenn Bedeutung so unmittelbar und konkret im symbolischen Bild gegenwärtig wird wie hier, wirft dies auch ein Licht auf die Qualität der
Hardenbergschen – und allgemein: romantischen – Symbolik. Analogien,
deren Äußerungsform ja die Symbolik ist (s. Kap. III. F.), begründen nach
der Auffassung des Novalis zwischen unterschiedlichen Dingen nicht nur
abstrakt-gedankliche Entsprechungen, sondern einen magisch zu verstehenden Realkonnex. Das Symbol *ist* somit, was es *bedeutet*, freilich nicht im
Sinne einer Gleichheit, sondern in dem des für die Analogie charakteristischen Schwebezustandes zwischen Gleichheit und Ungleichheit (s. ebd.).

In diesem Sinne ist Mathilde auch ihrerseits wieder ein Symbol, nämlich
der Poesie. Sie verkörpert diesen Bezug ebenfalls ganz real, ganz „sichtbar".
„O! sie ist der sichtbare Geist des Gesanges, eine würdige Tochter ihres
Vaters", ruft Heinrich nach der ersten Begegnung in Augsburg mit ihr aus.
Er fügt hinzu: „Sie wird mich in Musik auflösen" (N I, 277), und das ist
wiederum nicht bloß abstrakt-sinnbildlich, sondern magisch-real gemeint.

Ist Mathilde Symbol der Poesie, die Blaue Blume Symbol Mathildes, so ist
zugleich auch ein symbolisch-analogischer Zusammenhang zwischen der
Blauen Blume und dem Geist der Poesie hergestellt. Nimmt man noch hinzu,
daß Blumen die „Ebenbilder der Kinder" sind (ebd., 329) und es schon im
Blütenstaub-Fragment 97 heißt: „Wo Kinder sind, da ist ein goldnes Zeitalter" (N II, 457), dann wird deutlich, daß auch ein Bezug zwischen der
Geliebten und der Offenbarung des Weltgeheimnisses im Goldenen Zeitalter
besteht. Wieder zeigt sich, daß der Schlüssel zum Welträtsel in der Liebe
beschlossen ist. Ganz ähnlich vermittelt Novalis diese Botschaft im Märchen
von Hyazinth und Rosenblüte in den *Lehrlingen zu Sais*. Auch hier ist es ein
Traum, der Hyazinth in das „Allerheiligste" (N I, 95) führt. Wenn er dann
den Schleier von der Göttin Isis, der „Mutter der Dinge" (ebd., 93) hebt,
sinkt Rosenblütchen in seine Arme.

In solcher Liebesvereinigung realisiert sich die Einheit der Welt, denn sie
ist durch den analogischen Bezug zum ganzen Universum („Meine Geliebte
ist die Abbreviatur des Universums, das Universum die Elongatur meiner
Geliebten." N II, 485) auch Hierogamie, mythische Hochzeit zwischen
Himmel und Erde. In Klingsohrs Märchen wird es später mit Beziehung auf
die Vollendung der Zeit heißen: „Himmel und Erde flossen in süße Musik
zusammen. Eine wunderschöne Blume schwamm glänzend auf den sanften
Wogen." (N I, 300) Aber im Traum, der am Beginn des Romans steht,
bewegt Heinrich sich noch im „Zwielicht" der unentschiedenen Auseinandersetzung zwischen Licht und Nacht, die gleichwohl ein höheres Drittes
gebären zu wollen scheint. Wenn das „Licht an der Nacht in höhere Schatten und Farben zerbricht" (s. o.), entwickelt sich im Bilderspiel des Traums
auch ein verheißungsvolles Farbenspiel. Schon das Becken, in dem der Träumer badet, wogt und zittert „mit unendlichen Farben" (N I, 196). Und

deutlich erweist sich das Blau der Wunderblume als Grenzphänomen zwischen Licht und Nacht und wie aus dem Zusammenspiel beider geboren. Denn „schwarzblau" (oder nachtblau) ist der Himmel, der die Szene überwölbt, während die Blume, in der Erde wurzelnd, selber „lichtblau" ist (ebd., 197). Wie die Bläue aber das zwischen Erde und Himmel Gemeinsame darstellt (später wird die Blume auf dem Wasser schwimmen und das Wasser Spiegel des Himmels sein), so wird hier auch bereits auf die Hierogamie der Endzeit vorausgedeutet.

Es ist wahrscheinlich, daß Novalis bei diesem symbolischen Spiel mit der Farbe Blau Goethes *Beiträge zur Optik* (1791/92) vor Augen hatte (vgl. G. v. Molnár 1986). Es ist indessen auch gut möglich, daß ihm überhaupt die ganze Farblichkeit der Welt auf Grund von Gedanken wichtig wurde, die sein Freund Ludwig Tieck in dem Essay *Die Farben* geäußert hatte. Tieck macht in diesem Aufsatz, der zusammen mit Aufsätzen Wackenroders 1799 in dem Band *Phantasien über die Kunst* erschien und der dem Dichter des *Ofterdingen* bekannt gewesen sein dürfte, eine Bemerkung, die Novalis wie einen Beitrag zu seinem analogischen Weltverständnis empfunden haben muß. Nachdem Tieck seine Verwunderung darüber ausgesprochen hat, welche Mannigfaltigkeit der Formen in der Welt herrscht, fährt er fort:

„Aber noch seltsamer fällt es mir auf, wenn ich die unterschiedlichen Farben betrachte, wodurch alle Gegenstände noch mehr getrennt, und denn gleichsam wieder verwandt und befreundet werden. Ein unbegreiflich geistiges Wesen zieht sich als freundliche Zugabe über alle sichtbaren Gegenstände, es ist nicht die Sache selbst und doch unzertrennlich." (W, 186)

Wenn Farben die Gegenstände sowohl trennen wie verbinden, sie ebenso als ungleich wie gleich markieren, verleihen sie ihnen den Verwandtschaftsgrad der Analogie, der eben durch diesen Doppelaspekt charakterisiert ist.

Auffällig erscheint, daß es der Traumszenerie, so sehr sie mit Farben ausgestattet ist, gänzlich an Tönen mangelt. Selbst das Wasserspiel in der Höhle, die Schauplatz von Heinrichs ,Taufe' ist, gibt kein Geräusch von sich. Es ist eine „heilige Stille" (N I, 196), die Heinrichs Initiation feierlich macht, am Ort der Blauen Blume geschwängert vom „köstlichsten Geruch" (ebd., 197), aber die Stummheit des ganzen Traums verweist auch auf die Unerwecktheit der Musik, die in vollen Akkorden im Goldenen Zeitalter erklingen soll und zuvor vereinzelt nur in den eingelegten Liedern ertönt. Die Stummheit bezeichnet also einen Zustand, der der Erlösung harrt. In erotischen Kategorien gesprochen, die ja bei Novalis nicht abwegig sind, erwartet die Blüte die Befruchtung, damit aus der „Erwartung" jene Frucht und „Erfüllung" wird, die sich am Beginn des Zweiten Teils mit Astralis, dem gemeinsamen Kind Heinrichs und Mathildes, ankündigt.

Der Erwartung, seiner eigenen wie der des unerlösten Geheimnisses, wird Heinrich gerecht, indem er, wie Wilhelm Meister Lehrjahre, „Übergangsjahre" (s. o.) antritt und den Übergang, wie es dieser Begriff impliziert, als

Bewegung, als Reise vollzieht. Die äußere Heimat hat er vor Beginn der Reise innerlich bereits verloren. Die Erzählungen des Fremden und der Traum haben ihn selber zu einem Fremdling in seiner angestammten Umgebung werden lassen, er wirkt abwesend und in sich gekehrt, weil er, wenn nicht mit seinen Gedanken, so doch mit seinen Ahnungen sich bereits auf der Suche nach einer höheren Heimat befindet. Die kommende Zeit wird sich für ihn als Übergang vom Endlichen zum Unendlichen, doch auch rückläufig vom Unendlichen zum Endlichen erweisen. Denn das Erreichen der Einheit des Gemüts und der Einheit der Welt verlangt eine Bewegung in beide Richtungen, eine „Hin und her Direction" (N II, 117) oder „Wechselerhöhung und Erniedrigung" (s. o., Abschnitt B.).

Heinrich wird auch im „Zwielicht" polarer Gegensätze wandeln, von Licht und Schatten, Glück und Unglück, Leben und Tod, Erinnerung und Ahnung, Vergangenheit und Zukunft. Gleich nach einigen Tagereisen lernt er auf einem Ritterschloß in den so unterschiedlichen Begegnungen mit den Kreuzfahrern und der Morgenländerin den Gegensatz zwischen der barbarischen Welt des Krieges und der friedlichen „Poesie des Lebens" (N I, 236) kennen, zugleich ein Gegensatz zwischen vita activa und vita contemplativa. Als angehender Dichter wird Heinrich selber sich einem Leben der „stillen Betrachtung" ergeben (ebd., 266), und die Welt wird sich seinem Verstehen besonders als Polarität von Oberfläche und Tiefe offenbaren. Jedoch sollte er in der Fortsetzung des Romans auch eine vita activa führen (s. Abschnitt F.).

D. Pole des Weltverstehens: Oberfläche – Tiefe, Wirklichkeit – Wahrheit

Die Forschung ist nicht müde geworden, Heinrichs Weg gemäß dem 16. Blütenstaub-Fragment (s. Kap. III. J. 2.) als „Weg nach Innen" zu kennzeichnen. Aber die Kennzeichnung ist unzureichend und beachtet nicht, daß der Weg einen Verlauf mit vertikaler Neigung nimmt, ebenso in die „Tiefen unsers Geistes" (Blütenstaub-Fragment 16; N II, 419) führt wie in die Tiefe der Natur. Als Gegenpol dazu stellen sich dann das oberflächliche Tagesbewußtsein und die oberflächliche Tageswirklichkeit dar, und es scheint, daß die Polarität von Oberfläche und Tiefe für Novalis wie für die romantische Dichtung überhaupt viel signifikanter ist als die von Außenwelt und Innenwelt, diese zumindest aber entscheidend ergänzt (vgl. O.F. Bollnow 1953, 187; P. Küpper 1959, 91f.).

Am sinnfälligsten öffnet sich die Dimension der Tiefe durch die Begegnungen Heinrichs mit dem Bergmann und dem Einsiedler im Fünften Kapitel. Mit der Bergwerkssymbolik knüpft Novalis an die literarische Tradition des im Unterirdischen gelegenen künstlichen Zaubergartens an, die er seinerseits an die spätere Romantik (E.T.A. Hoffmann, *Die Bergwerke zu Falun*) und

den Symbolismus des 19. und frühen 20. Jahrhunderts (etwa Charles Baude-
laire, Stefan George, Hugo von Hofmannsthal) weitervererbt (vgl. W. Vordtriede 1963, 43ff.), sodann, biographisch gesehen, an seine eigenen Studien
an der Bergakademie Freiberg, deren Lehrer, dem Geologen und Mineralogen Abraham Gottlob Werner, er in der Gestalt des Bergmanns ein Denkmal
setzt. Dieser vertritt im Roman aber weniger eine Bergwerkskunde als eine
Bergwerksethik, Bergwerksmystik und Bergwerksästhetik. Die unterirdischen Schätze der Natur seien nicht wegen ihres materiellen, sondern ideellen Wertes bedeutend. Der Mensch werde untertage mit verborgenen Einsichten vertraut und dadurch veredelt. Wie ein Bekenntnis zu einer ökologi-
schen Moral mutet es an, wenn er sagt:

Die „metallischen Mächte [...] haben für ihn [den Bergmann] keinen Reiz mehr,
wenn sie Waaren geworden sind, und er sucht sie lieber unter tausend Gefahren und
Mühseligkeiten in den Vesten der Erde, als daß er ihrem Rufe in die Welt folgen, und
auf der Oberfläche des Bodens durch täuschende, hinterlistige Künste nach ihnen
trachten sollte." (N I, 244f.) „Die Natur will nicht der ausschließliche Besitz eines
Einzigen seyn. Als Eigenthum verwandelt sie sich in ein böses Gift [...]. So untergräbt
sie heimlich den Grund des Eigenthümers, und begräbt ihn bald in den einbrechenden
Abgrund" (ebd., 245).

Einem „Zaubergarten" (ebd., 252) gleich wird das unterirdisch Erschaute,
wenn sich das anorganische Reich in organischen Formen darbietet, so demonstrierend, daß in der Tiefe verknüpft ist, was an der Oberfläche getrennt
erscheint:

„Was ich ansah, war von köstlichen Metallen und auf das kunstreichste gebildet. In
den zierlichen Locken und Ästen des Silbers hingen glänzende, rubinrote, durchsich-
tige Früchte, und die schweren Bäumchen standen auf kristallenem Grunde, der ganz
unnachahmlich ausgearbeitet war." (Ebd., 262)

Wenn die unterirdische Welt kunstreich gebildet erscheint, deutet sich bereits an, was sie für die Symbolisten des 19. Jahrhunderts werden wird: ein
Symbol für die Dichtung, etwa wie im „paradis artificiel" Baudelaires (vgl.
Vordtriede, 53ff.). Ein Paradies ist der Zaubergarten bei Novalis gleichwohl
nicht. Auch hier harrt das Geheimnis der Erlösung. Das Reich der Steine
und Metalle ist nicht nur stumm, sondern auch starr, Sinnbild des Banns, der
auf ihm liegt.

Wie innerhalb der Erdtiefe Verflechtungen und Bezüge bestehen, so daß
alles als kunstreiche Komposition und Einheit des Organischen und Anorganischen anmutet, bestehen auch Korrespondenzen zwischen der Tiefe der
Erde und der Tiefe der Seele. Der Bergmann sagt, daß er in den unterirdischen Gängen auch „den edelsten Gang meines Herzens erschürft" habe
(N I, 246). Seine Erzählung hat eine entsprechende seelische Tiefenwirkung
auf Heinrich:

„Die Worte des Alten hatten eine versteckte Tapetenthür in ihm geöffnet. Er
sah sein kleines Wohnzimmer dicht an einen erhabenen Münster gebaut, aus

dessen steinernem Boden die ernste Vorwelt emporstieg, während von der Kuppel die klare frõliche Zukunft in goldnen Engelskindern ihr singend entgegenschwebte." (Ebd., 252)

Mit dieser inneren Erfahrung hat sich Heinrichs Gemüt freilich nicht nur vertieft, sondern auch ungeheuer erweitert, und wie sich ihm mit allem, was er wahrnimmt, Durchlässe nach innen öffnen, so auch ständig „neue Fenster" (ebd., 268) nach außen. Gemüt und Welt gehen damit ineinander über, „zu den weiten Thoren traten alle Creaturen herein", und er „übersah [...] auf einmal alle seine Verhältnisse mit der weiten Welt um ihn her" (ebd., 252).

So umfassend wie diese „Übersicht" Heinrichs läßt sich auch sein Verstehen an. Schon längst nicht mehr bloß Traum und Versenkung ins Unbewußte, ist es im Zuge einer Bewußtseinserweiterung, welche die rationalen Kräfte miteinbezieht, auch Begreifen. Er „begrif alle die seltsamen Vorstellungen und Anregungen, die er schon oft in ihrem Anschauen gespürt hatte." (Ebd.) Wird aber die Anschauung zum Begriff, das Gespür zum Gedanken, so kommt er der Einheit des Gemüts näher.

Beim Einsiedler, der sich historischen Studien widmet und wie der Bergmann im Schoß der Erde zu Hause ist, erhält Heinrich Einblick in die Tiefe der Zeit. Schon der Abstieg in das Unterreich, vermittelt durch die Erzählungen des Bergmanns, war ein Abstieg in die Urwelt, die tiefste erdgeschichtliche Vergangenheit gewesen, wo sich Zeitliches bereits ins Ewige verliert (s. das erste Lied des Bergmanns N I, 247f.). Was beim Bergmann der räumliche Abstieg, ist beim Einsiedler der zeitliche, die Erinnerung. Wer die „Geschichten der Menschen" aus ihrem tieferen Grund heraus begreift, er-innert, erkennt ihre „geheime Verkettung" (ebd., 257f.). Da es beim Studium der Historie nicht darum geht, „alles buchstäblich zu nehmen" (ebd., 257), d. h. bloß die oberflächlichen Tatsachen zu erfassen, sondern den inneren „geheimnißvollen Geist", sind die wahren Historiker die Dichter:

„Es ist mehr Wahrheit in ihren Mährchen, als in gelehrten Chroniken. Sind auch ihre Personen und deren Schicksale erfunden: so ist doch der Sinn, in dem sie erfunden sind, wahrhaft und natürlich." (Ebd., 259)

An dieser Stelle wird deutlich, daß der Zwiespalt zwischen Oberfläche und Tiefe mit einer Divergenz zwischen Wirklichkeit und Wahrheit verknüpft ist. Die Wahrheit ist nicht davon abhängig, daß sie durch das Faktische („Buchstäbliche") beglaubigt wird. Und was als faktisch oder wirklich zu greifen ist, mag zwar wahr scheinen, ist es aber nicht. Auf der „Oberfläche des Bodens" herrschen nach den Worten des Bergmanns vielmehr „täuschende, hinterlistige Künste" (s. o.). Was umgekehrt im Gewand der Poesie, gar des Märchens, in Erscheinung tritt, hat nicht schon deshalb, weil es gemäß der traditionellen Ansicht bloß als fiktiv, „erfunden" gilt, den Charakter des Unwahren. Ihrem tieferen Sinn nach ist solche Darstellung vielmehr wahr und der Realität überlegen. Als Variante des Problems führt die romantische

Dichtung auch immer wieder die Diskrepanz zwischen dem Wahren und dem „Wahrscheinlichen" vor, etwa bei E.T.A. Hoffmann, wobei dem Wirklichen, wenn ihm der „Schein" des Wahren zugesprochen, die Wahrheit gerade abgesprochen wird.

Heinrich erhält nach dem Gespräch mit dem Einsiedler gleich einen anschaulichen Beweis davon, wie fragwürdig es ist, die Poesie für bloß fiktiv und die Wirklichkeit allein für wahr zu halten. Denn in dem Buch, das er beim Einsiedler findet und das seine Lebensgeschichte enthält, und zwar nicht nur die vergangene, sondern auch die gegenwärtige und zukünftige (N I, 264f.), sieht er die Wirklichkeit seiner selbst und der historischen Welt, in der er lebt, ebenbildlich gespiegelt; ja er könnte, da das Buch über den aktuellen Stand seiner Geschichte weit hinausführt, sich fragen, ob das Buch nicht Priorität hat und sein Leben Posteriorität. Sein Leben wäre dann ‚Nachahmung' des Buches, nicht das Buch Nachahmung seiner Lebenswirklichkeit. Solche weitgehenden Fragen zu stellen, ist Heinrich freilich noch nicht reif genug. Bezeichnend, daß er die Sprache des Buches nicht versteht, sondern den Inhalt nur durch die Bilder erfaßt, mit Ausnahme allerdings der letzten, die ihm dunkel bleiben. Er bleibt hier, wie in einem Traum, in der Anschauung befangen und gelangt nicht zum Begriff.

Dem Leser des *Ofterdingen* mag es ebenfalls so ergehen, als befinde er sich in einem Traum. Da ihm im Buch des Einsiedlers Heinrichs Lebensgeschichte noch einmal und als vorausliegender Entwurf begegnet, ist dieses Buch der Roman im Roman und Novalis' Dichtung der Roman des Romans. Nicht nur ist damit das Romantisieren, das selbst schon „qualitative Potenzierung" ist, potenziert, es könnte auch scheinen, als gäbe es außer dem Roman gar keine Wirklichkeit; denn in noch tieferer Vergangenheit mag dem Roman im Roman wiederum ein Roman zugrunde liegen. Die Wirklichkeit löst sich gewissermaßen in Poesie auf. „Es ist höchstbegreiflich, warum am Ende alles Poësie wird – Wird nicht die Welt am Ende, *Gemüth*?" (N III, 654)

E. Märchen

Wie die Liedeinlagen die Musik des Goldenen Zeitalters ankündigen, so die Märcheneinlagen den Durchbruch des Wunderbaren, die Verzauberung der Welt. Auch der dem Einfältigen, Kindlichen angenäherte Sprachstil stimmt den Leser hierauf ein. Bereits mit den ersten Sätzen wird ein Märchenton angeschlagen. Am 5.4. 1800 schreibt Novalis an Friedrich Schlegel: „Es sollte mir lieb seyn, wenn ihr Roman und Märchen in einer glücklichen Mischung zu bemerken glaubtet, und der erste Theil euch eine noch innigere Mischung im 2ten Theile profezyhte. Der Roman soll allmählich in Märchen übergehn." (N IV, 330)

Die Erhebung des Märchens zur Würde, ja zum „*Canon* der Poësie"

(N III, 449) ist bezeichnend für die Hochschätzung der Phantasie durch die Romantik, doch hatte schon das 18. Jahrhundert in der Pflege dieser Gattung die „Belustigung der Einbildungskraft" gesucht. In der literarisch stilisierten Form des aus Frankreich übernommenen Feenmärchens, das über Wielands Sammlung „Dschinnistan oder auserlesene Feen- und Geister-Märchen" (1786–89) noch Hardenbergs Roman beeinflußt (vgl. U. Stadler 1981, 147ff.), fasziniert es zunächst ein vornehmlich aristokratisches Publikum, das zum einen ein Interesse an Spiel und Scherz hat, zum anderen ein „sentimentalisches" Bedürfnis im Schillerschen Sinne insofern, als es in der Literatur wiederzufinden wünscht, was es im Leben verloren hat: Naivität und Zauber, ohne diesen allerdings ernstzunehmen.

Das sentimentalische Bedürfnis ist auch für die Romantik charakteristisch, ebenso die Lust an Spiel und Scherz, aber das Märchen erhält nun nicht nur poetische, sondern auch metaphysische Würde. Denn es ist – wie der Traum – „fröhliches Kinderspiel" (N I, 199), aber mit tieferer Bedeutung:

„Ein Mährchen ist eigentlich wie ein Traumbild – ohne Zusammenhang – Ein *Ensemble* wunderbarer Dinge und Begebenheiten – z. B. eine *musicalische Fantasie* – die Harmonischen Folgen einer Aeolsharfe – die *Natur selbst.*" (N III, 454)

Wenn es die Natur selbst ist, vermittelt das Märchen etwas vom wahren, d. h. ursprünglichen Sinn der Welt. Da es wie der Traum ein buntes Durcheinander von Bildern bietet, erinnert es an den Zustand des Chaos, die „Zeit der allgemeinen Anarchie" (ebd., 280) oder der Schöpfung in statu nascendi. Und auch wenn der Urzustand des Chaos durch den gestalteten Kosmos überwunden wird, so soll doch in der vollendeten Gestaltung der Prozeß des ewigen Gärens und Gebärens, gewissermaßen also ein Stück Chaos, bewahrt bleiben. Nach den Worten Klingsohrs: „das Chaos muß in jeder Dichtung durch den regelmäßigen Flor der Ordnung schimmern" (N I, 286). Es ist nicht von ungefähr, daß Klingsohr bald danach selber eine wunderbare Geschichte voller ‚anarchischer' Turbulenzen zum besten geben wird, ganz entsprechend auch dem Begriff der Arabeske, den Friedrich Schlegel als „künstlich geordnete Verwirrung" definiert hatte (FS II, 318; s. Kap. IV. C.).

Klingsohrs Märchen, das weit ausgedehnter und komplexer als die Arion-Sage im 2. Kapitel und das Atlantis-Märchen im 3. Kapitel die zentralen Motive des Romans durchspielt, kann insgesamt als Erlösungsmythe verstanden werden. Es kommen in der Tat mehrfach Zustände vor, die Erlösungsbedürftigkeit symbolisieren wie z. B. Kälte, Erstarrung, Schlaf, Leblosigkeit, wie andererseits zahlreiche Vorgänge, mit denen die Erlösung sinnfällig wird: Erwachen, Erwecken, Erwärmen, Sichregen, Verflüssigung, Wiederbelebung, Wiedergeburt etc. Der krönende Schluß des Geschehens ist wie bei Dornröschen eine Erweckung im erotischen Sinn:

„Eros ließ das Schwerdt fallen, flog auf die Prinzessin zu, und küßte feurig ihre süßen Lippen. Sie schlug ihre großen dunkeln Augen auf, und erkannte den Geliebten. Ein langer Kuß versiegelte den ewigen Bund." (N I, 313).

Damit erfüllt sich die Prophezeiung: „In Freyas Schooß wird sich die Welt entzünden" (ebd., 292), und das Goldene Zeitalter ist, Antizipation des Romanendes, begründet.

Die in drei Ebenen gegliederte Welt des Märchens – Astralwelt, Menschenwelt, Unterwelt – spiegelt das ganze Universum. Auf der Ebene der Menschenwelt entfaltet sich ein Spiel zwischen den Figuren eines Haushalts. Zu ihm gehören „Vater" und „Mutter", die Kinder „Eros" und „Fabel", die Amme „Ginnistan" sowie eine subalterne Figur, der „Schreiber", und eine superiore mit Namen Sophie, eine „edle, göttergleiche Frau", die, wenn sie zum ersten Mal genannt wird, an einen Altar gelehnt ist, der im Haus steht. Der Leser weiß nicht, was diese Figuren, deren Namen ihm nur teilweise den Sinn verraten, bedeuten, aber man erfährt aus Hardenbergs Entwürfen, daß er mit dieser Haushaltung das menschliche Gemüt mit seinen verschiedenen Kräften und Funktionen darstellen wollte: „Ihre Wohnung – das menschliche Gemüth." (N I, 338; s. auch 342) Die Mutter bedeutet dabei das Herz, der Vater den Sinn (als Organ der inneren Wahrnehmung), Ginnistan die Phantasie, Eros die Liebe, Fabel die Poesie (im engeren Sinne das poetische Verknüpfungsverfahren; vgl. dazu H. Esselborn 1987, 152f.). Eros und Fabel sind Halbgeschwister. Eros ist aus einer Verbindung des Vaters und der Mutter hervorgegangen, Fabel aus einer Verbindung zwischen dem Vater und Ginnistan. Sophie stellt die höhere Weisheit dar, der Schreiber dagegen die beschränkte Kraft der Ratio, des „Petrifizirenden und Petrifizirten Verstandes", wie Novalis in einem Brief bemerkt (N I, 358). Mißvergnügt wie der Schreiber in seiner Stellung ist, zettelt er eine Verschwörung an, um die Macht im Haus an sich zu reißen. Er nimmt alle übrigen Bewohner gefangen oder vertreibt sie. Hier hat Novalis ein Gleichnis für die einseitige Rationalisierung des Gemüts und die Entzauberung der Welt durch die Aufklärung gegeben.

Im Verlauf des Märchens wird die Handlung auf der Ebene der Menschenwelt mit der Handlung auf der Ebene der Astralwelt sowie derjenigen auf der Ebene der Unterwelt verwoben. Eros und Ginnistan brechen zu einer Reise auf, die sie in das Reich der Gestirne führt, Fabel steigt in das Unterreich hinab. Am Schluß der Erzählung befinden sich Eros, Sophie, Ginnistan und auch Fabel am Hofe König Arcturs, des Herrschers der Astralwelt, und auch die Mutter, die inzwischen den Flammentod gefunden hat, weilt auf geheimnisvolle Weise unter ihnen. Das Märchen setzt also den Gemütshaushalt mit dem ganzen Universum in Beziehung, und es tut damit nichts anderes als der Roman im ganzen.

Vom poetischen Stil her fällt es allerdings in gewisser Weise aus dem Rahmen, weicht es auch von den anderen Märcheneinlagen ab. Wenn Novalis abstrakte Begriffe personifiziert, verfährt er allegorisch, mag er auch in Rätseln sprechen und damit verhindern, daß das Bildliche in diesem Belang bloß als Funktion des Gedanklichen erscheint. Insgesamt präsentiert er mit seinem Märchen eine Mischung von symbolischer und allegorischer Bildlichkeit, offenbar ohne zwischen beiden Formen einen so großen Unterschied zu sehen, wie Goethe ihn viel später in den *Maximen und Reflexionen* markiert (s. Goethe XII, 470f.). Es ist davon auszugehen, daß bevor Friedrich Creuzer 1810 in seiner *Symbolik und Mythologie der alten Völker* das Symbol entschieden von jeder aus dem Begriff hervorgedachten Bildlichkeit abgrenzte, viele Zeitgenossen, und wohl auch Novalis und Friedrich Schlegel, noch ganz unbefangen eine solche Bildlichkeit der Symbolik subsumierten (vgl. Hans-Georg Gadamer: Hegel und die Heidelberger Romantik, in: Ruperto Carola 30, 1961, S. 97–103).

F. Fortsetzungspläne und Gestaltungsprinzipien

Wenn Klingsohrs Märchen damit endet, daß das „Reich der Ewigkeit" gegründet und der „lange Traum der Schmerzen" vorübergegangen ist (N I, 315), so ist die Romanhandlung doch längst noch nicht an diesem Punkt angelangt. Wie das Heil offenbar nur über Unglück und Leid errungen werden kann – eine Erfahrung, die Novalis durch Sophies Tod gemacht hat –, muß Heinrich den Tod der Geliebten hinnehmen, die in einem Fluß ertrunken ist. Wenn die Erzählung im Zweiten Teil nach dem Astralis-Gedicht wieder einsetzt, wandert er einsam und verzweifelt ins Gebirge, wird aber durch eine wunderbare Erscheinung, bei der er Mathildens Stimme vernimmt, getröstet, ähnlich wie Novalis selber durch die Vision am Grabe Sophies Trost geschöpft hatte. Wenig später, nachdem er Zyane, das von Mathilde verheißene Mädchen, getroffen hat und mit dem Arzt Sylvester in ein längeres Gespräch eingetreten ist, bricht der Roman ab.

Über die geplante Fortsetzung geben verschiedene Stellen des Ersten Teils, Hardenbergs hinterlassene Entwürfe, mehrere Briefstellen sowie ein Bericht Ludwig Tiecks einige, aber keine zureichende Auskunft, um das, was Novalis vorschwebte, wirklich rekonstruieren zu können. Gleichwohl sind genauere Rekonstruktionen versucht worden (vgl. P. Küpper 1959, 103ff.; R. Samuel 1963, 285ff.).

Soviel ist immerhin ersichtlich und sicher, daß Novalis für den Zweiten Teil sieben Kapitel geplant hatte: „Das Gesicht" (im vorliegenden Fragment geändert in „Das Kloster, oder der Vorhof"), „Heldenzeit", „Das Alterthum", „Das Morgenland", „Der Kayser", „Der Streit der Sänger", „Die Verklärung" (N I, 344). Am 23. 2. 1800 hatte er an Tieck geschrieben:

„Der ganze Plan ruht ziemlich ausgeführt in meinem Kopfe. Es werden 2 Bände werden – der Erste ist in 3 Wochen hoffentlich fertig. Er enthält die Andeutungen und das Fußgestell des 2ten Theils. Das Ganze soll eine Apotheose der Poësie seyn. Heinrich von Afterdingen wird im 1sten Theile zum Dichter reif – und im Zweyten, als Dichter verklärt." (N IV, 322)

Die Romanwelt sollte riesige Dimensionen annehmen und sich zu einer „universalen Kosmogonie" ausweiten (R. Samuel 1963, 296). Heinrich sollte alle Zeiten und Räume durchwandern, in Kriege verwickelt werden, am mittelalterlichen Kaiserhof ein großes Fest erleben und einen Sänger-wettstreit bestehen, um schließlich nach Hause zurückzukehren und die Blaue Blume zu finden. Beim ebenfalls für den Schlußteil vorgesehenen Übergang der historischen Welt in eine mythisch-märchenhafte sollten Figu-ren des Ersten Teils wiederkehren und miteinander verschmelzen, Klingsohr beispielsweise mit dem König von Atlantis, Heinrichs Mutter mit Ginnistan, sein Großvater Schwaning mit dem Mond aus dem Klingsohr-Märchen. Heinrich sollte wie Orpheus von Bacchantinnen getötet und von Mathilde aus der Unterwelt geholt werden, er sollte, verwandelt in einen Stein, eine Blume, ein Tier, einen Stern und wieder zurückverwandelt in einen Men-schen, alle Bereiche der Natur durchschreiten. Zuletzt sollte es zu einer großen Vereinigung kommen: „Aussöhnung der kristlichen Religion mit der heydnischen." (N I, 347) „Menschen, Thiere, Pflanzen, Steine und Gestirne, Flammen, Töne, Farben müssen hinten zusammen, wie Eine Familie [...] handeln und sprechen." (Ebd.) „Hinten die Poëtisirung der Welt – Herstel-lung der Märchenwelt." „Neue goldne Zeit." (Ebd.) Ob für dieses Finale ausschließlich das letzte Kapitel aufnahmefähig gewesen wäre, muß in Frage gestellt werden. Peter Küpper vermutet, daß Novalis die „Verklärung" zu einem Dritten Teil des Romans habe ausweiten wollen, doch ist ihm hierin widersprochen worden (vgl. H.-J. Mähl 1965, 416).

Auf Grund des sehr fragmentarischen Charakters des Romans ist es auch schwer, seine Struktur zu bestimmen. Man kann höchstens gewisse Prinzi-pien benennen, nach denen Novalis verfuhr.

Die Vielzahl von Themen und Wissensgebieten, die er für die zahlreichen ausgeführten und noch geplanten Gesprächseinlagen vorgesehen hatte – vom Traum und der Poesie über den Bergbau und die Geschichte bis zur Physik, Medizin, Geographie, Philosophie, Astrologie, Magie (s. N I, 347) – läßt darauf schließen, daß er als Pendant zu seinem Projekt einer Enzyklopä-die der Wissenschaften (s. Kap. III. G.) einen enzyklopädischen Roman schreiben wollte. Und wie dort operiert er auch hier mit dem „Zauberstab der Analogie" (N III, 518; s. Kap. III. F.). Zwischen den Figuren des Ro-mans, zwischen Räumen und Zeiten, zwischen seinen Teilen (etwa den Mär-cheneinlagen), zwischen den Teilen und dem Ganzen bestehen zahlreiche Entsprechungen, so daß sich eine Welt der Bezüge ergibt. Teilweise handelt es sich um ausgesprochene Wiederholungen, so wenn man nach Heinrichs Initialtraum im 1. Kapitel erfährt, daß einst schon sein Vater einem seltsa-men Fremden begegnet sei und hierauf von einer wunderbaren Blume geträumt habe. Das Fremde wird durch solche Bezüge bekannt; zwischen Personen, die nichts miteinander zu tun zu haben scheinen, enthüllen sich sogar geheime Verwandtschaftsbeziehungen: So ist Heinrich nach der Auskunft Zyanes ihr Bruder und der Einsiedler, der der Graf von Hohenzollern ist, sein Vater. Zyane, auf den Einwand Heinrichs, er habe ja seinen Vater in Eisenach: „Du hast mehr Eltern." (N I, 325) Sodann scheint ein Zusammenhang zwischen Heinrich und dem Bruder der Morgenländerin Zulima zu bestehen, der nach Persien zu einem berühmten Dichter gezogen war und dem Heinrich zum Erstaunen Zulimas gleicht (N I, 236).

In räumlicher Hinsicht bestehen Entsprechungen zwischen Tiefe und Höhe, dem Unterreich und der Astralwelt, in zeitlicher zwischen Vergangenheit und Zukunft. Besonders in letzterer Hinsicht werden zahlreiche Fäden gesponnen. Wie es allgemein für den romantischen Roman charakteristisch ist, besteht der Fortschritt der Handlung in die Zukunft auch in einer allmählichen Enthüllung der Vergangenheit, wird durch ständige Vorausdeutungen und Rückverweise, deren seelisches Korrelat Ahnungen und Erinnerungen sind, die aktuelle Gegenwart zu einem perspektivischen Ereignis und Erlebnis. Wenn am äußersten Punkt der Zukunft zugleich die Vergangenheit gänzlich eingeholt ist, wird die Zeit aufgehoben und das „Reich der Ewigkeit" gegründet (s. o.).

Wie die Zukunft in die Vergangenheit, das Ende in den Anfang mündet, allerdings auf höherer Ebene, so soll Heinrich auch in räumlicher Hinsicht einen Kreis beschreiben und zuletzt an den Ausgangspunkt seiner Reise zurückkehren, wie er selber beim Aufbruch bereits ahnt:

„Er sah sich an der Schwelle der Ferne, in die er oft vergebens von den nahen Bergen geschaut, und die er sich mit sonderbaren Farben ausgemalt hatte. Er war im Begriff, sich in ihre blaue Flut zu tauchen. Die Wunderblume stand vor ihm, und er sah nach Thüringen, welches er jetzt hinter sich ließ mit der seltsamen Ahndung hinüber, als werde er nach langen Wanderungen von der Weltgegend her, nach welcher sie jetzt reisten, in sein Vaterland zurückkommen, und als reise er daher diesem eigentlich zu." (N I, 205)

Die Ferne, blau wie die Wunderblume und von ihr daher auch symbolisiert, ist der wesentliche Bezugspunkt für den romantischen Helden, auf den sein ganzes Sehnen gerichtet ist. Sie ist ein schlechthin magischer Ort, indem sie Geheimnisse und Wunder verspricht, während die Nähe ernüchtert und langweilt. Zudem ist sie Garant der Erhaltung der Sehnsucht und damit der Spannung des Lebens, denn es ist ihre Natur, nicht erreicht werden zu können, sondern immer wieder zurückzuweichen (vgl. L. Pikulik 1979, 361ff.: s. GB 9.).

Zu den Prinzipien der Figurengestaltung, die Novalis in seinem Roman anwendet, gehört das der Variationsreihe, das man freilich dem der Analogie subsumieren kann. In solch einer Reihe erscheinen die verschiedenen Figuren nur als Abart ein und desselben Individuums. „Alle Menschen sind

Variationen Eines vollständigen Individuums" (N II, 564). Schon an Goethes *Wilhelm Meister* glaubte Novalis dieses Prinzip zu beobachten, er selbst hat es in der Reihe der Erziehergestalten (der Fremde – der Bergmann – der Einsiedler – Klingsohr – Sylvester) ebenso wie in der der Mädchengestalten (Zulima – Mathilde – Zyane) umgesetzt (vgl. G. Schulz 1964, 133ff.). Zyane hat schon ihres Namens wegen einen Bezug zu Mathilde, deren Gesicht in der Blauen Blume erscheint (griech. kyanos = blau).

Eine nicht geringere Rolle spielt im *Ofterdingen* das Prinzip der Metamorphose, das sich schon in der *Zueignung* ankündigt:

> „In ewigen Verwandlungen begrüßt
> Uns des Gesangs geheime Macht hienieden." (N I, 193)

Besonders für den Schlußteil hatte sich Novalis in dieser Hinsicht einiges vorgenommen: Heinrich sollte sich in „Blume – Thier – Stein – Stern" verwandeln (N I, 341), „im Wahnsinn Stein – [...] klingender Baum – goldner Widder" und wieder Mensch werden (ebd., 344, 348). Vielleicht sollte auch damit eine Variationsreihe demonstriert werden: die Wiederkehr des Einen im Verschiedenen.

> „Ich weis nicht warum man immer von einer abgesonderten Menschheit spricht. Gehören Thiere, Pflanzen und Steine, Gestirne und Lüfte nicht auch zur Menschheit" (N III, 490).

Wenn hinter der gewandelten Erscheinung immer die eine Wesenheit steckt, erinnert das an Mummenschanz und Maskentheater. Die Welt war für Novalis auch ein großes Welttheater. In das Geschehen des Klingsohr-Märchens ist ein Schauspiel eingelegt, das in der Astralwelt am Hofe des Mondes durch Ginnistan für Eros veranstaltet wird. Dieses Schauspiel des Lebens aber, eine große Oper mit lauter Masken und Verwandlungen, ist eine geraffte Spiegelung des ganzen Romans.

Da der Roman den universalistischen Anspruch erhebt, das Leben und die Welt in ihrer ganzen Vielfalt und in den räumlichen, zeitlichen und seelischen Dimensionen der Tiefe, Höhe und Weite darzustellen, und zwar fortschreitend aus der Enge einer bescheidenen bürgerlichen Existenz ins Große und Umfassende, kann er seiner Intention und Anlage nach auch als praktische Umsetzung des Schlegelschen Begriffs der „progressiven Universalpoesie" gelten (s. Kap. IV. D.). Und da die Poesie im *Ofterdingen* nicht nur von der Welt, sondern auch von sich selbst erzählt, vor allem in den vielen Gesprächen, die hier über Dichtung und Dichter geführt werden, ist der Roman zugleich Reflexionsroman, „Poesie der Poesie" oder „Transzendentalpoesie", wobei man hier wieder an Friedrich Schlegels Poesie-Konzept denken kann (s. Kap. IV. A. 4.). Die Konzepte Hardenbergs und Schlegels sind gleichwohl nicht identisch, denn den Anspruch einer magischen Verwandlung der Welt, den Hardenberg mit dem seinen verbindet, kennt Schlegel in dieser Weise nicht (vgl. R. Heine 1985). Darin ähneln sie sich aber, daß auch Novalis das kreative Bilden mit dem reflektierenden Begreifen vereinigt wissen will:

„Zweyfache Thätigkeit des Schaffens und Begreifens, vereinigt in Einen Moment –
eine Wechselvollendung des Bilds und des Begriffs – Ein vereinigtes Hinein und
Herauswircken – wodurch in einem Nu der Gegenstand und sein Begriff fertig wird."
(An A.W. Schlegel, 12. 1. 1798; N IV, 245)

G. Verwandlung der Welt: Anspruch und Grenzen

Wenngleich die Darstellung des Goldenen Zeitalters im *Ofterdingen* fehlt,
lassen doch die zahlreichen Vorausdeutungen des vorliegenden Fragments,
etwa im Astralis-Gedicht oder im Klingsohr-Märchen, erkennen, welche
Eigenschaften Novalis ihm zuzuschreiben gedachte.

„Eins in allem und alles im Einen" (N I, 318) – das ist die mystische
Formel der Analogie. Einheit meint dabei nicht Gleichheit, sondern ver-
wandtschaftliche Mannigfaltigkeit. In der Einheit kommt die Welt zur
Wahrheit, aber auch zur wahren Wirklichkeit, denn „Nur das Ganze ist
real" (N II, 242). Die Polaritäten, die den Zwiespalt ausgemacht hatten,
Natur und Geist, Oberfläche und Tiefe, Buchstabe und Geist, Außen und
Innen, Objekt und Subjekt, Wissen und Glauben etc., werden am Ende
versöhnt, aber nicht beseitigt; zwischen „Wehmut und Wollust, Tod und
Leben" spannt sich, wenn auch „in innigster Sympathie" (N I, 319), immer
noch das Dasein. Liebe vereinigt die Pole des Männlichen und des Weiblichen, diese Pole sind aber auch Voraussetzung der Liebe. Ohne Ich kein Du,
ohne Du kein Ich. Dieser Endzustand ist daher nicht spannungslos, und er
ist auch nicht statisch. Im ewigen Zeugen, Gebären, Wachsen, Blühen, Reifen, dem „Urspiel" der Natur (ebd., 318), erneuert sich immer wieder die
Schöpfung. „In jedem wohnt die himmlische Mutter, um jedes Kind ewig zu
gebären." (Ebd., 312) Die innere Erfahrung des Gemüts und die äußere der
Realität gehen ineinander über: „Die Welt wird Traum, der Traum wird
Welt" (ebd., 319). Die täuschende Maske des Gewöhnlichen und Alltäglichen ist überall abgefallen, alles in „Geheimniß Stand" erhoben (N II, 590).
„Der Schluß ist Übergang aus der wircklichen Welt in die Geheime" (N I,
342), was auch heißt: in die Geheime Offenbarung oder Offenbarung des
Geheimnisvollen. Keineswegs aber bedeutet dies die ‚Aufklärung' des Welt-
geheimnisses. Die tiefsten Wahrheiten bleiben unerreichbar, die zauberhafte
Ferne verliert ihren Nimbus nicht. „Die Erwartung war erfüllt und übertroffen. [...] Sophie sagte: ‚Das große Geheimniß ist allen offenbart, und bleibt
ewig unergründlich.'" (Ebd., 312) An einer anderen Stelle des Klingsohr-
Märchens heißt es: „Endlich sagte Sophie: [...] Folgt uns in unsere Wohnung, in dem Tempel dort werden wir ewig wohnen, und das Geheimniß der
Welt bewahren." (Ebd., 315)

Mit dem Übergang zum Goldenen Zeitalter in seinem Roman gedachte
Novalis offenbar einen hohen Anspruch zu verbinden: durch die Poesie eine
bessere Welt nicht nur darzustellen, sondern auch herzustellen. Mit den

Worten sollten die Dinge beschworen, mit der „Wunderkraft der Fiction"
ein „Gegenwärtig machen – des Nicht Gegenwärtigen" bewirkt werden
(N III, 421). Die Beschwörung der Dinge aber war für Novalis ein Akt, der
nicht nur die Sprache als magisches Instrument nutzte, sondern auch auf die
Sprache als Seinsgrund zielte. Denn die Welt dünkte ihn etwas ursprünglich
Sprechendes, in der Ursprache Tönendes, eine geheime Melodie, die in den
Dingen schlummert und die es zu erwecken galt. Eichendorff hat diesen
gemeinromantischen Glauben später in einen vielzitierten Vierzeiler gefaßt:

> „Schläft ein Lied in allen Dingen,
> Die da träumen fort und fort,
> Und die Welt hebt an zu singen,
> Triffst du nur das Zauberwort." (E I, 112)

Die Überzeugung von der schaffenden Macht der Sprache gewann Novalis
aus seiner Beschäftigung mit Plotin, in dessen Verbindung von „logischer"
Emanation und „realer" Weltkonstruktion er ein Modell für sein poetisches
Vorhaben fand (s. Kap. III. F.), sowie aus dem biblischen Logos-Gedanken:
„Sprechen und thun oder machen sind Eine nur modificirte Operation. Gott
sprach es werde Licht und es ward." (N III, 297) Aus der Sprache kommt
alles, durch Gott, zur Sprache wird wieder alles, durch den Poeten. Novalis
konnte insofern in der Poesie eine Rekonstruktion des schöpferischen Welt-
prozesses sehen.

Sein Anspruch, die Welt zu verändern, beruht sodann auf der aus Kant
und Fichte geschöpften Überzeugung von dem innigen Zusammenhang zwischen subjektiver Wahrnehmung und objektiver Weltgestaltung (s. Kap.
I. D.). Die Welt ist so, wie wir sie sehen – das war die ebenso einfache wie
revolutionäre Botschaft, die ihm die kritische und idealistische Philosophie
vermittelt hatte. Sein und Erkenntnis schienen ihm daher zusammenzufal-
len. Bezeichnend dafür eine Passage aus dem Goethe-Essay:

„Natur und Natureinsicht entstehn zugleich, wie Antike, und Antikenkenntniß; denn
man irrt sehr, wenn man glaubt, daß es Antiken giebt. Erst jetzt fängt die Antike an
zu entstehen. Sie wird unter den Augen und der Seele des Künstlers. Die Reste des
Alterthums sind nur die specifischen Reitze zur Bildung der Antike. Nicht mit Hän-
den wird die Antike gemacht. Der Geist bringt sie durch das Auge hervor." (N II,
640).

Analog dazu hat Novalis wohl auch sein eigenes Bild vom Mittelalter verstanden. Und analog dazu versteht er das Geschäft des Dichters. Die Poesie
ist eine Optik, die die Welt formt. Die empirisch vorfindlichen Elemente der
Wirklichkeit sind nur spezifische Reize zur Bildung der Welt durch ein neues
Sehen.

Absurd ist dieser Gedanke nicht. Die Erfahrung lehrt, daß subjektive
Einstellungen die Weltsicht bestimmen, die Welt gewissermaßen formen.
Der Pessimist sieht die Welt anders als der Optimist, der Traurige anders als
der Heitere etc. Novalis hätte jedoch wahnsinnig sein müssen, um zu glau-

ben, mit einem Roman etwas anderes geben zu können als Symbolik. Und
wenn das Symbol auch auf magisch-geheimnisvolle Weise wie etwa bei der
Transsubstantiation echte Teilhabe an der Wirklichkeit, die es repräsentiert,
einschließt, im analogischen Sinn also *ist*, was es *bedeutet*, so wußte Novalis
doch zu gut, daß es nicht mit dem Symbolisierten verwechselt werden darf.
Auf solcher Verwechslung, sagt er, „beruht der ganze Aberglaube und Irrthum aller Zeiten, und Völker und Individuen." (N III, 397).

Wenn die Welt durch Poesie verändert werden soll, dann bedarf diese
Operation überdies der Kooperation durch den Leser. Ein Buch, das keinen
Leser hat, bewirkt auch nichts. Und es kommt nicht nur darauf an, daß,
sondern auch wie es gelesen wird. Auch dieses Umstands war sich Novalis
bewußt. Wenn er seine erste Fragmentsammlung *Blüthenstaub* nennt, so
meint er damit, daß es sich um Pollen- oder Samenkörner handelt, die, wenn
sie Frucht tragen, d. h. Wirkung zeitigen sollen, in das empfängliche Gemüt
von Lesern fallen müssen.

Welches der ideale Leser des *Ofterdingen* sein könnte, wird von Novalis
selber gleich zu Beginn des Romans verdeutlicht. Denn er führt Heinrich
zunächst als Rezipienten ein mit vorbildhaften Reaktionen auf die Erzählungen des Fremden. Es heißt, Heinrich sei von ihnen so „ergriffen", daß er
„nichts anders dichten und denken" könne, und es sei in ihm ein „unaus-
sprechliches Verlangen" geweckt (N I, 195). Als er später dem Einsiedler
und Bergmann zuhört, wird von ihm gesagt: „Manche Worte, manche Gedanken fielen wie belebender Fruchtstaub, in seinen Schooß" (ebd., 263).
Novalis zeigt in der Eingangspassage auch, daß solche Wirkung keine
zwangsläufige ist. Andere haben dasselbe gehört und doch nicht so reagiert
wie Heinrich: „die Andern haben ja das Nämliche gehört, und Keinem ist so
etwas begegnet." (Ebd., 195) Ergriffenheit setzt die Bereitschaft voraus, sich
ergreifen zu lassen, und Sehnsucht nach einer höheren und besseren Welt
eine akute oder latente Unzufriedenheit mit dem Gegebenen. Wer satt und
zufrieden ist oder resigniert hat (wie Heinrichs Vater), empfindet keine
Sehnsucht.

Der Anspruch Hardenbergs, mit seiner Poesie die Welt verwandeln zu
können, wäre schließlich unzureichend begriffen, wenn man sich auf die
Feststellung beschränken wollte, der Dichter habe an die Realisierung des
Goldenen Zeitalters „geglaubt". Höchstens würde ihm damit eine Naivität
unterstellt, die er als Zeitgenosse der Moderne unmöglich besessen haben
kann. Man spürt vielmehr, daß ihm die Kluft zwischen Wahrheit und Wirklichkeit nicht nur eine Herausforderung zur poetischen Bewältigung, sondern Anstoß auch zum Grübeln, Fragen, vielleicht sogar Zweifeln war. „Die
innre Welt ist [...] so innig, so heimlich – Man möchte ganz in ihr leben –
Sie ist so vaterländisch. Schade, daß Sie so traumhaft, so ungewiß ist. Muß
denn gerade das Beste das Wahrste so scheinbar – und das Scheinbare so
wahr aussehn?" (N III, 376f.) Wo aber bei Novalis „Glauben" mitspricht,
ist dieser nicht mit traditionellen Glaubensformen vergleichbar, sondern

etwas ganz Neues und Kompliziertes, eine Haltung nicht nur, sondern eine „Operation", die verquickt ist mit dem Experimentieren und Hypothesie-ren, mit der Fiktion und der Illusion, ja sogar mit dem Wissen, hat er doch Wissen und Glauben einander angenähert. „Glauben ist die Operation des *Illudirens* [...] Alles Wissen endigt und fängt im Glauben an." (N III, 372; s. auch Kap. III. D. und V. Einleitung) Die Fragmente und Notizen zeigen, wie er alles, was denkmöglich ist, ausprobiert, immer in der Hoffnung, auf den Grund der Dinge zu kommen. Auch sein *Ofterdingen* scheint nicht nur magische und metaphysische Botschaft, sondern auch eine Art Experiment und ein poetisches Denkspiel, ein Spiel allerdings so ernst wie existentiell. Das Schreiben ist hier offenbar ein Suchen und immer weiter Vordringen, auf seiten des Autors ein Verhalten, wie es der Held des romantischen Ro-mans selber übt.

VII. Kapitel: Mensch und Natur
(Ihr Verhältnis zueinander in Dichtungen von Novalis und Tieck)

Einleitung

Literatur

Dyck, Martin 1960: s. GB 6.

Engelhardt, Dietrich von: Bibliographie der Sekundärliteratur zur romantischen Naturforschung und Medizin 1950–1975, in: R. Brinkmann (Hg.) 1978, S. 307–330: s. GB 9.

Ders.: Historisches Bewußtsein in der Naturwissenschaft von der Aufklärung bis zum Positivismus, Freiburg/München 1979 (Romantische Naturforschung S. 103–157)

Frank, Manfred: Eine Einführung in Schellings Philosophie, Frankfurt 1985

Gode-von Aesch, Alexander Gottfried Friedrich: Natural Science in German Romanticism, New York 1941

Hamburger, Käte: Novalis und die Mathematik, in: Dies.: Philosophie der Dichter. Novalis, Schiller, Rilke, Stuttgart/Berlin/Köln/Mainz 1966, S. 11–82 [zuerst 1929]

Heckmann, Reinhard/Krings, Hermann/Mayer, Rudolf W. (Hg.): Natur und Subjektivität. Zur Auseinandersetzung mit der Naturphilosophie des jungen Schelling. Referate, Voten und Protokolle der II. Internationalen Schelling-Tagung Zürich 1983, Stuttgart-Bad Cannstadt 1985

Kapitza, Peter 1968: s. GB 9.

Neubauer, John 1971: s. GB 6.

Olshausen, Waldemar von: Friedrich von Hardenbergs (Novalis) Beziehungen zur Naturwissenschaft seiner Zeit, Leipzig 1905

Schulz, Gerhard: Novalis und der Bergbau, in: Freiberger Forschungshefte D 11, Berlin 1955, S. 242–263

Weber, Klaus: Das Reich der Steine und Metalle in der Dichtung deutscher Romantiker. Ein Beitrag zur Deutung des romantischen Symbolismus, Köln 1953 (masch. Diss.)

Wetzels, Walter D.: Johann Wilhelm Ritter: Physik im Wirkungsfeld der deutschen Romantik, Berlin/New York 1973

Romantische Naturbegeisterung und romantische Beschäftigung mit der Natur erwachsen nicht aus dem Gefühl und Bewußtsein der Nähe, sondern der Ferne zur Natur. Sie fußen auf dem melancholischen Glauben, daß die ursprüngliche Einheit des Menschen mit der Natur verloren sei, und werden beflügelt von der Sehnsucht, die verlorene Einheit wiederzugewinnen. Insofern ist das romantische Verhältnis zur Natur nach Schillers Begriff „sentimentalisch". Der naive Dichter, sagt Schiller in seiner Abhandlung *Über naive und sentimentalische Dichtung* (1795/96), *ist* Natur und macht sie deshalb nicht zum Gegenstand seiner Liebe; der sentimentalische liebt und sucht sie, weil er sie nicht hat, für ihn wird die Natur zum „Ideal". Unter dem Aspekt der idealischen Ferne definiert sich Natur als außermenschlicher Bereich: als Reich der Gestirne, der Steine und Metalle, der Pflanzen und Tiere sowie als Gegensatz zur Stadt, als Landschaft. Unter dem Aspekt der ursprünglichen und wiederzugewinnenden Einheit wird der Mensch andererseits als Teil der Natur gesehen.

Das romantische Verständnis der Natur entwickelt und manifestiert sich – zum Teil unabhängig voneinander, zum Teil in wechselseitiger Beeinflussung – auf drei Ebenen: in der Dichtung, in der Naturphilosophie und in der Naturwissenschaft.

Der romantische, schon von Herder in seinen *Ideen zur Philosophie der Geschichte der Menschheit* (1784–1791) geäußerte Gedanke, daß die Natur eine schaffende Künstlerin sei, begründet eine Affinität zwischen Natur und Kunst. Novalis: „Die Natur hat Kunstinstinkt – daher ist es Geschwätz, wenn man Natur und Kunst unterscheiden will." (N III, 650) Friedrich Schlegel nennt die Erde „das eine Gedicht der Gottheit, dessen Teil und Blüte auch wir sind", und so findet er Poesie auch in der Pflanze, im Licht, im Kind, in der Blüte der Jugend, in der liebenden Brust der Frauen (FS II, 285). Poesie, selber aus der Natur stammend, stellt demnach Natur nicht nur dar, sondern führt zur Natur hin.

In der Philosophie ist Schelling der Initiator, der eine Hinwendung zur Natur begründet und, von Fichte ausgehend, die Gegenstandsarmut und Blutleere des Fichteschen Idealismus überwindet. Während die *Wissenschaftslehre* Fichtes die bloß formale oder mögliche Erfahrung, abstrahiert von ihrem wirklichen Gehalt, zum Problem hat, legt Schelling bereits in der Einleitung zu den *Ideen zu einer Philosophie der Natur* (1797) die Notwendigkeit dar, die wirkliche Erfahrung in den Raum der Philosophie einzulassen. Die bloße Spekulation erklärt er rundheraus für eine „Geisteskrankheit des Menschen", ja es wird die zunehmende Reserve der Romantik gegen das selbstbezogene Denken noch deutlicher, wenn er in der zweiten Auflage von 1803 den Begriff Spekulation durch „Reflexion" ersetzt, die damit als das eigentliche „Uebel" gebrandmarkt wird, das den Menschen von der Natur, den Gegenstand von der Anschauung, den Begriff vom Bilde und endlich auch den Menschen von sich selbst trenne (Schelling I, 337f.). Jedoch will er sich andererseits nicht der reinen Empirie anheimgeben. In der *Einleitung zu dem Entwurf eines Systems der Naturphilosophie* (1799) siedelt er die Naturphilosophie, die er nunmehr „speculative Physik" nennt, im Spannungsfeld zwischen Spekulation und Empirie an und kennzeichnet den Unterschied zur empirischen Physik vor allem damit, daß diese sich nur auf die „Oberfläche", jene dagegen sich auf das „innere Triebwerk" der Natur richte (Schelling II, 275). Von „Physik" spricht Schelling in dem umfassenden, etwa auch die Chemie einschließenden Sinne, in dem der Begriff damals gebraucht wurde (vgl. P. Kapitza 1968, 22f.).

Romantischer Naturwissenschaft liegen konkrete Studien und Experimente zugrunde, doch enthält sie ebenso einen spekulativen Anteil wie die Naturphilosophie einen empirischen. Zu ihren Vertretern in der Frühzeit der Romantik zählen Forscher wie Franz Xaver von Baader, Henrik Steffens, Karl August Eschenmayer oder Johann Wilhelm Ritter. Als Freund Hardenbergs, aber auch seiner wissenschaftlichen Arbeiten wegen verdient Ritter besondere Erwähnung. Hauptsächlich mit dem Galvanismus beschäftigt, erkannte er den chemischen Charakter der sogenannten ‚tierischen Elektrizität' und wurde damit zum Begründer der Elektrochemie. Daneben gelang ihm, gestützt auf spekulative Überlegungen, die Entdeckung der ultravioletten Strahlen (vgl. W. Wetzels 1973, 27f., 32f.). Novalis studierte von Ende 1797 bis Mitte Mai 1799 Naturwissenschaften und Bergbau an der Bergakademie in Freiberg, um sich die für die Laufbahn des Salinenbeamten nötigen Fachkenntnisse anzueignen. Sein Lehrer, der Mineraloge und Geologe Abraham Gottlob Werner, der mit einem neuen Klassifikationssystem der Mineralien hervorgetreten war, inspirierte ihn zu seinem Versuch der Enzyklopädistik (s. Kap. III. G.). Auch Goethe, den so vieles mit der romantischen Naturforschung verbindet und in dem er den „merkwürdigsten Physiker unsrer Zeit" sah (N IV, 261), wurde für ihn zum Vorbild. Zu Schellings Naturphilosophie scheint er ein zwiespältiges Verhältnis gehabt zu haben. Er beschäftigte sich intensiv mit Schellings *Ideen* (s. o.) und der Schrift *Von der Weltseele* (1798), attestierte der letzteren aber „Unreife" (N IV, 261) und meinte von der ersteren: „Es ist ein sonderbares, modernes Phaenomén, das nicht zu Schellings Nachtheil ist, daß seine Ideen *schon* so *welk,* so unbrauchbar sind" (an F. Schlegel, 7. 11. 1798; N IV, 263).

Die Ansichten von der inneren Struktur der Natur, zu denen in der Romantik der Dichter, der Philosoph, der Forscher gelangen, jeder auf seine Weise und bei Novalis in Personalunion, stimmen im wesentlichen überein. Dabei werden Anschauungen der älteren Tradition, etwa der Naturmystik Jakob Böhmes, rezipiert und wiederbelebt. Der Hauptgedanke lautet: Die gesamte Natur, einschließlich des anorganischen Bereichs, ist ein Organismus, erfüllt von Leben, das sich in einer Stufenfolge von minder organisierten zu höher organisierten Formen erhebt, und beseelt von Geist, der aus Stadien des Unbewußten zum Bewußtsein seiner selbst im Menschen emporwächst, seinerseits aber etwas Naturhaftes ist – wie Schelling postuliert: „Die Natur soll der sichtbare Geist, der Geist die unsichtbare Natur seyn." (Schelling I, 380) Hier kommt noch die Tendenz des Idealismus zum Ausdruck, in der äußeren Realität die Struktur des menschlichen Bewußtseins wiederzufinden. Schon beim frühen Tieck jedoch offenbart der Geist der Natur dämonische Züge, und in der späteren Romantik übernehmen Elementargeister seine Rolle. Daß auch die scheinbar tote Materie innerlich beseelt ist, schienen Phänomene wie der Magnetismus, die Elektrizität, der Galvanismus zu belegen, die man als Lebenselemente ansah. Und das Bild des zuckenden Froschschenkels im galvanischen Experiment scheint zu der

These geführt zu haben, daß Zeichen des Lebens die „Erregbarkeit" sei und daß man in dieser eine „Eigenschaft der ganzen Natur", auch der anorganischen, zu sehen habe (Schelling II, 160). Jedoch ist diese These auch unter dem Einfluß der Lehre des Arztes John Brown zustandegekommen (s. den Exkurs in diesem Kapitel).

Als Organismus bildet die Natur eine Einheit. Daß alles mit allem zusammenhängt, bezeugt das Prinzip der Analogie (s. Kap. III. F.); daß alles aus gewissen Urstoffen und -formen hervorgeht und an diese erinnert, das der Metamorphose. Die Einheit ist nicht eintönig, sondern mannigfaltig, nicht spannungslos, sondern entfaltet sich in Polaritäten, so in Nord und Süd des Magneten, in Plus und Minus der Elektrizität, in Alkalien und Säuren, in Oxydation und Desoxydation, in Kälte und Wärme etc. In der Polarität strebt Einheitliches in Gegensätzliches auseinander und schließt sich wieder zur Einheit zusammen. Das Beispiel par excellence ist für den Romantiker die Geschlechterpolarität. Die Trennung und Wiedervereinigung hat Novalis im Märchen von Hyacinth und Rosenblüte gleich auf dreifache Weise gestaltet: Die beiden Liebenden trennen sich als Individuen, als Ich und Du. Sie entwachsen zugleich der androgynen Kindheit und differenzieren sich geschlechtlich. Sie symbolisieren drittens die Trennung und Wiedervereinigung des Anorganischen und Organischen. Hyacinth trägt den Namen eines Edelsteins, Rosenblüte den einer Blume. Als Kommentar zu einer entsprechenden Äußerung Friedrich Schlegels vermerkt Novalis in seinen Freiberger naturwissenschaftlichen Studien: „Der Mann ist mehr mineralisch – die Frau mehr vegetabilisch." (N III, 87) Das Spiel der Polaritäten läßt die Natur nicht statisch, sondern bewegt, prozeßhaft erscheinen. Auch sie hat eine Geschichte, und darum läßt die Romantik den Naturforscher nur gelten, sofern er auch Naturhistoriker ist. Ein berühmter Ausspruch Ritters lautet: „Nicht Geschichte der Physik, sondern Geschichte = Physik = Geschichte." (*Fragmente aus dem Nachlasse eines jungen Physikers,* hg. von Steffen und Birgit Dietzsch, Leipzig und Weimar 1984, S. 104)

Eine Spekulation Hardenbergs besagt, daß „die ganze Natur wohl weiblich, Jungfrau und Mutter zugleich seyn" dürfte (N II, 618). Es ist in der Tat auffällig, wie sehr Naturszenen in romantischer Dichtung von weiblichen Wesen bevölkert sind: Nixen, Hexen, Zauberinnen, Venusgestalten, wunderlichen alten Frauen etc. Der Gedanke von einer ursprünglichen Geborgenheit im Schoß der Natur legt die Vorstellung von der „Mutter Natur" nahe, der Gedanke der Vereinigung die von der Natur als Geliebten. In den genannten Zauberwesen symbolisiert sich das Weibliche allerdings auch als dämonische Verführung.

Ein zwiespältiger Reiz geht ebenfalls von gewissen Aspekten der anorganischen Natur aus. Die amorphe Steinwelt, zu bizarren Formen aufgetürmt im Hochgebirge, gibt erhabene Kunde vom Altertum der Natur, repräsentiert aber auch die Erstarrung des ursprünglich Flüssig-Lebendigen und damit einen erlösungsbedürftigen Zustand. Sie stellt beklemmende Fragen an den Betrachter: „Könnte die Natur nicht über den Anblick Gottes zu Stein geworden seyn? Oder vor Schrecken über die Ankunft des Menschen?" (N I, 101) In der feiner organisierten Materie, den kristallinen Mineralien und Metallen, glauben die Romantiker den nicht ganz geheuer anmutenden Übergang des Anorganischen zum Organischen aufspüren zu können (vgl. W. Wetzels 1973, 67ff.). Sie erahnen in dieser unterirdischen, einem „Zaubergarten" gleichen Welt, wie es im *Ofterdingen* heißt (s. Kap. VI. D.), tiefere Geheimnisse der Natur.

Zum geheimnisvollen Symbol verschlüsselt erscheint die Natur im ganzen, offenbare sie sich auch durch Sprache. Aber ihre Sprache besteht aus Hieroglyphen, Zeichen, die dem der Natur entfremdeten Menschen unverständlich bleiben, es sei denn, er nähert sich ihr mit der Intuition des Herzens und der Phantasie und vor allem mit Liebe. Sie offenbart dann ganz andere Seiten als dem gemeinen Verständnis.

Dieses ganz Andere nennt der Naturphilosoph Gotthilf Heinrich Schubert später die „Nachtseite" der Natur bzw. der Naturwissenschaft (*Ansichten von der Nachtseite der Naturwissenschaft*, 1808; reprogr. Nachdruck Darmstadt 1967). Er meint damit Phänomene, die jeglicher mechanistischen, kausalen Erklärung spotten, wie etwa die allwaltenden Sympathien und Spiegelungen (Analogien) oder Erscheinungen, die damals im Zusammenhang mit dem sogenannten ‚tierischen Magnetismus' viel diskutiert wurden, z. B. der Somnambulismus und das Hellsehen.

Insofern die romantische Naturanschauung die Kriterien einer nomothetischen, rationale Beweisbarkeit fordernden Naturwissenschaft nicht erfüllt, fallen ihre Gegenstände unter die Kategorie des „Wunderbaren", versteht man hierunter alles das, was mit den bekannten Naturgesetzen nicht erklärt werden kann, ohne doch deshalb unwirklich und unwahr zu sein. Wissenschaftler wie Johann Wilhelm Ritter haben zwar den empirischen Nachweis für ihre Thesen angestrebt, haben ihr Denken aber nicht positivistisch begrenzt. Romantische Naturforschung ist letztlich auch Gedankenexperiment, Erkundung des Möglichen jenseits des Tatsächlichen. Friedrich Schlegel und Novalis sprechen von einer „Experimentalphysik des Geistes" (FS II, 176; N III, 387), von einem „Galvanismus des Geistes" (N IV, 498). Im Sinne seiner Auffassung vom Hypothesieren (s. Kap. III. D.) sagt Novalis in den *Lehrlingen zu Sais:* „je willkührlicher das Netz gewebt ist, das der kühne Fischer auswirft, desto glücklicher ist der Fang." (N I, 98)

Auch darin unterscheidet sich romantische Naturforschung von der konventionellen Naturwissenschaft, daß sie, wie die Einheit der Natur, die Einheit der Wissenschaften von der Natur sowohl wie des Geistes postuliert. Eine Trennung von Natur- und Geisteswissenschaften existiert für sie nicht. Ihre Einsichten fußen auf interdisziplinärem Denken.

In der heutigen Diskussion um eine „alternative Naturwissenschaft" sind diese Einsichten wieder virulent. „Alternative Naturwissenschaft ist in dem Sinne alternativ, daß sie das Methodenarsenal der klassischen Naturwissenschaft aufbricht und durch hermeneutische und sozial-reflektierende Methoden ergänzt." (Günter Altner: *Die Überlebenskrise in der Gegenwart*, Darmstadt 1987, S. 168) Im Umkreis der New-Age-Bewegung spricht man von einer „neuen Konvergenz von Naturwissenschaften und spirituellen Traditionen" (so der Untertitel von *Andere Wirklichkeiten*, hg. von Rainer Kakuska, München 1984) und von der Einheit von Geist und Natur (vgl. Gregory Bateson: *Geist und Natur. Eine notwendige Einheit*, Frankfurt 1982). Das „Wunderbare" scheint auch bei den anerkannten Physikern unserer Zeit zu neuen Ehren zu gelangen (vgl. *Physik und Transzendenz. Die großen Physiker unseres Jahrhunderts über ihre Begegnungen mit dem Wunderbaren*, hg. von Hans-Peter Dürr, Bern/München/Wien [3]1989).

A. Novalis: *Die Lehrlinge zu Sais*

1. Grundlageninformation

1.1. Texte und Materialien

Erstdruck: *Novalis Schriften*, hg. von Friedrich Schlegel und Ludwig Tieck. 2 Bde. Berlin 1802. Bd. II, S. 159–246.

Kritische Ausgabe: N I, 79–109.

Materialien: Paralipomena N I, 110–112. Hier auch Hinweise darauf, wie Novalis sich die Fortsetzung der Dichtung dachte (s. bes. Nr. 7 u. 8).

Entstehung: Die Dichtung geht aus Hardenbergs Beschäftigung mit den Naturwissenschaften und der Naturphilosophie während seiner Freiberger Studienzeit Ende 1797 bis Mitte Mai 1799 hervor. Erste Erwähnung in einem Brief an A.W. Schlegel vom 24. 2. 1798: „Ich habe noch einige Bogen logologische Fragmente, Poëticismen, und einen Anfang, unter dem Titel, der Lehrling zu Saïs – ebenfalls Fragmente – nur alle in Beziehung auf Natur." (N IV, 251) Das Werk bleibt unvollendet, da Novalis die Arbeit am *Ofterdingen* vorzieht. Jedoch plant er nach dessen Vollendung die Fortsetzung und nennt die *Lehrlinge* in einem Brief an Tieck vom 23. 2. 1800 Roman: „Es soll ein ächtsinnbildlicher, Naturroman werden." (Ebd., 323)

Quellen: Sicher kannte Novalis das Motiv des verschleierten Bildes zu Sais durch Schiller (s. dessen Vorlesung *Die Sendung Moses*, 1790, und sein Gedicht *Das verschleierte Bild zu Sais*, 1795), möglicherweise auch durch die *Chymische Hochzeit: Christiani Rosencreutz Anno 1459* (1616), die er sich in Freiberg von der Bibliothek ausgeliehen hatte. Einflüsse ferner durch alchimistische Schriften sowie durch naturwissenschaftliche und naturphilosophische Studien verschiedenster Art. Zu der reichhaltigen Tradition, in der die *Lehrlinge* stehen, vgl. U. Gaier 1970, 109ff.

1.2. Forschungsliteratur

Bollinger, Heinz: Novalis. Die Lehrlinge zu Sais. Versuch einer Erläuterung, Winterthur 1954 [Eine Art Stellenkommentar, der den Text fortlaufend paraphrasiert.]

Calhoon, Kenneth S.: Language and Romantic Irony in Novalis' *Die Lehrlinge zu Sais*, in: The Germanic Review 56 (1981), S. 51–61 [Sieht in dem fragmentarischen Roman ein Paradigma für die Problematik des romantischen Romans überhaupt: daß er mangels einer angemessenen Sprache die angestrebte höhere Einheit nicht darstellen, sondern nur andeuten könne und deshalb „sows the seeds of its own frustration".]

Gaier, Ulrich: Krumme Regel. Novalis' ‚Konstruktionslehre des schaffenden Geistes' und ihre Tradition, Tübingen 1970 [Weist wie J. Striedter (s. d.) die innere Einheit der *Lehrlinge* nach, wobei eine bestimmte „Struktur" (ein Stufenmodell der steigernden Gradation) ermittelt und diese wiederum aus einer bis ins Altertum zurückreichenden Tradition abgeleitet wird.]

Kreuzer, Ingrid: Novalis: „Die Lehrlinge zu Sais". Fragen zur Struktur, Gattung und immanenten Ästhetik, in: Schiller-Jahrbuch 23 (1979), S. 276–308 [Formalästhetische Studie mit gegenüber der bisherigen Forschung neuen Einblicken. Stellt u. a. die textkonstituierende Funktion von Sprechen und Hören und die Rolle des Lesers heraus.]

Küpper, Peter 1959, S. 40–61: s. Kap. VI. 1.2. [Versucht, wie beim *Ofterdingen*, aus den Strukturelementen des vorhandenen Bruchstücks den Grundriß des Ganzen zu rekonstruieren.]

Mähl, Hans-Joachim 1965, S. 354–362: s. Kap. VI. 1.2. [Hebt an den *Lehrlingen* besonders das Motiv des goldenen Zeitalters hervor.]

Mahoney, Dennis F.: Die Poetisierung der Natur bei Novalis. Beweggründe, Gestaltung, Folgen, Bonn 1980 [Behandelt von den *Lehrlingen* das Gespräch der Reisenden und zieht Verbindungen zum *Ofterdingen*. Mit zahlreichen Hinweisen auf Hardenbergs naturwissenschaftliche Studien.]

Molnár, Géza von: The Composition of Novalis' *Die Lehrlinge zu Sais:* A Reevaluation, in: Publications of the Modern Language Association of America 85 (1970), S. 1002–1014 [Kritisiert die Arbeit von J. Striedter (s. d.) und versucht ein anderes Kompositionsmuster herauszuarbeiten, weist aber ebenfalls auf die innere Einheit des Textes hin.]

Pfaff, Peter: Natur-Poesie. Zu den *Lehrlingen zu Sais* des Novalis, in: Gerhard vom Hofe/Peter Pfaff/Hermann Timm (Hg.): Was aber bleibet stiften die Dichter? Zur Dichter-Theologie der Goethezeit, München 1986, S. 89–103 [Geht aus von Hardenbergs Auseinandersetzung mit Fichte und Schelling und stellt die Bedeutung des präreflexiven Gefühls für Hardenbergs Naturverständnis heraus.]

Schmid, Heinz Dieter: Friedrich von Hardenberg (Novalis) und Abraham Gottlob Werner, Tübingen 1951 (masch. Diss.) [Ausführliche Gesamtinterpretation S. 159–234. Identifiziert die Gestalt des Lehrers und seine Lehren weitgehend mit A.G. Werner, Hardenbergs Lehrer in Freiberg.]

Striedter, Jurij 1953/1985, S. 156–196: s. Kap. III. 1.2. [Sieht in den *Lehrlingen* Hardenbergs Versuch, das eigene Poesie-Programm zu verwirklichen. Ausführlicher Nachweis, daß hier „eine ungewöhnlich konsequent durchgeführte Komposition und eine echt gestalterische Leistung vorliegt".]

Zusätzlich zum Märchen von Hyacinth und Rosenblüte:

Apel, Friedmar: Die Zaubergärten der Phantasie. Zur Theorie und Geschichte des Kunstmärchens, Heidelberg 1978, S. 155–164

Birrell, Gordon: The Boundless Present. Space and Time in the Literary Fairy Tales by Novalis and Tieck, Chapel Hill 1979, S. 9–20, 63–70

Neumann, Gerhard 1976, S. 400–416: s. Kap. III. 1.2.

Schumacher, Hans: Narziß an der Quelle. Das romantische Kunstmärchen: Geschichte und Interpretationen, Wiesbaden 1977, S. 19–25

Stadler, Ulrich: Novalis – ein Lehrling Friedrich Schillers? In: Aurora 50 (1990), S. 47–62

Voerster, Erika: Märchen und Novellen im klassisch-romantischen Roman, Bonn [2]1966, S. 158–166

2. Analyse

Der Text ist äußerlich in zwei Teile gegliedert, einen kürzeren, überschrieben „1. Der Lehrling", und einen längeren, überschrieben „2. Die Natur". Die Teile ihrerseits sind in Abschnitte unterteilt, die man, mit Ausnahme des Märchens von Hyacinth und Rosenblüte, als Fragmente ansehen kann, da sie gedanklich relativ selbständig sind, unabgeschlossene und unsystematische Betrachtungen aus je individueller Sicht darstellen. Novalis selbst nennt die Dichtung in einem Brief an A.W. Schlegel vom 24. 2. 1798 „einen Anfang, unter dem Titel, der Lehrling zu Saïs – ebenfalls Fragmente – nur alle in Beziehung auf Natur" (N IV, 251). Dem äußeren Anschein nach heterogen, sind alle Abschnitte jedoch untereinander verbunden, nicht nur durch den gemeinsamen Bezug, das gemeinsame Thema, sondern durch vielfältige Korrespondenzen, Spiegelungen, Variationen oder Modulationen. Ein Gedanke wird ins Spiel gebracht, ausgesponnen, zeitweise fallengelassen, wieder aufgenommen, abgewandelt und neu verknüpft und bildet so einen der zahlreichen Fäden, die das Ganze zu einer Textur, einem Gewebe, verschränken. Fern davon, „ungestaltete Dichtung" zu sein, wie R. Haym gemeint hatte (R. Haym 1870/1972, 347: s. GB 9.), stellt das Werk somit eine innere Einheit dar, wie insbesondere J. Striedter (1953/1985) und U. Gaier (1970) gezeigt haben, nach Striedter sogar die Einheit einer musikalischen Komposition (171f.). Da sich die abstrakt-begrifflichen Ausführungen der philosophischen Abschnitte in der konkret-bildhaften Darstellung des Märchens spiegeln, erfüllt das Werk zudem das für die frühe Romantik so charakteristische Postulat einer Einheit von Denken und Dichten, Reflexion und Intuition, Philosophie und Poesie.

Wie der Roman *Heinrich von Ofterdingen* sucht das Werk dem Anspruch gerecht zu werden, in der kompositionellen ästhetischen Einheit die untergründige metaphysische Einheit der Natur zu spiegeln, wenn nicht gar wiederherzustellen. Die Möglichkeit der Wiederherstellung gründet in dem „werkzeuglichen" Vermögen, das schon die frühesten „Mährchen und Gedichte" mit ihren Kosmogonien kennzeichnet (N I, 83f.), und das der Dichter handhabt, wenn er den „Zauberstab der Analogie" (N III, 518) gebraucht. Den Gedanken eines analogischen Verhältnisses aller Dinge entwickelte Novalis gerade im Zusammenhang mit seinen Naturstudien in seiner Freiberger Zeit und kurz danach, deren Frucht neben den *Lehrlingen* die Notizen des *Allgemeinen Brouillons* und die *Fragmente und Studien* waren. Während der analytische Naturforscher die Natur „mit scharfen Messerschnitten" zertrennt und dadurch tötet (N I, 84), läßt die analogisierende Betrachtung, die überall Ähnlichkeit, Entsprechung, Sympathie im Sinne eines Realkonnex wahrnimmt (s. dazu Kap. III. F.), das Naturganze in seiner lebendigen Fülle erstehen. Vorbild ist in dieser Hinsicht der Lehrer: „Er merkte bald auf die Verbindungen in allem, auf Begegnungen, Zusammentreffungen. Nun sah er bald nichts mehr allein. [...] Er freute sich, Fremdlinge zusammen zu bringen. Bald waren ihm die Sterne Menschen, bald die Menschen Sterne, die Steine Thiere, die Wolken Pflanzen" (N I, 80). Starre Verhältnisse, isolierende Fixierungen werden auf diese Weise aufgelöst und dem Zustand des Flüssigen nahegebracht, in dem einer der Sprechenden, wie schon die ältere Naturphilosophie, den Urzustand der Welt erblickt (N I, 104). Indem die Dinge ins Gleiten, Zerfließen, in die wechselseitige Berührung geraten, nimmt die Natur gleichsam den Charakter des „Spiels" an (ebd.), ein Charakteristikum, das auch die „goldne Zeit" kennzeichnet. In ihr „liebten und erzeugten sich die Geschlechter der Menschen in ewigen Spielen" (ebd.). Auch der wahre Naturkundige ist ein Spielender. Vom Lehrer heißt es: „er spielte mit den Kräften und Erscheinungen" (N I, 80), und die Naturdinge selber sagen in ihrem Gespräch, daß, wer die Natur recht zu erfassen wisse, „Meister eines unendlichen Spiels" würde (N I, 96).

Die einzelnen Abschnitte des Werks sind auch dadurch aufeinander bezogen, daß sie zum größten Teil Stimmen innerhalb einer in Variationen wiederkehrenden geselligen Zusammenkunft repräsentieren. Gewissermaßen als Pendant zu Friedrich Schlegels *Gespräch über die Poesie* (s. Kap. IV. B.) sind die *Lehrlinge zu Sais* ein „Gespräch über die Natur", Symphilosophie und Sympoesie auch sie und Ausdruck des undogmatischen Willens, unterschiedliche Ansichten zuzulassen, in einem multiperspektivischen Verfahren mehrere Standpunkte auszuprobieren, statt sich auf einen einzigen festzulegen. Die wechselseitige Ergänzung und Relativierung läuft allerdings nicht auf Indifferenz hinaus. Das Märchen von Hyacinth und Rosenblüte, in seinem Rang keine bloße Meinung, sondern eine Mythe, gibt entschiedener die Richtung an, in die Suche und Sehnsucht sich wenden müssen (dazu weiter unten).

An dem Gespräch sind mehrere Gruppen beteiligt. Zunächst die Lehrlinge und der Lehrer, die an eben dem Orte weilen, zu dem Hyacinth in der Vorzeit gelangt war. Der Lehrer ist vor allem erkennbar daran, daß er „mit Andacht und Glauben" von der Natur spricht; seine Lehre ist Verkündigung, Evangelium (N I, 107f.). Die Lehrlinge andererseits werden von ihm nicht nur geführt, sondern sind gehalten, selbst zu entdecken, was das Rechte sei. Einfalt und Ungeschick sind dabei kein Hindernis, sondern eher Zeichen der Berufung. Die verkörperte Einfalt und Ganzheit, das Kind, ist der „Messias der Natur", wie es in einem der Paralipomena heißt (N I, 112). Und gegenüber dem Kind spielt der Lehrer bloß die Rolle des „Johannes" (ebd.). „Eins [in der Gruppe] war ein Kind noch, es war kaum da, so wollte er ihm den Unterricht übergeben. [...] Einst wird es wiederkommen, sagte der Lehrer, und unter uns wohnen, dann hören die Lehrstunden auf." (N I, 80f.) Zu bemerken ist auch, daß nicht der Lehrer das Märchen erzählt, sondern ein kindlicher Lehrling: „Ein muntrer Gespiele, dem Rosen und Winden die Schläfe zierten" (N I, 91).

Eine zweite Gruppe im Konzert der Stimmen ist gleichsam ortlos. Sie spricht aus dem imaginären Raum der Geistes- und Kulturgeschichte und verlautbart Ansichten, die man teils älterem, teils neuerem Denken zuordnen könnte (N I, 82–90). In dem „ernsten Mann", der als letzter seine Stimme erhebt (N I, 90), mag man Fichte erkennen. Auch solche, die der Natur entfremdet sind, die Beschäftigung mit ihr als sinnlos ansehen oder ihr gar einen „Zerstörungskrieg" ankündigen (N I, 89), kommen in dieser Gruppe zu Wort. Darum auch hört der Lehrling „mit Bangigkeit die sich kreutzenden Stimmen" (N I, 91), die ihn zudem verwirren, weil ihm jede recht zu haben scheint.

Nach der Erzählung des Märchens, die ihn wieder beruhigt und ihm in der Geschichte der beiden Liebenden Naturgegenstände, Pflanzen, Tiere, Steine und Gewässer, als sprechende Wesen vergegenwärtigt, dauert dieses Gespräch *der* Natur – nicht mehr nur *über* die Natur – in den Tempelhallen von Sais fort, nur daß die meisten der hier in Sammlungen zusammengebrachten „tausendfältigen Naturen" es beklagen, ihrer Freiheit und ihres harmonischen Verhältnisses zueinander beraubt zu sein (N I, 95). Eine weitere Ausdehnung über den menschlichen Bereich hinaus erfährt das Gespräch, wenn es später heißt, daß ursprünglich das Leben des ganzen Universums „ein ewiges tausendstimmiges Gespräch" sei (N I, 107).

Als vierte Gruppe – wenn man die Natur als sprechende dritte ‚Gruppe' verstehen will – äußern sich die auf den Stufen des Tempels gelagerten Reisenden mit Ansichten über die Natur und Erzählungen von ihren Reisen. Ihre Lebensform, das Reisen und Suchen, korrespondiert Hyacinths langer suchender Wanderschaft, und wie dieser, dem in Sais ein Traum die Lösung des Weltgeheimnisses vermittelt, dürfen sie eine Nacht im Tempel schlafen. Es muß offenbleiben, wie Novalis sich die Fortsetzung des Werks dachte, das, nachdem noch einmal der Lehrer mit seinen Lehrlingen aufgetreten ist, abbricht. Das 8. Paralipomenon deutet immerhin an, daß sich die erlösende Offenbarung aus der Vorzeit, wie im Märchen erzählt, aufs neue wiederholen und, wie im Ofterdingen-Roman, die Goldene Zeit wiederkehren sollte: „Erscheinung der Isis. Tod des Lehrers. Träume im Tempel. [...] Einweihung in die Geheimnisse. [...] Das *Kind* und sein Johannes. Der Messias der Natur. *Neues Testament* – und neue Natur – als *neues Jerusalem*." (N I, 111f.)

Wie die Teile des Werks formal zusammenspielen, so wird ebenfalls inhaltlich das Ideal im Zusammenspiel von Mensch und Natur gesehen. Von der Seite des Menschen können mehrere Wege beschritten werden, der des

Denkens, der des Deutens, der des Dichtens, der einer Wechselverbindung zwischen Hervorbringen und Wissen und vor allem der der Liebe. So die Erörterung im Gespräch der Reisenden.

Das Denken nimmt seinen Ausgang von einem festen Eindruck, auf den sich die Aufmerksamkeit richtet, verläuft aber in der Folge nicht in einer festen Bahn, sondern verbreitet sich „nach allen Seiten mit lebendiger Beweglichkeit", wobei der Mensch „erst in diesem Spiele seine Eigenthümlichkeit, seine specifische Freiheit recht gewahr wird", zugleich auch Einblick gewinnt sowohl in die Außen- wie in die Innenwelt (N I, 97). Zu bedenken ist auch, daß die Natur „in einer unmittelbaren Beziehung auf die Gliedmaßen unsers Körpers, die wir Sinne nennen", steht, so daß – im Sinne einer Analogie zwischen Mikro- und Makrokosmos, die Novalis hier im Auge hat – geheimnisvolle Beziehungen unseres Körpers auf geheimnisvolle Verhältnisse der Natur schließen lassen (ebd.). Ehe man den Zusammenhang unseres Körpers erforsche, so heißt es weiter, könne man aber wohl auch dadurch der Natur nahekommen, daß man das Denken in allen möglichen Bewegungen und Kombinationen studiert und aus dem Studium dieses „Gedankenspiels" auf entsprechende Bewegungen und Kombinationen in der Natur schließt (N I, 98). Woran Novalis hier denkt, ist das Mittel der Reflexion, des Denkens, das sich selber zuschaut (s. dazu Kap. I. E.), wobei nun aber dieses Mittel nicht nur, wie bei Fichte, die Erkenntnis des Bewußtseins, sondern auch der Außenwelt zum Ziele hat.

Erkenntnis indessen reicht nicht aus. Die Erkenntnis der Natur ist „noch himmelweit von ihrer Auslegung" entfernt, zu der es fortzuschreiten gilt. Man muß die Natur auch „verstehn", dies aber ist nur dem Naturhistoriker gegeben, dem „Zeitenseher", der der Natur im Gegensatz zu der rationalistischen Auffassung von der Welt als „einförmiger Maschine" eine Geschichte und damit „Geist" zuspricht, so daß er in ihr auch „Bedeutungen wahrnimmt und weißagend verkündigt" (N I, 99). Erst der Geist-Charakter läßt die Natur als Spiegel des Menschen erscheinen und bringt sie zu ihm in ein Kommunikationsverhältnis: „die Natur wäre nicht die Natur, wenn sie keinen Geist hätte, nicht jenes einzige Gegenbild der Menschheit, nicht die unentbehrliche Antwort dieser geheimnißvollen Frage, oder die Frage zu dieser unendlichen Antwort." (Ebd.)

Diese menschliche Nähe der Natur erfahren und gestalten besonders die Dichter. Sie erleben die Natur als beseelt und gemütvoll, als phantasiereich und in „wunderbarer Sympathie mit dem menschlichen Herzen" (N I, 100). Novalis erinnert zudem an Orpheus und die verwandelnde Macht des Gesanges, wenn er den Sprecher, dem er den Preis der Dichter in den Mund legt, sagen läßt: „Ist es denn nicht wahr, daß Steine und Wälder der Musik gehorchen und, von ihr gezähmt, sich jedem Willen wie Hausthiere fügen? [...] Wird nicht der Fels ein eigenthümliches Du, eben wenn ich ihn anrede?" (Ebd.)

Diese Rede führt den, der zuerst gesprochen und den Weg des Denkens ins

Spiel gebracht hatte, auf die Idee, ob nicht der denkende Mensch zur „ursprünglichen Function seines Daseyns" zurückkehren müsse, die darin bestand, der Welt schöpferisch zu begegnen, „Hervorbringen und Wissen" wechselwirkend zu verbinden und sich so gleichzeitig als Denker und Künstler zu betätigen (N I, 101). Ohne Zweifel erwächst diese Bemerkung aus Hardenbergs Beschäftigung mit Plotin, unter dessen Einfluß er in seiner Freiberger Studienzeit den Vorgang des Denkens als Vorgang des tätigen Zeugens konzipieren lernt (vgl. H.-J. Mähl 1963: s. Kap. III 1.2; s. auch III. F.). Scheint die Plotinsche Gleichsetzung von logischer Emanation und realer Weltkonstruktion eine physische Zeugung aus dem Geist zu erlauben, so kann der gerade Sprechende behaupten, daß man die Natur, um sie zu begreifen, nicht nur in ihrer Geschichtlichkeit deuten, sondern in ihrer Geschichte „entstehen" lassen müsse (N I, 101). Wie aber der Geist in der Natur den Geist des Menschen spiegelt, so entfaltet sich dem zeugenden Geist des denkend Schaffenden auch eine „Erzeugungsgeschichte der Natur", d. h. er findet den Akt des Zeugens in der Natur selbst wieder, er findet die Natur durchwaltet vom „Genius der Liebe" (ebd.).

Damit gelangt die Erörterung auf der abstrakt-begrifflichen Ebene zum Hauptgedanken des Werks, der auf der poetisch-bildlichen Ebene bereits im Märchen ausgesprochen worden war. Besteht das „innerste Leben der Natur" in „Liebe und Wollust" (N I, 104), offenbart sich die Natur dem Berufenen „in ihrer Zweyheit, als erzeugende und gebärende Macht, und in ihrer Einheit, als eine unendliche, ewigdauernde Ehe" (N I, 106), dann ist auch die eigentliche Berufung zur Natur in der Liebe zu sehen. Dieser Weg verträgt sich mit den anderen Wegen, das auf ihm gewonnene Resultat „wird auf eine überraschende Weise mit dem System des Denkers übereinstimmen", aber der „Dienst der Liebe" bedarf des Denkens nicht. Auch ohne dies „erfahren diese liebenden Kinder in seligen Stunden herrliche Dinge aus den Geheimnissen der Natur", ja sie haben „das beste Theil erwählt" (N I, 103).

Es ist so auf den Begriff gebracht, was das Märchen im Bild vorgeführt hatte, wenn sich Hyacinth im Tempel zu Sais als „Mutter der Dinge" (N I, 93) die Geliebte enthüllt hatte. Wie aber die Liebenden im Kontext dieser Dichtung als Lernende gekennzeichnet werden, so muß auch Hyacinth einen Lernprozeß durchmachen. Lieben heißt nach romantischer Vorstellung nicht Haben, Besitzen, sondern Sehnsucht, der Zug des Herzens in die geheimnisvolle Ferne. Nur also durch die Trennung von der Geliebten und durch die aus fremdem Lande winkende Verheißung, die bedeutungsvoll sowohl im Bild der Jungfrau wie der Mutter, der zeugenden wie der gebärenden Kraft erscheint, kann in Hyacinth dieser Zug erweckt werden. Wenn Liebe zudem in der Beziehung des Ich zum Anderen besteht und diese Beziehung, was Novalis stets voraussetzt, auf der Freiheit und Selbständigkeit der Partner beruht, so muß die ursprüngliche naive Einheit zwischen Hyacinth und Rosenblüte auch deshalb in die Trennung und Zweiheit übergehen, damit das Ich wahrhaft das Du erkennt, über das Du aber auch sich selbst, als Ich, findet. In einem Distichon vom Mai 1798 (Paralipomenon Nr. 2) konnte Novalis darum das Lüften des Schleiers auch als Akt der Selbsterkenntnis kennzeichnen:

> „Einem gelang es – er hob den Schleyer der Göttin zu Saïs –
> Aber was sah er? Er sah – Wunder des Wunders – Sich Selbst." (N I, 110)

Analog hierzu ist auch Naturerkenntnis Weg nach Innen wie nach Außen, Erkundung des Gemüts wie der Welt, und es bedeutet alles andere als ‚Innerlichkeit' im dubiosen Sinne des Begriffs, als Rückzug aus der Wirklichkeit, wenn der Lehrling im Ersten Teil sagt: „Mich führt alles in mich selbst zurück." (N I, 81)

Daß das ferne Geheimnis sich andererseits als Du enthüllt, heißt zugleich, daß das ganz Andere das heimatlich Vertraute ist. Die Reise in die Fremde ist somit Heimkehr, der Weg „nach Hause", wie es auch im *Ofterdingen* heißt. In einem Entwurf von Juli/August 1798 (Paralipomenon Nr. 3) ist die Heimeligkeit noch dadurch unterstrichen, daß der Suchende beim Eintritt in das Heiligtum der Isis seine Braut in seiner eigenen Schlafkammer wiederfindet. Damit wird zugleich das Erotische der Umarmung deutlicher als im ausgeführten Märchen. Auch im Märchen allerdings ist der Schleier, den Hyacinth hebt, ebenso als Brautschleier wie als Schleier der Wahrheit zu verstehen. Und man wird nicht vergessen dürfen, daß die Rose die Blume der Aphrodite ist.

Betrachtet man das Verhältnis zwischen Mensch und Natur, wie in den *Lehrlingen zu Sais* dargestellt, von der Seite der Natur aus, so folgt Novalis dem Topos vom „Buch der Welt", wenn er sagt, daß die Natur spricht und dabei sowohl mit sich selbst wie mit dem Menschen kommuniziert. Aber auf der Ebene des gegenwärtigen Zustandes, im Stadium der Entfremdung, versteht der Mensch die Sprache der Natur nicht, wie bereits der erste Abschnitt der *Lehrlinge* darlegt. Die ganze Welt, nicht nur die außermenschliche Natur im engeren Sinne, ist eine „Chiffernschrift", jedoch fügt sich die „Ahndung" eines Sinns zu keiner festen Form (N I, 79). Der Wahrnehmung verschwimmt alles, so daß sie das Wahre nicht fassen kann.

Es scheint freilich, daß die Sprache der Natur auch von sich aus sich dem Verstehen verweigert, sofern der Mensch die Chiffren auf Referenzen hin befragt, als Zeichen nimmt, die etwas Bestimmtes bezeichnen, statt das Sprechen als freies Spiel um seiner selbst willen zu begreifen. „Man verstehe die Sprache nicht", heißt es im zweiten Abschnitt, „weil sich die Sprache selber nicht verstehe, nicht verstehen wolle; die ächte Sanscrit spräche, um zu sprechen, weil Sprechen ihre Lust und ihr Wesen sey." (Ebd.) Unverkennbar wird hier der gleiche Grundgedanke geäußert, den Novalis im *Monolog* (N II, 672f.) formuliert: daß die Sprache gerade dann die „herrlichsten, originellsten Wahrheiten" ausspricht, wenn sie sich nicht auf etwas Bestimmtes bezieht, sondern, wie die mathematischen Formeln, nur mit sich selbst spielt (s. Kap. III. C., VI. B.; vgl. J. Striedter 1985, 160f.). Wird sie als reines Beziehungsspiel genommen, so spiegelt sich in ihr, heißt es ebenfalls im *Monolog,* „das seltsame Verhältnißspiel der Dinge".

Da das Spiel der Beziehungen am reinsten, d. h. am weitesten entfernt von Gegenstandsgebundenheit und Zweckhaftigkeit, außer in der Mathematik auch und gerade in der Musik zum Ausdruck kommt, ist es fast eine naheliegende Konsequenz, daß Novalis die Sprache der Natur in den *Lehrlingen* als Musik bezeichnet (N I, 79, 95, 96, 100, 106). Musik ist gleichsam die Ursprache der Natur, jene „heilige Sprache" der Vorzeit, der die Reisenden auf der Spur sind und um deretwillen sie nach Sais gefunden haben (N I, 106). Auch gegenwärtig jedoch vermag, wer die Sprache recht gebraucht, d. h. spielerisch, an der Musik des Universums durch Analogie teilzuhaben. Novalis dürfte den Poeten meinen, wenn er sagt: „Wer wahrhaft spricht, ist des ewigen Lebens voll, und wunderbar verwandt mit ächten Geheimnissen dünkt uns seine Schrift, denn sie ist ein Accord aus des Weltalls Symphonie." (N I, 79)

Exkurs: Krankheit und Gesundheit im frühromantischen Denken

Literatur

Bluth, Karl Theodor: Medizingeschichtliches bei Novalis. Ein Beitrag zur Geschichte der Medizin der Romantik, Berlin 1934

Hirschfeld, Ernst: Romantische Medizin. Zu einer künftigen Geschichte der naturphilosophischen Ära, in: Kyklos 3 (1930), S. 1–89

Leibbrand, Werner: Die spekulative Medizin der Romantik, Hamburg 1956 [Neubearb. der 1 Aufl. *Romantische Medizin,* 1937]

Neubauer, John: Dr. John Brown (1735–88) and Early German Romanticism, in: Journal of the History of Ideas 28 (1967), S. 367–382

Schipperges, Heinrich: Krankwerden und Gesundsein bei Novalis, in: R. Brinkmann (Hg.) 1973, S. 226–242: s. GB 9.

Schmidt, Peter: Gesundheit und Krankheit in romantischer Medizin und Erzählkunst, in: Jahrbuch des Freien Deutschen Hochstifts 1966, S. 197–228

Sohni, Hans: Die Medizin der Frühromantik. Novalis' Bedeutung für den Versuch einer Umwertung der „Romantischen Medizin", Freiburg i. Br. 1973

S. auch die in der Einleitung dieses Kapitels genannte Literatur.

Haycinths Weg zum Bildnis von Sais ist nicht nur ein Weg des Heils, sondern, im medizinischen Sinne, auch der Heilung. Von seinen Eltern verabschiedet er sich mit den Worten, daß ihm „die alte wunderliche Frau im Walde", offenkundig eine Therapeutin, erzählt habe, „wie ich gesund werden müßte" (N I, 93). Seit der Begegnung mit dem Mann aus fremden Landen und der Trennung von Rosenblüte hatte es bedenklich um ihn gestanden. „Er grämte sich unaufhörlich um nichts und wieder nichts, ging immer still für sich hin, setzte sich einsam, wenn die Andern spielten und fröhlich waren" (N I, 91), kurz, er krankt zu dieser Zeit, wie die Symptome zeigen, an der Melancholie. Sein Zustand gibt den Eltern Rätsel auf. Körperlich scheinbar intakt, ist er seelisch-geistig hinfällig, ein Kranker, den das Übel von innen heimsucht.

Der Zustand Hyacinths ist eines von zahlreichen Beispielen dafür, daß die Romantik ein gestörtes Verhältnis zur Natur medizinisch deutet. Der Verlust der Einheit mit der Natur erscheint ihr als Krankheit, der Wiedergewinn der Einheit als Gesundung. Freilich hatte schon Schiller die Verfassung des zeitgenössischen, sentimentalischen Typus in diesem Sinne gesehen: „Unser Gefühl für Natur gleicht der Empfindung des Kranken für die Gesundheit." (Schiller XX, 431) Positiv betrachtet ist Hyacinths Leiden eine Krise, die zur Besserung führt. Insofern ist Kranksein nicht Verfall, sondern Vorstufe der Erlösung. Zieht man übrigens in Betracht, daß Hyacinths Krankheit nichts anderes repräsentiert als das Lebensgefühl der Romantik überhaupt, nämlich Leiden am Zwiespalt und Sehnsucht nach dem Goldenen Zeitalter, dann gilt generell, daß ein romantisches Gemüt ein ‚krankes' ist. Goethe hatte also nicht so unrecht, als er zu Eckermann am 2. 4. 1829 die berüchtigten Worte sprach: „Das Klassische nenne ich das Gesunde und das Romantische das Kranke."

Novalis hat genauso gefühlt, allerdings unter anderen Prämissen. Krisenbewußtsein verbindet sich bei ihm – wie bei anderen Romantikern – mit dem Bewußtsein ebenso der Auszeichnung wie des Sündenfalls.

„Mit der Sensibilitaet und ihren Organen, den Nerven tritt Kranckheit in die Natur. Es ist damit Freyheit, Willkühr in die Natur gebracht und damit *Sünde*, Verstoß gegen den Willen der Natur, die Ursache alles Übels." (N III, 657) „Kranckheiten zeichnen den Menschen vor den Thieren und Pflanzen aus – zu Leiden ist der Mensch geboren. Je hülfloser, desto empfänglicher für Moral und Religion." (Ebd., 667)

Gesundheit auf der anderen Seite ist keine Auszeichnung, sondern nur fatal, wenn sie in Gestalt der satten, unbedürftigen Zufriedenheit daherkommt wie beim Philister, dem Sünder guten Gewissens. Die wahre Gesundheit liegt in der „Erhebung des Menschen über sich selbst" (N II, 535), die auch eine Erhebung zum großen Ganzen ist. „Das wäre das vollkommen gesunde Individuum, dessen Gesundheitssfäre auch die Sfären der Krankheit mit inbegriffe" (N III, 307), denn das Ganze ist dem Polaritätsgedanken gemäß die Verbindung des Entgegengesetzten.

Das Heils- und Heilungsbedürfnis, die Überzeugung von der produktiven Funktion der Krankheit, aber auch die Aufmerksamkeit für den Körper als Teil der Natur und mikrokosmisches Analogon begründen das auffällige Interesse der Romantik für die Medizin. In ihrer Frühphase erhält dieses Interesse wesentliche Anregungen durch die Lehre des schottischen Arztes John Brown: *Elementa Medicinae* (1780), in der englischen, von Brown selbst verfaßten Übersetzung 1790 und in deutscher Übersetzung unter dem Titel *System der Heilkunde*, Kopenhagen 1796. Es handelt sich um eine in numerierten Thesen vorgetragene medizinische Theorie, die alles Leben als durch Reize „erzwungen" und mithin als Reizzustand oder Zustand der Erregung definiert. Dabei können äußere und innere Reize deshalb auf den Organismus wirken, weil dieser erregbar ist, Erregbarkeit gewissermaßen den korrespondierenden Pol der Erregung bildet. Wie das ganze Leben beruht „jeder Zustand und Grad der Gesundheit und Krankheit auf Reiz und sonst auf keiner andern Ursache" (Nr. 22). Krankheit ergibt sich durch ein Unter- und Übermaß an Reizung, während ein „mäßiger Grad" von Reiz und Ausgewogenheit zwischen Reiz und Reizbarkeit Gesundheit erzeugen (Nr. 23). Da zwischen Erregung und Erregbarkeit ein Wechselverhältnis besteht, kann Krankheit auch als ein Zuviel an Erregbarkeit, bei einem Zuwenig an Erregung, bzw. als ein Zuwenig an Erregbarkeit, als „erschöpfte" Erregbarkeit (Nr. 24), bei einem Zuviel an Erregung, verstanden werden. Einen durch zu starke Erregung herbeigeführten Krankheitszustand nennt Brown „Sthenie", einen durch zu schwache Erregung bedingten oder durch den Umschlag von Überreizung in Erschöpfung der Erregbarkeit hervorgerufenen Zustand „Asthenie" (direkte oder indirekte A.)

An einer Stelle vermerkt Brown ausdrücklich: „Die Vorstellung, als wenn Gesundheit und Krankheit zwey verschiedenartige Zustände wären, wird dadurch widerlegt, daß die Wirkung der [erregenden] Potenzen, welche dieselbe hervorbringen, und verbannen, eine und dieselbe ist." (Nr. 65) In dieser Grundannahme dürfte einer der Gründe für die Faszination zu suchen sein, mit der die frühe Romantik in Deutschland Browns Theorie rezipierte. Daß er den Gegensatz von Gesundheit und Krankheit auf ein einheitliches Prinzip, Erregung, zurückführte, entsprach ihrem Polaritätsdenken; daß er in der Erregung das Prinzip des Lebens überhaupt sah, der romantischen Vorstellung von allwaltender Bewegtheit und Beseeltheit, wie sie auch durch den Galvanismus und die Elektrizität bestätigt schien. Indes modifizieren Schelling und Novalis die Theorie, indem sie zwei Arten von Erregbarkeit unterscheiden: „Reizbarkeit" (oder „Irritabilität") und „Sensibilität". Die Unterscheidung kommt bereits bei Albrecht von Haller vor, der die Reizbarkeit den Muskeln, die Sensibilität den Nerven zuschrieb. Novalis erweitert und sublimiert den Begriff der letzteren, von ihm wie von Schelling als höherwertig angesehenen Erregungsart, indem er sie als Eigenschaft des Seelisch-Geistigen deutet. Das Zusammenwirken der Polarität zwischen äußerem und innerem Reiz und der Polarität zwischen Reizbarkeit und Sensibilität in ihrem jeweiligen Verhältnis zu den Funktionen von Körper und Geist, Körper und Seele führen dann bei Novalis zu äußerst komplexen Erklärungen der verschiedenen „physiologischen" Zustände (siehe z. B. N III, 316ff., 322ff.).

„Reiz", „Erregung", „Sensation" sind auch deshalb Schlüsselbegriffe in Hardenbergs Denken, weil dergleichen den Kontakt des Menschen mit der Außenwelt herstellt. Reize gehen jedoch nicht vom Gewöhnlichen, Alltäglichen, sondern vom Fremden, Wunderlichen, Fernen aus und vermitteln die

Verbindung zum Innersten der Welt. In Hyacinths Geschichte übernehmen der Alte „aus fremden Landen" und die „alte wunderliche Frau im Walde" (N I, 93) diese Funktion, ähnlich wie im *Ofterdingen* der Fremde, der Heinrich von der Blauen Blume erzählt. Hyazinths Gemüt wird krank, weil im Sinne der Brownschen Theorie übermäßig erregt, „entzündet" (ebd.), aber zu seinem Heil und seiner Heilung, gewissermaßen als „Beweis, daß alle *Sensationen des Fremden* – Cooperationen der Weltseele sind" (N III, 433).

Die Funktion des heilsamen Reizes schreibt Novalis vor allem der Poesie zu. „Poésie ist die große Kunst der Construction der transscendentalen Gesundheit. Der Poët ist also der transscendentale Arzt." (N II, 535) In diesem medizinischen Kontext erhält auch die bekannte Hardenbergsche Formel „Poésie = *Gemütherregungskunst*" (N III, 639) ihren Sinn.

Das medizinische Interesse läßt in der späteren Romantik kaum nach, aber nicht mehr so sehr der Brownianismus, sondern der Mesmerismus und die aus ihm sich entwickelnden verschiedenen Spielarten des sogenannten Animalischen Magnetismus beschäftigen die Gemüter.

B. Das Erlebnis der Landschaft.
Ludwig Tiecks Rezeption der Schauerliteratur und seine Erzählungen *Der blonde Eckbert* und *Der Runenberg*

1. Grundlageninformation

1.1. Texte und Materialien

Der blonde Eckbert
Erstdruck: *Volksmährchen herausgegeben von Peter Leberecht* [Pseudonym Tiecks], Berlin: Carl August Nicolai 1797. Erster Theil, S. 193–242. In von Tieck überarbeiteter Fassung in: *Phantasus. Eine Sammlung von Mährchen, Schauspielen und Novellen, herausgegeben von Ludwig Tieck*, Bd. I, Berlin 1812, S. 165–193. Kritische Neuausgabe dieser Fassung mit einem Verzeichnis aller Abweichungen gegenüber dem Erstdruck: TPh, 126–146. Fast alle Interpretationen legen diese Fassung zugrunde.
Entstehung: 1796, wie Tieck selber im *Vorbericht* zum I. Band der *Schriften* vermerkt (T I, S. VII).
Quellen: Nach Köpkes Bericht beruht *Der blonde Eckbert* auf Tiecks eigener Erfindung (Köpke I, 210). Jedoch haben sämtliche Motive der Erzählung ein Vorbild in der Schauerliteratur bzw. in der Sage (vgl. K. Müller-Dyes 1965). „Waldeinsamkeit" ist eine Prägung Tiecks, die in der Folge literarisch und sprachlich Furore machte, von den Freunden Tiecks aber zunächst kritisiert wurde (Köpke I, 210f.).

Der Runenberg
Erstdruck: unter dem Titel *Der Runenberg. Eine Erzählung von L. Tiek*, in: *Taschenbuch für Kunst und Laune*, Dritter Jahrgang, bei der Verlagsbuchhandlung Haas und Sohn in Cöln, 1804, S. 1–38.

In von Tieck überarbeiteter Fassung in: *Phantasus*, Bd. I (s. o.), S. 239–272. Kritische Neuausgabe dieser Fassung mit der Angabe einiger Abweichungen gegenüber dem Erstdruck: TPh, 184–208. Fast alle Interpretationen legen diese Fassung zugrunde. Entstehung: 1802 (s. T IV, 214; T I, S. XLI).

Quellen: Im Rahmenteil des *Phantasus* macht Manfred, der Vortragende dieser Erzählung, geltend, daß sie „Original und eigne Erfindung" sei (TPh, 183). Aber auch hier sind, wie beim *Blonden Eckbert*, Motive der Schauerliteratur und der Sage in den Text eingegangen (s. o.). Das Motiv der „Alrunenwurzel" (traditionelle Lautung: Alraunwurzel; botanisch: Mandragora) stammt aus dem Volksaberglauben. Die Naturauffassung dieser Erzählung ist durch die Naturmystik Jakob Böhmes beeinflußt, für die Darstellung des Reichs der Steine und Metalle sind Einflüsse durch Novalis und Henrik Steffens anzunehmen (s. Köpke I, 292; H. Steffens: Was ich erlebte, Bd. III, Breslau 1841, S. 22f.).

1.2. Forschungsliteratur

Die Interpretationen beider Erzählungen, besonders aber des *Blonden Eckbert*, sind so zahlreich, daß hier nur eine verhältnismäßig kleine Auswahl gegeben werden kann.

Alewyn, Richard: Die Lust an der Angst, in: Ders.: Probleme und Gestalten, Frankfurt 1974, S. 307–330 (veränderte und erweiterte Fassung eines Vortrags von 1965) [Eine Phänomenologie des Schauerromans mit einer geistes- und seelengeschichtlichen Herleitung der „Lust an der Angst".]

Castein, Hanne (Hg.): Erläuterungen und Dokumente. Ludwig Tieck: Der blonde Eckbert. Der Runenberg, Stuttgart 1987 [Stellt Texte aus der Forschungsliteratur zusammen, die unterschiedliche Aspekte der Werkdeutung bieten und vor allem das Problem der Gattungsbestimmung diskutieren. Zur Kurzinformation über die Forschungslage geeignet.]

Crisman, William: The Status of Adult Rationality in Tieck's Fairy Tales, in: Colloquia Germanica 21 (1988), S. 111–126 [Kritische, besonders auf den *Blonden Eckbert* bezogene Stellungnahme zu der in der Forschung weitverbreiteten Ansicht, Tieck führe die Wende zum Übel darauf zurück, daß beim Erwachsenwerden die kindliche Phantasie der Vernunft geopfert werde.]

Donat, Walter: Die Landschaft bei Tieck und ihre historischen Voraussetzungen, Frankfurt a. M. 1925, reprogr. Nachdr. Hildesheim 1973 [Untersucht detailliert das rein Gegenständliche der Landschaftsdarstellung, und zwar unter den Aspekten „Erdbild" und „Himmelsbild", sowie die hiermit verknüpften Empfindungen.]

Fink, Gonthier-Louis: Le *Runenberg* de L. Tieck. Fantastique et symbolisme, in: Recherches Germaniques 8 (1978), S. 20–49 [Betont die strukturelle Funktion, die die Naturdarstellung in der Erzählung hat, und den Einfluß Jakob Böhmes. Das Fantastische und Symbolische seien hier miteinander verbunden, die symbolische Verfremdung der Realität konfrontiere den Leser auf jeder Seite mit der Möglichkeit des Fantastischen.]

Frye, Lawrence O.: Irretrievable Time and the Poems in Tieck's ‚Der Runenberg', in: Literaturwissenschaftliches Jahrbuch 18 (1977), S. 147–171 [Untersucht die Funktion der Erinnerung sowohl als Element des Inhalts wie der Struktur der Erzählung.]

B. *Das Erlebnis der Landschaft* 259

Horton, David: ‚Verwirrung' in *Der blonde Eckbert,* in: German Life and Letters 37 (1984), S. 322–335 [Kritisiert an der bisherigen Forschung den Versuch, der Erzählung einen einheitlichen Sinn zu unterlegen, und findet, daß Tieck sein Werk bewußt auf die Desorientierung des Lesers angelegt habe.]

Klussmann, Paul Gerhard: Die Zweideutigkeit des Wirklichen in Ludwig Tiecks Märchennovellen, in: Zeitschrift für deutsche Philologie 83 (1964), S. 426–452 [Sieht im *Blonden Eckbert,* im *Runenberg* und in den *Elfen* ein Modell verwirklicht, das Tieck bereits in seinem Aufsatz *Shakespeare's Behandlung des Wunderbaren,* 1793, beschrieben habe.]

Kreuzer, Ingrid: Märchenform und individuelle Geschichte. Zu Text- und Handlungsstrukturen in Werken Ludwig Tiecks zwischen 1790 und 1811, Göttingen 1983 [U. a. mit eingehenden Analysen des *Runenberg* und des *Blonden Eckbert.* Als bedeutungsrelevant werden die „Strukturen von Weg und Ort" herausgestellt. Generell versteht die Verf. Tiecks Märchen und märchenintegrierende Texte als „mobile und variantenreiche Elemente eines *work in progress",* sein Schaffen als „beständig variables Experimentieren mit vorgegebenen Bauelementen".]

Lillyman, William J.: Ludwig Tieck's „Der Runenberg": The Dimensions of Reality, in: Monatshefte 62 (1970), S. 231–244 [„The text offers no decision, indeed, it continually avoids doing so by presenting counterevidence whenever a definite decision in favor of one view or the other seems to have been indicated, and suggests thereby that reality is ultimately beyond all views and is indefinable in its complexity and extent."]

Mazur, Gertrud Sigrid: Die Landschaft in Ludwig Tiecks romantischen Erzählwerken, University of California, Los Angeles 1973 [Berücksichtigt als auffälligste Bestandteile Gebirge, Ebene, Wald, Wasser und arbeitet das Magische und Geheimnisvolle der Tieckschen Landschaft heraus. Mit einem Abschnitt auch über den Einfluß Tiecks auf Eichendorff.]

Mecklenburg, Norbert: „Die Gesellschaft der verwilderten Steine". Interpretationsprobleme von Ludwig Tiecks Erzählung ‚Der Runenberg', in: Der Deutschunterricht 34 (1982), 6, S. 62–76 [Deutet das Werk als Zeugnis romantischer Gefühlsambivalenz in einer gesellschaftlichen Umbruchsphase. Gibt Hilfen zur Behandlung der Erzählung im Unterricht und einen Überblick über die Forschungslage.]

Müller-Dyes, Klaus: Der Schauerroman und Ludwig Tieck. Über die dichterische Fiktion im „Blonden Eckbert" und „Runenberg". Ein Beitrag zur Wechselbeziehung von Trivialliteratur und Dichtung, Göttingen 1965 (masch. Diss.) [Sieht eine wesentliche Quelle der Schauerliteratur und der Erzählungen Tiecks in volkstümlicher Überlieferung, vor allem in der Sage. Wichtige, in der Forschung weitgehend unbeachtet gebliebene Studie.]

Rasch, Wolfdietrich: Blume und Stein. Zur Deutung von Ludwig Tiecks Erzählung *Der Runenberg,* in: The Discontinuous Tradition. Studies in German Literature in Honour of E.L. Stahl, Oxford 1971, S. 113–128 [Psychoanalytische Interpretation, die Christians Trieb zum Anorganischen als Todestrieb deutet.]

Scheibe, Friedrich Carl: Aspekte des Zeitproblems in Tiecks frühromantischer Dichtung, in: Germanisch-romanische Monatsschrift N.F. 15 (1965), S. 50–63 [Untersucht das Motiv einer „tragischen Zeitlichkeit des Menschen", ausgehend vom *Lovell,* im *Blonden Eckbert* und im *Runenberg.*]

Schlaffer, Heinz: Roman und Märchen. Ein formtheoretischer Versuch über Tiecks „Blonden Eckbert", in: Gestaltungsgeschichte und Gesellschaftsgeschichte. Literatur-, kunst- und musikwissenschaftliche Studien, hg. von Helmut Kreuzer in Zusammenarbeit mit Käte Hamburger, Stuttgart 1969, S. 224–241 [Unterstreicht den Abstand des Tieckschen Märchens vom Typ des Volksmärchens und meint, daß Tieck in der nachschaffend-poetischen Aneignung diesen Abstand selber zur Geltung bringe, mit Mitteln, die dem Roman, der „Form des neuzeitlichen Bewußtseins", eigen seien. Die Synthese von Märchen und Roman ergebe eine Vorform der Novelle im 19. Jahrhundert.]

Scholz, Ingeborg: Das Motiv der Verfremdung in Texten der Romantik: Tieck „Der blonde Eckbert" – Eichendorff „Zwielicht", in: Literatur für Leser 3 (1988), S. 251–259 [Sieht zwischen beiden Texten Übereinstimmungen bis hin zu ähnlichen Formulierungen.]

Sellner, Timothy F.: Jungian Psychology and the Romantic Fairy Tale: A New Look at Tieck's „Der blonde Eckbert", in: The Germanic Review 55 (1980), S. 89–97 [Sieht die Figuren der Erzählung als Projektionen der Psyche des Autors. Die Geschichte „consists merely of the interplay of these figures at various levels of consciousness within the human mind".]

Tatar, Maria A.: Deracination and Alienation in Ludwig Tieck's Der Runenberg, in: The German Quarterly 51 (1978), S. 285–304 [Untersucht das Motiv der „Alrunenwurzel" mit seinen Bedeutungen im Aberglauben und seine Beziehung zum Motiv des Fremden und des Runenbergs.]

Dies.: Unholy Alliances: Narrative Ambiguity in Tieck's „Der blonde Eckbert", in: Modern Language Notes 102, 1 (1987), S. 608–626 [Diskutiert die Ambiguität der beiden streitenden „Codes" (the supernatural and the natural) im Lichte neuerer Untersuchungen über die fantastische Literatur.]

Thalmann, Marianne: Der Trivialroman des 18. Jahrhunderts und der romantische Roman. Ein Beitrag zur Geschichte der Geheimbundmystik, Berlin 1923 [Erste größere Untersuchung der Bezüge zwischen Romantik und vorromantischer Schauerliteratur.]

Dies.: Das Märchen und die Moderne. Zum Begriff der Surrealität im Märchen der Romantik, Stuttgart 1961 [Einer der ersten Versuche, das Gemeinsame aller frühen Märchenerzählungen Tiecks zu bestimmen. Mit Kapiteln auch über das Märchen bei Wackenroder, Novalis, Brentano und E.T.A. Hoffmann.]

Trainer, James: Ludwig Tieck. From Gothic to Romantic, The Hague 1964 [Genaue Untersuchung der Transformation der „gothic novel" in die romantische Dichtung mit besonderem Bezug auf Tieck und einer Analyse seines Abdallah.]

Vredeveld, Harry: Ludwig Tieck's Der Runenberg: An Archetypal Interpretation, in: The Germanic Review 49 (1974), S. 200–214 [Tiefenpsychologische Studie im Gefolge der Schule C.G. Jungs. Der Berg wird als ambivalentes Symbol des Unbewußten, die Bergkönigin als Magna Mater gesehen. Strukturell kehre Tieck das Muster des „Erlösungsmärchens" ins Gegenteil um.]

Wells, Larry D.: A Spatial Archetype in the Early Tales of Ludwig Tieck, in: Monatshefte 70 (1978), S. 29–44 [Geht aus von der archetypischen Dichotomie zwischen dem sakralen und profanen Raum, die Mircea Eliade und Ernst Cassirer in ihrer Mythos-Theorie postulieren, und betrachtet unter diesem Gesichtspunkt den Blonden Eckbert und den Runenberg.]

2. Analyse

Natur erscheint in romantischer Dichtung häufig als Landschaft, d. h. als Komplex zusammenhängender Naturdinge, der sich räumlich wie zeitlich entfaltet und sich ästhetisch als Bild, seelisch als Gegenstand des Erlebens darbietet. Diese Erscheinungsweise der Natur hat insbesondere Ludwig Tieck mit seinen frühen Erzählwerken, dem *Blonden Eckbert* und dem *Runenberg* ebenso wie dem *Sternbald,* in die Romantik eingeführt, nicht ohne modifizierend und umgestaltend auf vorromantische Muster zurückzugreifen.

Als Gegenstand des Erlebens, des sogenannten ‚Naturgefühls', tritt Landschaft nicht früher als im 18. Jahrhundert ins Bewußtsein. Ein mit der Empfindsamkeit aufkommendes Bedürfnis nach vermischten Empfindungen entdeckt in einer bestimmten Art von Szenerie die Möglichkeit, das Gefühl des Erhabenen und das mit ihm verschwisterte Gefühl des Schauers zu genießen, d. h. die Lust am Ungeheuren, Überwältigenden und am Entsetzlichen, Angsteinflößenden (s. Kap. I. C.). Eine Landschaft, die diese Reize gewährt, wird schon lange vor Beginn der eigentlichen Romantik als „romantisch" empfunden (s. Kap. II. C.), und sie enthält bereits alle Elemente, aus denen sich später auch das Landschaftsbild der romantischen Dichtung aufbaut: das Wilde und Unwegsame, Kontrastreiche und Wechselvolle, Bewegte und Beseelte, Unbestimmte und Unabsehbare, Geheimnisvolle und Unheimliche. Bei Tieck finden sich diese Elemente hauptsächlich in der Gebirgslandschaft.

In der Minderzahl der Fälle freilich wurde der Reiz des Bedrohlichen wirklich draußen, in der freien Natur gesucht. In der Mehrzahl war er vielmehr literarisch vermittelt durch die speziell auf das neue Bedürfnis zugeschnittene Ossian-Dichtung und, auf trivialerer Ebene, die sensationelle Schauerliteratur, konnte also vom Leser ohne Risiko und mit dem behaglichen Wissen, selber in Sicherheit zu sein, genossen werden. In England erreicht die Mode des Schauerromans, dort „gothic novel" genannt, ihren Höhepunkt mit den Romanen der Ann Radcliffe, besonders mit *The Mysteries of Udolpho* (1794), in Deutschland mit Schillers Erzählfragment *Der Geisterseher* (1789) und dem mehrbändigen Roman *Der Genius* (1791–95) von Carl Grosse. Effektvolle Stellen wie die folgende aus Grosses Opus verhalfen dieser Art von Literatur beim Publikum zu einem Riesenerfolg:

„Ich konnte mich hier nicht eines leisen Schauers erwehren. Der Weg schien in einen fremden Abgrund zu führen. Alles trug das Gepräge der wüsten Zerstörung und doch sah man allem die Größe an, mit der diese Zerstörung vollbracht seyn mußte. Die entsetzliche Hand der Natur schien hier eine Zeitlang gewühlt zu haben. Ungeheure Felsstücke setzten sich, schon halbverwittert, einem stürmenden Wasserfalle entgegen, der die fessellose Wuth unter dem trüben Dunkel unabsehbarer Abgründe verbarg. Alles trug die Zeichen des Alters. Ein graues Moos flimmerte schwermüthig an den Gebirgen und das leichte Gesträuch bog sich flüsternd in dem zweifelhaften Fackelschein nieder. Sein Strahl, der an den Stämmen sich bleich bis in das entfernteste Dunkel der Büsche verlohr, das fliehende Licht, und die wankenden Schatten erhoben die Seele wechselweis zu den erhabensten Gefühlen und wiegten sie dann wieder in stille Betrachtung. Der Wechsel der Helle, welche zwischen dem Laube spielte, mit dem tiefen grünlichen Dunkel, alles schien mir das Symbol meines Lebens und mich auf eine glücklichere Zukunft hinzuführen." (Der Genius, Neuausgabe Frankfurt 1982, S. 100f.)

Man sieht: Das Gefühl des Schauers und das des Erhabenen werden gleichermaßen erregt. Zum Erlebnis wird die Szenerie schon dadurch, daß sie durch ein erlebendes Ich vermittelt wird. Die Landschaft wirkt bewegt und beseelt, bleibt in ihrem Aussehen aber unbestimmt, denn nur die Wirkungen der Gegenstände, nicht diese selber zählen. Der Autor operiert wie die Nachtstücke in der Malerei mit einer Art Helldunkel-Technik, er weckt außerdem – am Schluß der Szene – Erwartung. Damit erfüllt er zwei Bedingungen, ohne die die Reize des Schauerromans nicht zur Geltung kämen: „obscurity and suspense" (vgl. R. Alewyn 1974, 325).

Auch einem der Natur so weit entfernten Stadtmenschen wie Ludwig Tieck, der sich für nichts so sehr interessierte wie für Bücher, ist das Erlebnis der Landschaft primär literarisch zugewachsen, durch eine nicht nur rezeptive, sondern auch produktive Aneignung der Schauerliteratur. Schon als Schüler des Werderschen Gymnasiums in Berlin las und schrieb er in diesem Genre, angeleitet von seinem Deutschlehrer Friedrich Eberhard Rambach, der selber Schauergeschichten verfaßte und seinen gewandten Schüler mit der Abfassung ganzer Kapitel betraute, so beispielsweise mit dem Schlußkapitel des Reißers Die eiserne Maske, den Rambach 1792 unter dem Pseudonym Ottokar Sturm herausgab (Köpke I, 116ff.). Unter dem Einfluß der englischen „gothic novel" und besonders des Genius von Grosse verfaßte dann Tieck auch seine eigenen Romane Abdallah (1792) und Geschichte des Herrn William Lovell (1795–96), wiewohl er zu den Fragwürdigkeiten dieser literarischen Mode genug inneren Abstand besaß, um sie in seiner Erzählung Peter Lebrecht. Eine Geschichte ohne Abentheuerlichkeiten (1795) auch zu ironisieren und zu parodieren. Und schon der Lovell bildet den Übergang zum romantischen Roman, da Tieck hier einerseits das exzessive Schwelgen in selbstgenießerischen Gefühlen entlarvt und verurteilt, andererseits mit neuen Haltungen experimentiert, u. a. mit der Hinwendung zum verborgenen „Geist" außer uns und in uns, einem Geist, der sich auch als dämonisch offenbart:

„Wer weiß, was es ist, was uns regelt und regiert, welcher Geist, der außer uns wohnt, und nur allmächtig und unwiderstehlich in uns hineingreift. Aus meinen Kinderjahren fallen mir manche Tage ein, wo ich unaufhörlich etwas Gräuliches und Entsetzliches denken mußte, wo ich statt meinem stillen Gebete Gott mit den gräßlichsten Flüchen lästerte und darüber weinte, und es doch nicht unterlassen konnte, wo es mich unwiderstehlich drängte, meine Gespielen zu ermorden, und ich mich oft schlafen legte, blos um es nicht zu thun [...] – was war es denn nun, das mich trieb, und mit gräßlicher Hand in meinem Herzen wühlte? [...] O wir sollten überhaupt zu unsern Kinderjahren in die Schule gehen [...]. Es ist, als wenn noch ein flüchtiger Schein einer früheren Existenz in die zarten Kinderjahre hineinspiegelte, wie der Widerschein eines Glanzes, bedeutend und doch räthselhaft." (Erstausgabe, Berlin und Leipzig 1795–96, Bd. II, S. 267ff.)

Während Tiecks Roman den trivialen Vorbildern noch darin folgt, daß er den äußeren Schauerapparat am Ende als künstlich und mit natürlichen Mitteln inszeniert bloßstellt (als „explained supernatural", wie es bei den Autoren der „gothic novel" heißt, die damit der Aufklärung und einem rationalistischen Weltbild Tribut zollen), wird die im Zitat angedeutete Schicht des Unbekannten und Unbewußten als Sphäre des letztlich Unbegreiflichen, Unauflösbaren gesehen. Als bedeutendstes Lebensalter tritt, Symptom der beginnenden Romantik, die Kindheit in den Blick, überraschenderweise allerdings eine dunkle Seite offenbarend, die Gotthilf Heinrich Schubert später als „partie honteuse unsers armen zerlumpten Selbst" kennzeichnen wird (Die Symbolik des Traumes, 1814, Faksimiledruck Heidelberg 1968, S. 118).

Entsprechend gewinnt auch die Landschaftsdarstellung beim Übergang zur Romantik eine neue Dimension. Zwar verwendet Tieck nach wie vor kaum andere als die vom Schauerroman eingebürgerten Aufbauelemente, verleiht ihnen aber eine neue Funktion und entwickelt sie in diesem Sinne weiter. Die Reize, die das triviale Vorbild aufbietet, dienen allein dem Nervenkitzel, in der romantischen Landschaft hingegen werden sie zu Winken einer höheren (oder tieferen) Wirklichkeit,die als ganze nicht damit ‚erklärt‘ ist, daß die eine oder andere Einzelheit des Geschehens sich als kausal bedingt erweist. Der Autor des Schauerromans versetzt seine Leser bloß in eine ästhetische Illusion, um sie für die Effekte der Darstellung empfänglich zu machen, der romantische Autor dagegen sucht seine Leser ‚gläubig‘ zu stimmen; der einstige, bloß emotionale Schauer wird dabei zu einem metaphysischen „Grauen, welches uns unmittelbar mit dem Universum auf dunkle Weise verknüpfen soll (Tieck an A.W. Schlegel, Juni 1801; T Briefe, 74). Hiermit stellt sich eine untergründige Korrespondenz zwischen Natur und Mensch her, und wenn einerseits die Landschaft das Analogon des Gemüts wird, weitet sich andererseits das Gemüt zur Landschaft. Bezeichnenderweise spricht Tieck in einem Brief an Friedrich Schlegel vom 16. 12. 1803 von den „unendlichen und unendlich verschiedenen Gegenden unsres Gemüthes" (T Briefe, 139).

Um die Dinge in die Aura des metaphysischen Zaubers zu tauchen, bedarf es keines großen inszenatorischen Aufwandes. Der Magier benennt die Gegenstände bloß, er beschreibt sie nicht. Insofern kommt Tieck gegenüber dem Schauerroman mit einem geringeren Aufwand an Reizen aus. Schon ein Wort wie „Waldeinsamkeit" im *Blonden Eckbert* (TPh, 132, 139, 145) oder eine Formel wie die von der „Mondbeglänzten Zaubernacht" aus dem *Kaiser Octavianus* (T I, 33) strahlt die suggestive Wirkung aus, „Die den Sinn gefangen hält" (ebd.). Was man bei Tieck im Unterschied zur redseligeren Schauerliteratur als „Lakonismus" bezeichnet hat (vgl. K. Müller-Dyes 1965, 184ff.), setzt sich später in Eichendorffs formelhaftem Stil fort, der der literarische Erbe der Tieckschen Naturdarstellung ist, die Natur freilich wie aus der Frische der unmittelbaren Anschauung erstehen läßt.

Die größte Leistung Tiecks aber besteht darin, eine Tendenz des Schauerromans zur Unbestimmtheit weiterentwickelt und dessen Reizinventar an akustischen Signalen ins Musikalische transformiert zu haben. Als Musik tönt die Natur im Lied des Vogels im *Blonden Eckbert,* im Lied der Bergkönigin im *Runenberg,* und als Musik hallt sie im Gemüt wider wie bei Christian: „In seinem Innern hatte sich ein Abgrund von Gestalten und Wohllaut, von Sehnsucht und Wollust aufgetan, Scharen von beflügelten Tönen und wehmütigen und freudigen Melodien zogen durch sein Gemüt, das bis auf den Grund bewegt war" (TPh, 192). Die Transformation in Töne entkörperlicht die Gegenstände und versetzt den ganzen Komplex der Erscheinungen in einen Zustand der Liquidität, der es für den Betrachter schwer macht, irgendetwas festzuhalten und sich zu orientieren (vgl. Müller-Dyes, 171). Bertha im *Blonden Eckbert* kann bezeichnenderweise die „seltsamsten Töne" keinem bestimmten ‚Sender‘ zuordnen: „bald hielt ich es für wilde Tiere, bald für den Wind, der durch die Felsen klagte, bald für fremde Vögel" (TPh, 130). Ebenso kennt Tieck eine örtliche Verwirrung, wenn die Klänge bald hier, bald dort, bald nahe, bald fern ans Ohr dringen (ein Paradebeispiel hierfür TPh, 13f.). Deutlich tut sich also auch bei ihm die Absicht kund, die ‚Zeichen‘ ihres Referenzcharakters zu entkleiden und sie in einem Beziehungsspiel nur mit sich selbst spielen zu lassen, eine Absicht, die Novalis der Sprache nachrühmt, wenn „einer blos spricht, um zu sprechen" und nicht „von etwas Bestimmten" sprechen will (N II, 672). Gleichwohl verbindet sich mit diesem Beziehungsspiel ein tieferer Sinn, da es ein symbolischer Hinweis ist auf untergründige Zusammenhänge, die jenseits der Trennung der Gegenstände in der körperlichen Welt existieren. Die Klänge an der Oberfläche verweisen auf die Ursymphonie des Weltalls in der Tiefe (s. dazu auch Abschnitt A dieses Kapitels).

Im Idealfall rückt die in Musik aufgelöste Natur dem Menschen so nahe, daß er das alte Vertrauensverhältnis zu ihr zurückgewinnt. In solch einem Moment ist er in einer beide Seiten umfassenden ‚Stimmung‘ mit ihr verschmolzen, ist ihm, wie Bertha beim Eintritt in die „Waldeinsamkeit", das „Paradies" aufgeschlossen (TPh, 132). Andererseits erfährt der Betrachter in romantischer Dichtung die Landschaft als Gegenüber, als ‚Bild‘, das wie eine Verheißung vor ihm steht und ihn anzieht, nachdem er das gewöhnliche, alltägliche Leben, in dem er unbefriedigt geblieben war, hinter sich gelassen hat. Vom Gipfel einer Anhöhe erschaut, öffnet sich die Landschaft zugleich als weiter Raum, begrenzt von einer zauberisch lockenden Ferne als endlicher Schwelle zum Unendlichen, jedoch verengt sich die Szenerie bedrohlich, wenn der Weg in ein Hochgebirge führt. Als zeitlicher Prozeß wiederum entfaltet sich die Landschaft dem Wanderer, dem sie im Nacheinander der Bewegung bekannt wird, ohne daß er jemals die Ferne erreicht, die ständig vor ihm zurückweicht und ihn in der Spannung unendlicher Sehnsucht hält, so beispielsweise im *Sternbald* (s. dazu Kap. VIII. C.).

Die Erfüllung gibt es nur im Märchen, als welches *Der blonde Eckbert* im *Phantasus* angekündigt wird (TPh, 125), und so stellt Berthas von ihr selber erzählte Kindheitsgeschichte dar, wie das utopische Glück erreicht, allerdings auch wieder verloren wird. Leiden in und an der Wirklichkeit, bedingt durch Ungeschick bei den alltäglichen Verrichtungen und eine ausgeprägte, vom Wunderbaren träumende Phantasie, treibt das achtjährige Kind heimlich aus dem Elternhaus auf die Suche nach Erlösung. Es findet sie nach einem Irrweg durch einen finsteren Wald und ein schauerliches Gebirge jenseits einer noch schauerlicheren Gegend, in der sich der Weg ins Unwegsame verliert und schwindelerregende Abgründe sich auftun. Als Berthas Angst und Verzweiflung am größten, ist die Hilfe auch schon nahe. Die wunderliche Alte, die das erschöpfte Kind mit den geistlich symbolischen Gaben von Brot und Wein erquickt, wie im Märchen von Hyacinth und Rosenblüte eine Art Mittlerfigur, führt es in die „Waldeinsamkeit" ein, die nichts anderes bedeutet als das Paradies der Einheit des Menschen mit der Natur. Erfüllt ist hier auch die Zeit, aufgehoben in der Ewigkeit, die vom „wunderbaren Gesang" des Vogels mit seinen kreisenden Versen in beständiger Wiederholung beschworen wird (TPh, 132). Die Alte wird für Bertha zur Mutter, und in der Gemeinschaft mit ihr, dem Vogel und dem Hund erlebt Bertha, die sich nun anstellig und geschickt erweist, die vollkommenste Zufriedenheit. Aber wie der biblische Garten Eden mit dem Baum der Erkenntnis hält auch dieses Paradies eine Versuchung zum Sündenfall bereit. Mit dem fatalen Zuwachs an Verstand lernt Bertha den materiellen Wert der Perlen und Edelsteine begreifen, die sich in den vom Vogel gelegten Eiern befinden, und da die Bücher, die die Alte ihr zum Lesen gegeben hat, in ihr die Neugier nach einer scheinbar schöneren Welt und das pubertäre Begehren nach dem dortigen „überaus schönen Ritter" (TPh, 136), wie sie ihn sich einbildet, wecken, bemächtigt sie sich eines Tages des Vogels und eines Teils der Edelsteine und flüchtet aus der Hütte der Alten.

Fungiert diese Geschichte, die Bertha am Kamin in sowohl trügerisch heimeliger wie schauerlicher Atmosphäre dem Freund Philipp Walther mit verhängnisvoller Vertraulichkeit offenbart, als in der Vergangenheit spielende Binnenerzählung, so dasjenige, was ihr vorausgeht und folgt, als Rahmenhandlung auf der Ebene der Gegenwart. Auf dieser Ebene nimmt, nachdem Bertha geendet hat, das Verhängnis seinen Lauf, indem das Binnengeschehen immer mehr in das Rahmengeschehen übergeht und umgekehrt das Rahmengeschehen in das Binnengeschehen. Es zeigt sich, wie häufig in romantischer Dichtung, daß in der Gegenwart die Geister der Vergangenheit auferstehen und eine Normalität, wie sie Bertha und Eckbert erreicht haben, als oberflächlichen Schein entlarven. Wenn Walther den von

Bertha vergessenen Namen des Hundes weiß, ihn gewissermaßen aus ihrem Unbewußten hervorholt, reißt er auch in das Dasein der beiden Eheleute einen Abgrund und entfremdet sich für sie zum rächenden Dämon. Sie müssen erkennen, daß die im „gewöhnlichen Gange des Lebens" (TPh, 126) gewonnene Sicherheit und selbst das freundschaftliche Vertrauen nichts wert sind und daß sie gleichsam auf dünnem Eis gelebt haben. Vor allem aber offenbart sich nun, daß zwischen dem Gewöhnlichen und dem Wunderbaren nicht jener Abstand besteht, der in der Binnengeschichte zu walten schien, wenn es galt, von dem einen zum anderen einen Weg zurückzulegen. Die beiden Welten wirken nun wie ineinandergeschoben oder wie vermischt, wie es der zentrale Satz der Erzählung ausdrückt: „das Wunderbarste vermischte sich mit dem Gewöhnlichsten, die Welt um ihn her war verzaubert, und er keines Gedankens, keiner Erinnerung mächtig." (TPh, 145) Schon in dieser frühen Erzählung also verkündet die Romantik die später bei E.T.A. Hoffmann zum Kardinalthema avancierende Botschaft vom Doppelsinn der Welt, eine Kunde, die ebenso wie mit der Wiederkehr des Gewesenen mit den Motiven des Identitätswechsels und der Sinnverstörung einhergeht. Der scheinbar getötete Walther nimmt nacheinander die Gestalt des Ritters Hugo, des wegweisenden Bauern und der Alten an, und Eckbert, der auch Traum und Wirklichkeit nicht mehr auseinanderhalten kann, endet im Wahnsinn. Daß Tieck noch die Enthüllung des Inzests anfügt, erscheint auf den ersten Blick fast überflüssig. Sie unterstreicht freilich, wie sehr Bertha im Irrtum war zu glauben, ihrer Schuld und Vergangenheit entfliehen zu können, ist sie doch durch die Verbindung mit dem Bruder erst recht schuldig geworden und auf grausig-unbewußte Weise in die Kindheit zurückgekehrt.

Im einige Jahre später erschienenen *Runenberg* erinnert manches an den *Blonden Eckbert*, so das einem Nachtstück gleichende Helldunkel im Kolorit, das die Vermischung von Wunder und Alltag, Traum und Wirklichkeit spiegelt, die Tieck auch hier anstrebt. Aber die schauerliche Landschaft des Gebirges, in der früheren Erzählung nur Durchgangsstadium auf dem Weg zur eher idyllischen „Waldeinsamkeit", ist nun selber Gegenstand und Ziel der Sehnsucht des Helden. Die Darstellung der Bergwelt wird hier zudem dadurch bereichert, daß diese im visionären Augenblick ihre inneren und unterirdischen Schätze enthüllt. Von einem Fremden, der selber wie ein Bergmann der Tiefe entstiegen scheint, wird Christian auf den Runenberg gewiesen, wo er durch ein Fenster in einen Saal blickt, „der wunderlich verziert von mancherlei Gesteinen und Kristallen in vielfältigen Schimmern funkelte" und von dem betörenden Bild der Bergkönigin belebt ist (TPh, 191). Tieck hatte inzwischen, im Jahre 1799, den des Bergfachs kundigen Novalis und den begeisterten Mineralogen und Naturphilosophen Henrik Steffens kennengelernt. Durch beide wurde er auf den Zauber des Unterreichs aufmerksam, wie ihn etwa das Bergmannskapitel des Ofterdingen-Romans beschwört (s. VI. D.). Die Welt der Steine und Metalle, des Anorganischen, wirkte auf die Romantik u. a. deshalb faszinierend, weil sie Raum-

und Zeittiefe (erdgeschichtliche Vergangenheit) repräsentiert und Urgeheimnisse zu bergen scheint. Und sie korrespondiert in der Vorstellung des romantischen Dichters mit der Tiefe der menschlichen Seele: Christian, in den Anblick des Wunders versunken, versinkt zugleich in sich selbst, sein Bewußtsein an den Abgrund des Unbewußten verlierend. Von nun an ist er der Bergkönigin verfallen, ähnlich wie der Tannhäuser den Lüsten des Venusberges, von dem Tieck in *Der getreue Eckart und der Tannenhäuser* (1799) erzählt hatte und an den der Runenberg mit seiner Erotik erinnert. Die Christian überreichte Runentafel, ein „geheimnisvolles Zeichen", das sich tief in sein Gemüt einprägt (TPh, 201) und ihn stigmatisiert, besiegelt den Vertrag und das Verhängnis.

Nicht nur Fascinosum, auch Tremendum, steht die Welt des Runenbergs im Gegensatz zur friedvollen und frommen Welt der Ebene, zugleich die Sphäre des Organisch-Lebendigen, die Christian aber als „Kreis der wiederkehrenden Gewöhnlichkeit" (TPh, 184) Langeweile bereitet und nicht die tiefe Befriedigung verschafft, die er sucht. In seltsamer Verkehrung des oberflächlichen Befundes erscheint ihm gerade das organische Leben der Pflanzen, für das ihn sein Vater, der Gärtner, gewinnen möchte, als tot, das Anorganische hingegen als das wahrhaft Lebendige. Das Gold, das der Fremde später bei ihm hinterläßt und das sich vor Christian nächtlicherweile seltsam animalisch gebärdet, erhebt er zur Geliebten, die ihm „heimlich ein Liebeswort ins Ohr sagen will" (TPh, 200), während er von den Pflanzen verächtlich meint: „in den Pflanzen, Kräutern, Blumen und Bäumen regt und bewegt sich schmerzhaft nur eine große Wunde, sie sind der Leichnam vormaliger herrlicher Steinwelten, sie bieten unserm Auge die schrecklichste Verwesung dar." (TPh, 202) Tieck mag ein Fragment Hardenbergs gekannt haben, in dem es heißt: „Krankheiten der Steine – Vegetationen. [...] Pflanzen sind gestorbene Steine." (N III, 663)

Was sich Christian offenbart, ist die rätselhafte „Nachtseite" (G.H. Schubert) der Natur. Aber obwohl das Wunder dämonisiert ist und Ursache einer menschlichen Tragödie, kann man Tiecks Absicht nicht auf das Ziel reduzieren, die Verlockung moralisch zu verdammen. Der Interpret dieser Erzählung hat zu bedenken, daß ihre Darstellung perspektivisch angelegt ist. Der Perspektive des Vaters wird die Perspektive Christians konfrontiert, und keiner wird eindeutig recht gegeben. Entsprechend zeigen sich die Dinge von gänzlich unterschiedlichen Seiten, das Geld des Fremden etwa von der Seite des materiellen Wertes, den der Vater sieht, und von der Seite des der Erdentiefe entstammenden Geheimnisses, auf die sich der Blick Christians richtet. Damit ist auch hier wieder Identität in Frage gestellt, wie andererseits Unterschiedliches in eins zusammenfließt: die zweimalige Gestalt des Fremden, die Bergkönigin, das alte Waldweib. Christian behält allerdings nicht die eine Position, die ihn vom Vater trennt, konstant bei, sondern schwankt und trägt einen Widerspruch aus. Er ist einer der ersten ‚Zerrissenen' der romantischen Dichtung.

Offen bleibt auch, ob er am Ende wirklich wahnsinnig wird. Er ist es gewiß aus der Perspektive der Normalität, denn er behandelt gewöhnliche Kiesel wie Edelsteine. Andererseits aber erkennt er seine Frau und seine Tochter und spricht zu beiden vernünftig, und wenn für den Romantiker das Gewöhnliche nur eine Oberfläche ist, unter der sich anderes verbirgt, dann ist es nicht abwegig, Christian statt für wahnsinnig für seherisch zu halten, will er aus den Kieseln ein verborgenes Feuer schlagen. Letztlich auch ein Gleichnis für die Poesie: auch sie vermag aus der Dürre Wasser zu schöpfen; sie berührt das starr und stumm Scheinende, und es erwacht zum Leben.

VIII. Kapitel: Kunstfrömmigkeit
(Wackenroder und Tieck)

Einleitung

Dieses Kapitel ist hauptsächlich dem Beitrag Wilhelm Heinrich Wackenroders zur frühen Romantik gewidmet, einem Beitrag freilich, der ohne den Anteil Tiecks, den dieser sich als Freund und Gesprächspartner des 1798 Frühverstorbenen sowie als Herausgeber und Mitautor der *Herzensergießungen* (1797) und der *Phantasien über die Kunst* (1799) erwarb, nicht zu denken ist. Tieck ist seinerseits durch das Zusammenwirken mit Wackenroder zu seinem Roman *Franz Sternbalds Wanderungen* (1798) inspiriert worden, und hätte der Freund länger gelebt, so hätte der Roman vermutlich eine durch die Mitarbeit Wackenroders geprägte Gestalt erhalten.

Statt dessen war es Wackenroder in einer langwährenden Periode der Rezeptionsgeschichte beschieden, in den Schatten Tiecks zu treten. Erst mit Rudolf Hayms Romantik-Buch von 1870 (s. GB 9) beginnt die Würdigung seines Werkes als eigenständiger, für den Beginn der Romantik in Deutschland bedeutsamer Leistung, und noch später, erst im 20. Jahrhundert, setzt die Entmythisierung einer Legende ein, die zum Teil Tieck mit gutgemeinten, aber verfälschenden Nachrufen auf den Freund, zum Teil der fehlerhafte Rückschluß vom naiv-frommen Erzähler der *Herzensergießungen* auf deren Autor um Wackenroder gewoben hatte. Beispielsweise in der Vorrede zur Neuauflage der *Phantasien über die Kunst* von 1814 schreibt Tieck: „Sein Gemüt war fromm und rein, und von einer echten, durchaus kindlichen Religiosität geläutert" (W, 269). Das Bild, das sich dagegen in jüngster Zeit durchsetzt, zeigt einen Wackenroder mit Sinn für nüchterne Gelehrsamkeit, mit einer – seiner Empfindsamkeit entsprechenden – problematischen Psyche, mit einem zwiespältigen Verhältnis zur Kunst, einen Wackenroder also, der eher seinem Kapellmeister Berglinger als dem zum Zweck eines Rollenspiels geschaffenen Klosterbruder gleicht (vgl. etwa R. Alewyn 1944; M. Bollacher 1981; R. Littlejohns 1987, bes. 82ff.: s. GB 7). Eine Revision des traditionellen Klischees ist vor allem von der historisch-kritischen Wackenroder-Ausgabe durch Richard Littlejohns und Silvio Vietta zu erwarten (zum Zeitpunkt dieser Niederschrift noch nicht erschienen).

Wenn sich gleichwohl von des Klosterbruders frommer Kunstliebe der Obertitel dieses Kapitels herleitet, dann deshalb, weil der Begriff Kunstfrömmigkeit wie kein anderer die Grundtendenz sowohl der Wackenroderschen *Herzensergießungen* und *Phantasien* wie des Tieckschen *Sternbald* zum Ausdruck bringt. In ihm verbindet sich Kunstbegeisterung mit Religio-

sität zu einem vorher nicht dagewesenen Amalgam, wobei nun, anders als
bei den auf die Poesie bezogenen ästhetischen Überlegungen Friedrich Schlegels und Hardenbergs, die, wie bereits mehrfach gezeigt, ebenfalls ins Religiöse einschlagen, mit „Kunst" vornehmlich die Bildende Kunst, insbesondere die Malerei, und die Musik gemeint sind. Eine Sakralisierung der Kunst
kommt zwar bereits mit der Empfindsamkeit auf und findet sich in aller
Deutlichkeit in Zeugnissen des Sturm und Drang wie etwa Goethes Aufsatz
über das Straßburger Münster *Von deutscher Baukunst* (1772), bleibt jedoch dem Grade wie der Art nach weit hinter Wackenroders Intention
zurück, zumal man vermuten muß, daß die vorromantische ‚Heiligung' der
Kunst diese nur als Religionsersatz etabliert, die romantische dagegen auf
eine Verschmelzung von Kunst und Religion zielt oder jedenfalls – in schein-
barer Anknüpfung an die Praxis älterer Zeiten – die Kunst in den Dienst der
Religion stellt.

Es ist andererseits nicht zu leugnen, daß Wackenroders Schriften und
Briefe wie kein anderes romantisches Textcorpus noch in der Tradition der
Empfindsamkeit stehen. Das bezeugen ebenso des Klosterbruders „Herzensergießungen" auf eine einfältige wie Berglingers Schwärmertum und Zerrissenheit auf eine komplexe Art. Zudem ist Wackenroders Freundschaft mit
Tieck hochempfindsamer Natur, wie ja auch Tieck selbst bis in den *Sternbald* eine empfindsame Ader verrät. (Siehe dazu Kap. I. C.)

Im übrigen ist beider Kunstfrömmigkeit, ebenso wie das im vorigen Kapitel diskutierte Verhältnis der Romantik zur Natur, nach Schillers Begriff
„sentimentalisch". Sie ist vergangenheitsorientiert und gegenwartskritisch
und erhebt eine versunkene Kunstepoche zum Ideal (vgl. M. Bollacher 1981,
43).

Zur Gliederung: Aus sachlichen und aus Gründen der Darstellungsökono-
mie wird die Berglinger-Erzählung aus den *Herzensergießungen* zusammen
mit den musikalischen, ebenfalls mit Berglinger verknüpften Schriften Wak-
kenroders aus den *Phantasien über die Kunst* behandelt. Auf eine Gesamt-
darstellung der *Phantasien,*die Tiecks Anteil angemessen würdigt, muß aus
Raumknappheit verzichtet werden.

A. Wilhelm Heinrich Wackenroder: *Herzensergießungen eines kunstliebenden Klosterbruders*

1. Grundlageninformation

1.1. Text und Materialien

Erstdruck: *Herzensergießungen eines kunstliebenden Klosterbruders*. Berlin 1797. Bei Johann Friedrich Unger, erschienen bereits im Herbst 1796, anonym, als Edition Ludwig Tiecks. Als Frontispiz ein Bildnis Raffaels. Bisher maßgebliche Neuausgabe: W, 7–131. Eine Edition im Rahmen der historisch-kritischen Wackenroder-Gesamtausgabe durch Richard Littlejohns und Silvio Vietta ist angekündigt.

Eines der wichtigsten Stücke, *Ehrengedächtnis unsers ehrwürdigen Ahnherrn Albrecht Dürers,* war bereits Mitte 1796 mit der Verfasserangabe „Von einem kunstliebenden Klosterbruder" in Johann Friedrich Reichardts Journal *Deutschland* erschienen.

Entstehung: Wohl schon im Jahre 1795, als Frucht der Freundschaft mit Tieck und der gemeinsamen Reiseerlebnisse und kunstwissenschaftlichen Studien. An der Formulierung des Titels scheint Reichardt mitgewirkt zu haben (Köpke I, 221f.).

Zum Anteil Tiecks: In einer *Nachschrift an den Leser* am Ende des Ersten Teils des *Sternbald,* in der Tieck auf die *Herzensergießungen* eingeht, schrieb er sich selbst folgende Stücke zu: die Vorrede *An den Leser dieser Blätter, Sehnsucht nach Italien, Ein Brief des jungen Florentinischen Malers Antonio an seinen Freund Jacobo in Rom, Brief eines jungen deutschen Malers in Rom an seinen Freund in Nürnberg* sowie *Die Bildnisse der Maler* (TSt, 191), jedoch reduzierte er seinen Anteil in der Vorrede zur Neuauflage der *Phantasien* von 1814 mit der folgenden Bemerkung zu den Aufsätzen der *Herzensergießungen:* „nur im 15. [d. h. *Brief eines jungen deutschen Malers...*] und 16. [d. h. *Die Bildnisse der Maler*] gehört mir einiges, was ich jetzt, nach so viel Jahren, nicht mehr zu unterscheiden weiß; ich erinnere mich nur, daß die Gedanken ganz von ihm [Wackenroder] herrühren, und ich nur einiges umschrieb und hinzufügte" (W, 269).

Quellen und Anregungen: Eine Art Initiationserlebnis hatte Wackenroder im Sommer 1793 auf Schloß Weissenstein in Pommersfelden, wo ihn in der dortigen Gemäldegalerie ein angeblich von Raffael stammendes Madonnenbild tief beeindruckte. Seine Schilderung hierüber in einem seiner Reiseberichte („4. Reise von Erlangen ins Bayreuthische und Bambergische") W, 569–571. Das Bild stammt in Wahrheit aus der Schule des Joos van Cleve (vgl. H. Lippuner 1965; R. Littlejohns 1987). Entscheidende Anregungen gingen ferner vom Kunsthistoriker Johann Dominicus Fiorillo aus, bei dem Wackenroder und Tieck 1793/94 in Göttingen Vorlesungen hörten (vgl. S. Vietta 1988). Noch vor diesen Anstößen kam Wackenroder auf einen Hinweis Tiecks (W, 329) mit Winckelmanns Schrift *Gedancken über die Nachahmung der Griechischen Wercke in der Mahlerey und Bildhauer-Kunst* (1755) in Berührung. Zu den wichtigsten Quellen der *Herzensergießungen* gehören: Giorgio Vasari: *Le Vite de' più eccelenti architetti, pittori et sculptori italiani...,* 1550, erweitert 1568 (eine deutsche Übersetzung erst 1832–43); Joachim

Sandrart: *Teutsche Academie der Edlen Bau-, Bild- und Mahlerey-Künste*, 1675/
79; Christoph Gottlob Murr: *Journal zur Kunstgeschichte und zur allgemeinen
Literatur*, 1776–89; Anton Raphael Mengs: *Schreiben an Herrn Anton Pons*,
1778. Zur Gesamtheit der Quellen vgl. neben Littlejohns und Vietta (s. o.) P.
Koldewey 1904, E. Dessauer 1906/07, A. Gillies 1938.
Zur Wirkung innerhalb der Frühromantik: A.W. Schlegel rezensierte die *Herzensergießungen* weitgehend positiv in der Jenaer *Allgemeinen Literatur-Zeitung* vom
10. 2. 1797. Sein mit Caroline verfaßter Beitrag *Die Gemählde* im II. Band des
Athenäum (1799), der besonders die Sixtinische Madonna Raffaels preist, ist
Frucht des Besuchs der Dresdener Gemäldegalerie, den die Brüder Schlegel mit
ihren Frauen sowie mit Novalis und Steffens im Frühsommer 1798 unternahmen,
kann aber auch, wie das Dresdner Kunsterlebnis selbst, als Reflex auf Wackenroders Schrift gelten (vgl. R. Littlejohns 1987, 57ff.). Auch Friedrich Schlegels Ge-
mäldebeschreibungen in der *Europa* (1803–1805) stehen unter diesem Einfluß (s.
FS IV).

1.2. Forschungsliteratur

Einen bequemen, ausführlich kommentierten Überblick über die gesamte Wackenro-
der-Forschung bis etwa zum Beginn der 80er Jahre ermöglicht M. Bollacher 1983.
Die folgende Liste kann sich daher auf die nach diesem Zeitpunkt erschienenen
Beiträge und einige frühere Bücher und Aufsätze beschränken.

Alewyn, Richard: Wackenroders Anteil, in: The Germanic Review 19 (1944),
    S. 48–58 [Besonders über die Figur des Klosterbruders und die mit der Berglinger-
    Gestalt verbundene Kunstproblematik. Revidiert zum erstenmal das traditionelle
    Wackenroder-Bild.]
Bollacher, Martin: Wilhelm Heinrich Wackenroder: *Herzensergießungen eines kunst-
    liebenden Klosterbruders* (1796/97), in: P.M. Lützeler 1981, S. 34–57: s. GB 9.
    [Behandelt Biographisches und die Rezeption und konzentriert sich bei der Inter-
    pretation auf die Gattungsfrage, die Erzählperspektive, die Darstellung Raffaels
    und Dürers sowie auf das Berglinger-Kapitel.]
Ders.: Wackenroder und die Kunstauffassung der frühen Romantik, Darmstadt 1983
    [Mit Kapiteln über die Frage von Wackenroders und Tiecks Anteilen, über Wak-
    kenroder-Ausgaben, Biographisches/Quellengeschichtliches und einem ausführli-
    chen Forschungsbericht.]
Dessauer, Ernst: Wackenroders „Herzensergießungen eines kunstliebenden Kloster-
    bruders" in ihrem Verhältnis zu Vasari, in: Studien zur vergleichenden Literaturge-
    schichte, hg. von Max Koch, Bd. 6, Berlin 1906: Teile I–II, S. 245–270; Bd. 7,
    Berlin 1907: Teile III–V, S. 204–235 [Quellenkundliche Studie.]
Gillies, Alexander: Wackenroder's Apprenticeship to Literature: His Teachers and
    their Influence, in: German Studies, presented to H.G. Fiedler, Oxford 1938,
    S. 187–216 [Listet auch die Bücher auf, die für Wackenroders Bildung und sein
    Werk entscheidend geworden sind.]
Hertrich, Elmar: Wer war Wackenroder? Gedanken zur Forschungslage, in: Aurora
    48 (1988), S. 131–148 [Kritische Stellungnahme zu M. Bollacher 1983 (s. d.).]
Klussmann, Paul Gerhard: Andachtsbilder. Wackenroders ästhetische Glaubenser-
    fahrung und die romantische Bestimmung des Künstlertums, in: Festschrift für

Friedrich Kienecker zum 60. Geburtstag, hg. von Gerd Michels, Heidelberg 1980, S. 69–95 [Charakterisiert die Andachtshaltung des Klosterbruders und grenzt sie von einer inhaltsbezogenen christlichen Gläubigkeit ab. Des Verfs. Bestimmung der Pommersfeldener Madonna ist durch den Beitrag von R. Littlejohns (s. d.) überholt.]

Köhler, Rita: Poetischer Text und Kunstbegriff bei W.H. Wackenroder, Frankfurt 1990 [Geht außer dem Kunstbegriff auch Wackenroders „Schreibart" nach, im Rahmen einer Detailuntersuchung der beiden Stücke *Von zwei wunderbaren Sprachen und deren geheimnisvoller Kraft* und *Einige Worte über Allgemeinheit, Toleranz und Menschenliebe in der Kunst.* Erläutert die Begriffe Empfindung – Gefühl – Herz – Gemüt – Seele – Geist, ohne allerdings die neuere Empfindsamkeitsforschung heranzuziehen.]

Koldewey, Paul: Wackenroder und sein Einfluß auf Tieck. Ein Beitrag zur Quellengeschichte der Romantik, Leipzig 1904 [Detaillierte Quellenuntersuchung zu den *Herzensergießungen* und den *Phantasien* mit Gegenüberstellungen des jeweiligen Quellentextes und der Entsprechung bei Wackenroder/Tieck.]

Lippuner, Heinz: Wackenroder/Tieck und die bildende Kunst. Grundlegung der romantischen Aesthetik, Zürich 1965 [Geht aus von Wackenroders Erlebnis der Pommersfeldener Madonna, die hier bereits richtig der Schule Joos van Cleve zugeschrieben wird. Sieht Wackenroders entscheidende Tat in der Angleichung der Kunst an die Religion als wesensverwandte Macht, die ihm aber nur möglich sei, weil er keinen eigentlichen Gottesbegriff und damit auch keine lehrmäßig-dogmatische Religiosität vertrete. Kunsthistorisch wird W. als Klassizist eingestuft.]

Littlejohns, Richard: Anfänge der Kunstbegeisterung: Pommersfelden und die Folgen, in: Ders. 1987, S. 40–72: s. GB 7. [Über Wackenroders Kunsterlebnis in der Gemäldegalerie auf Schloß Weissenstein.]

Mittner, Ladislao: GALATEA. Die Romantisierung der italienischen Renaissancekunst und -dichtung in der deutschen Frühromantik, in: Deutsche Vierteljahrsschrift für Literaturwissenschaft und Geistesgeschichte 27 (1953), S. 555–581 [Motiv- und formgeschichtliche Darstellung, die u. a. des Klosterbruders stillschweigende Ersetzung der Galatea durch die Madonna in *Raffaels Erscheinung* und deren Bedeutung beleuchtet.]

Schubert, Bernhard: Der Künstler als Handwerker. Zur Literaturgeschichte einer romantischen Utopie, Königstein/Ts. 1986 [Sieht in Wackenroders und Tiecks Hinwendung zur Welt Dürers das sentimentalisch-utopische Interesse an einem Künstlertum, das mit dem Handwerk verbunden ist und auf einer verlorengegangenen ästhetisch-sittlichen Lebenstotalität basiert. Verfolgt die Geschichte dieses Ideals über Richard Wagner und Gottfried Keller bis zu Georg Lukács und Thomas Mann.]

Strack, Friedrich: Die „göttliche" Kunst und ihre Sprache. Zum Kunst- und Religionsbegriff bei Wackenroder, Tieck und Novalis, in: R. Brinkmann (Hg.) 1978, S. 369–391: s. GB 9. [Da Wackenroder die religiöse Erfahrung nur noch *über* die ästhetische und *als* ästhetische zugänglich sei, habe „diese jene schon überholt". Religion rechtfertige sich hier nur noch über die Kunst und deren ästhetischen Zauber – Resultat eines „religiösen Erosionsprozesses, den die Romantik aufzuhalten suchte, ihrerseits aber nur beschleunigte".]

Vietta, Silvio: Raffael-Rezeption in der literarischen Frühromantik: Wilhelm Heinrich Wackenroder und sein akademischer Lehrer Johann Dominicus Fiorillo, in:

Geschichtlichkeit und Aktualität. Studien zur deutschen Literatur seit der Romantik. Festschrift für Hans-Joachim Mähl zum 65. Geburtstag, hg. von Klaus-Detlef
Müller, Tübingen 1988, S. 221–241 [Auch mit einer geistesgeschichtlichen und
psychologischen Deutung von Wackenroders Raffael-Rezeption.]
Wiecker, Rolf: Kunstkritik bei Wackenroder. Zu Polemik und Methode des Klosterbruders in den *Herzensergießungen*, in: Text und Kontext 4 (1976), S. 41–94
[Informativer Beitrag, der die *Herzensergießungen* als Auseinandersetzung mit
dem zeitgenössischen Kunstbetrieb deutet. Mit kritischer Einstellung gegenüber
Wackenroder.]

2. Analyse

Der Text Wackenroders ist nichts weniger als eine unpersönliche, abstrakte
Abhandlung. Er mischt Prosa und Vers, Poesie und Theorie, Brief und Essay,
Betrachtung und Erzählung, Anschauung und Reflexion, und er enthält mit
dem letzten Stück, der Lebensbeschreibung Berglingers, den ersten romanti-
schen Künstlerroman. Insofern läßt er an Friedrich Schlegels Konzept einer
„Universalpoesie" denken (s. Kap. IV. D.). Dementsprechend teilt er mit
Schlegel – und Novalis – auch die Systemfeindlichkeit und das Bestreben,
Denken und Darstellen offenzuhalten (s. Kap. III. A.). Jede Systematik hat
etwas Normatives und Ausgrenzendes. Hiergegen opponiert das wichtige
Mittelstück *Einige Worte über Allgemeinheit, Toleranz und Menschenliebe
in der Kunst*, in dem „Systemglaube" mit Intoleranz in Verbindung gebracht
wird (W, 55) und die allgemeine Duldsamkeit gegenüber den unterschiedlichsten und fremdartigsten Kunstproduktionen und Auffassungen von
Schönheit damit begründet wird, daß in aller Kunst, welcher Art auch immer, „ein und derselbe himmlische Lichtstrahl" zur Geltung kommt, „welcher aber, durch das mannigfach-geschliffene Glas der Sinnlichkeit unter
verschiedenen Zonen sich in tausenderlei verschiedene Farben bricht" (W,
54; der gleiche Gedanke auch W, 20, 45, 58, 65f.). Wieder erkennt man eine
Gemeinsamkeit mit Novalis und Friedrich Schlegel, steht doch auch bei
ihnen die Idealvorstellung von der Einheit in der Mannigfaltigkeit und der
Mannigfaltigkeit in der Einheit im Zentrum des Denkens.

Der Klosterbruder gibt sich hier auch einmal modern: „Uns, Söhnen dieses Jahrhunderts, ist der Vorzug zuteil geworden, daß wir auf dem Gipfel
eines hohen Berges stehen, und daß viele Länder und viele Zeiten unsern
Augen offenbar, um uns herum und zu unsern Füßen ausgebreitet liegen."
(W, 55) Was die Kunst und ebenso die Kunstkritik seiner eigenen Zeit
anlangt, hat seine Toleranz jedoch Grenzen. Er ruft Wehe über die Gegenwart, daß sie die Kunst „bloß als ein leichtsinniges Spielwerk der Sinne übt,
da sie doch wahrlich etwas sehr Ernsthaftes und Erhabenes ist" (W, 60), um
zugleich eine laudatio temporis acti anzustimmen. Er verurteilt jede Art von
profan-sachlicher Kunsttheorie und -analyse und setzt dagegen die liebe-
volle Einfühlung und die pietätvolle Andacht.

Mit der Erfindung der Klosterbruder-Rolle hat sich Wackenroder die Verleugnung der eigenen Modernität ermöglicht (die er gleichwohl in der Gestalt Berglingers zur Sprache bringt). Er gewinnt mit ihr die Distanz zur Welt und zum Weltlichen, die Stille und Einsamkeit der Betrachtung, die fromme Gesinnung und eine katholisierende Stimmung. Gewissermaßen sanktioniert sie auch die ‚naive' Lesart und freie Auslegung der kunsthistorischen Quellen und die Transformation historischer Realität in Legende (dazu weiter unten).

Die Vergangenheit, die der Klosterbruder als Blütezeit wahrer Kunst beschwört, ist die Renaissance, mit Raffael und Dürer als Exponenten. Obwohl Renaissance die Wiedergeburt der griechisch-römischen Antike bedeutet, verliert hier doch gerade die Antike ihre Vorbildfunktion. Diese geht über auf das Mittelalter, als welches Wackenroder die Zeit Raffaels und Dürers versteht. Das Nürnberg Dürers, das ihm 1793 auf der mit Tieck gemeinsam unternommenen Reise in den süddeutschen Raum nahegekommen war und das auch Ausgangs- und Endpunkt der Wanderungen des Tieckschen Sternbald sein wird, ist ihm zudem Hort einer „vaterländischen Kunst" (W, 57), eines charaktervollen, auf sich selbst beschränkten Deutschtums (W, 62f.). Damit kommt im Ansatz eine nationale Verengung ins Spiel, die im Widerspruch steht zu dem Universalismus, den Novalis bald darauf in seiner Europa-Rede am Mittelalter hervorheben wird (s. Kap. V. D.).

Die Kunstfrömmigkeit, die der Text Wackenroders als seine spezifische Botschaft vermittelt, ist zum einen eine bestimmte Rezeptionsweise: die Anbetung der Kunst mit dem Herzen, mit der Seele. In dem Abschnitt *Wie und auf welche Weise man die Werke der großen Künstler der Erde eigentlich betrachten und zum Wohle seiner Seele gebrauchen müsse* heißt es unverblümt: „Ich vergleiche den Genuß der edleren Kunstwerke dem Gebet." (W, 79) Darum muß sich die Seele aus dem „gemeinen Fortfluß des Lebens" lösen und „zu ihnen erheben, um sie in unsern, von den Nebeln der Atmosphäre allzuoft getrübten Augen zu dem zu machen, was sie, ihrem hohen Wesen nach, sind" (W, 80f.).

Zum anderen charakterisieren die *Herzensergießungen* Kunstfrömmigkeit als spezifische Produktionsweise sowie als das, was die Werke der Kunst „ihrem hohen Wesen nach" sind. So unterstellt bereits das programmatische Eingangsstück *Raffaels Erscheinung* dem Maler die göttliche Inspiration als entscheidendes Movens beim Schaffen. Raffael habe, so berichtet der Klosterbruder nach einem angeblichen Zeugnis des Bramante, die Jungfrau Maria in ihrer himmlischen Vollkommenheit malen wollen, habe aber das Bild, das ihm vorschwebte, nicht festhalten können, bis endlich eine nächtliche Vision der göttlichen Erscheinung festere Konturen verliehen habe und er in den Stand gesetzt worden sei, das Bild zu malen. Der Klosterbruder erzählt diese Fiktion, nicht ohne sich auf eine authentische Äußerung aus einem Brief Raffaels an Baldassare Castiglione zu berufen, sie in einer Fußnote sogar im italienischen Original zu zitieren („Essendo carestia di belle donne, io mi servo di certa idea che me viene al mente"): „Da man so wenig schöne weibliche Bildungen sieht, so halte ich mich an ein gewisses Bild im Geiste, welches in meine Seele kommt." (W, 13) Die historische, vom Klosterbruder ins Legendenhafte transformierte Wahrheit ist aber, daß Raffael damals gar nicht ein Marienbild, sondern – ganz ‚antikisch' – eine Galatea malen wollte und daß er sich in seiner Äußerung nicht auf die göttliche Eingebung, sondern – ganz profan – auf die eigene Erfindung bezieht (vgl. L. Mittner 1953).

Allenthalben in den *Herzensergießungen* kommt zum Ausdruck, daß die wahre Kunst die Sprache Gottes spreche und insofern im Dienste der Religion stehe. Nun ist diese Dienstbarkeit keineswegs etwas Neues. Die ganze christliche Kunst des Mittelalters erfüllte nichts anderes als eben diese Aufgabe. Sie war dabei allerdings an den Auftrag, die Lehre und weitgehend auch an den Raum der Kirche gebunden. Entscheidend neu bei Wackenroder ist dagegen, daß die Kunst ihre religiöse Funktion unabhängig von der Kirche ausübt, ja gewissermaßen selber die neue Kirche ist. Die Kunst wird bei ihm nicht Ersatz der religio, aber der ecclesia. Seltsamer-, aber auch bezeichnenderweise stellt sich die Betrachtung der Kunstwerke an einer Stelle so dar, als gleiche sie dem Betreten eines – übrigens katholischen – Gotteshauses: „Sie [die Werke] sind nicht darum da, daß das Auge sie sehe, sondern darum, daß man mit entgegenkommendem Herzen in sie hineingehe, und in ihnen lebe und atme. [...] Es flammt in ihnen ein ewig brennendes Lebensöl, welches nie vor unsern Augen verlischt." (W, 81) Auch stimmt hiermit vollkommen überein, daß der Klosterbruder mit der Kunst beabsichtigt, „einen neuen Altar zur Ehre Gottes aufzubauen" (W, 12), sie also nicht auf dem bestehenden Altar der christlichen Kirche zu weihen – eine Absicht, die ihn selber außerhalb der Kirche stellt.

Damit geht auch die Mittlerfunktion von der Kirche auf die Kunst über. Diese wird selber zur sakramentalen Gnadenspenderin, weshalb der Klosterbruder kein Hehl daraus macht, daß der pietätvolle Umgang mit ihr bedeute, „sie würdiglich zum Heil seiner Seele zu nutzen" (W, 80) und sich einen „heiligen Feiertag" zu bereiten (W, 82). Es kann dann auch nicht wundernehmen, daß er die Künstler zu Heiligen verklärt, ja die uneingestandene Neigung erkennen läßt, den von ihm am meisten angebeteten Raffael zu einem neuen Christus zu stilisieren. Vielleicht kann man sagen, daß hier ein ähnliches Bestreben im Gange ist wie bei Novalis, wenn dieser Grab und Gestalt der verstorbenen Sophie in das Grab und die Gestalt Christi übergehen läßt (s. Kap. V. B.) und die Sehnsucht nach Wiedergeburt der „Christenheit" zwar an den Gedanken einer „sichtbaren Kirche" knüpft, hierbei jedoch einen „neuen Messias" und eine „neue Schaar der Jünger" im Sinn hat, die mit dem Geist der Poesie getauft sind (s. Kap. V. D.).

Die revolutionäre Frohbotschaft des Klosterbruders verhallte nicht ungehört. Nicht nur sind Anklänge an seine Verkündigung überall in der Romantik spürbar, er wurde auch zum Stiftungsvater der Malergruppe der Nazarener, der er in einem Bericht über die „ältesten Maler von Italien" das Modell für Art und Sinn ihres Zusammenschlusses lieferte:

> „Diese ehrwürdigen Männer, von denen mehrere selbst Geistliche und Klosterbrüder waren, widmeten die von Gott empfangene Geschicklichkeit ihrer Hand auch bloß göttlichen und heiligen Geschichten, und brachten so einen ernsthaften und heiligen Geist, und so eine demütige Einfalt in ihre Werke, wie es sich zu geweihten Gegenständen schickt. Sie machten die Malerkunst zur treuen Dienerin der Religion und wußten nichts von dem eitlen Farbenprunk der heutigen Künstler: ihre Bilder, in Kapellen und an Altären, gaben dem, der davor kniete und betete, die heiligsten Gesinnungen ein." (W, 108f.)

Eine Gruppe von sechs jungen Malern, die alle an der Wiener Akademie studierten, folgten diesem Modell, indem sie sich 1809 zur „St. Lukas-Brüderschaft" zusammenschlossen, mit dem Ziel, in Opposition zum akademischen, dem Klassizismus verpflichteten Stil die Kunst der christlichen Religion zu weihen und in ihr Herz und Seele sprechen zu lassen. Es waren dies Friedrich Overbeck, Franz Pforr, Josef Wintergerst, Josef Sutter, Ludwig Vogel und Conrad Hottinger. Später kamen Peter Cornelius, Wilhelm Schadow, Philipp Veit und andere hinzu. Sie orientierten sich wie Wackenroder, dessen *Herzensergießungen* neben Tiecks *Sternbald* für sie zum Kultbuch wurden, an Raffael und anderen Künstlern der Renaissance und suchten im Ausdruck nach einer neuen Einfachheit und Unschuld. 1810 etablierten sie sich in Rom im verlassenen Kloster Sant' Isidoro. Eine ihrer Lieblingsideen, die Erneuerung der Freskomalerei, konnten sie wenige Jahre später durch Aufträge des preußischen Generalkonsuls Jacob Salomon Bartholdy und des Marchese Carlo Massimo verwirklichen. Den Spitznamen „Nazarener" erhielten sie auf Grund der langen Haartracht, mit der sie dem Bilde Christi ähnlich sehen wollten. (Vgl. Rudolf Bachleitner: Die Nazarener, München 1976; Katalog der Ausstellung „Die Nazarener". Städelsches Kunstinstitut und Städtische Galerie, Frankfurt 28.4.–28.8. 1977; Die Nazarener in Rom. Ein deutscher Künstlerbund der Romantik. Deutsche Ausgabe des Ausstellungs-Kataloges „I Nazareni a Roma", hg. von Klaus Gallwitz, München 1981).

Ganz anders reagierten auf das neue Kunstideal Kreise, die in der Nachfolge Winckelmanns dem Vorbild der Antike verschworen waren oder die Renaissance nur als Nachahmung der Antike gelten lassen wollten. Herbe Kritik ernteten Wackenroder und Tieck zumal von Goethe (vgl. M. Bollacher 1981, 35ff.). Aus der Feder Johann Heinrich Meyers erschien 1817 ein von Goethe inspirierter Aufsatz unter dem Titel *Neu-deutsche religios-patriotische Kunst* (abgedruckt: Weimarer Ausgabe Bd. 49, 1, S. 23–58), der eine Generalabrechnung mit Wackenroders Kunstprogramm und seinen Folgen vornimmt. (Vgl. Frank Büttner: Der Streit um die „neudeutsche religiospatriotische Kunst", in: Aurora 43, 1983, S. 55–76)

B. Wilhelm Heinrich Wackenroder: Musikalische Schriften (Berglinger-Texte)

1. Grundlageninformation

Behandelt werden hier das letzte Stück der *Herzensergießungen* betitelt *Das merkwürdige musikalische Leben des Tonkünstlers Joseph Berglinger*, und die musikalischen Beiträge Wackenroders in den *Phantasien über die Kunst*, die im *Zweiten Abschnitt* unter dem Titel *Anhang einiger musikalischer Aufsätze von Joseph Berglinger* aufgeführt sind, von Nr. VII an aber auch Beiträge von Tieck enthalten.

1.1. Texte und Materialien

Erstdruck: Zu den *Herzensergießungen* s. A. 1.1. *Phantasien über die Kunst für Freunde der Kunst*. Herausgegeben von Ludwig Tieck. Hamburg. Bei Friedrich Perthes 1799. Bisher maßgebliche Neuausgabe: W, 133–265. Eine Edition im Rahmen der historisch-kritischen Wackenroder-Gesamtausgabe durch Richard Littlejohns und Silvio Vietta ist angekündigt.

Entstehung: In der Vorrede zu den *Phantasien* bemerkt Tieck von den Aufsätzen Wackenroders, die er aus dessen Nachlaß herausgibt, daß der Freund sie „erst kurz vor seiner Krankheit [die zu Wackenroders Tod am 13. 2. 1798 führte] ausgearbeitet und mir mitgeteilt hat" (W, 135). Er setzt hinzu: „Mit vieler Schüchternheit habe ich die Blätter hinzugefügt, die von meiner Hand sind. Alle diese Vorstellungen sind in Gesprächen mit meinem Freunde entstanden" (ebd.).

Zu Wackenroders Anteil: In derselben Vorrede zur Erstausgabe schreibt Tieck sich von „Berglingers Aufsätzen„ die „vier letzten" zu (W, 136), das heißt, wenn man von der Numerierung ausgeht, auch die Nr. VI. *Ein Brief Joseph Berglingers*. Jedoch hat R. Alewyn (1944) äußere und vor allem innere Gründe dafür vorgebracht, daß neben den Stücken I–V auch dieser Text Wackenroder zugehört. Eine Bestätigung findet die These durch Tieck selbst, der in der neuen, veränderten Auflage von 1814 unter dem Titel *Phantasien über die Kunst von einem kunstliebenden Klosterbruder* ausdrücklich nur die von Wackenroder stammenden Aufsätze herausgibt und dabei den *Brief Joseph Berlingers* einschließt. Allerdings ist ein Irrtum nicht ganz ausgeschlossen, da Tieck in der Vorrede zu dieser Neuauflage auch eine Trübung seiner Erinnerung zugesteht (W, 269).

Quellen und Anregungen: Wackenroder war selber musikalisch gebildet, hatte eine Klavier- und Kompositionsausbildung bei Karl Friedrich Fasch genossen und war von Johann Friedrich Reichardt mit zeitgenössischen Komponisten und der Musikschriftstellerei bekannt gemacht worden. In dem Göttinger Musikhistoriker und -theoretiker Johann Nikolaus Forkel, Autor des Standardwerkes *Allgemeine Geschichte der Musik*, 1788 (=Bd. I; Bd. II: 1802), fand er einen Lehrer, der ihm Anschauungen über die Beziehung zwischen Ton und Gefühl vermittelte. Hierzu und zu einigen anderen Anregungen vgl. P. Koldewey 1904; A. Gillies 1938; B. Naumann 1990, 24ff. Anregungen für die psychologische Zeichnung der Berglinger-Gestalt könnten von mehreren literarischen Vorbildern empfindsamer Provenienz ausgegangen sein, Goethes Werther, Karl Philipp Moritz' Anton Reiser etc. Zu der Bedeutung, die Moritz für Wackenroder gehabt haben könnte, vgl. H.J. Schrimpf 1964.

1.2. Forschungsliteratur

Das zu Beginn von A. 1.2. Gesagte gilt auch an dieser Stelle.

Alewyn, Richard 1944: s. A. 1.2. dieses Kapitels und oben, B. 1.1.

Bollacher, Martin 1983: s. A. 1.2. dieses Kapitels

Brantner, Christina E.: Friz Dalbergs *Blicke eines Tonkünstlers in die Musik der Geister* und Wilhelm Heinrich Wackenroders Äußerungen zur Musik, in: Aurora 49 (1989), S. 203–210 [Sieht in Dalbergs Schrift von 1787 eine Vorwegnahme der Gedanken Wackenroders und behauptet, daß Dalberg der „Ruhm des Vorkämpfers romantisch-musikalischen Ideengutes" gehöre.]

Fetzer, John F.: „Auf Flügeln des Gesanges": Die musikalische Odyssee von Berglinger, BOGS und Kreisler als romantische Variation der literarischen Reise-Fiktion, in: Literatur und Musik. Ein Handbuch zur Theorie und Praxis eines komparatistischen Grenzgebietes, hg. von Steven Paul Scher, Berlin 1984, S. 258–277 [Versteht Berglingers musikalisches Schwärmertum als Form des verinnerlichten Reisens und weist auf die den vier Elementen Erde, Wasser, Feuer und Luft entnommene Metaphorik hin, mit der das Reiseerlebnis beschrieben wird.]

Gillies, Alexander 1938: s. A. 1.2. dieses Kapitels

Kahnt, Rose: Die Bedeutung der bildenden Kunst und der Musik bei W.H. Wackenroder, Marburg 1969 [Sieht krassen Unterschied zwischen Wackenroders Auffassung der Bildenden Kunst und seiner Musikauffassung. Der ersteren billige W. nur eine dem Menschen dienende Funktion zu, während er in der Musik eine selbständige Macht sehe, die den Menschen beherrscht.]

Hertrich, Elmar: Joseph Berglinger. Eine Studie zu Wackenroders Musiker-Dichtung, Berlin 1969 [Detaillierte Untersuchung. Fußt auf R. Alewyns (s. d.) Ansätzen. Versucht, die in den Berglinger-Texten niedergelegte Auffassung von Kunst und Künstlertum in ihrer geschichtlichen Stellung zu bestimmen, wobei die Beziehung der Berglinger-Gestalt und ihrer Ansichten zum vorromantischen empfindsamen Subjektivismus hervorgehoben wird.]

Kohlschmidt, Werner: Bemerkungen zu Wackenroders und Tiecks Anteil an den *Phantasien über die Kunst,* in: Philologia Deutsch. Festschrift zum 70. Geburtstag von Walter Henzen, hg. von Werner Kohlschmidt und Paul Zinsli, Bern 1965, S. 89–99 [Schreibt, u. a. gegen R. Alewyn (s. d.), das *Märchen von einem nackten Heiligen,* das *Fragment aus einem Briefe Joseph Berglingers* und den *Brief Joseph Berglingers* der Autorschaft Tiecks zu.]

Koldewey, Paul 1904: s. A. 1.2. dieses Kapitels

Naumann, Barbara: „Musikalisches Ideen-Instrument". Das Musikalische in Poetik und Sprachtheorie der Frühromantik, Stuttgart 1990 [Die Frühromantik versuche, eine „musikalische Poetik" zu begründen. Dabei erfolge ein Übergang von einer ausdrucksästhetischen Auffassung des Musikalischen bei Wackenroder und Tieck zu einer Auffassung bei F. Schlegel und Novalis, die das Musikalische als nichtreferentiell und selbstreflexiv verstehe.]

Prümm, Karl: Berglinger und seine Schüler. Musiknovellen von Wackenroder bis Richard Wagner, in: Zeitschrift für deutsche Philologie 105 (1986), S. 186–212 [„In der Konfrontation von sakralisiertem Kunstideal und prosaischer Wirklichkeit vollzieht" die Musiknovelle „eine Radikalkritik an den feudalistischen und bürgerlichen Verwertungszusammenhängen, liefert dieses verabsolutierte Ideal aber zugleich einer offenen Aporie aus".]

Schrimpf, Hans Joachim: W.H. Wackenroder und K.Ph. Moritz. Ein Beitrag zur frühromantischen Selbstkritik, in: Zeitschrift für deutsche Philologie 83 (1964), S. 385–409 [Sieht die Problematik der Gestalt Berglingers besonders in Moritz' *Anton Reiser* und *Neuer Cecilia* vorgebildet.]

Thewalt, Patrick: Die Leiden der Kapellmeister. Zur Umwertung von Musik und Künstlertum bei W.H. Wackenroder und E.T.A. Hoffmann, Frankfurt 1990 [Die Umwertung laufe besonders auf das „Postulat der Autonomie und Immanenz des musikalischen Werkes" hinaus. Wie das Beispiel Berglingers zeige, werde die Musik eine „unerklärbar-unbekannte Macht, eine Gefahr für gewohnt soziale Einbindungen des Musikers wie Religion und Ethik".]

Ulshöfer, Robert: Wilhelm Heinrich Wackenroder: Das merkwürdige musikalische Leben des Tonkünstlers Joseph Berglinger. Polarität als Bauprinzip der Dichtung, in: Der Deutschunterricht 39 (1987), 1, S. 58–64, 69–73 [Sieht in der Berglinger-Dichtung, da in ihr, wie allgemein in der Romantik, die Polarität der Kräfte und Strebungen zur Denkgrundlage gemacht werde, eine elliptische Bauform.]

2. Analyse

Die – wohl gar nicht beabsichtigte – Einheit der *Herzensergießungen* wird, wenn nicht schon durch die Unterschiedlichkeit der Beiträge zu den Kunstwerken und Künstlern der Renaissance, insbesondere durch das letzte Stück, *Das merkwürdige musikalische Leben des Tonkünstlers Joseph Berglinger,* in Frage gestellt. Der Klosterbruder wechselt nun die historische Perspektive und richtet den Blick auf die eigene Gegenwart, und nicht mehr geht es jetzt um die Bildende Kunst, sondern um die Musik.

Deren Charakter als Kunst schließt, wie die Malerei Raffaels oder Dürers, das Merkmal des Göttlichen ein, aber es zeigt sich an ihr, da sie eine berauschende und entrückende Wirkung auszuüben fähig ist, eine problematische Kehrseite: Sie verführt den Künstler und Kunstgenießenden zum Solipsismus und entfremdet ihn der gesellschaftlichen Wirklichkeit. Diese zwiespältige Wertung kommt insbesondere in einem Abschnitt der *Phantasien* zur Geltung (dazu weiter unten).

Sie beruht allerdings nicht nur auf der Eigenart der Tonkunst, der das Paradox einer „frevelhaften Unschuld" zugeschrieben wird (W, 227), sondern auch auf der Abkehr von der Religion in der Jetztzeit. Im Nürnberg Dürers hatten Kunst und Leben, weil gleichermaßen dem christlichen Glauben verpflichtet, eine Einheit gebildet (W, 141), die Künstler der Renaissance hatten sich in den Dienst des Glaubens gestellt oder waren gar selber Geistliche und Klosterbrüder gewesen (W, 109).

Problematisch, „zerrissen" (W, 119, 129, 130) mutet das moderne Künstlertum insbesondere in der Person des Künstlers an. Ein Dürer, ein Raffael war gemäß der verklärenden Sicht des Erzählers innerlich gesund und mit seinem Los zufrieden. Dagegen trägt Berglinger an einem Übel, das ihn nicht nur als modernen, sondern im engeren Sinne auch als romantischen Künstler ausweist: Ungenügen (s. Kap. I. F.). Ihn „hatte der Himmel nun einmal so eingerichtet, daß er immer nach etwas noch Höherem trachtete; es genügte ihm nicht die bloße Gesundheit der Seele und daß sie ihre ordentlichen Geschäfte auf Erden, als arbeiten und Gutes tun, verrichtete; – er wollte, daß sie auch in üppigem Übermute dahertanzen und zum Himmel, als zu ihrem Ursprunge, hinaufjauchzen sollte." (W, 112) Dem Aufschwung folgt aber naturgemäß der Rückfall, der Exaltation die Ernüchterung, und Berglinger muß seinen Enthusiasmus mit dem Leiden an der „bitteren Mißhelligkeit" zwischen Phantasie und Wirklichkeit bezahlen (W, 115).

Wird er so als von Einbildung und Gefühl beherrschter Schwärmer charakterisiert – und vom Klosterbruder, wenngleich mit freundschaftlichem Wohlwollen, auch kritisiert, liegt zugleich die geistes- und seelengeschichtliche Herkunft dieser Figur aus der Empfindsamkeit offen zutage (s. dazu Kap. I. C.). Ein Nachfahre Werthers – nicht in der Liebe, aber im Verhältnis zur Welt und zu sich selbst –, hegt er sein Inneres wie ein „Schatzkästlein" (W, 113); ist auch er mehr dazu geschaffen, Kunst zu genießen als auszuüben (W, 131), da es ihm an Sinn für das Handwerkliche und rationaler Disziplin mangelt; wird sein Leben immer mehr zur Passion, einer Krankheit zum Tode. Doppelt krank macht es ihn, daß er in seiner Umwelt nicht die sympathetisch mitschwingenden Seelen findet, deren er und seine auf Herzensrührung angelegte Musik bedarf, da die Kunst in der Gesellschaft inzwischen zum bloßen „Zeitvertreib" herabgesunken ist (W, 128). Später wird diese ‚Entartung' auch E.T.A. Hoffmann für die Leiden seines Kapellmeisters Johannes Kreisler verantwortlich machen.

Auf der anderen Seite muß Berglinger sich fragen, ob er sich nicht seinerseits schuldhaft gegenüber den Mitmenschen verhält. Elemente aus Wackenroders eigener Biographie fließen ein, wenn eine gegensätzliche Auffassung vom Wert der Musik das Verhältnis zum bürgerlich gesinnten Vater belastet, der alle Künste als moralisch verderblich verachtet und den Sohn zu einem nützlichen Beruf bekehren möchte. Von Skrupeln, den Vater zu kränken, gequält, folgt Berglinger dennoch seinem andersgerichteten Streben, bringt aber, auch nachdem er Kapellmeister in der Residenz geworden ist, sein schlechtes Gewissen nicht zum Schweigen. Vielmehr läßt ihn das Wiedersehen mit seinem todkranken Vater und seinen heruntergekommenen Geschwistern aufs schärfste die Fragwürdigkeit eines Künstlertums spüren, das in den Himmel erhebt, zur Linderung des Elends auf der Welt aber nicht beiträgt, und er stirbt in der Blüte seiner Jahre an diesem ungelösten Konflikt (W, 129f.).

Die „musikalischen Aufsätze von Joseph Berglinger", die den Zweiten Abschnitt der Phantasien über die Kunst füllen und bis einschließlich des VI. Stücks aus der Feder Wackenroders stammen dürften, rücken die in der Lebensbeschreibung aufgeworfene Problematik zunächst außer Sichtweite. Sie lenken erst einmal zurück auf den göttlichen Charakter der Kunst und ihre heilende, erlösende Funktion, die der Klosterbruder in den ersten Kapiteln der Herzensergießungen gepriesen hatte. Als neues Problem, das nach einer Lösung verlangt, stellt sich das Verfallensein des Menschen an die Zeit dar, genauer: an das sinn- und ziellose und darum leere Kreisen der Zeit, eine Obsession, die sich dem Romantiker durch das bedrückende Langeweile-Erlebnis des Alltäglichen und Gewöhnlichen, der Normalität, vermittelte (vgl. L. Pikulik 1979: s. GB 9.). Der nackte Heilige im Eingangsmärchen fühlt sich an das „rauschende Rad der Zeit" gefesselt, ja das „einförmige, taktmäßige Fortsausen der Zeit" (W, 198) macht ihn zu einem Rasenden, aber er wird wunderbarerweise von der ätherischen Musik, die aus dem Nachen zweier Liebender emporschwebt, erlöst. Und wenn im IV. Stück, dem *Fragment aus einem Briefe Joseph Berglingers*, wiederum der „unaufhörliche, eintönige Wechsel der Tausende von Tagen und Nächten" beklagt wird, so folgt auch hier der Verweis an die rettende Macht der Kunst, „der Großen, Beständigen, die über alles hinweg bis in die Ewigkeit hinausreicht" (W, 217).

Bemüht sind die Aufsätze sodann um eine nähere Charakteristik des Wesens der Tonkunst. Auf deren formale Seite geht Wackenroder dabei weniger ein, obwohl er die Mathematik der Tonverhältnisse gelegentlich erwähnt (W, 205, 219). Das „innere Maschinenwerk der Musik" (W, 220) interessiert ihn nicht so sehr. Er ist auch darin der Empfindsamkeit verbunden, daß er vielmehr nicht müde wird, die Affinität der Töne und Tonverbindungen zu den menschlichen Gefühlen zu betonen. Die Auffassung von der Musik als Gefühlssprache wurzelt in der Tradition der musikalischen Affektenlehre, die im 17. und 18. Jahrhundert der Tonkunst die Nachahmung der Empfindungen zur Auflage gemacht hatte (vgl. Rolf Dammann: Der Musikbegriff im deutschen Barock, Köln 1967), sie erfährt hier jedoch eine ausdrucksästhetische Verinnerlichung (vgl. E. Hertrich 1969, 113ff.). Immerhin heißt es deutlich genug, daß die Tonkunst „menschliche Gefühle [...] schildert" (W, 207), daß der Tonmeister beispielsweise „den schönen Schmerz [...] nachgebärdet" (W, 208). Auf die vom Irdischen ablösende, das Zeitliche überwindende Kraft wird wiederum verwiesen, wenn gesagt wird, daß die Musik zur „Aufbewahrung der Gefühle" geschaffen sei, dazu, sie „wie Reliquien in kostbare Monstranzen" einzuschließen (W, 206).

Wackenroder hat dabei vor allem die Instrumentalmusik im Auge, da sie, anders als die Sprache des Gesanges, sich die weitestgehende Unabhängigkeit gegenüber der Realität bewahrt, darin im übrigen auch die Malerei übertrifft, die sich immer an die sichtbare Welt hält. In dieser Weise ohne konkretes Sujet, verwandt bloß mit dem „reinen, formlosen Wesen" der Seelenregung (W, 224), hat die Musik den gleichen Reiz der Unbestimmtheit, den Novalis einer Sprache zuerkennt, die nur um ihrer selbst willen spricht (N II, 672), der von Wackenroder allerdings wieder relativiert wird, wenn er in der Tongestalt ganz „bestimmte" Affekte ausmacht (W, 225f.), abgesehen davon, daß er, anders als Novalis, an der Tonsprache nicht das reine Beziehungsspiel, sondern das dramatische Wogen der emotionsgeladenen Klänge, besonders in der großen Symphonie, schätzt (W, 226).

Eine andere, gewissermaßen die spezifisch romantische Seite an der Musik kennzeichnet Wackenroder, wenn er wieder und wieder auf ihren geheimnisvollen, ja abgründigen Charakter hinweist. Der „Kunstgeist [gemeint ist: der Musik] ist und bleibt dem Menschen ein ewiges Geheimnis, wobei er schwindelt, wenn er die Tiefen desselben ergründen will" (W, 131). Und auch problematisch erscheint die Musik nun wieder, wenn ihr am Ende des V. Stücks neben der emportragenden und rettenden eine hinabziehende und verderbliche Wirkung nachgesagt wird (W, 227).

Damit ist die Wende zu der negativen Bewertung der Kunst, die im folgenden VI. Stück, *Ein Brief Joseph Berglingers,* aus des Kapellmeisters schlechtem Gewissen aufsteigt und die Problematik seiner Lebensgeschichte am Ende der *Herzensergießungen* wieder aufgreift, bis zu einem gewissen Grade vorbereitet. Jedoch nimmt sich das Urteil so radikal und in diesem Extrem so abrupt aus, daß die Zweifel nicht ganz ausgeräumt erscheinen, ob der Text nicht doch statt von Wackenroder von Tieck stammt (zur Kontroverse über die Urheberschaft vgl. R. Alewyn 1944; W. Kohlschmidt 1965).

„Die Kunst ist eine verführerische, verbotene Frucht; wer einmal ihren innersten, süßesten Saft geschmeckt hat, der ist unwiederbringlich verloren für die tätige, lebendige Welt. Immer enger kriecht er in seinen selbsteigenen Genuß hinein, und seine Hand verliert ganz die Kraft, sich einem Nebenmenschen wirkend entgegenzustrecken. – Die Kunst ist ein täuschender, trüglicher Aberglaube; wir meinen in ihr die letzte, innerste Menschheit selbst vor uns zu haben, und doch schiebt sie uns immer nur ein schönes Werk des Menschen unter, worin alle die eigensüchtigen, sich selber genügenden Gedanken und Empfindungen abgesetzt sind, die in der tätigen Welt unfruchtbar und unwirksam bleiben." (W, 230)

Von der Hochschätzung der Kunst in den *Herzensergießungen* ist hier nichts übriggeblieben. Und hatte Berglinger in den vorhergehenden Stücken noch die Musik als Medium der Schilderung, ja der Aufbewahrung der seelischen Empfindungen gepriesen, so wirft er der Kunst nunmehr vor, „die menschlichen Gefühle, die fest auf der Seele gewachsen sind, verwegen aus den heiligsten Tiefen dem mütterlichen Boden" zu entreißen und mit ihnen als „künstlich zugerichteten" Imitaten „frevelhaften Handel und Gewerbe" zu treiben. Indem er so das intime Seelenleben nachspielt und ausstellt, werde der Künstler zum Schauspieler, der sein Rollenspiel für das Echte, das wirkliche Leben aber nur für einen Abklatsch halte (W, 232).

Mit Recht ist darauf hingewiesen worden (vgl. Alewyn, 53), daß diese Kritik etwas anderes wiedergibt als den gemeinromantischen Konflikt zwischen Künstlertum und Bürgertum, wie er etwa im *Sternbald* ausgetragen wird. Bei diesem Konflikt kommen die bürgerlichen Einwände gegen die Kunst immer von außen, ohne den Kunstadepten in seinen Überzeugungen zu verunsichern. Hier dagegen wurzelt die Kunstkritik in den inneren Zweifeln des Künstlers selbst, ist sie gewissermaßen die feindliche Schwester seiner Kunstfrömmigkeit, die gleichzeitig mit dieser in seiner Seele haust. Vor allem hierdurch, nicht nur durch sein Schwärmertum, ist Berglingers

Zerrissenheit bedingt, und es zeigt sich damit bereits in dieser frühen Phase der Romantik, wie innerlich gefährdet deren künstlerisches Sendungs- und Selbstbewußtsein ist. Man denkt etwa auch an Brentanos spätere Absage an den Beruf des Dichters, dem er in der *Geschichte vom braven Kasperl und dem schönen Annerl* (1817) ein spöttisches Porträt widmet, an dem wie bei Berglinger der Zug der inneren Scham auffällt, da der Poet „mit freien und geistigen Gütern, mit unmittelbaren Geschenken des Himmels Handel treibt" (B II, 782). Die von Berglinger formulierten Anfechtungen deuten möglicherweise sogar voraus auf ähnliche Bedenken, wie sie hundert Jahre später von Autoren wie Hofmannsthal, Schnitzler oder Thomas Mann geäußert werden (vgl. Alewyn, 52).

Als Kompensation seiner Scham empfindet Berglinger das Bedürfnis, sich wie gewisse asketische Märtyrer mit den „ausgesuchtesten Kasteiungen und Pönitenzen" zu züchtigen, „um nur mit dem fürchterlichen Übermaße der leidenden Welt ins Gleichgewicht zu kommen" (W, 231). Eine Parallele zu diesem Gedanken findet sich in einem Brief Wackenroders an Tieck vom Ende des Jahres 1792, was dafür spricht, daß Wackenroder auch der Autor des Berglinger-Briefes ist. Er äußert gegenüber Tieck die Absicht, seine Reaktion auf einen Unglücksfall in einer Ode festzuhalten als „Empfindung eines Menschen [...], der von dem tausendfachen Elend der Menschheit bei eigener Zufriedenheit so niedergedrückt wird, daß er sich in einsame Wüsten stürzt, und in wahnsinniger Schwärmerei auf die Idee kommt, sich allerlei Pönitenzen aufzulegen" (W, 385). Im Verlangen nach Selbstzüchtigung hat Wackenroder sich auch mehrfach in der Rolle des von Pfeilen durchbohrten Märtyrers St. Sebastian gesehen (vgl. R. Littlejohns 1987, 100ff.: s. GB 7.).

Bei allen inneren Vorbehalten gegenüber den bedenklichen Aspekten ästhetischen Schaffens und Genießens bleibt die Kunst für den Romantiker freilich das Elixier, in dem er auch und gerade das Paradies und nicht nur die Sünde kostet. Zumal die Musik vermittelt ihm den Vorgeschmack der ewigen Seligkeit. E.T.A. Hoffmann wird diese Kunst später, in dem Kreislerianum *Beethovens Instrumental-Musik* (1814), die romantischste aller Künste nennen. Wie auch die romantische Musik zu den künstlerischen Gipfelleistungen der Romantik zählt. (Zur musikalischen Romantik vgl. Alfred Einstein: Die Romantik in der Musik, Wien 1950.)

C. Ludwig Tieck: *Franz Sternbalds Wanderungen*

1. Grundlageninformation

1.1. Text und Materialien

Erstdruck: *Franz Sternbalds Wanderungen. Eine altdeutsche Geschichte* herausgegeben von Ludwig Tieck. Erster und Zweiter Teil [in zwei Bänden]. Berlin, bei Johann Friedrich Unger, 1798. Eine überarbeitete, vom Erstdruck zum Teil erheblich abweichende Fassung erschien 1843 im 16. Band der *Schriften* (T XVI). Neudruck der Erstausgabe: TSt. Diese von Alfred Anger besorgte Studienausgabe gibt im Anhang ein Verzeichnis der inhaltlichen Varianten der Ausgabe von 1843 gegenüber dem Erstdruck, ferner eine Sammlung von Dokumenten und zeitgenössischen Urteilen sowie 16 Abbildungen zu den Bildbeschreibungen des Romans.

Entstehung, Anregungen und Quellen: Beginn der Niederschrift wohl nicht früher als Sommer 1797. Zur Abfassung eines Bildungsromans war Tieck 1795/96 zunächst durch Goethes *Wilhelm Meister* angeregt worden. Es entstand die Konzeption eines diesem ähnlichen Romans, dessen Ausführung jedoch abgebrochen (und erst vierzig Jahre später unter dem Titel *Der junge Tischlermeister* vollendet) wurde unter dem Einfluß Wackenroders und seiner *Herzensergießungen* und wohl auch in Erinnerung an die gemeinsame Reise 1793 in die „altdeutsche" Welt Nürnbergs und die sich anschließenden kunsthistorischen Studien in Göttingen. Wichtig zudem das Erlebnis der katholischen Frömmigkeit durch Wackenroder, der seinerzeit an einem Hochamt im Bamberger Dom teilgenommen und tags darauf einer Prozession beigewohnt und davon am 23. 7. 1793 ausführlich seinen Eltern berichtet hatte (W, 533–537). Dieses Erlebnis ist in den *Brief eines jungen deutschen Malers in Rom an seinen Freund in Nürnberg* in den *Herzensergießungen* eingegangen (W, 89–95; Abdruck auch in TSt, 488–494) und hat wohl Tieck zum Verfasser, wenn auch der Gehalt auf Wackenroder zurückgeht (zur Verfasserfrage s. A. 1.1. dieses Kapitels). Dieser *Brief* gilt als Keimzelle des *Sternbald*. Er enthält mit der Gegenüberstellung der „altdeutschen" und der italienischen Kunst und Lebensform und mit der Liebe des jungen Malers zu Marie konstitutive Elemente des Romans und gibt darüber hinaus mit der Konversion des Malers zum Katholizismus möglicherweise einen Hinweis auf Details der geplanten Fortsetzung des Werkes (s. dazu unter 2.). – Ursprünglich sollte Wackenroder, der den Plan des Ganzen mit Tieck gemeinsam entwarf, die Ausarbeitung größerer Teile übernehmen, wahrscheinlich besonders im Zusammenhang mit der Gestalt Sebastians, die deutlich Züge Wackenroders trägt; vielleicht war der *Sternbald* sogar als eine Art Doppelroman mit Sebastian als Zentralgestalt auf der einen und Sternbald auf der anderen Seite geplant (vgl. Anger 1966, 563). Jedoch blieb Tieck infolge der tödlichen Krankheit des Freundes die alleinige Abfassung überlassen, wie er selber in der *Nachschrift an den Leser* Ende des Ersten Teils (TSt, 191f.) bemerkt. – In der Darstellung der südlichen Welt mit ihrer Betonung des sinnlich-erotischen Elements entfernt sich Tieck stark von Wackenroder. Hier wird ein Einfluß durch das Renaissance-Bild in Wilhelm Heinses *Ardinghello* (1787) greifbar. – Für die Naturauffassung im *Sternbald* ist die Naturmystik Jakob Böhmes als Anregung wichtig.

Zur geplanten Fortsetzung: Tieck hat mehrfach zur Vollendung des Fragment geblie-
benen Werkes durch einen Dritten Teil angesetzt, ist aber über kürzere Versuche
nicht hinausgediehen (vgl. R. Alewyn 1962, 58f.). Eine Handschrift mit einem
Bruchstück der Fortsetzung ist 1954 aufgetaucht und wurde 1962 erstmalig von
Richard Alewyn veröffentlicht (Abdruck auch in TSt, 495–501), gibt jedoch wenig
Aufschluß über den Fortgang der Handlung. Sehr kurz skizziert ist dieser in einer
knappen *Nachrede*, die Tieck der zweiten Ausgabe des Romans von 1843 anfügt
(T XVI, 415f.; auch in TSt, 501). S. dazu unter 2.

Zur Rezeption: Eine reichhaltige Dokumentation zeitgenössischer Urteile (bis Eichendorff, 1851) in TSt, 487–533. Hervorzuheben ist Friedrich Schlegels enthusia-
stisches Urteil in einem Brief an den Bruder August Wilhelm im April 1799: „Ließ
nun ja den Sternbald [...] Es ist ein göttliches Buch [...] Es ist der erste Roman seit
Cervantes der romantisch ist, und darüber weit über [Goethes Wilhelm] Meister. –
Dessen Styl halte ich auch für romantisch, aber nur im Sternbald, vorher hatte er
noch gar keinen Styl." (FS XXIV, 260; auch in TSt, 510) Ein um so bemerkens-
werteres Urteil, wenn man bedenkt, wie Schlegel Goethes Roman noch im 1. Band
des *Athenäums* 1798 bewertet hatte (s. Kap. IV. A. 3.).

1.2. Forschungsliteratur

Alewyn, Richard: Ein Fragment der Fortsetzung von Tiecks „Sternbald", in: Jahrbuch des Freien Deutschen Hochstifts 1962, S. 58–68 [Publikation einer 1954
aufgetauchten Handschrift Tiecks mit Kommentar, in dem Verf. wichtige Fragen
nach dem Geflecht der äußeren Romanhandlung stellt.]

Anger, Alfred: Nachwort zur Reclam-Studienausgabe des *Sternbald* (TSt),
S. 543–583 [Einführende Darstellung. Sieht in der Konzeption des Romans Brüche
und erklärt den Fragmentcharakter aus der Unmöglichkeit, die disparaten Sphären
am Schluß überzeugend zu verschmelzen.]

Betzen, Klaus: Frühromantisches Lebensgefühl in Ludwig Tiecks Roman „Franz
Sternbalds Wanderungen", Tübingen 1959 (masch. Diss.) [Erklärt das Lebensgefühl des *Sternbald*, das als Lebensgefühl der Frühromantik überhaupt gesehen
wird, als spannungsreich und widerspruchsvoll. Zieht auch Wackenroder, Novalis,
Brentano und die *Nachtwachen* heran und knüpft Verbindungen zur Geistesgeschichte des 18. und 19. Jahrhunderts.]

Fink, Gonthier-Louis: L'Ambiguïté du Message Romantique dans *Franz Sternbalds
Wanderungen* de L. Tieck, in: Recherches Germaniques 4 (1974), S. 16–70 [Arbeitet
das Komplexe und Mehrdeutige des Werkes heraus, ausgehend von der Entwicklung
der ästhetischen Ideen Tiecks und Wackenroders seit 1792, und präzisiert auf Grund
dieser „optique génétique" die Ideen und Originalität des *Sternbald*.]

Geulen, Hans: Zeit und Allegorie im Erzählvorgang von Ludwig Tiecks Roman
„Franz Sternbalds Wanderungen", in: Germanisch-Romanische Monatsschrift
N. F. 18 (1968), S. 281–298 [Knüpft an R. Alewyns Ansicht (s. d.) von der Bedeutung des äußeren Handlungsgeflechts an und geht dem Verhältnis von Vergangenheit und Zukunft, Erinnerung und Ahnung nach.]

Kahn, Robert L.: Tieck's *Franz Sternbalds Wanderungen* and Novalis' *Heinrich von
Ofterdingen*, in: Studies in Romanticism 7 (1967/68), S. 40–64 [Konstatiert star-
ken Einfluß von Tiecks auf Hardenbergs Roman, hauptsächlich in bezug auf
Figuren, Motive, Situationen.]

Kluge, Gerhard: Idealisieren – Poetisieren. Anmerkungen zu poetologischen Begriffen und zur Lyriktheorie des jungen Tieck, in: Schiller-Jahrbuch 13 (1969), S. 308–360. In gekürzter Fassung auch in: W. Segebrecht (Hg.) 1976, S. 386–443: s. GB 8. [Mit Hinweisen für die Deutung der Liedeinlagen im *Sternbald*.]

Lillyman, William J.: Der Erzähler und das Bild des Stromes in *Franz Sternbalds Wanderungen*, in: Germanisch-Romanische Monatsschrift N.F. 21 (1971), S. 378–395 [Nimmt mit R. Alewyn (s. d.) und H. Geulen (s. d.) eine einheitliche Struktur des Romans an und führt als integrierende Elemente die konsequente Haltung des Erzählers und das zentrale Bild des Stromes an.]

Markert, Heidrun: Wirklichkeitsdarstellung und Wirklichkeitsbewältigung in Ludwig Tiecks frühen Romanen „Die Geschichte des Herrn William Lovell" und „Franz Sternbalds Wanderungen. Eine altdeutsche Geschichte", Berlin 1981 (masch. Diss.) [In der ehemaligen DDR entstandene Dissertation. Dem Weg der Selbstentfremdung William Lovells wird die Entwicklung Sternbalds als Prozeß der Selbstfindung gegenübergestellt.]

Meuthen, Erich: „... denn er selbst war hier anders." Zum Problem des Identitätsverlustes in Ludwig Tiecks *Sternbald*-Roman, in: Schiller-Jahrbuch 30 (1986), S. 383–403 [Sieht – aus diskursanalytischer Sicht – in Tiecks Roman unaufhebbare Dissoziation und Diskontinuität des Selbst und des Lebens, die Verirrung in ein ausweglos Labyrinth.]

Minder, Robert: Un poète romantique allemand: Ludwig Tieck (1773–1853), Paris 1936 [Darstellung des *Sternbald* im Vergleich mit *William Lovell*. „*Lovell* est un roman de dissociation, *Sternbald* un roman de synthèse".]

Mornin, Edward: Tieck's Revision of *Franz Sternbalds Wanderungen*, in: Seminar 15 (1979), S. 79–96 [Vergleicht die beiden Fassungen des Romans im Hinblick auf die substantiellen inhaltlichen Veränderungen.]

Ders.: Art and alienation in Tieck's *Franz Sternbalds Wanderungen*, in: Modern Language Notes 94,1 (1979), S. 510–523 [Sieht das Problem Berglingers, daß die Kunst den Menschen der Wirklichkeit und den Mitmenschen entfremde, auch durch die Figur Sternbalds artikuliert.]

Ribbat, Ernst: Ludwig Tieck: *Franz Sternbalds Wanderungen* (1798), in: P.M. Lützeler 1981, S. 58–74: s. GB 9. [Versteht Tieck als „poetisch experimentierenden bürgerlichen Schriftsteller", sein Buch als Text, „in dem nicht Sachverhalte dokumentiert sind, sondern ein Prozeß neuartigen Formulierens neuer Erfahrungen eingeleitet wird".]

Sammons, Jeffrey L.: Tieck's *Franz Sternbald*: The Loss of Thematic Control, in: Studies in Romanticism 5 (1965), S. 30–43 [Findet, daß Tieck die anfängliche Konzeption im Fortgang aus dem Auge verloren habe, und hält, wie A. Anger (s. d.), den Zweiten Teil mit dem Ersten für unvereinbar.]

Schmidt, Thomas E. 1989: s. Kap. V. A. 1.2. [Zum *Sternbald* (S. 36–98): „Die Historisierung einer empfindsamen Lebensweltutopie im Medium des Romans".]

Zeydel, Edwin H.: Ludwig Tieck, the German Romanticist. A Critical Study, Princeton 1935. Repr. Nachdr. Hildesheim/New York 1971 [Knappe Darstellung des *Sternbald*, in der besonders auf den Einfluß Jakob Böhmes hingewiesen wird.]

2. Analyse

War die Epoche Dürers und Raffaels in den *Herzensergießungen* aus der Betrachterperspektive eines Zeitgenossen vom Ende des 18. Jahrhunderts vergegenwärtigt worden, so wird sie im *Sternbald* als fiktionale Gegenwart vermittelt. Der Roman spielt in den Jahren 1520/21 in Deutschland, den Niederlanden und Italien. Entflohene Zeit kehrt zurück, die Künstler von einst wandeln vor dem Leser als lebendige Gestalten (wenn auch nicht in historischer Authentizität, sondern romantisiert), die Kunst wird ihm in Gesprächen, in Bildern und vor allem in der Figur des Titelhelden, eines angehenden Malers, nahegebracht. Die eigentliche literaturgeschichtliche Bedeutung des Werkes aber liegt darin, daß sich in ihm zum ersten Mal der Geist der Romantik in einer epischen Großform kristallisiert, die rege Nachfolge finden und das Gesicht auch der späteren Romantik entscheidend prägen sollte.

Tieck begründet mit dem *Sternbald* die Gattung des romantischen Romans. Das Muster, das er formt, ist später in Werken wie Eichendorffs *Ahnung und Gegenwart* oder E.T.A. Hoffmanns *Die Elixiere des Teufels* deutlich wiederzuerkennen. Auch Novalis hat sich im *Heinrich von Ofterdingen* von ihm anregen lassen (s. Kap. VI.). Unverkennbar ist andererseits auch eine Ähnlichkeit mit dem klassischen Bildungsroman. Wie etwa Goethes *Wilhelm Meister* geht der Held des romantischen Romans auf Reisen, um eine neue Welt kennenzulernen, durch Begegnungen und Begebenheiten zu reifen und auf einer höheren Stufe des Daseins anzulangen. Aber anders als beim klassischen Pendant, das auf Wirklichkeitserfahrung und Diesseitshoffnung fixiert ist, nimmt die Welt des romantischen Romans zauberische, die Oberfläche der Realität transzendierende Züge an, und zwar in demselben Maße, in dem der Held seinerseits sich über die Sphäre des Gewöhnlichen hinaussehnt und nach einem Glück strebt, das unaussprechlich bleibt und nur in einem Symbol wie dem des Goldenen Zeitalters zu benennen ist.

Erhält die Gattung damit einen klaren Grundriß, ist dieser doch nicht gleich erkennbar. Der Leser eines Werkes wie des *Sternbald* fühlt sich zunächst völlig desorientiert, da er durch keine zusammenhängende Handlung geleitet wird, sondern Sprünge zwischen disparat scheinenden Episoden nachvollziehen muß. Die Plan- und Formlosigkeit, die der romantische Roman so an den Tag legt und die man ihm häufig vorgeworfen hat, ist aber nur eine scheinbare. Denn nicht Dissoziation, sondern deren Überwindung ist sein Ziel. Obwohl Tieck mit der „angenehmen Unordnung" (TSt, 336) sympathisiert – und welcher Romantiker liebäugelte nicht mit dem Chaos –, experimentiert er auf der Suche nach neuem Heil, zumal angesichts der schaurigen Erfahrungen seines William Lovell, mit der Geburt neuer, ganzheitlicher Schöpfung aus dem Wirrwarr. Eine arabeskenhafte Linienführung auf der Oberfläche der dargestellten Welt sollte letztlich zu einer sinngebenden Verknüpfung in ihrer Tiefe führen. Darin nimmt der romantische Roman einen zugleich synthetisch-analytischen Charakter an. Immer beginnt eine Erzählung dieser Art mit der zunächst zusammenhanglos wirkenden Präsentation einzelner Figuren, Begegnungen, Ereignisse, Schauplätze, die der Phantasie etwas zum Ahnen und Rätseln geben, bis sich dann im weiteren Verlauf ein untergründiges Netz von Beziehungen enthüllt. Und dieses Verfahren wiederum ist nichts anderes als die ‚Botschaft' der romantischen Dichtung, ein Bild von der Beschaffenheit der Welt: Was auf der Oberfläche als Konglomerat von Einzelheiten erscheint, gezeichnet vom Fluch der Individuation, ist unterirdisch – in der Tiefe des Raumes, der Zeit, der Seele – verwandtschaftlich und tröstlich miteinander verbunden.

Hätte Tieck seinen Roman vollendet, wäre deutlich geworden, was man jetzt nur mutmaßen, aber doch mit einiger Gewißheit annehmen kann: daß Sternbald auf seinem Weg unbewußt in die Vergangenheit seiner Existenz geführt wird und das selige Einssein mit der harmonisch zusammenklingenden Welt, wie in der Kindheit erfahren und später verloren, zurückerlangt. Denn so heißt es im Fragment der Fortsetzung angesichts der Vereinigung der Liebenden:

„O glückliche Gegenwart! rief Marie aus, nun sind Vergangenheit und Zukunft verschwunden, die Ewigkeit ist in die Zeit gedrungen. – Die Vergangenheit ist Gegenwart geworden, fuhr Sternbald fort, Hoffnung und Glauben sind im schönsten Bunde vereinigt." „O ihr holdseeligen Blumen, die ich selber gepflegt habe, nun versteh ich, was ihr mir bedeutet, ihr säuselnden Lüfte, ihr Bäume und blauen Gebirge, du ferne Kindheit, alles Bekannte und Unbekannte, nun bin ich euch wieder auf ewig zurückgegeben! In Wollust zittert und regt sich die ganze Welt, zum Wohllaut klingen alle Töne zusammen, alles Treiben der bunten Pflanzen, der unschuldigen Menschen, der Ströme und Meere erscheint mir wie ein kindliches Spiel, und Sonne und Sterne verstehn mein Herz und mein Begehren." (TSt, 496, 498)

Ferner wird Sternbald über seine ihm unbekannte Herkunft aufgeklärt und mit seiner Familie wieder verbunden. Denn so skizziert Tieck später den Fortgang der Handlung: Sternbald sollte zunächst die Geliebte durch den Bildhauer Bolz verlieren und nach einem Kampf wiedergewinnen. „Nachher, auf einer Reise durch das florentinische Gebiet trifft in Bergen, auf einem reichen Landhause Franz seinen Vater: Ludoviko ist sein Bruder, den er als Gemahl der schönen Nonne wieder findet. Alle sind glücklich: in Nürnberg, auf dem Kirchhofe, wo Dürer begraben liegt, sollte in Gesellschaft Sebastians die Geschichte endigen." (TSt, 501) In der Rückkehr zum Ursprung, in der Vereinigung alles Getrennten, in dem kreisförmigen Einmünden der Zukunft in die Vergangenheit und damit der Aufhebung der Zeit in der Ewigkeit liegt also der Sinn des Romans. Vielleicht hatte der Autor für seinen Helden auch eine Rückkehr zum alten Glauben, die Konversion zum Katholizismus, vorgesehen. Der *Brief eines deutschen Malers* in den *Herzensergießungen* (s. o. 1.1.) könnte dafür ein Beleg sein. In Anbetracht dieser Verquickung von Sinn und Handlungsstruktur ist es nicht müßig, nach dem Geflecht der äußeren Handlung zu fragen, da dieses, so verworren und sekundär es erscheint, doch keineswegs bedeutungslos ist, sondern als Symbol der Kernaussage fungiert (vgl. R. Alewyn 1962, 68).

Wenn romantische Kunst generell dazu tendiert, das Einzelne aus seiner starren Verankerung zu lösen, die verfestigten Verhältnisse der Wirklichkeit zu verflüssigen, sie ins Schwebende zu transponieren, so ist das gerade an Tiecks Dichtung gut zu beobachten. Wie schon früher bemerkt (s. Kap. VII. B.), erzielt sie diesen Effekt, indem sie die Gegenstände entkörperlicht und allein die sinnlichen Reize zur Geltung kommen läßt, die von ihnen ausgehen. Die ganze Welt wird dadurch ein Licht- und Farbenspiel, ein Schimmern, Flimmern, Blinken, Glänzen, vor allem aber ein Spiel der Geräusche und Töne. In Augenblicken, in denen Sternbald sich in der Natur der „ewige Weltgeist" offenbart, erlebt er die Natur auch als Musik, als „vollen, harmonischen Orgelgesang, der aus den innersten Tiefen, aus Berg und Tal und Wald und Stromesglanz in schwellenden, steigenden Akkorden heraufquillt" (TSt, 249). Verstärkt wird der Eindruck sowohl des Schwebens wie der Musikalität durch eine Unzahl von Liedeinlagen, zumal von „jenen leichten, scherzenden Liedern, die die Erde nicht berühren, die mit luftigem Schritt über den goldenen Fußboden des Abendrots gehn und von dort in die Welt hineingrüßen" (TSt, 327; zum Charakter dieser Lyrik vgl. die Analyse des *Mondscheinliedes*, TSt, 241–243, bei M. Frank 1989, 422ff.: s. GB 9.).

Jedoch ist Tiecks Roman nicht nur auf *eine* Tonlage, etwa nur auf das Leichte, Scherzende gestimmt. Kontrapunktisch komponiert, führt er vielmehr unterschiedliche Stimmen zum polyphonen Satz zusammen, so auch in den zahlreichen Gesprächen über Kunst und Künstlertum. Da vernimmt man zum einen, besonders im Ersten Teil, den einfältigen Ton des kunstfrommen Klosterbruders und sein Credo von der Religiosität der Kunst, zum anderen hingegen, im Zweiten Teil, die frohe Kunde vom lockeren Sinnengenuß und einer lebenslustigen Künstlerbohème. Da wird man einesteils von einer das ganze Werk durchziehenden und an die Gestalt Berglingers erinnernden Melancholie angerührt, während andernteils immer wieder die Mahnung zu hören ist, das trübsinnige Sorgen zu lassen, sogar unter Berufung auf das entsprechende Christuswort in der Bergpredigt (TSt, 134). Da ist die Rede auch von zweierlei Glück: vom Glück der stillen Häuslichkeit im Heimatlichen, Vertrauten und vom Glück der ständigen Bewegung, des Reisens in die Fremde, ins Unbekannte (dazu weiter unten).

Der Unterschied gestaltet sich hier und auch sonst als Polarität, mutmaßlich unter der Voraussetzung, daß erst beide Pole zusammen das Ganze des Menschen, des Lebens, der Kunst ausmachen. Der Ernst des Nordens und der Frohsinn des Südens, deutsche Biederkeit und italienische Leichtlebigkeit, das Heimatliche und das Fremde, diese Gegensätze sollten am Ende wohl entschärft und versöhnt werden. Als unversöhnlich erscheint einzig der Kontrast zwischen dem bürgerlichen, die Kunst verschmähenden Nützlichkeitsdenken, dem Sternbald in mehreren Personen begegnet (TSt, 21ff.,

37ff., 173ff.), und einer künstlerischen Lebenshaltung, die dem „Großen und Schönen" geweiht ist und über die „Sorge für den Unterhalt" hinausreicht (TSt, 176f.).

Eine Verkörperung des polar Unterschiedlichen und gleichzeitig die Vereinigung der Pole stellt das Freundschaftsverhältnis zwischen Sternbald und Rudolf Florestan dar, das übrigens auch in der Beziehung Roderigo – Ludoviko wiederkehrt. Wird der introvertierte Sternbald, ähnlich wie Berglinger, häufig von Mutlosigkeit, Niedergeschlagenheit, Selbstzweifeln heimgesucht, antwortet ihm der extravertierte Florestan mit unbändiger Lebens- und Abenteuerlust und löst den Freund aus seiner beklemmenden empfindsamen Innerlichkeit. Mit Florestan tritt die romantische Hinwendung zur Außenwelt und eine neue Unschuld in bezug auf das sinnliche, auch das sinnlicherotische Erleben auf den Plan. Und sein Verhältnis zu Sternbald begründet die typisch romantische Freundschaft, die nicht wie ihre empfindsame Vorgängerin von Gleich-, sondern Verschiedengestimmtheit der Seelen und Temperamente geprägt ist. Später wird beispielsweise Eichendorff in Friedrich und Leontin *(Ahnung und Gegenwart)* oder Florio und Fortunato *(Das Marmorbild)* eine analoge Figurenkonstellation in den Mittelpunkt stellen, den Eros allerdings ins Zwielicht rücken, ja ihn, wie schon Tieck im *Runenberg*, dämonisieren.

Von Florestan wird Sternbald auch animiert, die ursprüngliche Absicht seiner Reise zeitweise ganz zu vergessen und sich einem planlosen Umherschweifen zu überlassen. Er bricht aus Nürnberg auf, „um in der Fremde seine Kenntnisse zu erweitern und nach einer mühseligen Wanderschaft dann als ein vollendeter Meister zurückzukehren" (TSt, 12f.). Aber später verliert er Zweck und Ziel aus den Augen, läßt sich ablenken und aufhalten, schlägt aufs Geratewohl Wege ein, die ins Abseits und in die Irre führen.

Begründet wird damit der romantische Typus des Reisens oder Wanderns, der sich kategorial von der zweckrationalen Reise unterscheidet. Wie sich eine solche anläßt, kann etwa der *Beschreibung einer Reise durch Deutschland und die Schweiz, im Jahre 1781* (Erstdruck 1783) des Aufklärers Friedrich Nicolai entnommen werden. Wenn man Nicolais methodischen Vorbemerkungen im 1. Band folgt, hat er seine Reise nicht nur pedantisch geplant und vorbereitet, sondern geradezu so angelegt, wie sich die moderne Lerntheorie ein „Curriculum" denkt. Einer genauen Zwecksetzung, „Lernzielen" entsprechend, folgt eine genaue Abstimmung der Zwecke mit den Mitteln und Wegen, die zu ihrer Erreichung notwendig sind. Alles, was nicht den festgesetzten Zwecken dient, wird weggelassen. Eine große Rolle spielt bei dieser Planung die Zeit. Sie wird von vornherein berechnet und ebenfalls mit den Zwecken abgestimmt, denn Nicolai will mit ihr ökonomisch haushalten und sie auf keinen Fall unnütz verschwenden. Und da die kürzeste und schnellste Verbindung zwischen zwei Punkten die Gerade ist, wird auch immer das geradlinige, direkte Ansteuern des Zieles bevorzugt (vgl. L. Pikulik 1979, 392ff.: s. GB 9.).

Beschreibt demgegenüber der romantische Wanderer eine völlig regellose Bewegung durch den Raum, gewissermaßen auf sich ständig krümmender Linie, leistet er sich zeitraubende (in Wahrheit aber die Zeit erlebbar machende) Gemächlichkeit oder gar Langsamkeit und ist er im wahrsten Sinne ein Müßig-Gänger, so ist sein Reisen doch nicht sinn- und auch nicht ganz ziellos. Jedoch ist das Ziel etwas so Unbestimmtes wie die „Ferne". Was der romantische Wanderer, so auch Sternbald, sucht, ist ein fernes Glück, das ihm symbolhaft in der unbekannten Geliebten vorschwebt, von der er ein Bild in sich trägt, ohne daß er weiß, wo er sie finden kann. Unbewußt jedoch wird er durch Ahnung und Zufall, der im Grunde keiner ist, auf die richtige Spur gebracht, und was wie das Umherirren in einem Labyrinth anmutete, entpuppt sich als geheimnisvoll tiefgründiges Planspiel. Das Modell dieses Geschehens stellt Tieck bereits im Ersten Teil in der eingelegten Erzählung von Ferdinand und Leonore vor (TSt, 145–161), die das Schicksal von Sternbald und Marie spiegelt und vorwegnimmt. Ohne wirklich auf Erfolg hoffen, jedoch auch ohne einem inneren Drang widerstehen zu können, begibt sich Ferdinand auf die Suche nach der Unbekannten, deren Bildnis ihm eines Tages wie durch Zufall in die Hände gekommen war. Er zieht los, ohne zu wissen, „wohin er seinen Weg richten sollte", geht daher „auf der ersten Straße fort, auf die er traf", folgt „unwillkürlich" dem inneren Bild, das vor ihm herzuschweben scheint, „verirrte sich endlich von der Straße" und gerät in einen dichten Wald; geht weiter „und traf immer noch keinen Ausweg", stockt und wird an sich und seinem ganzen Unternehmen irre, wird aber wieder vom „wunderbaren Trieb, weiterzuwandeln" gepackt – und findet dann doch schließlich, gegen jede Wahrscheinlichkeit und vernünftige Erwartung, die ersehnte Geliebte (TSt, 150ff.).

Es ist die Lehre des romantischen Romans, daß man nicht auf der geraden, von allen begangenen Straße findet, was man sucht, oder hier allenfalls findet, was die Suche nicht lohnt, sondern abseits, auf Abwegen, auf Irrwegen. Emanzipiert von Zwecken, hat das romantische Reisen gleichwohl einen tieferen Sinn. Es verhält sich damit wie mit der von jeder referentiellen Bestimmung befreiten Sprache. Wenn „einer blos spricht, um zu sprechen" und nichts Bestimmtes meint, wie es in Hardenbergs *Monolog* heißt, so spricht er „gerade die herrlichsten, originellsten Wahrheiten" aus (N II, 672). Und „wenn einer bloß reist, um zu reisen und sich nicht zweckrational bindet, macht er gleichwohl die wertvollsten Entdeckungen.

Man muß allerdings, auch wenn alles Sehnen Sternbalds sich auf die Vereinigung mit der Geliebten richtet, die Frage stellen, ob die Verwirklichung des erträumten Glücks überhaupt dem romantischen Lebensideal entspricht. Wunscherfüllung bedeutet Spannungsabfall, die Verwandlung von Ferne in Nähe das Gewöhnlichwerden des Ideals und drohende Langeweile. Deshalb auch haben die romantisch Liebenden Angst vor der Ehe, ja auf den Stillstand des Strebens und Suchens fällt der Schatten des Todes: „Viele suchen schon gar nicht mehr, und diese sind die Unglücklichsten, denn sie haben die Kunst zu leben verlernt, da das Leben nur darin besteht, immer wieder zu hoffen, immer zu suchen, der Augenblick, wo wir dies aufgeben, sollte der Augenblick unsers Todes sein." (TSt, 79)

Ob mit dieser Devise die Vollendung des Romans unvereinbar ist und sein Fragmentcharakter somit nicht den äußeren Umständen, sondern einer inneren Notwendigkeit zuzuschreiben wäre (vgl. A. Anger 1966, 582), muß dahingestellt bleiben. Die anvisierte Endzeit-Synthese muß man sich nicht unbedingt als einen statischen Zustand der völligen Sättigung vorstellen. Sie kann auch als etwas Schwebendes, Bewegtes, sich ständig Erneuerndes gedacht werden. Gerade so wollte Novalis im *Heinrich von Ofterdingen* das Goldene Zeitalter darstellen (s. Kap. VI. G.), durchaus im Bewußtsein des eben genannten Problems: „Wie vermeidet man bey Darstellung des Vollkommnen die *Langeweile?*" (N III, 435)

IX. Kapitel: Spiel, Scherz und tiefere Bedeutung (Zu Tiecks Komödien *Der gestiefelte Kater* und *Die verkehrte Welt*)

Einleitung

Dieses Buch schließt mit einigen Bemerkungen zu der in den vorangegangenen Kapiteln schon mehrfach angesprochenen Bedeutung, die in der frühen – und auch späteren – Romantik der Kategorie des Spiels zukommt.

Spielen, im engsten Sinne genommen, nicht also gekoppelt mit Zielen wie Gewinn, Erfolg, Zerstreuung etc., ist das Gegenteil zweckrationalen Verhaltens. Deshalb erkennt sich in ihm die Phantasie mit ihrer ungebundenen, regellosen Tätigkeit, und deshalb sind Kinder, weil sie diesseits aller Zweckbestimmung, und alte Menschen, weil sie jenseits aller Zweckbestimmung leben, seine natürlichen Adepten. Bei Tieck ist „Phantasus", die Allegorie der verspielten Phantasie, sowohl ein holdes Knäblein (TPh, 114ff.) wie ein launiger Alter (TSt, 348ff.).

Kinder des Spiels sind sodann die Künstler. Die Kunst, vom Philister als „unnütze Spielerei" abgetan (TSt, 174), ist nach den Worten Sternbalds „ein frommes Kind, dessen unschuldige Spiele jedes reine Gemüt rühren und erfreuen müssen. Sie drückt den Menschen am deutlichsten aus, sie ist Spiel mit Ernst gemischt und Ernst durch Lieblichkeit gemildert." (TSt, 176) Und weil sie aus tieferem Grunde stammt und wiederum über die Sorge für das Irdische erhebt, stellt sie nichts geringeres als „ein Unterpfand unsrer Unsterblichkeit" dar (TSt, 177).

Den weitesten Umfang und den größten Tiefgang hat Novalis dem Begriff verliehen. Spiel ist nach ihm eine Seinsverfassung. „Seyn drückt gar keine absolute Beschaffenheit aus – sondern nur eine Relation [...] Ich bin – heißt ich befinde mich in einer allgemeinen Relation, oder *ich wechsle* – Es ist Glied des Wechsels überhaupt [...] Ausdruck der bloßen Thätigkeit, ohne Gegenstand und Inhalt – erstes *Spiel* –" (N II, 247). Sein ist ursprünglich Beziehungsspiel, könnte hiernach auch gesagt werden. „*Spielt* Gott und die Natur nicht auch?" – eine Frage, die den Gedanken eingibt, ob man nicht von „*Heiligen Spielen*" sprechen und eine „*höhere*" von einer „*gemeinen*" Spiellehre unterscheiden müsse (N III, 320). In den *Lehrlingen zu Sais* heißt es: „Wie diese Wellen, lebten wir in der goldnen Zeit; in buntfarbigen Wolken, diesen schwimmenden Meeren und Urquellen des Lebendigen auf Erden, liebten und erzeugten sich die Geschlechter der Menschen in ewigen Spielen" (N I, 104).

Der Mensch ist somit seinem Ursprung am nächsten (bzw. „ganz Mensch", wie Schiller im fünfzehnten der Briefe *Über die ästhetische Erziehung des Menschen* sagt), wenn er spielt. Novalis hat dabei im *Monolog* einen spezifischen Umgang mit der Sprache im Blick, ein von Zwecken und Referenzen entbundenes Sprechen um seiner selbst willen:

„Wenn man den Leuten nur begreiflich machen könnte, daß es mit der Sprache wie mit den mathematischen Formeln sei – Sie machen eine Welt für sich aus – Sie spielen nur mit sich selbst, drücken nichts als ihre wunderbare Natur aus, und eben darum sind sie so ausdrucksvoll – eben darum spiegelt sich in ihnen das seltsame Verhältnißspiel der Dinge. Nur durch ihre Freiheit sind sie Glieder der Natur und nur in ihren freien Bewegungen äußert sich die Weltseele und macht sie zu einem zarten Maaßstab und Grundriß der Dinge." (N II, 672)

Zugleich erhebt Novalis, der wie Schiller an die Bildung des Menschen durch die Dichtung denkt, diese Art des Sprachspiels zum Modell für „Wesen und Amt der Poesie" (ebd.). Andernorts notiert er auch: „Der Poët braucht die Dinge und Worte, wie *Tasten* und die ganze Poësie beruht auf thätiger Idéenassociation – auf selbstthätiger, absichtlicher, idealischer *Zufallproduktion*" und setzt an den Schluß dieser Notiz als Fazit: *„(Spiel.)"* (N III, 451). Ist aber das Spiel nicht nur unwillkürlich und zufällig, sondern auch bewußt und absichtlich, gewissermaßen „Synthesis des Willkührlichen und Unwillkührlichen" (N III, 441), nimmt es operativen Charakter an, wie Novalis ja auch das „Romantisiren" eine „Operation" nennt (N II, 545). Die Verbindung von Absicht und Zufall ist im übrigen eine Eigenart des Experiments. Und schreibt Novalis diese Verbindung dem operativen Spiel des Dichters zu, kann er auch sagen: „Spielen ist experimentiren mit dem Zufall." (N III, 574)

Die reinste Verwirklichung des ungegenständlichen und zweck-, aber keineswegs sinnlosen Spiels hat Novalis in der Musik, und zwar der absoluten Musik gesehen. „Tanz und Liedermusik ist eigentlich nicht die wahre Musik. Nur Abarten davon. Sonaten – Symphonieen – Fugen – Variationen: das ist eigentliche Musik." (N III, 685) Gleichwohl fallen bei ihm freie Bewegungs- und Beziehungsformen wie der Tanz oder das Fest ebenso unter das tiefsinnig Spielerische wie das Theater, das Schau-Spiel, das nach seiner Vorstellung das Medium sein soll, in dem sich die Idee des „poetischen Staates" konkretisiert (s. Kap. V.C.).

Es ist indessen das Verdienst Ludwig Tiecks, daß der romantische Geist des Spiels sich auch im Theater manifestiert. Und es ist seinen Komödien aus der Frühzeit zu verdanken, daß die Epoche der romantischen Dichtung nicht nur mit dem melancholischen Adagio der Klosterbruder-Ergießungen und Berglinger-Klagen, sondern auch mit einem erheiternden Scherzo anhebt. In den hier zu kurzer Behandlung ausgewählten Stücken spielt und scherzt das Theater mit sich selbst. Sie sind Verwirrspiel und, wie es im Gespräch des *Phantasus* heißt, „Zirkellinie, die zu nichts, als zu sich selber zurück führt"

(TPh, 566). Sie offenbaren damit auch eine untergründige Korrespondenz mit den seltsamen Wanderungen Franz Sternbalds.

1. Grundlageninformation

1.1. Texte und Materialien

Der gestiefelte Kater

Erstdruck: *Der gestiefelte Kater. Kindermährchen in drei Akten, mit Zwischenspielen, einem Prologe und Epiloge,* in: *Volksmährchen herausgegeben von Peter Leberecht* [Pseudonym Tiecks], Berlin: Carl August Nicolai 1797. Zweiter Theil, S. 1–139. Im gleichen Jahr erschienen noch zwei textgleiche Einzelausgaben, die eine auf Veranlassung des Verlegers mit einem mystifizierenden Zusatz: „Aus dem Italiänischen. Erste unverbesserte Auflage, Bergamo 1797, auf Kosten des Verfassers. In Kommission bei Onorio Senzacolpa" und weiteren scherzhaften Bemerkungen; die andere mit gleichem Titel und der Verfasser- und Verlagsangabe „von Peter Leberecht. Berlin 1797 bei Carl August Nicolai". Eine zweite, erweiterte Fassung erschien 1812 im 2. Band des *Phantasus* (TPh, 490–564). Studienausgabe nach dem Erstdruck durch Helmut Kreuzer: TGK.
Entstehung: Beginn 1797. In einem Brief vom 23. 12. 1797 schreibt Tieck an A.W. Schlegel, er habe das Stück (wie den *Blaubart*) „fast in einem Abend geschrieben" (T Briefe, 25).
Quellen und Anregungen: Das Märchen, im französischen Original *Le Maistre Chat ou Le Chat Botté,* hat Tieck aus der Sammlung von Charles Perrault: *Les Contes de ma Mère Loye [L'oye], Histoires ou Contes du tems passé, avec des Moralitez,* Paris 1697. In der Mischung von Drama und Märchen lehnt er sich an die späten Nachfahren der Commedia dell'arte, Carlo Gozzi, an (vgl. A. Marelli 1968, H. Feldmann 1971). Er folgt dramaturgisch im übrigen einer Komödientradition, die sich mit ihrer Betonung des Burlesken von Aristophanes herschreibt und in der neueren Zeit im Elisabethanischen Theater, im Barock, im Wiener Volkstheater zur Blüte gelangt. Zu letzterem stellen die Zitate aus Schikaneders/Mozarts *Zauberflöte* im III. Akt eine direkte Verbindung her, aus der Tradition des volkstümlichen Stegreiftheaters stammt die Figur des Hanswurst. Über den Einfluß Shakespeares, Beaumonts und Fletchers, Ben Jonsons vgl. H. Lüdeke 1922.

Die verkehrte Welt

Erstdruck: *Die verkehrte Welt. Ein historisches Schauspiel in fünf Aufzügen,* in: *Bambocciaden,* hg. von A.F. Bernhardi, Zweiter Theil, Berlin: Friedrich Maurer 1799, S. 103–276. Eine zweite, stark veränderte Fassung 1812 im 2. Band des *Phantasus* (TPh, 567–660)
Neuausgabe des Erstdrucks durch Karl Pestalozzi: TVW.
Entstehung: Der Plan datiert vom Ende des Jahres 1796. Das ausgeführte Stück ging Ende 1797 an Friedrich Nicolai, der die Aufnahme in die von ihm verlegten *Straußfedern,* eine Erzählsammlung, ablehnte (vgl. K. Pestalozzi 1964, 133f). Der Druck dann erst 1799 (s. o.).
Quellen und Anregungen: Als Quelle nennt Tieck selber gegenüber Nicolai das gleichnamige Drama von Christian Weise: *Lust Spiel Von der Verkehrten Welt,*

Leipzig 1683. Zugrunde liegt ein aus der Antike stammender Topos, demgemäß die Ordnung der Welt durch Vertauschung der Rollen auf den Kopf gestellt ist: Der Ochse schlachtet den Metzger, das Wild erlegt den Jäger, der Esel reitet den Menschen etc. (vgl. Ernst Robert Curtius: Europäische Literatur und lateinisches Mittelalter, Bern/München [8]1973, S. 104ff). Die Formelemente seines Stücks entnimmt Tieck der schon oben benannten Komödientradition. Als Vorbilder sind außerdem zu nennen: Middleton, Rowley, Holberg, Goethe (vgl. Pestalozzi, 111ff). Auffällig wiederum die starke Anlehnung an die Commedia dell'arte.

1.2. Forschungsliteratur

Behrmann, Alfred: Wiederherstellung der Komödie aus dem Theater. Zu Tiecks ,historischem Schauspiel' *Die verkehrte Welt,* in: Euphorion 79 (1985), S. 139–181 [Eingehende Untersuchung unter einer Vielfalt von Aspekten. Behauptet seltsamerweise, daß in der *Verkehrten Welt* die drei Einheiten gewahrt seien. Äußerst positives Urteil über das Stück.]

Benay, Jeanne: Le théâtre de Ludwig Tieck. Anticipation du théâtre épique de Bertolt Brecht, Nancy 1977 (Thèse du Doctorat als „mémoire dactylographié") [U. a. mit eingehenden Analysen des *Gestiefelten Kater,* S. 50–78, und der *Verkehrten Welt,* S. 110–141. Unterstreicht die theaterspezifische Modernität Tiecks und stellt Kriterien des Epischen Theaters bei Tieck heraus.]

Dies.: Le théâtre de Ludwig Tieck: tradition et révolution, in: Revue d'Allemagne 12 (1980), S. 547–566 [Greift die Thesen der größeren Untersuchung (s. d.) unter den im Titel genannten Gesichtspunkten auf und findet: „Le théâtre de Tieck n'est que la transposition de sa vision du monde et de l'homme, vision encore enracinée dans l'univers baroque où la vie est un songe, où la réalité est une illusion. Mais cette vision est aussi une vision d'avenir où l'on s'arrête aux apparences, sans chercher plus loin, et où l'homme perd son identité."]

Beyer, Hans Georg: Ludwig Tiecks Theatersatire „Der gestiefelte Kater" und ihre Stellung in der Literatur- und Theatergeschichte, München 1960 [Bestreitet wie R.M. Immerwahr 1953 (s. d.), daß die Ironie des Stückes „romantische Ironie" sei, und sieht es vornehmlich als Theatersatire. Mit Forschungsbericht.]

Brummack, Jürgen: Satirische Dichtung. Studien zu Friedrich Schlegel, Tieck, Jean Paul und Heine, München 1979 [Untersuchung der satirischen Züge des *Gestiefelten Katers* in einem größeren Kontext.]

Feldmann, Helmut: Die Fiabe Carlo Gozzis. Die Entstehung einer Gattung und ihre Transposition in das System der deutschen Romantik, Köln/Wien 1971 [Geht von einer ausführlichen Gattungsbestimmung der Fiaba aus und zieht außer Tieck auch theoretische Äußerungen der Schlegels sowie Hoffmanns *Prinzessin Blandina* im Vergleich mit Schillers *Turandot* heran.]

Frank, Manfred: Das Problem „Zeit" in der deutschen Romantik. Zeitbewußtsein und Bewußtsein von Zeitlichkeit in der frühromantischen Philosophie und in Tiecks Dichtung, Paderborn/München/Wien/Zürich [2]1990 (zuerst 1972) [Mit Ausführungen zu verschiedenen Aspekten der Tieckschen Dramatik. Zeitlichkeit, vorwiegend am Leitfaden des *William Lovell* herausgearbeitet, wird auch in Tiecks Schauspielen erkannt.]

Galaski, Lisa: Romantische Ironie in Tiecks „Verkehrter Welt". Zum Verständnis einer artistischen Theaterkomödie aus der Berliner Frühromantik, in: Recherches

Germaniques 14 (1984), S. 23–57 [Versucht das negative Urteil über *Die verkehrte Welt* bei I. Strohschneider-Kohrs 1977 (s. d.) zu revidieren.]

Heimrich, Bernhard 1968: s. Kap. III. 1.2.

Immerwahr, Raymond M.: The Esthetic Intent of Tieck's Fantastic Comedy, Washington University, Saint Louis 1953 [Zieht Vergleiche mit den Theorien der Brüder Schlegel und deren Aristophanesdeutung, u. a. mit dem Ergebnis, daß *Der gestiefelte Kater* keine Illustration der Friedrich Schlegelschen Ironie sei, wie vielfach behauptet wird.]

Kluge, Gerhard: Spiel und Witz im romantischen Lustspiel. Zur Struktur der Komödiendichtung der deutschen Romantik, Köln 1963 [„Im romantischen Lustspiel stellt sich das Spiel gleichsam selbst dar; es wird Motiv, bewegende Kraft, Handlung, erscheint als eine Äußerung des Menschen, des homo ludens, bestimmt die Sprache und Dialogform." Im Ineinander von Bühnenwelt und Zuschauerwelt wird das Wirksamwerden des Witzes als kompositorisch-organisierende Kraft erblickt.]

Lüdeke, Henry: Ludwig Tieck und das alte englische Theater. Ein Beitrag zur Geschichte der Romantik, Frankfurt 1922. Repr. Nachdr. Hildesheim 1975 [Grundlegend für die Beziehungen Tiecks zum Elisabethanischen Drama.]

Marelli, Adriana: Ludwig Tiecks Märchenspiele und die Gozzische Manier. Eine vergleichende Studie, Köln 1968 [Legt nicht Wert auf den Nachweis „materieller Einflüsse", sondern auf die Frage, inwieweit Gozzi auf Tieck geistig und gestalterisch gewirkt hat.]

Paulsell, Patricia R.: Ludwig Tieck's *Der gestiefelte Kater* and the English Burlesque Drama Tradition, in: Michigan Germanic Studies 11 (1985), S. 144–158 [Sieht einen Einfluß nicht nur durch das Elisabethanische Drama, sondern auch durch spätere Repräsentanten des burlesken Theaters: Buckingham, Henry Fielding und Richard Brinsley Sheridan.]

Pestalozzi, Karl: Anhang zur Edition des Erstdrucks in der Reihe Komedia (TVW), S. 95–147 [Mit Editionsbericht, Entstehungsgeschichte, gattungsgeschichtlicher Einordnung, Analyse, Wirkungsgeschichte, kommentierter Auswahlbibliographie (bis 1963), Worterklärungen und Stellenkommentar.]

Ders.: Tieck: *Der gestiefelte Kater*, in: Die deutsche Komödie. Vom Mittelalter bis zur Gegenwart, hg. von Walter Hinck, Düsseldorf 1977, S. 110–126, 376–379 [Aspektreiche Interpretation. Meint, daß das Stück ursprünglich als Lesedrama gedacht war und seine verwirrende Wirkung nur zustande kommt, wenn man es sich gelesen denkt.]

Ribbat, Ernst: Ludwig Tieck. Studien zur Konzeption und Praxis romantischer Poesie, Kronberg/Ts. 1978 [Mit einer kürzeren Besprechung des *Gestiefelten Katers* und einer ausführlicheren der *Verkehrten Welt*, wobei der Gegenstand dieses Stückes in den Konflikten zwischen der alltäglichen Lebenspraxis (Scaramuz-Welt) und der Sphäre der Kunst (Apollo-Welt) gesehen wird.]

Scher, Steven Paul: Verbal Music in German Literature, New Haven/London 1968 [Gibt in dem Abschnitt „Tieck's ‚Topsy-Turvy' Symphony" eine Deutung der musikalischen Zwischenspiele in der *Verkehrten Welt*.]

Strohschneider-Kohrs, Ingrid 1960, ²1977: s. Kap. III. 1.2. [Mit einem Kapitel über „Die romantische Ironie als Gestaltungsmöglichkeit in Tiecks Lustspielen". Kritische Auseinandersetzung mit R.M. Immerwahr 1953 (s. d.). Negative Beurteilung der *Verkehrten Welt*. Die „Möglichkeit einer Gestaltung der Ironie", im *Gestiefelten Kater* durchaus entfaltet, sei hier „so gut wie ganz zurückgetreten".]

Thalmann, Marianne: Provokation und Demonstration in der Komödie der Romantik. Mit Grafiken zu den Literaturkomödien von Tieck, Brentano, Schlegel,
Grabbe und zum Amphitryon-Stoff, Berlin 1974 [Bestreitet, daß Tiecks Komödien
Lesedramen seien, wie oft behauptet wird, und betont ihre Theatralik. Provokation sei ihr Motor, Demonstration der Rezipienten die hierauf notwendige Reaktion.]
Voigt, Joachim: Das Spiel im Spiel. Versuch einer Formbestimmung an Beispielen aus
dem deutschen, englischen und spanischen Drama, Göttingen 1954 [Gibt eine
Typologie des Spiels im Spiel und untersucht dessen Zusammenhang mit dem
theatrum-mundi-Motiv.]

2. Analyse

Tieck wählt für den *Gestiefelten Kater* eine Konstruktion, die man „Theater
auf dem Theater" zu nennen pflegt, weil das Theater sich hierbei nicht
darauf beschränkt, der Darstellung eines Stücks zu dienen, sondern sich
auch selbst darstellt. Denn außer der Bühnenhandlung wird das Publikum
vorgeführt, das die Handlung erlebt, so daß die Theatersituation als solche
bewußt gemacht wird und selbst ein Stück des Stückes ist.

Die Theatergeschichte kennt diese Konstruktion in einer einfacheren und
einer komplizierteren Variante. Bei der einfacheren Version tritt das Publikum verbal nur vor und nach der Bühnenhandlung in Erscheinung, wohin-
gegen es während der Handlung unerwähnt bleibt und schweigt, so daß
seine Anwesenheit beim realen Zuschauer gänzlich in Vergessenheit geraten
mag. In diesem Fall, wie er beispielsweise in Brechts *Kaukasischem Kreide-
kreis* gegeben ist, bildet der Auftritt des Publikums nur einen Rahmen, von
dem das Bühnenstück auch abgelöst werden kann, um separat aufgeführt zu
werden.

Komplizierter liegt der Fall beim *Gestiefelten Kater*. Das Publikum macht
sich hier während der Dauer des Stückes ständig bemerkbar, indem es immer wieder in das Bühnengeschehen hineinspricht, um Erwartungen und
Reaktionen kund zu tun. Somit spielt das Drama auf unterschiedlichen
Ebenen, die sich voneinander abheben, aber auch permanent zueinander ins
Verhältnis treten, zumal nicht nur das Publikum auf die Bühne, sondern
mehrfach auch die Bühne auf das Publikum reagiert.

Zu der Publikumsebene und der Ebene der Bühnenhandlung kommt als
dritte Ebene der Inszenierungsapparat mit Dichter, Schauspielern (die zugleich als Figuren der Bühnenhandlung erscheinen), Maschinist und Büh-
nentechnik sowie Bühnenbild ins Spiel. Auf dieser Ebene ist das Stück noch
im Versuchs- und Entstehungsstadium, etwas, was noch nicht fertig ist,
beziehungsweise anders abläuft, als vom Dichter vorgesehen, und schließlich auch scheitert. Alle Planung wird durchkreuzt durch die ungebärdigen
Reaktionen des Publikums, Versagen des Theaterapparats, Uneinigkeit der
Verantwortlichen usw. Am Ende wirkt das Ganze mehr wie ein Zufalls- als

ein Kunstprodukt, mit einem gleichsam entmachteten Dichter, der weit entfernt ist, wie Gott im barocken theatrum mundi aus der Position des überlegenen Lenkers das Spiel zu dirigieren, sondern selber Objekt des Spiels geworden ist. Dabei erfährt er gewissermaßen das Schicksal des Zauberlehrlings. Mattgesetzt wird er durch den verwirrenden, anarchischen Geist der Phantasie, den er selber herbeiruft: (an das Publikum gerichtet) „Ich wollte Sie durch gegenwärtiges Stück nur erst zu noch ausschweifenderen Geburten der Phantasie vorbereiten." (TGK, 44).

Ist die Phantasie das eigentliche Subjekt des Spiels, so findet sie ihr Opfer allerdings vor allem in dem philiströsen, in platter Weise sowohl aufgeklärten wie gefühlshungrigen Publikum, das auf der Bühne das empfindsam idealisierte Abbild der eigenen Wirklichkeit sehen möchte. Gegen diese auf ‚guten Geschmack‘, Regeln, Wahrscheinlichkeit, Natürlichkeit, „vernünftige Illusion" (TGK, 11) abonnierte Erwartung bietet das Bühnengeschehen aber vorwiegend Übernatürliches (d. h. Wunderbares), Unbegreifliches, Regelloses. Diese Präsentation verfehlt ihre Wirkung nicht. Den Zuschauern schwirrt der Kopf, sie fühlen sich wie im Traum, sie fürchten toll zu werden. Und wie mit der Borniertheit des Verstandes rechnet das Stück mit der Sentimentalität des Gefühls ab. Vielfach wird spöttisch auf den literarischen Niederschlag dieses Fühlens, das rührende Familiendrama und den empfindsamen Roman, angespielt, wird auch Schillers *Don Carlos* nicht verschont, werden Herzensergießungen, wie sie zwischen zwei empfindsam Liebenden vorfallen (TGK, 28f.), in einer späteren Szene als unverbindlich und schnell vergänglich entlarvt (TGK, 47). Nimmt man die karikierende Darstellung des Königs und seines Hofes ebenso wie die politisch anspielungsreiche Verächtlichmachung des Popanz und einige andere Spitzen hinzu, kann man Tiecks Stück gewiß als Satire ansehen: Philistersatire, Aufklärungssatire, Empfindsamkeitssatire, Literatursatire, politische Satire etc. Indessen ist der satirische Zug nicht sein wesentlichster.

Sein vornehmster Zug liegt in dem Spiel mit Fiktion und Wirklichkeit, Schein und Sein, zugleich ein Verfahren der Ironie, wie in der Forschungsliteratur immer wieder betont worden ist (vgl. besonders I. Strohschneider-Kohrs 1977). Damit mit ihnen gespielt werden kann, muß es von ihnen freilich einen Begriff geben. Dies leistet die Konstruktion des Stückes. Die Unterschiedlichkeit der Perspektiven, mit denen sich der *Gestiefelte Kater* präsentiert, der Darstellungs-, Produktions- und Rezeptionsperspektive, ermöglicht auch eine perspektivische Unterscheidung zwischen Fiktion und Realität. Der Dichter, der Maschinist, die Schauspieler einerseits, die Zuschauer andererseits sind Figuren der Realität. Die ersteren schaffen Fiktion, sie sind nicht Fiktion, die letzteren rezipieren nur Fiktion und sind es ebenfalls nicht. In der Sphäre des Scheins weben dagegen die Figuren des Märchenstückes: Gottlieb, der Kater, der König, die Prinzessin etc. Dieser Unterschied gilt jedoch nur textintern und relativ. Von einem textexternen Standpunkt gehören auch das Publikum und die Theaterleute zur Fiktion. Immerhin wird der Unterschied noch dadurch bekräftigt, daß die Zuschauer ständig in das Bühnengeschehen hineinreden und es etwa auch durch Klopfen, Pfeifen und Zischen stören. Wenn damit auch Sprünge zwischen Bühnen- und Publikumsebene stattfinden, so werden doch die beiden Ebenen nicht vermischt, sondern in Distanz zueinander gesetzt. Denn macht ein Zuschauer lauthals Bemerkungen über die Aufführung, wird deren Theater-, d. h. Scheincharakter bewußt, wie der Zuschauer andererseits auch seinen eigenen Status außerhalb der Bühne und also innerhalb der Wirklichkeit kundtut. Die subjektive, immer problematischer werdende Befindlichkeit des Publikums zeigt allerdings einen Zerfall an. Mit der durchkreuzten Erwartung gerät der Wirklichkeitssinn in Mitleidenschaft und wandelt sich in Traumbefangenheit, Verrücktheit, Tollheit, Betrunkenheit oder wie immer die entsprechenden Kommentare der Zuschauer lauten.

Man könnte denken, daß eine Distanz zwischen Fiktion und Realität auch hergestellt wird, wenn die Schauspieler, wie es mehrfach im *Kater* geschieht, aus der Rolle fallen. Dergleichen hat normalerweise desillusionierenden Charakter, und jede Desillusionierung bringt Wirklichkeit zur Geltung. Aber auch in dieser Hinsicht beginnen die Verhältnisse zu schwanken. Denn es ist keineswegs so, daß die Figuren dabei immer aus der Rollenfiktion in die Schauspielerwirklichkeit ,fallen'. Wenn es anläßlich einer Turbulenz beispielsweise heißt: „alle Schauspieler vergessen ihre Rollen, auf dem Theater eine fürchterliche Pause. – Hinze ist eine Säule hinangeklettert" (TGK, 39), so deutet das Verhalten des Katers darauf hin, daß er eher in seine Tiernatur als in die Natur des darstellenden Schauspielers zurückgefallen ist. Wie aber dies, wenn der Kater doch nur eine gespielte Rolle ist? Oder sollte hinter dieser Theaterfigur mehr stecken als Theater und weniger als ein Mensch? Schon wenn zu Beginn des Märchenspiels eine Szenenanweisung vermerkt, daß Kater Hinz „auf einem Schemel am Ofen" liegt (TGK, 9), kann man sich des Eindrucks nicht ganz erwehren, daß es sich um einen wirklichen Kater handelt.

Was ist Schein, was ist Wirklichkeit? Der Begriff von beidem wird in diesem Stück nur konstituiert, um demontiert zu werden. Ein Gegensatz wird aufgebaut, um ihn einstürzen zu lassen. Wenn der Vorhang zur vermeintlichen Fortsetzung der Aufführung im Dritten Akt aufgeht, sehen die Zuschauer Figuren, die in der Szene („in Gottliebs Stube"; TGK, 42), aber nicht im Stück sind, vielmehr über das Stück sprechen: den Dichter und den Maschinisten, die nicht bemerkt haben, daß der Vorhang aufgezogen worden ist. Hier befindet sich die Wirklichkeit an der falschen Stelle und wird für Schein gehalten, wie der Schein sich umgekehrt als unrichtiger Schein darbietet. Muß hieran aber die Unterscheidung zwischen Schein und Sein noch nicht scheitern – die Verwechslung läßt sich beheben –, so hat die später folgende Disputation zwischen Leander und Hanswurst viel weiterreichende Konsequenzen:

„*Leander.* Das Thema meiner Behauptung ist, daß ein neuerlich erschienenes Stück, mit dem Namen: *der gestiefelte Kater,* ein gutes Stück sei.

Hanswurst. Das ist eben das, was ich leugne.

Leander. Beweise, daß es schlecht sei.

Hanswurst. Beweise, daß es gut sei.

Leutner. Was ist das wieder? – Das ist ja eben das Stück, das hier gespielt wird, wenn ich nicht irre.

Müller. Kein andres.

Schlosser. Sagt mir nur, ob ich wache und die Augen offen habe?

Leander. Das Stück ist, wenn nicht ganz vortrefflich, doch in einigen Rücksichten zu loben.

Hanswurst. In keiner Rücksicht.

[...]

Leander. So ist, wenn ich auch alles übrige fallen lasse, das Publikum gut darin gezeichnet.

[...]

Hanswurst (gegen das Parterre). Ist es nicht ein närrischer Mensch? Wir stehn nun beide auf Du und Du, und sympathisieren in Ansehung des Geschmacks und er will gegen meine Meinung behaupten, das Publikum im gestiefelten Kater sei wenigstens gut gezeichnet.

Fischer. Das Publikum? Es kömmt ja kein Publikum darin vor." (TGK, 48f.)

Während Dichter und Maschinist, wenn sie sich auf der Bühne über das Stück unterhalten, nicht im Stück, sondern nur am Ort des Stückes sind, befinden sich Leander und Hanswurst im Stück selber, als Figuren der Fiktion. Wie sie dann zugleich *über* das Stück sprechen können, ist ontologisch ein Rätsel, da dies einen Standpunkt außerhalb des Stückes, also innerhalb der Wirklichkeit voraussetzt – oder aber ein Umstand, der die Unterscheidung zwischen Fiktion und Realität überhaupt nichtig erscheinen läßt, wie sich ja nun auch die relative Wirklichkeit der Zuschauer als nichtig herausstellt. Sie werden durch Leanders Bemerkung, das Publikum sei in dem Stück gut gezeichnet, der Fiktion zugewiesen, obwohl sie der Darstellung scheinbar von außen beiwohnen. Aber wie der Unterschied zwischen Schein und Sein läßt sich auch der Unterschied zwischen Zuschauen und Darstellen nicht mehr aufrechterhalten. Die darstellenden Figuren Leander und Hanswurst sind durch ihre Disputation in die Position von Zuschauern gerückt, und die Zuschauer sind unversehens – jedenfalls haben sie sich dessen selbst nicht versehen – Bestandteil der Darstellung geworden. Sie können aber nicht begreifen, daß sie mitspielen, da sie sich subjektiv außerhalb des Stückes wähnen, wobei sie vom Umfang des Stückes *Der gestiefelte Kater* einen anderen und weniger richtigen Begriff haben als die Disputanten. Und so kommt es zu dem witzigen Paradox, daß der Zuschauer Fischer seine eigene Existenz bestreitet, indem er sie zugleich – dadurch, daß er sich artikuliert – bekundet.

Er ist und ist nicht; Sein oder Schein – das ist hier die Frage, eine Frage, die offensichtlich schwer zu lösen ist, auch für das reale Publikum, uns selber. Tiecks Stück lehrt, daß die Position des Im-Spiel-Seins die Erkenntnis verhindert, wo die Grenzen des Stückes liegen, und die Frage aufwirft, ob man als scheinbar Außenstehender nicht selber Mitspieler ist. Der Status des Zuschauers ist keine Garantie dafür, daß man nicht auch Darsteller ist. Selbst eine gehobene Erkenntnisposition, wie sie Leander und Hanswurst einnehmen, ermöglicht keine Differenzierung, schließt vielmehr Konfusion nicht aus (Leander: „Ich werde konfus"; TGK, 49). Auch Leander und Hanswurst, obwohl sich mit der Disputation außerhalb stellend, bleiben im Stück.

Es gibt aus dem Spiel offenbar kein Entkommen. Und wenn die Grenze seines Umfangs unbestimmbar bleibt, Unterschiede wie die zwischen Fiktion und Wirklichkeit, Darstellen und Zuschauen keine Handhabe zur Bestimmung bieten, mag die Ausdehnung der Theatersituation in die größtmögliche Weite gehen, mag das ganze Leben, die ganze Welt ein ‚Stück' sein. Von wem aber wird dieses Stück inszeniert? Das Barock sah den Regisseur in Gott. Nimmt man jedoch den *Gestiefelten Kater* als Modell, so liegt die Inszenierung eigentlich bei den Spielern selbst, *allen* Spielern, zu denen natürlich auch die Ausführenden des Theaters, Dichter, Maschinist, Schauspieler etc., gehören. Ohne daß das hier in extenso erläutert werden kann, ist zu bemerken, daß sich mit dem Darstellen und Zuschauen auch das Inszenieren verschränkt, ist das Ganze doch auch ein Produkt der Aktivität der Zuschauer. Freilich geschieht dieser Inszenierungsprozeß ungewollt, unbewußt und weitgehend zufällig, unter der Regie der in allen wirksamen, auch wider Willen wirksamen, und mit allen spielenden Phantasie.

Dennoch ist das Ganze nicht ohne metaphysische Dimension. Tieck und andere Romantiker haben das Leben nicht nur im Sinne der barocken theatrum-mundi-Vorstellung begriffen, sondern haben an diesen Gedanken auch einen Hintergedanken geknüpft. Wenn im Spiel die Unterschiede, die an der Oberfläche gelten, verschwimmen und Beziehungen sich über scheinbar unüberschreitbare Grenzen herstellen, dann deutet das auf anders geartete Verhältnisse in der Tiefe des Daseins. Kinder sind diesen noch nahe (s. C. 2., die Analyse des *Sternbald*), weshalb das Märchen die Kindheit heraufbeschwören sollte. Der Dichter: „Ich hatte den Versuch gemacht, Sie alle in die entfernten Empfindungen ihrer Kinderjahre zurückzuversetzen" (TGK, 61). Der Versuch ist in Konfusion ausgeartet, die Konfusion aber ein Indiz des oberflächlichen Scheiterns und tieferen Gelingens.

Von seinem voluminösen Lustspiel *Prinz Zerbino oder die Reise nach dem guten Geschmack* (1796ff.) vermerkte Tieck: „Gewissermaßen eine Fortsetzung *des gestiefelten Katers*" (T X, 1). Der Intention und der Form nach aber hat als eigentliche Fortsetzung *Die verkehrte Welt* zu gelten. Wieder wählt Tieck die kompliziertere Form des Theaters auf dem Theater, wieder kommen die drei Perspektiven der Produktion, Darstellung und Rezeption zur Geltung. Auch dieses Stück ist Satire, wenngleich der satirische Zug, wie beim Vorgänger, nicht der wesentlichste ist, und wieder trifft der satirische

Pfeil die Widersacher der Poesie und Phantasie: den Philister, die Trivialformen von Aufklärung und Empfindsamkeit, die Geist- und Kulturlosigkeit des politischen Regimes. Dem Titel entsprechend werden allerlei Verkehrtheiten verspottet. Narren, der Commedia dell'arte entstiegen, bestimmen das Weltgeschehen: Scaramuz, der sich auch die Rolle des Apollo anmaßt, sitzt auf dem Königsthron, Pantalone und Harlekin agieren als Admiräle und führen Krieg in einer Seeschlacht. Ebenfalls drängt die Torheit an die Macht, wenn die Schafe gegen die Schäfer rebellieren und verlangen, daß diese sich „zur Abwechselung auch einmahl scheeren lassen" (TVW, 67). Verkehrtheiten sodann im Ablauf des Stückes und im Verhältnis der Figuren: der Epilog steht am Anfang, der Prolog am Ende, so als fließe die Zeit von einem späteren zu einem früheren Punkt, also rück- statt vorwärts, und zwischen Bühne und Publikum gibt es einen Austausch, indem Pierrot, der „endlich einmal einen Zuschauer abgeben will" (TVW, 12), über die Rampe ins Parterre springt, und umgekehrt der Zuschauer Grünhelm auf die Bühne steigt, um hier eine komische Rolle zu übernehmen. Weit mehr noch als dem *Gestiefelten Kater* mangelt es der *Verkehrten Welt* an Zusammenhang und Ordnung. Eine Gesamthandlung, wie sie dort noch, wenn auch zerstückt, durch die Fabel des Märchens gegeben war, muß hier einem Sammelsurium disparater Einzelhandlungen weichen, und wie dort wird hier die Kontinuität des Ablaufs durch zahlreiche Sprünge zwischen Bühnen- und Publikumsebene und durch wiederholte Interventionen des Theaterapparats (z. B. des Maschinisten) verhindert.

Dabei gewinnt man nun aber vor allem den Eindruck, daß Tieck seine Intention deutlicher zum Ausdruck bringen will als vorher, ja daß er dem Stück selber ein Bewußtsein dessen, was es will, einpflanzt. Die Figuren des früheren Lustspiels waren zu ohnmächtigen und unwissenden Objekten einer überwältigenden Spiellaune degradiert; Widerspruch und Widerstand nützten ihnen nichts. Während sie nunmehr so auftreten, zumindest an mehreren Stellen, als seien sie mit ihrem Einverständnis bei der Sache, als bewußte oder halbbewußte Kollaborateure.

Alle Beteiligten vereinigen sich in dem Bewußtsein, bloß in einem Stück und an einem Spiel mitzuwirken und darüber hinaus nichts anderes zu tun und zu sein, mögen sie dies auch zeitweise vergessen. Anders gesagt: *Die verkehrte Welt* macht explizit und bewußt, was im *Gestiefelten Kater* auch schon vermittelt wird, aber unausgesprochen bleibt: daß alles, aber auch alles, Theater ist, auch das Leben, auch die Welt. Das Theater stellt die „Welt" vor, weist der Titel hierauf doch eigens hin, aber da die Welt Theater ist, kann die erste Regieanweisung befinden: „Der Vorhang geht auf; das Theater stellt ein Theater vor." (TVW, 9) Alles was dann auf der Bühnen- und Zuschauerebene geschieht, ist letztlich Rückbezug des Theaters auf sich selbst. Von einem relativen Gegensatz zwischen Fiktion und Wirklichkeit, im *Gestiefelten Kater* noch Konstituens des Spiels mit beidem, ist kaum mehr etwas zu spüren. Die Figuren auf der Bühne fallen ständig aus der

Rolle, nicht jedoch in ihre Realität als Schauspieler, sondern in eine Betrachterposition, aus der heraus sie die Rolle reflektieren, aber auch nicht mehr als die Rolle sind. Beispielhaft der Wirt im II. Akt, der sogleich, wenn er zum ersten Mal auftritt, aus der Rolle fällt:

„Wenige Gäste kehren jetzt bei mir ein, und wenn das so fort währt, werde ich am Ende das Schild noch gar einziehen müssen. – Ja sonst waren noch gute Zeiten, da wurde kein einziges Stück gegeben, in dem nicht ein Wirtshaus mit seinem Wirthe vorkam. Ich weiß es noch, in wie vielen hundert Stücken bei mir in dieser Stube hier die schönste Entwickelung vorbereitet wurde. Bald war es ein verkleideter Fürst, der hier sein Geld verzehrte, bald ein Minister [...]. – Aber wie sich das geändert hat! Wenn jetzt auch ein fremder reicher Mann von der Reise kommt, so quartirt er sich originellerweise bei einem Verwandten ein, und giebt sich erst im fünften Akt zu erkennen. Dergleichen dient zwar, die Zuschauer in einer wunderbaren Neugier zu erhalten, aber es bringt doch unser eins um alle Nahrung." (TVW, 27f.)

Die Zuschauer ihrerseits geraten in eine Situation, in der sie nicht umhin können zu erkennen, daß auch ihnen eine Rolle im Stück zugeteilt ist und sie eben nicht nur Zuschauer, sondern auch Darsteller sind. Im III. Akt wird das Spiel im Spiel potenziert, indem auf der Bühne nochmals eine Bühne und auf dieser wiederum eine Bühne etabliert wird. Hierauf „Ein großes Getümmel unter den Zuschauern", von denen einer meint:

„Auszuhalten ist es nicht, das ist gewiß. Seht Leute, wir sitzen hier als Zuschauer und sehn ein Stück; in jenem Stück sitzen Zuschauer und sehn ein Stück und in diesem dritten wird denen dreifach verwandelten Akteurs wieder ein Stück vorgespielt." (TVW, 60)

Worauf ein anderer das sich aufdrängende Fazit zieht:

„Nun denkt euch Leute, wie es doch möglich ist, daß *wir* wieder Akteurs in irgend einem Stücke wären und einer sähe nun das Zeug so alles durcheinander. In diesen Umständen wären wir nun das Erste Stück. Die Engel sehn uns vielleicht so, wenn uns nun ein solcher zuschauender Engel betrachtet, müßte es ihm nicht möglich seyn, verrückt zu werden?" (Ebd.)

Das heißt zugleich nichts anderes, als daß auch der reale Zuschauer ins Spiel und Stück verwickelt ist, denn auch er muß sich fragen, ob er nicht wiederum Darsteller ist, dem andere zuschauen, die wiederum – und so weiter. „Es steckt immer so ein Stück im andern." (TVW, 49) Das ist ganz analog der Auflösung ins Romanhafte, die jene Stelle im Ofterdingen-Roman Hardenbergs suggeriert, wo Heinrich beim Einsiedler seiner Lebensgeschichte in Gestalt eines schon fertigen Buches begegnet (s. Kap. VI. D.). Zu allem Überfluß hat Tieck musikalische Zwischenspiele ersonnen, die wie der Chor in der antiken Tragödie das Geschehen kommentierend und reflektierend begleiten und resümieren, was ohnehin durch das Stück zutage liegt: daß „die ganze Welt [...] ein Schauspiel" ist und „wir [...] alle närrischerweise hineinverflochten". „Einer ist der Zuschauer und Beurtheiler des andern und doch sind wir alle nichts als Schauspieler." (TVW, 61)

Damit freilich ist der Rückbezug des Theaters auf sich selbst doppelsinnig. Denn wenn schlechthin alles Theater ist, dann bezieht sich das Theater in seiner Selbstreflexion und -referenz auch immer auf die Welt, und dann stellt beispielsweise das Aus-der-Rolle-Fallen dennoch eine Beziehung zur Wirklichkeit her, zu einer Wirklichkeit, die sich im selben Moment als Theater deklariert. Im Spiel sein kann dann übrigens auch soviel heißen wie ‚leben‘ und das Verlassen der Rolle, der Bühne soviel wie ‚sterben‘. Wenn Grünhelm, der zu Beginn des Stückes die Bühne bestiegen hatte, sich am Ende anschickt, ins Parterre zurückzukehren, kommen ihm Todesahnungen, und sein Sprung zurück ist wie ein „Selbstmord" (TVW, 91). Dabei lebt er aber weiter nur auf einer anderen Spielebene, und kündigt er mit den letzten Sätzen des Prologs an, nun das Theater verlassen und nach Hause gehen zu wollen, so wechselt er wiederum nur die Ebene und bleibt im Spiel, signalisiert doch die Tatsache, daß er dies zwar am Ende des Stücks, aber im Prolog sagt, daß er sich im Kreis dreht und immer nur an den Anfang zurückkehrt. Der „Prologus" selber gibt ja bekannt, daß jetzt erst das Stück losgeht.

Vom romantischen Reflexionstheater, im Sinne Friedrich Schlegels „Poesie der Poesie" wie der romantische Reflexionsroman (s. Kap. IV., VI., VIII. C.), führt eine direkte Linie zum Theater des 20. Jahrhunderts (vgl. Pestalozzi 1964. 138ff., J. Benay 1977). Bemerkenswerte Koinzidenz der Ereignisse: Im selben Jahr 1921, in dem Der gestiefelte Kater, der schon 1844 öffentlich aufgeführt worden war, durch Jürgen Fehlings Inszenierung zum ersten Mal einen Bühnenerfolg errang, erschien auch Luigi Pirandellos Sei personaggi in cerca d'autore (Sechs Personen suchen einen Autor), offensichtlich ein Nachfahre der Tieckschen Komödie. Ganz unmittelbar erlebte der Kater eine Auferstehung in einer Bearbeitung von Tankred Dorst, die 1964 am Hamburger Schauspielhaus in einer Inszenierung von Hans Lietzau herauskam. In der gedruckten Neuausgabe nannte Dorst das Stück Der Kater oder Wie man das Spiel spielt (Tankred Dorst: Frühe Stücke. Werkausgabe 3, Frankfurt 1986). Günter Bialas benutzte diesen Text als Libretto für eine Oper (1975). Der weniger bühnentauglichen Verkehrten Welt war kein gleich gutes Schicksal beschieden. Einen begrenzten Erfolg hatte es 1963 nur auf einer Schülerbühne. Hingegen wurde seine erste Aufführung in einem öffentlichen Schauspielhaus, 1975 am Berliner Schiller-Theater unter Günter Bollmann, ein Fiasko (vgl. A. Behrmann 1985, 168f.).

Wie auch immer: Das romantische Theater lebt ebenso fort wie der romantische Roman. Beider jüngster Erbe ist Botho Strauß, Autor eines Romans wie Der junge Mann (1984) und eines Dramas wie Besucher (1988). Der Zuschauer im letzteren greift sich am Ende des II. Teils an die Stirn: „Das Theater hat mich vollkommen verwirrt." Bei Tieck hatte es übrigens geheißen: „Je nun, eine gute Verwirrung ist doch mehr werth als eine schlechte Ordnung." (TVW, 82)

Eine Schlußbemerkung noch – um einem Mißverständnis vorzubeugen, das eigentlich schon ausgeräumt sein sollte. „Alles ist Spiel" besagt im romantischen Kontext nicht: alles ist sinnlos. Die Romantik kennt zwar bei aller Anstrengung, sich zu einem neuen Glauben durchzuringen, die Anfechtung, den Zweifel. Der Sinn der Welt und des Lebens, die „Wahrheit" in metaphysischer Bedeutung, ist ihr nicht mehr nah und gegeben, sondern entrückt in die Tiefe und Ferne und nur als Geheimnis zu orten. Aber wenn die abendländische Gesellschaft seit dem 18. Jahrhundert im Zuge fortschreitender Säkularisierung unterwegs ist zu einer gegenüber den Letzten Dingen indifferenten Diesseitsorientiertheit, bedeutet die Epoche der Romantik einen Zwischenhalt im Zeichen der Sinnsuche unter der Voraussetzung, daß ein Erreichen wohl unmöglich, eine Annäherung aber möglich ist und im Suchen selber ein Sinn liegt. In der Kunst sah sie das dafür geeignete Medium, und die Kunst wurde Vehikel einerseits eines dekonstruktiven, spielerisch auflösenden, den dogmatischen Geltungsanspruch oberflächlicher Realität und Ordnung in Frage stellenden, andererseits eines konstruktiven, synthetischen, ‚heilenden' Verfahrens. Wem dieses Heil nicht genügte – und letztlich ist die Kunst als alleiniger metaphysischer Trostspender überfordert –, der wandte sich der (katholischen) Kirche zu, wie man dies von den Kon- und Reversionen mehrerer Romantiker kennt. Aber eigentlich „romantisch" ist diese Lösung nicht. Romantik ist ein geistiges Abenteuer und metaphysisches Experiment auf gänzlich neuen, unkonventionellen Wegen, wenn auch unter Rückgriff auf traditionelle Formen wie den Mythos. Und es ist einer ihrer fundamentalen Züge, daß sie, gerade als Vermählung von Spiel und Tiefsinn, mit keiner Konvention des Denkens und Glaubens (oder auch Unglaubens) konform geht.

Gesamtbibliographie

Werkausgaben

1. Friedrich Schlegel

Kritische Friedrich-Schlegel-Ausgabe, hg. von Ernst Behler unter Mitwirkung von Jean-Jacques Anstett und Hans Eichner sowie anderer Fachgelehrter, 35 Bde. [noch nicht alle erschienen], Paderborn/München/Wien/Zürich 1958ff.
Aufbau:
I. Kritische Neuausgabe der Werke (Bd. 1–10)
II. Schriften aus dem Nachlaß (Bd. 11–22)
III. Briefe von und an Friedrich und Dorothea Schlegel (Bd. 23–32)
IV. Editionen, Übersetzungen, Berichte (Bd. 33–35)
Friedrich Schlegel: Kritische Schriften, hg. von Wolfdietrich Rasch, München ³1971
Friedrich Schlegel: Kritische Schriften und Fragmente. Studienausgabe in sechs Bänden, hg. von Ernst Behler und Hans Eichner, Paderborn 1989
Friedrich Schlegel: Kritische und theoretische Schriften. Ausw. und Nachw. von Andreas Huyssen, Stuttgart 1978 (Reclam UB 9880)
Friedrich Schlegel: Lucinde, hg. von Karl Konrad Polheim, Stuttgart 1963 (Reclam UB 320)
Friedrich Schlegel: Über das Studium der griechischen Poesie, mit einer Einl. hg. von Ernst Behler, Paderborn 1981 (UTB 1055)
Friedrich Schlegel: Über Goethes Meister. Gespräch über die Poesie, mit einer Einl. hg. von Hans Eichner, Paderborn 1985 (UTB 1360)

2. Novalis

Novalis: Schriften. Die Werke Friedrich von Hardenbergs. Nach den Handschriften ergänzte, erweiterte und verbesserte Auflage, hg. von Paul Kluckhohn und Richard Samuel in Zusammenarbeit mit Hans-Joachim Mähl und Gerhard Schulz, Stuttgart ²1960ff., ³1977ff.
Bd I: Das dichterische Werk
Bd. II: Das philosophische Werk I
Bd. III: Das philosophische Werk II
Bd. IV: Tagebücher, Briefe, Zeitgenössische Zeugnisse
Bd. V: Materialien und Register
Bd. VI (Ergänzungsband): Der dichterische Jugendnachlaß 1788–1790. Schriften aus der Berufstätigkeit 1798–1800. Weitere, neu aufgefundene Dokumente [noch nicht erschienen]
Novalis. Werke, Tagebücher und Briefe Friedrich von Hardenbergs, hg. von Hans-Joachim Mähl und Richard Samuel, 2 Bde. München 1978 / Kommentarband und Register, München 1987
Novalis: Werke in einem Band, hg. von Hans-Joachim Mähl und Richard Samuel.

Kommentiert von Hans-Joachim Simm unter Mitwirkung von Agathe Jais, München 1981

Novalis: Werke, hg. und kommentiert von Gerhard Schulz, München ²1981

Ferner mehrere Taschenbuchausgaben einzelner Werke bei Reclam und Insel.

3. Wilhelm Heinrich Wackenroder

Wilhelm Heinrich Wackenroder: Sämtliche Werke und Briefe. Historisch-kritische Ausgabe, hg. von Silvio Vietta und Richard Littlejohns, 2 Bde., Heidelberg 1991

Wilhelm Heinrich Wackenroder: Werke und Briefe. Gesamtausgabe in einem Band, hg. von Lambert Schneider, Heidelberg 1967. Photogr. Nachdr. der Ausgabe von 1938

Wilhelm Heinrich Wackenroder/Ludwig Tieck: Herzensergießungen eines kunstliebenden Klosterbruders. Nachwort von Richard Benz, Stuttgart 1979 (Reclam UB 7860)

Wilhelm Heinrich Wackenroder/Ludwig Tieck: Phantasien über die Kunst, hg. von Wolfgang Nehring, Stuttgart 1983 (Reclam UB 9494)

4. Ludwig Tieck

Ludwig Tieck: Schriften in zwölf Bänden, hg. von Manfred Frank, Paul Gerhard Klussmann, Ernst Ribbat, Uwe Schweikert, Wulf Segebrecht (in der Folge geändert: Hans Peter Balmes, Manfred Frank, Achim Hölter, Michael Neumann, Uwe Schweikert, Karin Wilcke, Ruprecht Wimmer), Frankfurt 1985ff. (Bibliothek deutscher Klassiker) [noch nicht alles erschienen] Vorgesehen auch ein Zusatzband: Tieck/Wackenroder: Herzensergießungen, Franz Sternbalds Wanderungen, Phantasien über die Kunst, Briefwechsel

Ludwig Tieck: Schriften, 28 Bde., Berlin 1828–54. Repr. Nachdr. Berlin 1966

Ludwig Tieck: Kritische Schriften, 4 Bde., Leipzig 1848–52. Repr. Nachdr. Berlin/ New York 1974

Ludwig Tieck: Werke in vier Bänden; nach dem Text der *Schriften* von 1828–1854, unter Berücksichtigung der Erstdrucke, hg. sowie mit Nachworten und Anmerkungen versehen von Marianne Thalmann, München 1963–66 (auch Darmstadt: Wiss. Buchges., 1963–66)

Einzelausgaben, nach denen in diesem Buch zitiert wird:

Ludwig Tieck: Der gestiefelte Kater, hg. von Helmut Kreuzer, Stuttgart 1964. Durchgesehene und bibliographisch ergänzte Ausgabe 1984 (Reclam UB 8916)

Ludwig Tieck: Franz Sternbalds Wanderungen. Studienausgabe, hg. von Alfred Anger, Stuttgart 1966. Bibliographisch ergänzte Ausgabe 1979 (Reclam UB 8715)

Ludwig Tieck: Die verkehrte Welt. Text und Materialien zur Interpretation besorgt von Karl Pestalozzi, Berlin 1964 (Komedia, 7)

Weitere Einzelausgaben des Frühwerks bei Reclam und Insel.

Briefausgaben (Auswahl):

Ludwig Tieck und die Brüder Schlegel. Auf der Grundlage der von Henry Lüdeke besorgten Edition neu hg. und kommentiert von Edgar Lohner, München 1972

Letters of Ludwig Tieck, hitherto unpublished, 1792–1853, collected and edited by Edwin H. Zeydel, Percy Matenko, Robert Herndon Fife, New York/London 1937. Repr. Nachdr. New York 1973

Tieck and Solger. The complete correspondence, edited by Percy Matenko, New York/Berlin 1933

Forschungsliteratur

(Da die einzelnen Kapitel bereits zahlreiche Titel anführen, vornehmlich von Spezialstudien, wird im folgenden nur noch eine Auswahl von einführender und grundlegender Literatur gegeben.

Hingewiesen sei auf die seit 1930 jährlich erscheinende ausführlich kommentierte Bibliographie *The Year's Work in Modern Language Studies / The Modern Humanities Research Association,* London. Abt. *German Studies,* Unterabt. *The Romantic Era* (zuletzt von C.A.S. Walker, Richard Littlejohns, ab 1990 von Judith Purver.)

5. Über Friedrich Schlegel

Anstett, Jean-Jacques: La Pensée religieuse de Friedrich Schlegel, Paris 1941

Behrens, Klaus: Friedrich Schlegels Geschichtsphilosophie (1794–1808). Ein Beitrag zur politischen Romantik, Tübingen 1984

Behler, Ernst: Der Stand der Friedrich-Schlegel-Forschung, in: Jahrbuch der deutschen Schiller-Gesellschaft 1 (1957), S. 253–289

Ders.: Neue Ergebnisse der Friedrich-Schlegel-Forschung, in: Germanisch-Romanische Monatsschrift N.F. 8 (1958), S. 350–365

Ders.: Friedrich Schlegel in Selbstzeugnissen und Bilddokumenten, Reinbek 1966

Ders.: Friedrich Schlegel, in: B. v. Wiese (Hg.) 1983, S. 197–223: s. GB 9.

Bolz, Norbert W.: Der Geist und die Buchstaben. Friedrich Schlegels hermeneutische Postulate, in: Ulrich Nassen (Hg.): Texthermeneutik. Aktualität, Geschichte, Kritik, Paderborn/München/Wien/Zürich 1979, S. 79–112

Briegleb, Klaus: Ästhetische Sittlichkeit. Versuch über Friedrich Schlegels Systementwurf zur Begründung der Dichtungskritik, Tübingen 1962

Deubel, Volker: Die Friedrich-Schlegel-Forschung 1945–1972, in: Deutsche Vierteljahrsschrift für Literaturwissenschaft und Geistesgeschichte 47 (1973), Sonderheft, S. 48–181

Dierkes, Hans: Literaturgeschichte als Kritik. Untersuchungen zu Theorie und Praxis von Friedrich Schlegels frühromantischer Literaturgeschichtsschreibung, Tübingen 1980

Eichner, Hans: Friedrich Schlegel, New York 1970

Farina, Gabriella: L'estetica di Fr. Schlegel tra storia e filosofia. Rasegna di studi 1965–1980, in: M. Freschi (Hg.) 1984, S. 79–124: s. GB 9.

Grosse-Brockhoff, Annelen: Das Konzept des Klassischen bei Friedrich und August Wilhelm Schlegel, Köln/Wien 1981

Heiner, Hans-Joachim: Das Ganzheitsdenken Friedrich Schlegels. Wissenssoziologische Deutung einer Denkform, Stuttgart 1971

Huge, Eberhard: Poesie und Reflexion in der Ästhetik des frühen Friedrich Schlegel, Stuttgart 1971

Keller, Ernst: Kritische Intelligenz: G.E. Lessing – F. Schlegel – L. Börne. Studien zu ihren literaturkritischen Werken, Bern/Frankfurt 1976

Klin, Eugeniusz: Die frühromantische Literaturtheorie Friedrich Schlegels, Wroclaw 1964

Körner, Josef: Das Problem Friedrich Schlegel. Ein Forschungsbericht, in: Germanisch-Romanische Monatsschrift 16 (1928), S. 274–297

Ders.: Friedrich Schlegels philosophische Lehrjahre. Einleitung in: Neue Philosophische Schriften, Frankfurt 1935

Kraus, Gerhard: Naturpoesie und Kunstpoesie im Frühwerk Friedrich Schlegels, Erlangen 1985

Maier, Erich Josef: Die Friedrich-Schlegel-Forschung. Geschichte und Kritik, masch. Diss. München 1953

Mennemeier, Franz Norbert: Friedrich Schlegels Poesiebegriff dargestellt anhand der literaturkritischen Schriften. Die romantische Konzeption einer objektiven Poesie, München 1971

Michel, Willy: Ästhetische Hermeneutik und frühromantische Kritik. Friedrich Schlegels fragmentarische Entwürfe, Rezensionen, Charakteristiken und Kritiken (1795–1801), Göttingen 1982

Nüsse, Heinrich: Die Sprachtheorie Friedrich Schlegels, Heidelberg 1962

Peter, Klaus: Idealismus als Kritik. Friedrich Schlegels Philosophie der unvollendeten Welt, Stuttgart 1973

Ders.: Friedrich Schlegel, Stuttgart 1978 (Sammlung Metzler 171)

Polheim, Karl Konrad: Die Arabeske. Ansichten und Ideen aus Friedrich Schlegels Poetik, Paderborn 1965

Schanze, Helmut (Hg.): Friedrich Schlegel und die Kunsttheorie seiner Zeit, Darmstadt 1985 (mit einer Bibliographie)

Schillemeit, Jost: Systematische Prinzipien in Friedrich Schlegels Literaturtheorie. Mit textkritischen Anmerkungen, in: Jahrbuch des Freien Deutschen Hochstifts 1972, S. 137–176

Weiland, Werner: Der junge Friedrich Schlegel oder die Revolution in der Frühromantik, Stuttgart/Berlin/Köln/Mainz 1968

Zovko, Jure: Verstehen und Nichtverstehen bei Friedrich Schlegel. Zur Entstehung und Bedeutung seiner hermeneutischen Kritik, Stuttgart 1990

6. Über Novalis

Albertsen, Leif Ludwig: Novalismus, in: Germanisch-Romanische Monatsschrift N.F. 17 (1967), S. 272–285

Dick, Manfred: Die Entwicklung des Gedankens der Poesie in den Fragmenten des Novalis, Bonn 1967

Dyck, Martin: Novalis and Mathematics. A Study of Friedrich von Hardenberg's Fragments on Mathematics and its Relation to Magic, Music, Religion, Philosophy, Language, and Literature, Chapel Hill 1960

Faber, Richard: Novalis: Die Phantasie an die Macht, Stuttgart 1970

Fauteck, Heinrich: Die Sprachtheorie Friedrich von Hardenbergs (Novalis), Berlin 1939

Gaier, Ulrich: Krumme Regel. Novalis' „Konstruktionslehre des schaffenden Geistes" und ihre Tradition, Tübingen 1970

Geppert, Klaus: Die Theorie der Bildung im Werk des Novalis, Frankfurt 1977

Glorieux, Jean-Paul: Novalis dans les lettres françaises à l'époque et au lendemain du symbolisme (1885–1914), Louvain 1982 [Mit einer ausführlichen Bibliographie für den franz. Bereich: Bibliographie française de Novalis (1806–1976), S. 445–511.]

Haering, Theodor: Novalis als Philosoph, Stuttgart 1954

Haywood, Bruce: Novalis: The Veil of Imagery. A Study of the Poetic Works of Friedrich von Hardenberg, 'S-Gravenhage 1959

Heftrich, Eckard: Novalis. Vom Logos der Poesie, Frankfurt 1969

Hiebel, Friedrich: Novalis: Deutscher Dichter – Europäischer Denker – Christlicher Seher, Bern ²1972 [zuerst 1951]

Holinski, Detlef: Poetische Religion der Liebe. Studien zur Religionsanschauung des Novalis, Bochum 1980

Janz, Rolf-Peter: Autonomie und soziale Funktion der Kunst. Studien zur Ästhetik von Schiller und Novalis, Stuttgart 1973

Kuhn, Hans Wolfgang: Der Apokalyptiker und die Politik. Studien zur Staatsphilosophie des Novalis, Freiburg i. Br. 1961

Küpper, Peter: Die Zeit als Erlebnis des Novalis, Köln/Graz 1959

Kurzke, Hermann: Romantik und Konservatismus. Das „politische" Werk Friedrich von Hardenbergs (Novalis) im Horizont seiner Wirkungsgeschichte, München 1983

Ders.: Novalis, München 1988

Kuzniar, Alice A.: Delayed Endings. Nonclosure in Novalis and Hölderlin, Athens (Georgia, USA) 1987

Link, Hannelore: Abstraktion und Poesie im Werk des Novalis, Stuttgart 1971

Mähl, Hans-Joachim: Die Idee des goldenen Zeitalters im Werk des Novalis. Studien zur Wesensbestimmung der frühromantischen Utopie und zu ihren ideengeschichtlichen Voraussetzungen, Heidelberg 1965

Ders.: Novalis und Plotin. Untersuchungen zu einer neuen Edition und Interpretation des ‚Allgemeinen Brouillon', in: Jahrbuch des Freien Deutschen Hochstifts 1963, S. 139–250

Ders.: Friedrich von Hardenberg (Novalis), in: B. v. Wiese (Hg.) 1983, S. 224–259: s. GB 9.

Ders.: Novalis, München 1976 (= Dichter über ihre Dichtungen, Bd. 15)

Molnár, Géza von: Romantic Vision, Ethical Context. Novalis and Artistic Autonomy, Minneapolis 1987

Müller-Seidel, Walter: Probleme neuerer Novalisforschung, in: Germanisch-Romanische Monatsschrift N.F. 3 (1953), S. 274–292

Neubauer, John: Bifocal Vision. Novalis' Philosophy of Nature and Disease, Chapel Hill 1971

Ders.: Novalis, Boston 1980

Ders.: Novalis und der Postmodernismus, in: Geschichtlichkeit und Aktualität. Festschrift für Hans-Joachim Mähl zum 65. Geburtstag, hg. von Klaus-Detlef Müller u. a., Tübingen 1988, S. 207–220

Paschek, Carl: Der Einfluß Jacob Böhmes auf das Werk Friedrich von Hardenbergs (Novalis), Bonn 1967

Ritter, Heinz: Der unbekannte Novalis. Friedrich von Hardenberg im Spiegel seiner Dichtung, Göttingen 1967

Samuel, Richard: Die poetische Staats- und Geschichtsauffassung Friedrich von Hardenbergs (Novalis). Studien zur romantischen Geschichtsphilosophie, Frankfurt 1925. Repr. Nachdr. Hildesheim 1975

Schlamm, Hans-Bernhard: Blauer Tagtraum – Goldenes Zeitalter. Die Versöhnung von Mensch und Natur bei Novalis, Frankfurt 1981

Schulz, Gerhard: Novalis, mit Selbstzeugnissen und Bilddokumenten, Reinbek 1969
Ders.: Der Fremdling und die blaue Blume. Zur Novalis-Rezeption, in: Romantik heute 1972, S. 31–47: s. GB 9.
Ders. (Hg.): Novalis. Beiträge zu Werk und Persönlichkeit Friedrich von Hardenbergs, Darmstadt ²1986
Seidel, Margot: Novalis' *Geistliche Lieder*, Frankfurt 1983
Stadler, Ulrich: ,Die theuren Dinge'. Studien zu Bunyan, Jung-Stilling und Novalis, Bern 1980
Strack, Friedrich: Im Schatten der Neugier. Christliche Tradition und kritische Philosophie Friedrichs von Hardenberg, Tübingen 1982
Striedter, Jurij: Die Fragmente des Novalis als „Präfigurationen" seiner Dichtung, München 1985 [zuerst masch. Diss. 1953]
Uerlings, Herbert: Friedrich von Hardenberg (Novalis). Werk und Forschung, Stuttgart 1991

7. *Über Wilhelm Heinrich Wackenroder*

Alewyn, Richard: Wackenroders Anteil, in: The Germanic Review 19 (1944), S. 48–58
Arendt, Dieter 1972: s. GB 9.
Bollacher, Martin: Wackenroder und die Kunstauffassung der frühen Romantik, Darmstadt 1983 [Mit ausführlichem Forschungsbericht]
Bonicatti, Maurizio/Musi, Tiziana: Wackenroder: Nuove ipotesi interpretative, in: Studi Germanici N.S. 17/18 (1979/80), S. 131–164
Brion, Marcel: L'Allemagne romantique. Kleist – Brentano – Wackenroder – Tieck – Caroline von Günderode, Paris 1962
Dill, Heinz J.: Lyriker ohne Lyrik. Konsequenzen der Sprachskepsis bei Wackenroder, in: Zeitschrift für deutsche Philologie 100 (1981), S. 560–575
Frey, Marianne: Der Künstler und sein Werk bei W.H. Wackenroder und E.T.A. Hoffmann. Vergleichende Studien zur romantischen Kunstanschauung, Bern 1970
Hammer, Dorothea: Die Bedeutung der vergangenen Zeit im Werk Wackenroders unter Berücksichtigung der Beiträge Tiecks, Frankfurt 1961
Hertrich, Elmar: Joseph Berglinger. Eine Studie zu Wackenroders Musiker-Dichtung, Berlin 1969
Horton, Gudrun Stengel: Die Entstehung des Mittelalterbildes in der deutschen Frühromantik: Wackenroder, Tieck, Novalis und die Brüder Schlegel, University of Washington 1973 (Facsimile printed 1984 by University Microfilms International Ann Arbor, Michigan U.S.A.)
Kohlschmidt, Werner: Wackenroder und die Klassik. Versuch einer Präzisierung, in: Unterscheidung und Bewahrung. Festschrift für Hermann Kunisch, Berlin 1961, S. 175–184
Ders.: Der junge Tieck und Wackenroder, in: H. Steffen (Hg.) ⁴1989, S. 30–44: s. GB 9. [zuerst 1967)
Leitl-Zametzer, Ursula: Der Unendlichkeitsbegriff in der Kunstauffassung der Frühromantik bei Friedrich Schlegel und W.H. Wackenroder, München 1955 (masch. Diss.)
Lippuner, Heinz: Wackenroder/Tieck und die bildende Kunst. Grundlegung der romantischen Aesthetik, Zürich 1965

Littlejohns, Richard: Wackenroder-Studien, Gesammelte Aufsätze zur Biographie und Rezeption des Romantikers, Frankfurt 1987

Ders.: Frühromantische Kunstauffassung und wissenschaftliche Kunstgeschichte, in: N. Saul (Hg.) 1991, S. 234–249: s. GB 9.

Lohmann, Gustav: Wackenroder, in: Die Musik in Geschichte und Gegenwart, Bd. 14, Kassel 1967, Sp. 54–62

Schrimpf, Hans-Joachim: W.H. Wackenroder und K.Ph. Moritz. Ein Beitrag zur frühromantischen Selbstkritik, in: Zeitschrift für deutsche Philologie 83 (1964), S. 385–409

Sudhof, Siegfried: Wilhelm Heinrich Wackenroder, in: B. v. Wiese (Hg.) 1983: s. GB 9.

Tecchi, Bonaventura: Wilhelm Heinrich Wackenroder, aus dem Ital. übers. von Claus Riessner, Bad Homburg v.d.H. 1962

Weimar, Klaus 1968: s. GB 9.

Zipes, Jack D.: W.H. Wackenroder: In Defense of His Romanticism, in: The Germanic Review 44 (1969), S. 247–258

8. Über Ludwig Tieck

Corkhill, Alan: The Motif of „Fate" in the Works of Ludwig Tieck, Stuttgart 1978

Frank, Manfred: Das Problem „Zeit" in der deutschen Romantik. Zeitbewußtsein und Bewußtsein von Zeitlichkeit in der frühromantischen Philosophie und in Tiecks Dichtung, Paderborn/München/Wien/Zürich ²1990 [zuerst 1972]

Giese, Armin: Die Phantasie bei Ludwig Tieck. Ihre Bedeutung für den Menschen und sein Werk, Hamburg 1973

Gundolf, Friedrich: Ludwig Tieck, in: Ders.: Romantiker. Neue Folge, Berlin 1931, S. 5–139 [zuerst 1929]. Auch in: W. Segebrecht (Hg.) 1976 (s. d.), S. 191–265

Günzel, Klaus: König der Romantik. Das Leben des Dichters Ludwig Tieck in Briefen, Selbstzeugnissen und Berichten, Tübingen 1981

Hellge, Rosemarie: Motive und Motivstrukturen bei Ludwig Tieck, Göppingen 1974

Hillmann, Heinz: Ludwig Tieck, in: B. v. Wiese (Hg.) 1983, S. 114–138: s. GB 9.

Hölter, Achim: Ludwig Tieck. Literaturgeschichte als Poesie, Heidelberg 1989 (Beihefte zum Euphorion 24)

Kern, Johannes P.: Ludwig Tieck: Dichter einer Krise, Heidelberg 1977

Klussmann, Paul Gerhard: Ludwig Tieck, in: Benno von Wiese (Hg.): Deutsche Dichter des 19. Jahrhunderts, Berlin ²1979, s. 15–52

Köpke, Rudolf: Ludwig Tieck. Erinnerungen aus dem Leben des Dichters nach dessen mündlichen und schriftlichen Mitteilungen, 2 Teile, Leipzig 1855. Repr. Nachdr. Darmstadt 1970

Minder, Robert: Un Poète Romantique Allemand: Ludwig Tieck, Paris 1936

Ders.: Das gewandelte Tieck-Bild, in: Festschrift für Klaus Ziegler, hg. von E. Catholy und W. Hellmann, Tübingen 1968, S. 181–204

Paulin, Roger: Ludwig Tieck, Stuttgart 1987 (Sammlung Metzler, 185)

Ders.: Ludwig Tieck. Eine literarische Biographie, aus dem Engl. von Hannelore Faden, München 1988 [im engl. Orig. 1985]

Ribbat, Ernst: Ludwig Tieck, Studien zur Konzeption und Praxis romantischer Poesie, Kronberg/Ts. 1978

Schweikert, Uwe (Hg.): Dichter über ihre Dichtungen: Ludwig Tieck, 3 Bde., München 1971

Segebrecht, Wulf (Hg.): Ludwig Tieck, Darmstadt 1976

Staiger, Emil: Ludwig Tieck und der Ursprung der deutschen Romantik, in: Die neue Rundschau 71 (1960), S. 596–622. Auch in: W. Segebrecht (Hg.) 1976 (s. d.), S. 322–351

Stopp, Elisabeth C.: Wandlungen des Tieckbildes. Ein Literaturbericht, in: Deutsche Vierteljahrsschrift für Literaturwissenschaft und Geistesgeschichte 17 (1939), S. 252–276

Thalmann, Marianne: Hundert Jahre Tieckforschung, in: Monatshefte für deutschen Unterricht, deutsche Sprache und Literatur 45 (1953), S. 113–123. Auch in: Marianne Thalmann: Romantik in kritischer Perspektive. Zehn Studien, hg. von Jack D. Zipes, Heidelberg 1976, S. 63–75

Dies.: Ludwig Tieck. Der romantische Weltmann aus Berlin, Bern 1955

Dies.: Ludwig Tieck. „Der Heilige von Dresden". Aus der Frühzeit der deutschen Novelle, Berlin 1960

Trainer, James: Ludwig Tieck. From Gothic to Romantic, The Hague 1964

Wesollek, Peter: Ludwig Tieck oder Der Weltumsegler seines Innern. Anmerkungen zur Thematik des Wunderbaren in Tiecks Erzählwerk, Wiesbaden 1984

Zeydel, Edwin H.: Ludwig Tieck, the German Romanticist. A Critical Study, Princeton 1935. Repr. Nachdr. Hildesheim/New York 1971

Ziegner, Thomas Günther: Ludwig Tieck – Studien zur Geselligkeitsproblematik. Die soziologisch-pädagogische Kategorie der *Geselligkeit* als einheitsstiftender Faktor im Leben und Werk des Dichters, Frankfurt 1987

Ders.: Ludwig Tieck: Proteus, Pumpgenie und Erzpoet. Leben und Werk, Frankfurt 1990

9. Übergreifende Darstellungen und Sammelbände

Abrams, Meyer Howard: Spiegel und Lampe. Romantische Theorie und die Tradition der Kritik, übers. u. eingel. von Lore Iser, München 1978 [im engl. Original zuerst 1953]

Ders.: Natural Supernaturalism. Tradition and Revolution in Romantic Literature, New York/London 1973

Altenhofer, Norbert: s. unter Mandelkow, K.R.

Arendt, Dieter: Der ‚poetische Nihilismus' in der Romantik. Studien zum Verhältnis von Dichtung und Wirklichkeit in der Frühromantik, 2 Bde., Tübingen 1972

Ayrault, Roger: La genèse du romantisme allemand, 4 Bde., Paris 1961–1976

Bänsch, Dieter (Hg.): Literaturwissenschaft und Sozialwissenschaft 8: Zur Modernität der Romantik, Stuttgart 1977

Béguin, Albert: Traumwelt und Romantik. Versuch über die romantische Seele in Deutschland und in der Dichtung Frankreichs. Aus dem Franz. übertr. von Jürg Peter Walser. Hg. und mit einem Nachwort versehen von Peter Grotzer, Bern 1972 [im franz. Original zuerst 1937]

Behler, Ernst und Hörisch, Jochen (Hg.): Die Aktualität der Frühromantik, Paderborn 1987

Benjamin, Walter: Der Begriff der Kunstkritik in der deutschen Romantik, Frankfurt 1973 [zuerst 1920]

Bohn, Volker (Hg.): Romantik. Literatur und Philosophie. Internationale Beiträge zur Poetik, Frankfurt 1987

Bohrer, Karl-Heinz: Die Kritik der Romantik. Der Verdacht der Philosophie gegen die literarische Moderne, Frankfurt 1989

Brinkmann, Richard (Hg.): Romantik in Deutschland. Ein interdisziplinäres Symposion, Stuttgart 1978

Brown, Marshall: The Shape of German Romanticism, Ithaca und London 1979

Dilthey, Wilhelm: Leben Schleiermachers. Erster Halbband (1768–1802). Auf Grund des Textes der 1. Aufl. von 1870 und der Zusätze aus dem Nachlaß hg. von Martin Redeker, Göttingen 1970 (Wilhelm Dilthey: Gesammelte Schriften. Bd. XIII)

Dischner, Gisela und Faber, Richard (Hg.): Romantische Utopie – Utopische Romantik, Hildesheim 1979

Estermann, Alfred: s. unter Mandelkow, K.R.

Faber, Richard: s. unter Dischner, G.

Fiesel, Eva: Die Sprachphilosophie der deutschen Romantik, Tübingen 1927, Photomech. Nachdr. Hildesheim/New York 1973

Frank, Manfred: Einführung in die frühromantische Ästhetik. Vorlesungen, Frankfurt 1989

Freschi, Marino (Hg.): Mito e Utopia nel Romanticismo Tedesco. Atti del Seminario Internazionale sul Romanticismo Tedesco, Napoli 1984

Furst, Lilian R.: Romanticism in Perspective. A Comparative Study of Aspects of the Romantic Movements in England, France and Germany, London/New York 1969

Görisch, Reinhard (Hg.): Perspektiven der Romantik mit Bezug auf Herder, Schiller, Jean Paul, Friedrich Schlegel, Arnim, die Brüder Grimm, Gottfried Keller, Rilke und den Avantgardismus. Beitr. des Marburger Kolloquiums zum 80. Geburtstag Erich Ruprechts, Bonn 1987

Hartung, Günter: Zum Bild der deutschen Romantik in der Literaturwissenschaft der DDR, in: Weimarer Beiträge 22 (1976), S. 167–176

Haym, Rudolf: Die romantische Schule. Ein Beitrag zur Geschichte des deutschen Geistes, Berlin 1870. Unveränderter photomech. Nachdr. der 1. Aufl., Darmstadt 1972

Heise, Wolfgang: Probleme deutscher Frühromantik, in: Helmut Brandt und Manfred Beyer (Hg.): Ansichten der deutschen Klassik, Berlin-Ost 1981, S. 382–412 u. 447–448

Heitmann, Klaus: s. unter Mandelkow, K.R.

Henkel, Arthur: Was ist eigentlich romantisch?, in: Herbert Singer und Benno von Wiese (Hg.): Festschrift für Richard Alewyn, Köln/Graz 1967, S. 292–308

Heselhaus, Clemens: Die romantische Gruppe in Deutschland, in: Die europäische Romantik. Mit Beiträgen von Ernst Behler u. a., Frankfurt 1972, S. 44–162

Hettner, Hermann: Die romantische Schule in ihrem inneren Zusammenhange mit Goethe und Schiller, Braunschweig 1850

Hillmann, Heinz: Bildlichkeit der deutschen Romantik, Frankfurt 1971

Hoffmeister, Gerhart: Deutsche und europäische Romantik, Stuttgart 1978 (Sammlung Metzler 170)

Hörisch, Jochen: Die fröhliche Wissenschaft der Poesie. Der Universalitätsanspruch von Dichtung in der frühromantischen Poetologie, Frankfurt 1976

Huch, Ricarda: Die Romantik. Ausbreitung, Blütezeit und Verfall, Tübingen ⁵1979 [zuerst 1899/1902]

Huyssen, Andreas: Die frühromantische Konzeption von Übersetzung und Aneignung. Studien zur frühromantischen Utopie einer deutschen Weltliteratur, Zürich/ Freiburg i. Br. 1969

Immerwahr, Raymond: Romantisch. Genese und Tradition einer Denkform, Frankfurt 1972

Jaeschke, Walter und Holzhey, Helmut (Hg.): Früher Idealismus und Frühromantik. Der Streit um die Grundlagen der Ästhetik (1795–1805), Hamburg 1990

Jørgensen, Sven-Aage u. a. (Hg.): Aspekte der Romantik. Vorträge des [Kopenhagener] Kolloquiums am 25. und 26. April 1983, Kopenhagen/München 1983

Kapitza, Peter: Die frühromantische Theorie der Mischung. Über den Zusammenhang von romantischer Dichtungstheorie und zeitgenössischer Chemie, München 1968

Klinger, Cornelia (Hg.): Der Übergang von der Frühromantik zur Spätromantik, Paderborn 1990

Kluckhohn, Paul: Das Ideengut der deutschen Romantik, Tübingen [5]1966 [zuerst 1941]

Korff, Hermann August: Geist der Goethezeit. Versuch einer ideellen Entwicklung der klassisch-romantischen Literaturgeschichte, Leipzig 1940ff. III. Teil: Frühromantik, [2]1949

Kozielek, Gerhard (Hg.): Mittelalterrezeption. Texte zur Aufnahme altdeutscher Literatur in der Romantik. Hg., eingel. und mit einer weiterführenden Bibliographie vers. von G.K., Tübingen 1977

Lindemann, Klaus: Geistlicher Stand und religiöses Mittlertum. Ein Beitrag zur Religionsauffassung der Frühromantik in Dichtung und Philosophie, Frankfurt 1971

Lützeler, Paul Michael (Hg.): Romane und Erzählungen der deutschen Romantik. Neue Interpretationen, Stuttgart 1981

Lypp, Bernhard: Ästhetischer Absolutismus und politische Vernunft. Zum Widerstreit von Reflexion und Sittlichkeit im deutschen Idealismus, Frankfurt 1972

Mandelkow, Karl Robert (Hg.): Europäische Romantik I (= Neues Handbuch der Literaturwissenschaft, Bd. 14) – Heitmann, Klaus (Hg.): Europäische Romantik II (= Neues Handbuch der Literaturwissenschaft, Bd. 15) – Altenhofer, Norbert und Estermann, Alfred (Hg.): Europäische Romantik III (= Neues Handbuch der Literaturwissenschaft, Bd. 16)

Mason, Eudo C.: Deutsche und englische Romantik. Eine Gegenüberstellung, Göttingen [3]1970 [zuerst 1959]

Menninghaus, Winfried: Unendliche Verdoppelung. Die frühromantische Grundlegung der Kunsttheorie im Begriff absoluter Selbstreflexion, Frankfurt 1987

Naumann, Barbara: Musikalisches Ideen-Instrument. Das Musikalische in Poetik und Sprachtheorie der Frühromantik, Stuttgart 1990

Neubauer, John: Symbolismus und symbolische Logik. Die Idee der Ars Combinatoria in der Entwicklung der modernen Dichtung, München 1978

Nivelle, Armand: Frühromantische Dichtungstheorie, Berlin 1970

Peter, Klaus (Hg.): Romantikforschung seit 1945, Königstein/Ts. 1980

Ders.: Stadien der Aufklärung. Moral und Politik bei Lessing, Novalis und Friedrich Schlegel, Wiesbaden 1980

Pikulik, Lothar: Romantik als Ungenügen an der Normalität. Am Beispiel Tiecks, Hoffmanns, Eichendorffs, Frankfurt 1979

Pipkin, James (Hg.): English and German Romanticism: Cross-Currents and Controversies, Heidelberg 1985

Polheim, Karl Konrad: Der Poesiebegriff der deutschen Romantik, Paderborn 1972 [Textsammlung]

Prang, Helmut (Hg.): Begriffsbestimmung der Romantik, Darmstadt 1968

Prawer, Siegbert (Hg.): The Romantic Period in Germany. Essays by Members of the London University Institute of Germanic Studies, New York 1970

Praz, Mario: Liebe, Tod und Teufel. Die schwarze Romantik. Aus dem Ital. übers. von Lisa Rüdiger, 2 Bde., München 1970 [im ital. Original zuerst 1930]

Rank, Bernhard: Romantische Poesie als religiöse Kunst. Studien zu ihrer Theorie bei Friedrich Schlegel und Novalis, Tübingen 1971

Reinhardt, Heinrich: Integrale Sprachtheorie. Zur Aktualität der Sprachphilosophie von Novalis und Friedrich Schlegel, München 1976

Ribbat, Ernst (Hg.): Romantik. Ein literaturwissenschaftliches Studienbuch, Königstein/Ts. 1979

Romantik heute. Friedrich Schlegel. Novalis. E.T.A. Hoffmann. Ludwig Tieck, Bonn 1972

Le Romantisme Allemand. Cahiers du Sud, Tome XVI, No 194, 1937 [mit zahlreichen Beiträgen verschiedener Autoren]

Schanze, Helmut: Romantik und Aufklärung. Untersuchungen zu Friedrich Schlegel und Novalis, Nürnberg [2]1976 [zuerst 1966]

Schenk, Hans Georg: Geist der europäischen Romantik. Ein kulturhistorischer Vergleich. Aus dem Engl. übers. von Ulrike Sturm, Frankfurt 1970

Schlagdenhauffen, Alfred: Frédéric Schlegel et son groupe. La doctrine de l'Athenaeum (1798–1800), Paris 1934

Schmitt, Carl: Politische Romantik, Berlin [3]1968 [zuerst 1919]

Schmitt, Hans-Jürgen (Hg.): Romantik I.II. (= Die deutsche Literatur. Ein Abriß in Text und Darstellung, Bd. 8.9), Stuttgart 1974 (Reclam UB 9629–32, 9633–36)

Sørensen, Bengt Algot: Symbol und Symbolismus in den ästhetischen Theorien des 18. Jahrhunderts und der deutschen Romantik, Kopenhagen 1963

Steffen, Hans (Hg.): Die deutsche Romantik. Poetik, Formen und Motive, Göttingen [4]1989 [zuerst 1967]

Steinbüchel, Theodor (Hg.): Romantik. Ein Zyklus Tübinger Vorlesungen, Tübingen 1948

Timm, Hermann: Die heilige Revolution. Das religiöse Totalitätskonzept der Frühromantik. Schleiermacher – Novalis – Friedrich Schlegel, Frankfurt 1978

Träger, Claus: Ursprünge und Stellung der Romantik, in: Weimarer Beiträge 21 (1975), S. 37–73

Vietta, Silvio (Hg.): Die literarische Frühromantik, Göttingen 1983

Ders. (Hg.): Romantik in Niedersachsen. Der Beitrag des protestantischen Nordens zur Entstehung der literarischen Romantik in Deutschland, Hildesheim/Zürich/New York 1986

Weber, Heinz-Dieter: Über eine Theorie der Literaturkritik. Die falsche und die berechtigte Aktualität der Frühromantik, München 1971

Weimar, Klaus: Versuch über Voraussetzung und Entstehung der Romantik, Tübingen 1968

Wellek, René: The Early Romantics in Germany, in: Ders.: A History of Modern Criticism II, New Haven 1955

Wiese, Benno von (Hg.): Deutsche Dichter der Romantik. Ihr Leben und Werk, Berlin [2]1983

Namenregister

Autorenbücher

Herbert Rowland
Matthias Claudius
1991. 128 Seiten mit 6 Abbildungen. Paperback
Beck'sche Reihe Band 617

Dorothea Hölscher-Lohmeyer
Johann Wolfgang Goethe
1992. 138 Seiten. Paperback
Beck'sche Reihe Band 623

Stefan Bodo Würffel
Heinrich Heine
1989. 149 Seiten mit 6 Abbildungen. Paperback
Beck'sche Reihe Band 612

Hermann Kurzke
Novalis
1988. 112 Seiten mit 5 Abbildungen. Paperback
Beck'sche Reihe Band 606

Franz Baumer
Adalbert Stifter
1989. 139 Seiten. Paperback
Beck'sche Reihe Band 614

Gert Ueding
Friedrich Schiller
1990. 159 Seiten. Paperback
Beck'sche Reihe Band 616

„Man darf nicht versäumen, auf diese nützliche Reihe immer wieder aufmerksam zu machen. Die ‚Autorenbücher' sind eine große Hilfe für Schüler, für Studenten, für Liebhaber der Literatur. Es sind keine literaturkritischen Unternehmungen; es sind handfeste Bücher für den Gebrauch." FAZ

Verlag C. H. Beck München